重庆近代城市历史

研 | 究 | 丛 | 书

"十三五"重庆市重点出版物出版规划项目

重庆市出版专项资金资助项目

城市、报刊与现代性

——以晚清重庆报业（1897—1911）为中心的观察

蔡　斐　刘大明　著

重庆大学出版社

图书在版编目(CIP)数据

城市、报刊与现代性:以晚清重庆报业(1897—
1911)为中心的观察 / 蔡斐,刘大明著.--重庆:重
庆大学出版社,2020.1
(重庆近代城市历史研究丛书)
ISBN 978-7-5689-1310-2

Ⅰ.①城… Ⅱ.①蔡…②刘… Ⅲ.①报业—新闻事
业史—研究—重庆—1897-1911 Ⅳ.①G219.295.2

中国版本图书馆 CIP 数据核字(2018)第 206838 号

城市、报刊与现代性

——以晚清重庆报业(1897—1911)为中心的观察
CHENGSHI、BAOKAN YU XIANDAIXING
——YI WANQING CHONGQING BAOYE(1897—1911)WEI ZHONGXIN DE GUANCHA

蔡 斐 刘大明 著
策划编辑:雷少波 张慧梓
责任编辑:孙英姿 黄菊香 版式设计:孙英姿
责任校对:万清菊 责任印制:张 策
*
重庆大学出版社出版发行
出版人:饶帮华
社址:重庆市沙坪坝区大学城西路 21 号
邮编:401331
电话:(023) 88617190 88617185(中小学)
传真:(023) 88617186 88617166
网址:http://www.cqup.com.cn
邮箱:fxk@cqup.com.cn(营销中心)
全国新华书店经销
重庆升光电力印务有限公司印刷
*
开本:720mm×960mm 1/16 印张:21.25 字数:320 千
2020 年 6 月第 1 版 2020 年 6 月第 1 次印刷
ISBN 978-7-5689-1310-2 定价:78.00 元

总 序

为城市存史

中国城市史学科肇始于 20 世纪 70 年代末、80 年代初，是在改革开放的大潮中伴随着中国经济体制改革从农村向城市的转移而逐步发展起来的。迄今 40 年了。

那时，我们国家工作的重心开始了从以阶级斗争为纲到以经济建设为中心的伟大转折。在中央高层的酝酿下，提出以重庆为突破口，将国家经济体制改革的进程从农村推向城市。这涉及管理体制的重大变革，其中一个设想就是，让重庆市脱离四川省，以新体制来承担改革重任。这在当时是一件很秘密的事。因此重庆市委对外只能提"如何正确认识重庆在社会主义现代化建设中的地位和责任，更好地发挥重庆这个经济中心城市的作用"。围绕这个主题，1982 年 3 月，以中共重庆市委研究室和重庆市经济学会的名义，召开了"发挥重庆经济中心作用讨论会"。会议的议题只有一个涉及历史——"近代以来重庆作为经济中心所发挥的作用"，希望以此论证由重庆承担国家城市经济体制改革重任的历史逻辑。会议组织者专门约请专家学者撰写了《重庆经济中心的形成及其演进》一文，用近代以来重庆城市由军政中心转变成为经济中心的历史，对重庆在当时国家经济社会发展全局中的作用进行了初步的论述。随后，《重庆日报》全文发表。由党报发表一篇城市经济史论文，不同寻常，加上坊间传闻的"重庆直辖"消息，引起了轰动。这是近代重庆城市历史研究的先声。大约一年之后，1983 年 2 月，中央批准重庆市为全国第一个经济体制综合改革试点大城市。为了搞好这次试点，发挥重庆作为长江上游经济中心的作用，从 1984 年起，国家对重庆市实行经济计划单列体制，从此拉开了中国经济体制改革从农村到城市转变的大幕。

40 年来，伴随着重庆城市的改革开放、发展进步，重庆城市历史研究取得了巨大的进步，在中国城市史研究领域里独树一帜。出版了《重庆开埠史》《近代重庆城市史》《重庆：一个内陆城市的崛起》《重庆通史》《权力、冲突与变革：1926—1937 年重庆城市现代化研究》《当代中国城市发展丛书——重庆卷》《中国和世界历史中的重庆》《重庆历史地图集》《重庆古旧地图研究》，以及《一个世纪的历程——

重庆开埠 100 周年》、《国民政府重庆陪都史》、"重庆抗战丛书"、《重庆抗战史》、《抗日战争时期重庆大轰炸研究》[1]、《走向平等：战时重庆的外交界与中国现代外交的黎明曙光（1938–1946）》[2]等。

40 年中，成立了重庆市地方史研究会，秉持"弘扬优秀传统文化精神，推进地方历史文化研究"的宗旨，团结培养了一大批在中国史（尤其是巴渝、三峡、移民、抗战历史文化）和中共党史、专门史等领域里成就卓著的中青年专家学者，形成了"讲政治，崇学术，重团结，推新人，出成果，走正路"的优良传统，为重庆历史文化研究的繁荣发展贡献良多。

集 40 年之经验，我以为，以城市史研究和以城市历史研究为己任的学者，只有与城市的命运紧密相连，休戚与共，才会有蓬勃的生命力和持续发展的动力。

近年来，重庆大学出版社提出了编辑出版"重庆近代城市历史研究丛书"，并被批准为"十三五"重庆市重点出版物规划项目，获重庆市出版专项资金资助。这是重庆历史学界，尤其是近现代史学界的一件大好事，是面向下一个 40 年，重整行装再出发，继续为中国的城市发展提供历史借鉴和学术支撑的重大举措。

"重庆近代城市历史研究丛书"首先确立学术性的定位，即以科学的态度、求实的精神、学术的理论方法来研究城市的历史，努力揭示其发生发展的规律，而不是宣传性、普及性读物。第二，强调原创性的品质。努力开拓研究的新领域，史料的新披露，理论和方法的新运用。不炒冷饭，不做已有成果的简单重复，努力在现有基础上再探索、再深入、再创新。第三，坚持高水平的追求。确立以原创为目标，以研究为基础，以创新为追求的丛书特色，严格审稿标准，实行匿名评审，保证公正和高水准。这是为了在新的历史条件下展现重庆近现代历史研究在新观点、新材料、新方法方面的新担当、新作为、新水平，

---

1 该书随后获国家社科基金中华学术外译项目资助，以《重庆大轰炸研究》为名，2016 年在日本岩波书店出版日文版。
2 该书英文版，2018 年由荷兰博睿出版社出版。

努力贡献新时代的标志性成果。这种高水平的追求，还有助于在重庆形成包括文献、国际、建筑、文物、影像视角在内的不同的研究群体，完善重庆历史研究的学科结构，进而形成重庆历史学界的新版图。

"重庆近代城市历史研究丛书"，在选题上继续关注传统史学的重大领域，尤其关注那些至今尚没有系统成果的重要领域，比如城市空间、金融、新闻、地图、国际文化交流等；从微观视角入手，研究那些具有典型重庆个性现象的历史领域，比如防空洞、码头、兵工企业等；还从新的史学研究前沿切入，比如用影像史学、数字史学、心理史学、遗址遗迹考据的方法等，研究重庆近现代历史；还期待对独特的城市档案（如巴县档案）和海外史料新发掘基础上的选题。

"为城市存史，为市民立言，为后代续传统，为国史添篇章"是我们研究城市历史的理念，也是我们 40 年前出发的初心。

不忘初心，方得始终。

与作者们共勉。

2018 年 7 月 23 日
于十驾庐

目　录

导言

大众媒介是与都市中心同步发展的。事实上，它们两者之间难解难分：没有都市中心，大众媒介不可能产生；同样，没有大众媒介，都市中心的发展恐怕也不会成功。

——[美]赫伯特·阿特休尔

传播意义的发端、延续、变异、断裂、新生、融合等状态，都能从城市表征的现代性的发生、成长、变化的过程中得到体现。

——孙玮

一、城市与报刊：一对迫切需要厘清的关系

城市，是中国新闻史研究常常忽视的一个概念。城市与报刊的关系，也往往因此而被遮蔽，或者简单地陷入"需要与被需要"的描述中，一笔带过。最近一段时间，报刊与城市关系的研究逐渐成为学界热点，这其中，除了部分国内学者的理论自觉和部分国外理论的持续引入，很大程度体现在城市视角带动的传播学范式创新，城市与传播之间密不可分的关系得到了前所未有的重视。

目前，全球一半以上的人口居住在城市，城市空间为研究城市与传播的关系提供了重要场域，《中国社会科学报》对此曾做过专门报道。苏州大学教授陈霖表示，传播是内置于城市中的多维信息的引力场，传播参与了城市的构成，"传播与城市的关系，可以说是一种互动的、共生的、构成性的关系"。陈霖认为，信息的交换、分配、流动和扩散构成了城市的活力。复旦大学信息与传播研究中心研究员孙玮表示，当前的城市不能被理解为稳定的社会结构与静态容器，而是交织了多重关系的流动空间。传播形态经历了从报纸到网络的巨大更迭，伴随"媒体—城市"复合体的出现，城市成为全球化网络的重要节点。在华中科技大学新闻与信息传播学院副教授袁艳看来，在都市环境里，人群对媒介的依赖性更强。此时，城市对于媒介传播研究就变得更加重要。"从传播学空间转向范式来讲，应该把人对媒介的使用当

作城市空间的有机组成部分,媒介以及人们对媒介的使用,已经嵌入城市的各种环境和基础设施中。"[1]当然,在城市传播学研究者的眼里,"传播"不只指大众媒体,还包括城市建筑、广场公园、道路庙宇、街头艺术、都市文学、户外大屏,甚至穿着打扮、标语口号、日常生活、人际交往,凡是城市中可观察的景观都属于"传播"。因此,他们的研究也往往采取了裹挟着传播学的跨学科路径。本书讨论的"报刊",显然是属于典型意义上的"传播"范畴,并且是大众传播媒介的基础形态。从历史学或者传播学的角度来看,报刊与城市的关系是研究传播与城市关系的基础性内容,也是城市形成过程中需要被研究的变量关系。

要厘清城市与报刊的关系,首先要回答的问题就是:"什么是城市?"这是一个貌似简单却又难以准确界定的概念。

(一)关于城市含义的中西方历史回顾

"在中国,说到'城',一般是指城墙和都市本身,二者有密不可分的关系。"[2]这是日本历史学者斯波义信在《中国都市史》中对"城"做出的解释。从字面来看,"城"显然是"城"与"市"的集合。如果就物理形态的城墙来说,"城"一般是指都邑四周用作防御的高墙。这种高墙在中国古代城市建筑中通常分内外两重,里面的叫"城",外面的称"郭"。"城"字单用时,多包含城与郭。"城""郭"对举时,只指城。追溯到更早的典籍,《礼记·礼运》称,"城郭沟池以为固"。《谷梁传·隐公七年》称,"城为保民为之也"。《墨子·七患》称,"城者,可以自守也"。可见,中国古代的"城"的第一要务是军事防卫。所谓"市",最早的含义是指进行买卖的地方。中国远古神话中就有"祝融作市"的说法。《易·系辞下》进一步给出解释,"日中为市,致天下之民,聚天下之货,交易而退,各得其所"。明清之后,"市"也逐步指代人口密集的行政中心或工商业、文化发达的地方。因此可以认定,中国古代的城市兼有军事防卫和商业交易两项功能。

这两个功能特征,与马克斯·韦伯的观点有着某种一致性。韦伯

---

[1] 段丹洁,《城市视角带动传播学范式创新》,《中国社会科学报》,2017 年 1 月 4 日。
[2] 斯波义信,《中国都市史》,布和译,北京:北京大学出版社,2013,46 页。

认为城市的经济学本质就是一个市场聚落。但是,如果城市要发展成为一个"城市共同体",除了本身具有"较强的工商业性格"外,还必须具备五个方面的特征:防御设施、市场、自己的法庭和至少部分自己制定的法律、团体的性格及与此相关的、至少部分的自律性和自主性。[1] 对照来看,在这五个特征中,除了防御设施,其他四个方面在中国古代并不算发达。

究其根源,最为关键的因素大概是帝国政治权力的掣肘,这也是中国没有产生现代意义上的城市最重要的原因。中国古代城市的设立、发展和局限的本质是官方主导的政治力量。在强大的封建专制政治形态的扭曲与同化下,中国古代城市始终没有诞生能够与中世纪西欧相同当量的市民政治文化,缺乏深刻的革命因子和广泛的政治影响力。

目前史学界普遍认为,中国在唐宋两朝经历了有史以来最接近自由市场经济的阶段,经济自由化水平很高,这一点远远早于西方国家同期的表现。相比之下,中国古代城市在政治上的"短板"效应却十分明显,或者说中国古代城市的经济力量向政治力量的转换异常艰难,没有形成广泛的市民政治参与,也未能形成有现代意义的市民文化。"中国的所有城市,历来就主要是承担放射性行政中心的功能,是国君、封侯或其代理人的驻地,也就是最高政治权力的所在地或者派出所。虽然中国的家产制皇权政治被普遍认为伴有不可克服的巨大随意性,但我们不难看到,它在直接统治每一个非农业人口聚居区这个问题上,却是从不随意的,它的随意性可能会表现在对城市的日常统治方式上,但绝不是要不要统治本身。因此,迫使所有的城市都固定在国家机器的政治附庸角色上。"[2]正是这样的政治原因,古代中国的城市看上去准入门槛相当低,虽然人口日益集中,交易市场日趋繁荣,城墙不停地修葺,功能不断地完善,一般也存在"市场、法庭和法律、团体的性格、部分的自律性和自主性"等构成要素,但却不是现代意义上的城市,中国古代城市的空间有着自己的制度安排和关系

---

[1] 马克斯·韦伯,《非正当性的支配:城市的类型学》,康乐等译,桂林:广西师范大学出版社,2005 年。

[2] 闫克文,《城市:现代性的途径之一》,《读书》,2014 年第 6 期。

生产。

　　作为农耕文明领先的国家,农业是中国古代制定经济制度的重点,农村(不是城市)是统治者在制定经济制度时需要考虑的首要问题[1],在地主掌握大量土地的情形下,广大的农民被束缚在土地上,依附地主而生存,"没有'纽曼'式的富裕农民群体"[2],也缺乏向城市的足够性流动。这种情形下,城市的市场充其量只是自给自足的内向经济,是农业经济的附属,缺乏扩张性,商人的目光也只在土地上,经济上无法获得独立运行的生命机制。在广袤的城乡,也存在宗族共同体、行会共同体或者身份共同体,拥有一定程度的民间自治性,但作为市民,皇权制度下的他们却只有臣民的义务,没有公民的权利和身份,这是人身缺乏独立性的显著特征。此外,行政兼理司法是中国传统法律的重要特征,这几乎是中外学界的共识。韦伯在考察中国古代司法体系后提出,"在治权发达的古代中国,所有司法审理都带有行政特点,这种'世袭'式司法行政的极端结果是将家庭解决争端的方式移植到政治实体中,如果这种制度进一步发展,就会使整个法律制度演变成'行政'。他的结论是'中国的司法行政使司法与行政的界线完全消除'"[3]。于是,各类民间共同体按照公认的传统、理性的契约或法律规范参与市政活动和城市司法的权利基本上无从谈起,更不用说过早形成独立的市民阶层或对抗皇权的市民文化。

　　城市空间的这种制度安排与关系生产,在后来思想家的学说中有着丰富的解释。在马克思那里,生产既是产品的生产,也是生产关系的生产。按照这种观点,中国古代城市发展的裹足不前是由生产力、生产关系决定的,这也是对中国古代城市空间的常识性描述。亨利·列斐伏尔从政治经济学的角度进一步指出,社会空间由社会生产,同时也生产社会。在这种意图的贯彻下,"空间已经成为国家

　　[1]费孝通先生认为,从传统城乡的关系来看,"在中国的过去和现在,乡村和都市(包括传统的市镇和现代的都会)是相克的","都市克乡村。乡村则在供奉都市"。参见费孝通,《乡土中国》,上海:上海人民出版社,2013,257页。

　　[2]参见侯建新,《农民、市场与社会变迁——冀中11村透视并与英国农村比较》,北京:社会科学文献出版社,2002。

　　[3]林乾,《论中国古代司法与行政权的分、合嬗变》,载张中秋,《中华法系国际学术研讨会文集》,北京:中国政法大学出版社,2007,260页。

最重要的政治工具。国家利用空间以确保对地方的控制、严格的层级、总体的一致性,以及各部分的区隔"[1]。在中国古代缓慢的生产力驱动下,城市支配性的经济、政治与社会结构更新自然较慢,物质的空间和权力的空间尽管有着某种"分离性",但在古代中国这种分离是不明显的,城市在国家机制上凌驾于乡村之上,充斥着封建统治者的权力,有着强烈的政治内涵。

相比之下,封建时期西欧的城乡关系主要表现为乡村土地权力和城市货币权力的对立。在 1500 年以后,启蒙运动、宗教改革、现代市场关系、理性主义构成了现代工业文明的文化价值基础。通过经济工业化和市场化,特别是第一次工业革命,英、法等西欧国家率先告别了农业社会,进入工业化的现代社会,城乡面貌发生了巨变,形成了一个个现代城市中心。

一方面,工业化带来的农业机械化,解放了农民的双手,推动农村劳动力脱离土地,进入城市工作。另一方面,工业化大工场的协作要求,也造成了人口向城市的集中,传统的市镇在一夜之间变成了一个个现代城市中心,这是一种新的城市化生存状态,塑造出新的人际关系和社会身份——"城市化趋向的核心不在于人口向城市集中,而在于城市作为现代社会关系的核心支配控制了整个社会生活"[2]。在这个转换逻辑中,乡村的血缘关系被淡化,现代的契约利益被强化,村社的集体成员摆脱了"羔羊意识",成为独立的法权个体,传统的村民也彻底转变为现代的公民,并形成了近代西欧城市中的市民阶层,他们也是西欧城市文化的主要缔造者和需求者。

在中世纪的西欧城市,市民文化驱使市民阶层追求着两个方向的行动逻辑:一是用经济力量(乃至武装对抗)与居于乡村的封建统治者交换,获得城市的自治权;二是运用经济力量的博弈,获取城市政治生活的主导地位。这两个方面的努力,推动了城市工商业的自由发展,形成了政治与经济的良性循环,并进一步重构了社会结构,促进了市

---

[1] 亨利·列斐伏尔,《空间:社会产物与使用价值》,载包亚明主编,《现代性与空间的生产》,上海:上海教育出版社,2002,50 页。

[2] 周穗明等,《现代化:历史、理论与反思:兼论西方左翼的现代化批判》,北京:中国广播电视出版社,2001,181 页。

民阶层作为新的社会重要力量的产生。

（二）对西方国家报刊与城市关系的历史考察

在西欧城市文化体系中,报刊与城市的关系值得仔细品味。从历史的脉络来看,近代西欧报刊的诞生、发展、繁荣与西欧的城市化浪潮密切相关。中世纪末期,欧洲经济的大发展推动了城市市民阶级的形成与壮大,也刺激了人们对信息的需求。在现代邮传系统建立,特别是古登堡印刷术使得信息批量复制后,印刷报刊在城市社会对信息产生迫切需求的背景下应运而生。"伴随市民社会的不断发展壮大,报刊也获得了长足发展,并与新型城市文化的发展节奏保持一定程度的契合。报刊业在19世纪进入发展的黄金阶段,市民型城市文化也在西欧各国呈现出繁荣的景象,两者遥相呼应。"[1]

在两者的交相呼应中,近代西欧报刊对城市产生了多元的推进作用。它们是承载城市公共舆论的平台,发挥着新闻媒介的舆论监督职能;它们丰富了市民的文化生活,培养了市民的阅读习惯;它们推进了文学形式的大众化、商业化、平民化趋势,同时发挥了开民智、树民风的启蒙作用;它们积极反映和影响着市民日常生活方式的改变,并且为市民营造出对新型城市生活模式的想象;它们在燃起广大市民参与国家政治生活的热情的基础上,大大提高了市民阶层的政治素养,推动市民政治文化的形成和发展;它们在自由精神的传播和民主制度的完善过程中发挥着关键性作用,成了城市自由民主精神的重要宣传工具。[2]此外,报刊的传播途径经由城市呈现出向外放射的态势,赋予了城市在报刊传播体系中的中心地位,而不仅是一种节点价值。这种传播优势上的"割裂"进一步巩固了城市的地位,也唤起了人类对城市的美好想象。

美国报刊与城市的交互过程与欧洲类似,且密切相关。在阿特休尔眼里,"它(工业革命)于18世纪在英国发端,很快席卷欧洲并进入美洲殖民地。机器的迅速更新换代不仅能使工业不断增长,而且还促进了科学技术的进步,贸易范围的扩大,以及新兴的现代运输业的发

---

[1][2] 李倩,《近代西欧报刊与城市文化研究》,上海大学2008年硕士论文。

展。乡村农夫和城市工人阶级第一次有可能迁居各地。大批欧洲移民涌入美国,促使大西洋沿岸城镇发展成为初期的都市中心,其中尤其突出的是纽约市。随着识字率的上升,日益增多的人能够阅读并竭力要求获得信息。总之,人们应当牢记大众媒介是与都市中心同步发展的。事实上,它们两者之间难解难分:没有都市中心,大众媒介不可能产生;同样,没有大众媒介,都市中心的发展恐怕也不会成功"。[1]这是关于城市与报刊关系的经典描述,二者同步发展相互促进的背后,弥散的另一个因素就是"现代性"。

迈克尔·舒德森的《发掘新闻:美国报业的社会史》从城市发展与个人主义的角度对报刊与城市的关系作了更为细致的观察。他认为在从乡村到城市的发展过程中,自给自足的家庭经济演变为自由市场上的商业、制造业经济,人们的自我理解也同步实现了从群体主义向个人主义的重大转变,也发现和实践着体现个性的机会,这在美国以纽约("一个供陌生人相遇的人类定居点")、波士顿、巴尔的摩、费城等城市体现得尤为明显。"这既是城市的麻烦和希望所在,又是正在形成的'社会'的意义。人们获得自由,焕然一新,意识到自己的重要性,同时又要承受社会关系和社会制度赋予的重负。"[2]《便士报》就是在这样的背景下,从"民主市场社会"中破土而出,并且代表和创造了"民主市场社会"文化,一种不容社会和智能盲目顺从的文化,即无论《便士报》的政见偏向哪一方,它都是通过组织销售、招募广告、重视新闻、迎合大众、忽视社论等方式,呼吁在政治、经济和社会生活中建立一个平等的社会。

芝加哥学派的重要领袖人物帕克在《报纸形成的历史》中有着与上述过程基本相同的观察。而在另一篇著名的《城市对于开展城市环境中人类行为研究的几点意见》文章中,他对宣传和社会控制之间的关系作了基于历史和当时现实的详细分析,并提出了"城市有机体"的传播思想。帕克认为,报纸和广告、交通、通信、钢筋水泥建筑、电梯等是"促使城市人口既频繁流动又高度集中的……构成城市生态组织的

---

[1] 赫伯特·阿特休尔,《权力的媒介》,黄煜等译,北京:华夏出版社,1989,42页。

[2] 迈克尔·舒德森,《发掘新闻:美国报业的社会史》,陈昌凤等译,北京:北京大学出版社,2009,50页。

首要因素"[1]。在他看来，报纸是整合城市的工具，是原子化城市危机的解决方案。这一思想经由哥伦比亚学派及默顿的中层理论转化，形成了传播学主流范式的结构功能主义，媒介成为社会整体系统的一个子系统，它的功能就是维持社会整体系统(有机体)的运转。

在对近代西方国家报刊与城市关系的考察中，有两点是值得注意的。

一是报刊的阅读主体和城市的主体往往是重合的，即市民阶层或中产阶层，他们是广泛的群体，也是城市的中坚力量，是报刊走向大众的最直接动因。他们对信息的需求谱写了对报刊传播的要求，同时报刊传播又塑造着他们的理念认知，影响着他们的审美趣味，迎合着他们对日常生活的种种欲望。

二是报刊的传播范围与城市的区域往往是重合的，虽然不少报纸发行到乡村，但是传播的中心仍在城市。所谓"中心"，即近代报刊的传播网络体系中，城市扮演了中心的核心节点角色，相邻的城市扮演着中心城市的"桥节点"，广大的、分散的乡村地区则演绎着"长尾节点"的定位，并一起构成了"中心—边缘"的传播模式。英国当代学者格雷厄姆·默多克在描述当代传媒与现代生活之间的关系时，提出了一个很形象的比喻，"我们可以把传播系统正在进行的集体捕获信息赢取群众的活动看作是一场新的圈地运动，如同 18 世纪英格兰上升期的资本主义农场经营者竖立栅栏圈地"[2]。实际上，用这个比喻来概括自 18 世纪英国圈地运动以来报刊与城市的关系，也是异常准确和生动的。在这场圈地运动中，城市代表了被圈的"地"，是一个空间的概念。圈中的对象是群众，而并非少数精英，这也是传播系统赢取的对象。这个比喻实在精妙。

---

[1] R.E.帕克等，《城市社会学——芝加哥学派城市研究文集》，宋俊岭等译，北京：华夏出版社，1987，2 页。

[2] 格雷厄姆·默多克，《以媒体为中介的现代性：传媒与当代生活》，《学术月刊》，2006 年第 3 期。

（三）对中国报刊与城市关系的历史考察

中国古代报刊活动源远流长。白瑞华在《中国报纸（1800—1912）》中指出，"早在19世纪之前，中国本土模式的新闻纸就已经成熟。中国新闻纸的雏形似乎先于除罗马之外的任何国家。在公元618—907年（原书为906年）的唐朝年间，皇宫新闻以类似公告的单页新闻信发行"[1]。汪英宾认为报刊的历史还应大大提前，他在《中国本土报刊的兴起》中写道，"整体而言，中国本土报刊的出现代表着世界报刊的发端。早在公元前2357年尧帝统治时期，中国就出现了口头报刊"[2]。不过，白瑞华与汪英宾的争议不在一个层面上，前者指的是书面报刊，后者指的是口头报刊，而所谓以诗歌形式呈现的"口头报刊"是很难考证的。

作为中国新闻史学的奠基人，戈公振认为中国新闻事业起源于汉代。戈公振在《中国报学史》一书中，曾辟有专节引经据典来论证自己的观点。论据一是《西汉会要》记载的"大鸿胪属官有郡邸长丞"，以及其备注"主诸郡之邸在京师者也。按郡国皆有邸，所以通奏报，待朝宿也"。他认为："通奏报云者，传达君臣间消息之谓，即'邸报'之所由起也。"[3]另一个论据是《汉书·霍光传》中提到的燕王旦派人向汉昭帝上告霍光谋反，昭帝安慰霍光的一段话："将军冠！此事朕知其诬也。不然，更调羽林，事方八日，燕王何由知之？"戈公振认为："帝所谓燕王何由知之者，意或彼时已有'邸报'传知朝政之事，特史书未明言之耳。"[4]《中国报学史》的这一节写作于1926年，戈公振对汉朝是否有邸报，并不是十分肯定，所以标题采用"汉有'邸报'乎"这样一个模棱两可的命题。1926年后，他越来越趋向于肯定"汉代论"。1927年，他在《中国报纸进化之概观》中指出："汉唐当藩镇制度盛行时，其驻在京师之属官，皆有邸报之发行。"[5]1930年，他在一次名为《报纸的将来》的学术演讲中指出："汉因幅员广大之故，不得不刊行一种传

---

［1］白瑞华，《中国报纸（1800—1912）》，王海译，广州：暨南大学出版社，2011，1页。
［2］汪英宾，《中国本土报刊的兴起》，王海等译，广州：暨南大学出版社，2013，1页。
［3］［4］ 戈公振，《中国报学史》，北京：生活·读书·新知三联书店，2011，25页。
［5］戈公振，《中国报纸进化之概观》，《国闻周报》，第4卷第5期，1927。

布朝廷大事要政之官报。同时,驻京各地诸侯,亦设邸府京师,沟通朝廷消息,遂生邸报。"[1]这一学说,既是对中国古代中央与地方政治信息沟通传递的概括,也点明了城市与城市之间信息的交流模式。

目前,中国新闻史学界普遍认为中国的报刊起源于唐代,这一观点的提出者是中国人民大学的方汉奇先生,他最早也是"汉代说"的支持者。随着对藩镇制度考察的深入和对史料的不断挖掘,特别是英国不列颠图书馆藏唐归义军"进奏院状"的发现,方汉奇先生对"汉代说"提出异议,理由是没有足够的材料证明汉代有邸报。"我的看法是,唐朝已经有邸报,新发现的这份'进奏院状',就是当时的邸报……既然'进奏院状'就是邸报,而唐朝又确实有过'进奏院状'这样的物事,把邸报起始的时间定在唐朝,我想总还是可以的吧。"[2]这里的"进奏院状"与前文的"邸报",都可以看成中国古代官方报纸的统称,还可称为"邸抄""邸钞",并有"朝报""条报""杂报"之称,是用于通报的一种公告性新闻,即专门用于朝廷传知朝政的文书和政治情报的新闻文抄。

"邸"是一个有意思的机构。汉代实行郡县制,全国分成若干个郡,郡下再分若干个县。各郡在京城长安设有名为"邸"的办事处并派有常驻代表,他们的任务是在中央政权和各郡长官之间负责信息联络工作。唐代后,"进奏院"承担了"邸"的功能,进奏院一般由政府设立的道(大小相当于现在的省)或节度使的藩镇派出。进奏院置有进奏官,向朝廷报告本藩镇情况,呈递本藩镇表文,同时向本藩镇及时报告朝廷及其他各藩镇情况,传达朝廷诏令、文牒,办理本藩镇向朝廷上供赋税事宜。从宋太祖开始,进奏院的官员改由中央委派,主要职能是向地方传达中央的政令。宋代进奏官员最多时有一百多人,他们的主要经费是皇帝划拨的,其中最大的一部分是镂刻雕版的费用。这些进奏官员定期把朝廷政令刻成雕版,由驿马送到地方,然后印成纸张文本给地方官阅读,这也是中国早期的时政类报纸。此间,还发生过著名的"进奏院狱"事件。庆历四年(1044年),北宋著名词人苏舜钦出

[1] 戈公振,《报纸的将来》,黄天鹏编,《新闻学演讲集》,上海现代书局,1931,65页。
[2] 方汉奇,《从不列颠图书馆藏唐归义军"进奏院状"看中国古代的报纸》,载《新闻学论集》第5期,北京:中国人民大学出版社,1983,111-112页。

任监进奏院。某日,苏舜钦等人把进奏院日积月累的废纸出售,并自筹部分经费召妓饮酒,结果因"鬻故纸公钱"受到严厉查处,《宋史》载"同时会者皆知名士,因缘得罪逐出四方者十余人"。

相比官方的报刊传播系统,宋代还出现了名为"小报"的民间报纸。小报的内容没有官方审查,时效性强,甚至"日出一纸"[1],传播范围也很广,"始自都下,传之四方……以先得者为功,一以传十,十以传百,以至遍达于州、郡、监、司"[2]。也就是说,小报不仅在京城广为传播,而且还发往各地。读者范围,有省寺监司之类的京城朝官,也有散处诸路州郡的地方官和皇室成员、士大夫知识分子和社会上关心朝廷政事的人。不过,这种小报从一开始就面临被政府查禁与打击的压力。如宋仁宗天圣九年(1031 年)曾发布的一道谕旨,"闻诸路进奏官报状之外,别录单状,三司开封府在京诸司亦有探报,妄传除改,至惑中外。自今听人告捉,勘罪告停,告者量与酬赏"[3]。但值得注意的是,小报在官方的多次镇压后仍然存在,并未消失。

在中国古代,很少使用"市民"这个概念,古籍中更多是采用"市人"这一表述。按"资本主义萌芽说"的观点,"资本主义萌芽"的阶级代表就是所谓的中国古代的"市民等级"[4]。在史学界,所谓"市民阶层"主要是指平民等级中的商人与手工业者。与其他等级相比,"市民阶层"在宋至清时期经济实力有所增强,经济基础与政治地位上有着某种相对的独立性[5],但这依旧无法改变他们社会地位低下与政治能力低级的尴尬。实际上从市民阶层的内部来看,作为其主导力量的上层市民属于现有社会秩序的既得利益者,数量众多的下层市民又

---

[1][2] 徐松,《宋会要辑稿·刑法二》(影印本),上海大东书局,1936,125 页。

[3] 徐松,《宋会要辑稿·刑法二》(影印本),上海大东书局,1936,123 页。

[4] 市民社会,是欧洲历史发展中衍生出的一个概念。作为社会存在或学术语,市民社会可以视为欧洲历史发展的产物。如果完全对照欧洲的市民社会标准,中国始终不曾具备西欧孕育市民社会的各方面条件。不过,恰如邓正来等人指出的那样,"市民社会在不同的历史阶段以及不同的文化背景和国别,其含义、构成、作用和性质也会有所不同。市民社会绝对不是一种自然的和不变的东西,而是一种历史现象;不是一致的共同模式,而是具有特质的社会现象"。参见邓正来、景跃进,《建构中国的市民社会》,《中国社会科学季刊》(香港),1992 年 11 月总第 1 期。

[5] 比如唐朝中叶以后,随着商品经济的发展,有关市人(民)集体"罢市"的记载逐渐增加,"罢市"成为市人(民)代表民意、价值判断、政治取向的手段,也是中国古代市民群体争取权力的重要表现。参见宁欣,《中国古代市民争取话语权的努力——对唐朝"罢市"的考察》,《中国经济史研究》,2009 年第 3 期。

无力反抗,居于两者之间的中层市民则安于现状——很大程度上决定了其不可能成为城市活动的主导力量,更无法承担起社会变革主力的角色。[1]

徐勇先生曾得出这样一个结论,"由于缺乏蕴含革命性因素和具有相对独立经济基础的市民对政治生活的积极参与和持续不断的市民运动,古代中国虽然早就出现了资本主义萌芽,但仍然只能在封建社会的框架内缓慢地行进"[2]。这个结论,是他对整个中国古代市民政治文化的总体勾勒。他认为,中国古代市民政治文化的"钱权交易和政治冷漠主义"两大特征是中国古代市民阶层不可能成为"国家—社会"两元格局中的"市民社会"的关键根源。

城市市民的历史尽管与城市的历史一样久远,但与乡村农民一样,他们长期以来是中国稳固皇权的附属品,"权威—服从"关系模式下对政治权力的单向服从是他们的基本政治意识。但与乡村农民不同,城市市民毕竟是一个从事工商业活动的独特阶层。他们将经济生活中萌发出的商品交换理念运用到钱权交易领域,用自己的金钱与官府垄断的权力资源进行交换,以获取更大的利益。在这里,金钱和权力表面上从事着等价交换,金钱和权力的持有者之间仿佛也形成了一种双向的平等交换关系而不是单向的服从关系,蕴含着某种政治平等意识。"到了明清时期,市民阶层扩大,钱权交易意识更为浓厚。商人凭借雄厚的经济实力,不仅仅是获得'为政者'的庇护,而且要求直接谋取官职,在政治权力体系中据一席之地",但从整体层面来说,"与中世纪西欧城市主要为工商业城市相比,古代中国城市始终是专制政治统治的堡垒,其政治统治功能特别突出",[3]作为城市唯一的统治者,专制权力不可能容忍任何一个新兴阶级分享其权力,并对自己产生冲击。

因此,在任何一个城市,即使是工商业相当发达的城市,市民阶层也不可能在政治上获得主导地位。况且,所谓的"钱权交易"实际上是不平等的,权力的寻租方一直处于优势性的"卖方"地位,且双方交易

---

　[1] 陈国灿,《论南宋江南地区市民阶层的社会形态》,《史学月刊》,2008 年第 4 期。
　[2][3] 徐勇,《古代市民政治文化的独特性与局限性分析》,《江汉论坛》,1991 年第 8 期。

的对象也是有限度的。所以,中国古代市民的钱权交易意识一直停留在原始阶段,难以突破封建的经济、社会与文化结构,他们关注的焦点不是政治革新和社会改造,而是自身工商业活动的正常开展和更大利益的赚取,这也相应地产生了他们的政治冷漠主义特征,他们往往将全部的精神寄托于个人的感官享受,比如私宅、厨艺与戏剧。这虽然有力地推动了中国古代市民文化的发展,但这种文化的旨趣更多的只是停留在狭隘的个人利益和庸俗的感官享受上,没有上升到公共社会生活政治解放和自由的层面。

于是,在缓慢的历史进程中,中国的城市并未产生富有力量的市民阶层。尽管有证据表明,从9世纪到13世纪(大约是唐代后期及整个宋代)社会各阶层的识字率普遍提高,科举制度日趋发达,雕版印刷术逐渐普及,但这并没有促进新兴报刊事业的发展与发达,这种状况一直持续到中国近代报业的出现。究其原因,戈公振在《中国报学史》中给出了答案,"我国之有官报,在世界上为最早,何以独不发达? 其故盖西人之官报乃与民阅,而我国乃与官阅也。'民可使由,不可使知',乃儒家执政之秘诀;阶级上之隔阂,不期然而养成。故官报从政治上言之,固可收行政统一之效,但从文化上言之,可谓毫无影响,其最佳结果,亦不过视若掌故,如黄顾二氏之所为耳。进一步言之,官报之唯一目的,为遏止人民干预国政,遂造成人民间一种'不识不知顺帝之则'之心理;于是中国之文化,不能不因此而入于黑暗状态矣"[1]。这种文化上的对民众知情权的漠视,或者说官方信息渠道的封闭性,可以从历史的另一个层面给出解释。在封闭的地理环境和超级稳定的小农经济驱使下,中国很早进入了封建社会,又很晚才迈进工业社会的门槛。中国漫长的封建社会,比欧洲长了将近1 000年。这期间有朝代更迭,有分裂统一,但社会经济结构并无太大变化,城市缺乏新的生产力与生产关系,城市的格局变化小,城市的节奏发展缓慢。在这种长期生成的"自然时间"里,人们的交往局限在周遭的现实世界,对外在信息的渴求并不强烈。同时,无论是邸报还是后来的京报,它们都只是服务于帝制时代自上而下的治理方式。作为联系上下的沟

[1] 戈公振,《中国报学史》,北京:生活·读书·新知三联书店,2011,60-61页。

通管道,邸报实际上成为封建统治阶级权力的体现,并不允许市民染指,更不要说发挥"庶人之清议"的价值,这也注定了它与大众传播无缘。

二、现代性:一个观察城市与报刊关系的切入点

西方有关城市的概念,最早可以追溯到古希腊的城邦时期,亚里士多德将城邦看作一个"完成某些善业的至高而广涵的社会团体",认为"人类是一种趋向于城邦生活的动物"。[1] "共同体"的观点在后来斐迪南·滕尼斯、罗伯特·E.帕克、刘易斯·芒福德、雷蒙·威廉斯等学者的研究中得到延续并发扬光大。

其中,刘易斯·芒福德的定义具有一定代表性。他认为,城市"不只是建筑物的群集,它更是各种密切相关并经常相互影响的各种功能的复合体——它不单是权力的集中,更是文化的归极"[2]。按照他的阐释,城市不仅是"人口和物质的容器",而且是"文化的磁铁",将分散的人口、经济、文化与精神等高密度地聚集,又通过不断扩大交往和共同活动,各种文化彼此融合,并在冲突和碰撞中不断地选择和更新,推进城市的转型。[3] 相比之下,雷蒙·威廉斯在比较了乡村与城市的差别后,给出了一个更凝练的描述,这个定义在中国本土学者汪苑菁的研究中被用来观察城市与报刊的现代性。汪苑菁丰富并发展了雷蒙·威廉斯的概念,"城市是社会发展到某一阶段,人类聚集过程中出现的一种现代的'共同体',它拥有与乡村共同体不同的、现代的生

---

[1] 亚里士多德,《政治学》,吴寿彭译,北京:商务印书馆,1981,1-7 页。

[2] 刘易斯·芒福德,《城市发展史——起源、演变和前景》,宋俊岭等译,北京:中国建筑工业出版社,2005,91 页。

[3] 从城市的发展看,文化尤其是价值观念层面的文化是城市发展、衰落和转型的深层原因。城市文化隐含着城市社会的基本价值判断,这些价值判断不仅规范着城市社会,也推动其不断发展和转型。 从原始宗教为代表的城市胚胎,到古代军事文化为导向的王权城市,到中世纪基督教文化为标志的神权城市,再到近代经济理性大行其道的资本城市,当原有的城市文化为新价值取向所替代,城市也因此而转型。 这一过程即为"文化城市"过程。 参见刘易斯·芒福德,《城市发展史——起源、演变和前景》,宋俊岭等译,北京:中国建筑工业出版社,2005。

活方式和交往方式,它'不仅是现代生活的一种形式;它还是一种决定性的现代意识的物质体现'。[1]"

(一)现代性:一个复杂而又简单的概念

本书的写作,受汪苑菁的前期成果启发较大。[2] 一旦突破这种报刊与城市互动的视角,眼界开阔一点,实际上又可以从哈贝马斯与安德森理论的影响以及新文化史研究的推动,探究传播媒介与思想、政治、社会之间的互动,这是当下海外中国研究的热门范式,也特别被应用于晚清的报刊研究中,这方面的开拓性工作在李欧梵、瓦格纳、季家珍的研究中都有体现和展开。在类似的研究中,现代性是横亘其间的一个无法回避的核心概念。

现代性,是对现代社会的哲学概括。"现代"是与"传统"相对应的一个历史概念。目前学界对"现代"有着较为一致的看法,西方意义上的"现代"大致指中世纪末以来到 20 世纪中后期这样一个历史时期,现代之前为古代和中世纪,现代之后为后现代,是从 20 世纪六七十年代至今。西方社会的历史划分为前现代(传统)、现代和后现代三个依次连续的阶段,分别对应着农业社会、工业社会和后工业社会,因此,"现代"就是指工业时代,现代文明就是工业文明。从"传统"向"现代"变革的过程之中,经历了一场深刻的资本主义运动,随后的发展是资本主义政治、经济和文化在世界的广泛建立,因此,"现代"又等同于工业资本主义时代。政治上的民主、自由与合法国家,经济上的等价交换和市场,意识形态上的理性、科学、进步和自由等是"现代"区别于"传统"的标志。[3] 顺延这样的思路,吉登斯从社会学的角度提出现代性是"后传统的秩序",是"包括从世界观、经济制度到政治制

---

[1] 雷蒙·威廉斯,《乡村与城市》,韩子满等译,北京:商务印书馆,2013,328 页。
[2] 汪苑菁以汉口和《汉口中西报》为个案,从城市现代性的理论视角出发,在近代中国发展的历史脉络里,细致地、立体地、动态地考察了近代城市、报刊与国家三者间的关系,对近代城市与报刊两者之间的互动进行了尤为详细的考察。参见汪苑菁,《报刊与城市现代性:以汉口和〈汉口中西报〉为中心的考察(1864—1916)》,华中科技大学 2013 年博士论文。
[3] 赵强,《城市现代性:本质、问题与超越》,苏州大学 2006 年硕士论文,3 页。

度的一套架构"。[1] 当然,现代性是一个众说纷纭的概念,哲学、社会学、政治学、经济学、文化学、历史学等领域都进行过充分的讨论。

结构功能学派认为现代性是社会在工业化推动下发生全面变革而形成的一种属性,这种属性是各发达国家在技术、政治、经济、社会发展等方面所具有的共同特征,它们包括:(1)民主化;(2)法制化;(3)工业化;(4)都市化;(5)均富化;(6)福利化;(7)社会阶层流动化;(8)宗教世俗化;(9)教育普及化;(10)知识科学化;(11)信息传播化;(12)人口控制化;等等。[2] 这样的分类总结有利有弊,好处是从经验出发,可以直观地对照和评判现代性在政治、经济、社会、宗教、教育等领域的标志,缺点是没有深入哲学反思的层次从本质特征上把握现代性。

哲学上对现代性著名的探讨,一个源于哈贝马斯,一个源于福柯。前者将现代性界定为一种新的模式和标准,后者则认为是"一种态度","所谓'态度',我指的是与当代现实相联系的模式;一种由特定人民所做的志愿的选择;最后,一种思想和感觉的方式,也是一种行为和举止的方式,在一个和相同的时刻,这种方式标志着一种归属的关系并把它表述为一种任务。无疑,它有点像希腊人所称的社会的精神气质(ethos)"。[3] 按照福柯的论述,现代性主要指的是一种与现实相联系的思想态度与行为方式,一种时代的意识与精神,因此它关涉的是社会的道德与价值观念、思想方式与行为方式,以及政治、经济、社会、文化等领域的制度安排与运作方式。在某种意义上,福柯的"精神气质"与韦伯的"社会精神气质"有点类似。在《新教伦理与资本主义精神》中,他有过一系列的著名追问:"为什么资本主义利益没有在印度、在中国也做出同样的事情呢?为什么科学的、艺术的、政治的或经济的发展没有在印度、在中国也走上西方现今所特有的这条理性化道路呢?"韦伯对此给出的解释是,"我们的当务之急就是要找寻并从

[1] 安东尼·吉登斯,《现代性与自我认同:晚期现代中的自我与社会》,赵旭东等译,北京:生活·读书·新知三联书店,1998,1-3页。
[2] 罗荣渠,《现代化新论:世界与中国的现代化进程》,北京:北京大学出版社,1993,14页。
[3] 米歇尔·福科,《什么是启蒙》,载汪晖等,《文化与公共性》,北京:生活·读书·新知三联书店,1998,430页。

发生学上说明西方理性主义的独特性,并在这个基础上找寻并说明近代西方形态的独特性"[1]。韦伯的回答,是从文化历史的角度给出的,即资本主义不仅要考虑经济因素这个根本,还要考虑实际的理性行为得以产生的"社会精神气质",这种文化气质与资本主义的起源密切相关。同时,资本主义的崛起与发展过程,也是马克斯·韦伯所言的"祛魅"的过程,这也铸就了现代性的核心:摆脱愚昧、迷信、专制,而追求理性、科学、自由的过程。即现代性是建立在理性之上的一种时代精神,是科学精神、人文精神和法治精神,是自由、平等、民主理念的体现。

与现代性相关的还有一个概念——现代化。广义的现代化主要是指自工业革命以来现代生产力导致的生产方式的大变革,引起世界经济的加速发展和社会适应性变化的大趋势;狭义的现代化,主要是指第三世界经济落后国家采取适合自己的高效率途径,通过有计划的经济技术改造和学习世界先进经验,带动广泛的社会改革,以迅速赶上工业国和适应世界环境的发展过程。[2] 现代化的概念,在我国最早出现于 19 世纪中期,当时用的是"西学""西化""欧化"等用语。到 19 世纪末和 20 世纪上半叶,用现代化来拯救国家民族已经成为有志之士的共识。和现代性一样,不同学科对现代化也存在着普遍的理解差异,但在哲学层面上,学界对现代性与现代化却有着较为一致的共识。现代性是理念,是范畴;现代化则是过程,是方法论。两者相互区分,又联系紧密。从时间上说,现代性早于现代化。现代性启蒙于 16 世纪的文艺复兴,发展于 17 世纪,逐步定型于 18 世纪末。从形式上来说,现代化侧重于广义的社会变革,包括以工业化为基础的技术、政治、经济和社会发展等一系列领域的深刻转换,强调表达向现代社会变迁、转型的过程;现代性则更多属于哲学反思所把握的现代社会所表现出来的特征、趋势与原则,包括思维方式、价值原则、人生取向等,

---

[1] 马克斯·韦伯,《新教伦理与资本主义精神》,于晓等译,北京:生活·读书·新知三联书店,1987,15 页。

[2] 罗荣渠,《现代化新论:世界与中国的现代化进程》,北京:北京大学出版社,1993,102 页。

是"理性在现代社会各个领域中确立自身地位的进程"[1],以及所展现的文化精神和文化观点。现代性既以观念的形态折射了现代化进程中的社会变革,又对现代化过程具有内在导向意义,现代性与现代化之间在内涵上有重叠,在因果关系上紧密相连。

(二)现代性:连接城市与报刊的重要纽带

美国知名学者丹尼尔·勒纳在其经典著作《传统社会的消逝:中东的现代化》一书中认为,现代化进程主要有三个阶段,都市化(ur-banization)、读写能力(literacy)和大众媒介参与(mass media participation)。在这三个阶段的过程中,都市化的发展趋势大大增强了对读写能力和媒介参与的需求,这种需求继而使控制消费的条件也变得现代化;当一个国家的大多数人掌握了读写的技能,就意味着新要求的产生及其满足这些要求的方式的完善,并导引出媒介参与;随着媒介参与性的增强,人们对社会系统其他部分的参与性也有所加强。[2] 其中,都市化是现代化的前提和基础。所谓"都市化",即人口从分散的地区向都市中心流动的过程。这一过程会刺激人们参与性的需求,同时也会为人们的这种广泛参与提供条件。

1960年,欧美和日本学者在日本的箱根举行了"现代日本"国际研讨会。这是国际社会第一次认真而又系统地讨论现代化问题,并首次确定了八项标准。其中,第1条是"人口相对高度集中于城市之中,城市日益成为社会生活的中心",第6条是"(有)一个不断扩展并充满渗透性的大众传播系统"。[3] 这虽然只是国际上关于现代化的一个粗糙标准,但可以看到"城市"与"传媒(报刊)"两者在现代化体系中的重要性,既是并列,又是顺承,实际上相辅相成,都不能缺失。

这一点实际上很容易理解,工业化提升了整个社会的物质生活水

---

[1] 杨大春,《反思的现代性及技术理性的解构——海德格尔及福柯论现代技术问题》,《自然辩证法研究》,2003年第2期。

[2] Lerner, Daniel, *The Passing of Traditional Society*: *Modernizing the Middle East*, London: The Free Press of Glencoe, 1963, pp.43-75.

[3] 孙立平,《传统与变迁——国外现代化与中国现代化问题研究》,哈尔滨:黑龙江人民出版社,1992,3页。

平,同时也促进社会结构向着城乡二元结构转变。城市与乡村的分野,推进了城市物质资源的集中,也加快了城市人口日趋增长的过程。人们涌向城市,其实不必纠缠他们的目的性是否如同亚里士多德思考的"城邦的长成出于人类'生活'的发展,而其实际的存在却是为了'优良的生活'"[1],结果却是显而易见的,传统上分散的、以血缘关系为纽带的共同体进入了城市的"容器",在建立和适应以理性为中心的新的社会准则过程中,无论是主动参与,还是被动习惯,通过传媒来获取信息、表达意见、接受娱乐、获得认同……成为一项日常的必不可少的活动。虽有最初的时候,"报刊对读者需要什么样的信息心中无数,不甚了了",但是,"19世纪识字人数的扩大、科学技术的发展、大众市场的增加都使新闻编辑人员与消费者对新闻媒介有更大的期望,报刊的商业和政治作用日趋突出"[2],当大众传播,比如《便士报》普及时,新闻业与广阔的社会、经济和政治的转变产生了密切关系,进而推动了迈克尔·舒德森所言"民主的市场社会"[3]的兴起,实现了经济发展、政治变革、社会进步、文化繁荣,城市的现代性被进一步科学化、民主化与法制化,这也是城市走向现代化的共同路径。在这个城市现代性的构建与丰富的进程中,媒体也完成了自身在现代意义上的嬗变和成长。

可以补充的是,从内涵到表现形式来看,现代性与现代化有着许多方面的重合,并且,这种重合在城市的语境下应该更加直观明晰。例如,从经济学角度看,所谓现代化首先是经济领域的工业化,这是各国现代化的必经之路,是一个普遍的从传统的农业社会向工业社会转型的过程。作为一种新的生产组织形式、新的生产制度、新的生产方法的应用,工业化造就了一个新的文明形态——资本主义工业文明,理性、自由、民主、平等、正义等现代性因子都贯穿其中。正因为如此,吉登斯说:"在其最简单的形式中,现代性是现代社会或工业文明的缩

---

[1] 亚里士多德,《政治学》,吴寿彭译,北京:商务印书馆,1983,7页。

[2] 赫伯特·阿特休尔,《权力的媒介》,黄煜等译,北京:华夏出版社,1989,41页。

[3] 迈克尔·舒德森,《发掘新闻:美国报业的社会史》,陈昌凤等译,北京:北京大学出版社,2009,24页。

略语。"[1]从因果关系上来说,现代性是现代化的理论前提、基本框架、哲学指导与价值支撑。作为现代化的本质特征,没有现代性,就不会有真正的现代化[2];反之,现代化运动又是一个培育、获得和表征现代性,并将现代性作为内在"精神气质"的过程。两者的重合性越高,现代化的水平就越高。现代性越充分的现代化,历史的进步意义就越大。

城市,是观察现代性培育、获得和表征的一个典型样本。尼古拉斯·加汉姆说:"当代关于传媒的历史争论的要害是,传媒不仅是现代性历史发展的本性,还是现代性构成的标准化判断。"[3]这句话有两层含义:一是现代性的历史发展必然要求大众传媒的出现、发展和发挥效用;二是大众传媒产生后,又成为判断和观察现代性的某种标志标准。所以,以现代性来考察报刊、城市以及报刊和城市的互动就是水到渠成的事情了。这也是本书理论脉络展开的第一层视角,即一种基于城市现代化发展的历史考察的经验概括。

传播研究的中介化转向,是本书理论脉络展开的又一层视角,它倾向于偏重哲学层面的思考,尽管它的基础还是媒介生产的历史与现实。法国媒介学家雷吉斯·德布雷是传播研究中介化转向过程中一位承前启后的关键人物。他考察了黑格尔关于"中介"的认知,并将加拿大学者麦克卢汉"媒介即信息"的观点发展为"中介即信息",用以表达两层意思:没有中介的信息是不存在的;它们其实就是一个整体。因此,"交流渠道之外没有信息"[4]。德布雷的"中介",被认为是一个哲学层面囊括性最大的概念,凡是建构两者关系的都是中介,包括报刊在内的大众媒介当然也是。

[1] 安东尼·吉登斯、克里斯多弗·皮尔森,《现代性——吉登斯访谈录》,尹宏毅译,北京:新华出版社,2001,69 页。
[2] 比如日本京都大学的棚濑孝雄教授分析日本的现代化问题时提出一个有趣而发人深思的看法,他说日本是"有现代化而无现代"(modernization without the modern)。其主要论旨是:日本成功地完成了"现代化"的三个主领域,即"工业化""民主化"及"个人主义",但究其实际,则日本有市场运作,却受政府严格的规制;有民主制度,却为权威主义所渗透;日本发现个人的新价值,却并不具备西方个人主义的核心。转引自金耀基,《论中国的"现代化"与"现代性"——中国现代的文明秩序的建构》,《北京大学学报》,1996年第1期。
[3] 尼古拉斯·加汉姆,《解放·传媒·现代性——关于传媒和社会理论的探讨》,李岚译,北京:新华出版社,2005,55 页。
[4] 雷吉斯·德布雷,《媒介学引论》,刘文玲译,北京:中国传媒大学出版社,2014,127 页。

以此为基础,德国媒体理论家基特勒提出了轰动整个学界的"媒介本体论"。"交错的网络分割和联结着城市……不论网络传送的是信息(电话、广播、电视)还是能量(自来水、电力、道路),它们都是信息的不同表现形式(只不过因为现代的各种能量流都依赖于相似的控制网络)。"城市"是由河流、水道和新闻渠道共构的网络。城市是'所有这些路径的交汇点'。"[1]在基特勒的眼里,城市本身就是媒介,一种经由传播构筑的网络化的中介关系。基特勒的学说,也被认为是纠正了哲学史上自亚里士多德以来一直对技术媒介的忽视。澳大利亚传播学家麦奎尔的结论与基特勒的看法非常一致,"日趋流动、即时并渗入城市空间的媒体集合,已经变成了一个独特的社会体验模式的构成框架……当代城市是个媒体—建筑的复合体,它源于空间化了的媒体平台的激增和杂合的空间整体生产。尽管至少自 19 世纪中叶'城市现代化'背景下的技术图像发展之日起,这一过程就一直在进行中,但其充分的含义直到数字网络得到扩展之时才逐渐为人所知"[2]。并且,两人的观点还有着一种对象上的还原。基特勒认为,城市是一种聚合多重网络的介质,所以城市就是媒介。麦奎尔指出,媒介完全嵌入城市,所以媒介就是城市。他们的学说也给以芝加哥学派为基础的主流传播学带来了冲击。比如,城市先于大众媒介吗? 大众媒介作为城市整体结构的整合工具,这样的传统思路在理论和现实两个方面又有哪些缺陷?

这些哲学上的反思,也让城市与传播的关系变得日益复杂。虽然这不是本书讨论的重点,但它代表了传播学在哲学范畴上的一种突破,"在中介化范式中,现代性的主体观塌陷了。传播与主体、客体的关系反转了,传播是主体的存在方式,是构成主体的方式,是主客体得以显现的实践场域"[3]。在这里,传播构成了人类的存在方式。没有传播,就没有主体、客体。城市传播赋予了城市、媒介、传播及其相互

[1] 弗里德里希·A.基特勒,《城市,一种媒介》,载周宪、陶东风主编,《文化研究》,北京:社会科学文献出版社,2013,257-259 页。

[2] 斯科特·麦奎尔,《媒体城市:媒体、建筑与都市空间》,邵文实译,南京:江苏教育出版社,2013,1 页。

[3] 孙玮,《城市传播:重建传播与人的关系》,《新闻与传播研究》,2015 年第 7 期。

关系以全新的理解,城市与媒介的关系不再局限于真实—再现一个单向的信息传递过程,而是互相嵌入、交织融合,共同编织人类关系网络,特别是"城市共同体"的实践。

作为城市子系统的报刊,它以现代性为纽带与城市空间发生着紧密关系,就本书"城市、报刊与现代性——以晚清重庆报业(1897—1911)为中心的观察"而言,强调的是以1897—1911年的晚清重庆报业为核心文本,来观察城市、报刊与现代性三者之间的关系。这种关系不能简单等同于城市与报刊现代性,或者报刊与城市现代性,或者报刊现代性与城市现代性。从城市与报刊的关系来说,"城市、报刊与现代性——以晚清重庆报业(1897—1911)为中心的观察"应该体现在三个维度:①晚清重庆报业带来的重庆城市信息传递,这是媒介的首要功能,这恰如帕克所说,"报纸是城市范围内通讯传递的重要手段……报纸提供的第一个功能,便是以前村庄里的街谈巷议所起的功能"[1]。这也是"可沟通城市"的基础。②晚清重庆报业带来的重庆城市社会交往,比如是否产生了一个"建制化的表达空间",是否构建了哈贝马斯所说的"公共领域",是否形成了安德森所谓的"想象的共同体"。③晚清重庆报业带来的重庆城市文化、精神和价值意义的培植。这是在前两个维度上的深化,是诠释"传播技术是提升政治、文化质量的关键所在"[2]的最好表达,是在报刊与城市互动的现代化过程中提炼出的一种关于1897—1911年的晚清重庆由传统向现代转化的哲学范畴,比如开启民智的思虑、救亡图存的思想、"国家再造"的思考等,是对城市空间在特定时间段的时代意识和精神气质的高度概括,是一种"可见之不可见"现代性。

作为一种"以晚清重庆报业(1897—1911)为中心的观察",全书还试图展开纵向的比较,比如长江流域的武汉、上海,这些区域的近代新闻事业早于重庆,报刊与城市的互动紧密,且现代性的表现丰富,相关研究也早于本书。同时,重庆—武汉—上海作为"长江最大的城市

---

[1] R.E.帕克等,《城市社会学:芝加哥学派城市研究文集》,宋俊岭等译,北京:华夏出版社,1987,40页。

[2] 詹姆斯·W.凯瑞,《作为文化的传播》,丁未译,北京:华夏出版社,2005,112页。

和港口,组成了联络中国腹地、中部和沿海地区的完整系统"[1],长江流域既是中国最重要的经济区,也是一个贯穿巴蜀文化、荆楚文化和吴越文化的文化带。这样超越地方的历史关照,进一步连接了城市史、区域史、中国新闻史以及中国近代史,也呼应了周勇先生"重庆史是中国史,也是世界史"的倡导,"重庆史是地方史,这是不争的事实,因为每个地方的历史都只能首先是地方史……但是,当一个地方、一个城市被推上国家历史或国际历史发展的重要舞台,甚至站在历史舞台中心,扮演历史主角的时候,这个城市的历史就不只是地方的历史,而是国家的历史,甚至世界的历史了"[2]。相同的历史,在不同的城市、不同的报刊与不同的现代性达成路径中,会有着不同的演绎和表达。这种纵向的观察,自然也会促使"城市、报刊与现代性"的联系更加紧密,对比更加强烈,思考更加深刻,文章的厚重感和结构的扩张力会进一步增强,也更可能展示重庆"城市、报刊与现代性"三者关系的样本价值。

(三)中国的现代性:几点必要的补充

我们不得不承认现代性、现代化等概念源于西方,并且随着越来越明显的全球化趋势,现代性表现出世界化的现象,甚至现代化成了"20世纪里一桩最伟大与庄严、最迷惘与挑战的事实是全球的文化的与社会的变动"[3]。但我们不得不警惕以下几个方面:

第一,现代性不等同于资本主义,或者理性主义,我们否认"现代性的非文化观",即忽视和拒绝从文化的因素来考察现代性和现代性问题。从宏观上来说,包括中国在内的东方国家在迈向现代化的过程中,不可能与传统截然割裂。传统文化不应该,甚至不能因为理性主义被排斥或摒弃。相反,这会成为构建中国现代性的重要文化资源,即当下中国共产党倡导"文化自信"的重要缘由。从微观上来说,城市

---

[1] 王笛,《跨出封闭的世界——长江上游区域社会研究(1644—1911)》,北京:中华书局,2001,1页。

[2] 周勇等,《重庆通史》(第一册),重庆:重庆出版社,2014,代再版前言,3页。

[3] 金耀基,《从传统到现代》,北京:中国人民大学出版社,1999,91页。

报刊作为典型的"地方性知识"[1]，必须以相当开阔的文化相对主义的立场和心态来对待，既要认识到在特定空间和时间维度上现代性的合理性，更要避免意识形态化的想象和偏见。"地方性知识"命题的意义不单单在文化人类学的知识观和方法论方面，实际上也是对西方文化霸权批判的一种呼应。同时，中国的现代化不能简单地看作寻求物质上富裕和国力上强大的奋斗过程，它也应该是中国寻求新的文明秩序的一个历史过程。虽然这个过程是从洋务运动这一不触及政治与社会变革的器物层面开始的，但后来的辛亥革命、五四运动、新政权的建立，包括其间的种种变革，基本上是围绕从"天下"到"国家"的思想转型[2]来自觉或不自觉地展开的，这是新式文明重构的重要推进力。中国从一开始，在现在，至未来，都有着不同于西方的现代化及其现代性的表现形式，这是历史的必然。

第二，关于近代中国现代性的动因，是一个难以一言以蔽之的话题。近代中国在整体上呈现出明显的过渡社会形态和错综复杂的历史运动过程，从闭关到开放，从半殖民地半封建到独立，从愚昧到文明，从冲突到交融，历史事件、历史人物、各类思潮、经济发展、社会变迁、政治动荡、生活方式……诸多元素交织在一起。"近代中国城市既是帝国主义侵略中国的主要基地，又是西方近代文明输入的窗口；既是封建势力盘踞的政治中心，又是近代中国资本主义发生发展的场所。"[3]因此，近代中国城市是观察近代中国现代化的一个绝佳横截面，它涵盖了城市现代化过程中空间结构、社会结构、制度结构、文化结构等多个层面。具体到解释中国城市的现代性动因上，不能简单以费正清等人的"冲击反应说"模式，或者柯文的"中国中心说"模式来评述，应该是西方资本主义的冲击与中国内部（主动+被动）应变的相互作用。这种被称为"折中说"的概括，多少有一点中庸表达的意味，它认为中国的变革是内部因素和外来影响相互作用的历史产物，西方冲击是很重要的力量，但最终是通过内部复杂变量发生作用。依据这

---

[1] 吉尔兹，《地方性知识——阐释人类学论文集》，王海龙译，北京：中央编译出版社，2000。

[2] 参见列文森，《儒教中国及其现代命运》，郑大华等译，北京：中国社会科学出版社，2000，87页。

[3] 隗瀛涛，《近代重庆城市史研究》，《近代史研究》，1991年第4期。

种理论解释,中国的现代性产生更具有辩证性。既不夸大外在因素的影响,又不藐视内在因素的作用,有效地综合内外两方面的变量。因此,这种解释也更为学界所接受。落脚到重庆这样一个长江上游的内陆城市,我们也可以从宏观层面这样界定,尽管这种相互作用是含混不清的。但如果采取从报刊与城市互动的路径来挖掘这种现代性的达成,本书尝试继续采取"个案推动说"[1]模式来阐释,所以后文会不厌其烦地研究晚清重庆典型的新式报刊《渝报》《华西教会新闻》《重庆日报》《广益丛报》《重庆商会公报》《国是报》等在现代性方面与城市的联系。

第三,本书的讨论对象是城市,但不打算完全放弃对乡村的考察。城市与乡村是一种密切的关系,马克思说,"亚细亚的历史是城市和乡村的无差别统一"[2]。这种无差别统一关系在以农业社会为主要形态的中国尤为明显。日本著名学者斯波义信阐述道,"早在商、周、春秋和战国时代,都市(城邑)已成为规定人们社会生活和经济生活的中心,即使在郡县、郡国和州县这种官僚制度形成之后。也正如别具慧眼的中国社会学者葛兰言及费孝通等人一针见血指出的那样:古代都市一直都与农村组成了不可脱节的对应关系而发展起来。在 10 世纪以后,府州、县层次的都市周围发展出无数的'市镇',开始对农村产生深刻的影响,并由此成为近年来备受瞩目的乡镇问题的源头。总之,虽说过去的中国社会是一种前工业化类型的农业社会,但其属于一种在框架内成熟并发展到极限类型的社会,不把握住这一点,就抓不住问题的实在"[3]。从传统城乡的关系来看,"在中国的过去和现在,乡

---

[1] "个案推动说"最早由蔡斐在其博士论文《1903 年:上海苏报案与清末司法转型》中提出,用以分析近代司法转型动因。 在作者看来,"'个案推动说'强调中国法治进程,无论清末,还是当下,是由一个个具体的个案推动前进的。 这种论说摆脱了从宏观层面讨论司法转型动因的纠缠不清,而落实到具体个案上,从微观层面入手,因为无论是变化着的政治、经济和社会因素,还是需要变革的法律和转型的司法,其落脚点都是实践中的个案。 个案恰如一个个节点,勾连着历史的脉络,展现着历史的变迁,同时又承前启后,把旧的需要摒弃的和新的需要吸纳的都包含在内" 参见蔡斐,《1903 年:上海苏报案与清末司法转型》,北京:法律出版社,2014。

[2] 马克思、恩格斯,《马克思恩格斯选集》(第 46 卷上册),北京:人民出版社,1965,480 页。

[3] 斯波义信,《中国都市史》,布和译,北京:北京大学出版社,2013,前言,1-2 页。

村和都市(包括传统的市镇和现代的都会)是相克的"[1]。对于这种"相克性",费孝通先生进一步给出解释,"从乡土社会进入现代社会的过程中,我们在乡土社会中所养成的生活方式处处产生了流弊"[2]。也就是说,长久以来,中国传统社会严重依附于乡村。乡村是中国社会的基础,规范与制约着中国社会的转型与发展。就近代中国现代转型来说,中国传统的乡村社会与现代社会之间存在的冲突与对立,阻碍了中国现代化进程与现代性的生长。而就报刊的书写对象和传播范围来说,一方面乡村是研究城市无法回避的对象;另一方面在现代化的进程中部分城乡地区的界限非常模糊,从前的乡村往往在不知不觉中被纳入急速扩张的城市范畴,成为城市空间的延伸。或者干脆城乡都以"省界""民族""国家"的概念来整体表达,这是与中国历史上长期以来的整体观密切相关的。在这个意义上,只研究城市而摒弃乡村,是毫无必要,也是不可能的。

三、晚清重庆: 报刊、城市与现代性如何可能?

重庆,古称江州,后又称巴郡、楚州、渝州、恭州,直至南宋孝宗淳熙十六年(1189年),才确定"重庆"一名。地理位置上,从全国来看,重庆承东启西,地处中国中西部的结合处;从全川来看,重庆位于四川盆地东南部的华蓥山南麓,地处长江与嘉陵江的汇合口。

和大部分中国城市一样,重庆城市的现代化经历了从城(邑)到城市,再从城市到城市现代化的两个历史阶段。宋代之前,重庆据险而守,主要是承担了军事城邑和区域政治统治中心的角色,城的功能主要体现在军事震慑和政治统治方面。宋代之后,随着生产力的发展,重庆开始向人口集中、商业繁荣的城市演进,这个过程在清朝前期实施"湖广填四川"的政策后尤为明显。《巴县志》记载,乾隆初年,重庆"商贾云集,百物萃聚……或贩自剑南、川南、藏卫之地,或运自滇、黔、

[1] 费孝通,《乡土中国》,上海:世纪出版集团,2013,257页。
[2] 费孝通,《乡土中国》,上海:世纪出版集团,2013,11页。

秦、楚、吴、越、闽、豫、两粤间，水牵运转，万里贸迁"[1]，重庆城市已经地跨嘉陵江两岸，府城内街巷达 240 条，"酒楼茶舍与市闼铺房，鳞次绣错，攘攘者摩肩踵接"[2]。另据统计，道光四年（1824 年）重庆府城的城市人口已达 17 750 户，65 286 人，加上江北厅的人口，估计总数在 8 万人左右。其中，部分街区如临江门、南纪门、储奇门一带工商业人口比重突出。此外，区域开发、农业发展、手工业的兴盛、交通运输业的发展，也共同促进着重庆从政治军事功能的城邑向以经济文化功能为主的多功能城市转变。

（一）晚清重庆城市的现代化转型

1891 年 3 月 31 日，重庆海关成立，重庆正式开埠，这也是重庆现代化开始的起点。开埠之后，重庆从封闭走向开放，被纳入世界交往的框架体系中。和当时中国的许多城市一样，这种开放性作为重庆城市现代化不可缺少的条件，催生了现代化，却也不得不被打上半殖民地化的烙印。尽管屈辱，我们却丝毫没有必要夸大它的负面效应。真实的历史展示出中国国家与地方"忍辱负重"共同前行的姿势。换言之，重庆城市现代化的过程不是一个单向历史过程，恰如陈旭麓先生提出的，"中国近代是一个动态的、新陈代谢迅速的社会……中国近代社会的新陈代谢在很大程度上是由于接踵而来的外力冲击，又通过独特的社会机制由外来变为内在，推动民族冲突和阶级对抗，表现为一个又一个变革的浪头，迂回曲折地推陈出新"[3]。正是在外来影响和内部因素的相互作用下，"重庆在被侵略、被掠夺中求适应、求自主、求振兴，从被动到主动地去接受和运用资产阶级的生产方式、经营方式和科学文化，在从一个封建城市变为半殖民地城市的同时，又逐渐从一个中世纪城市走向近代城市"，[4]极大地拓展了城市功能，在城市经济结构、社会结构、地域结构、文化结构等领域发生了深刻的转型。

---

[1] 乾隆《巴县志》卷 3。
[2] 乾隆《巴县志》卷 2。
[3] 陈旭麓，《近代中国社会的新陈代谢》，上海：上海人民出版社，1992，序言，3 页。
[4] 隗瀛涛，《近代重庆城市史》，成都：四川大学出版社，1991，23 页。

1.城市经济结构的转型

相比川江流域其他城市，开埠前重庆商业发达，但主要是以内贸为主，这在很大程度依赖于重庆特殊的地理位置——"重庆者，四川之咽喉，而扬子江上游之锁钥也"[1]，这是一种基于内陆沿江港口城市发展形成的自然经济的高级阶段，具有不折不扣的"前资本主义"性质。这也造就了重庆城市化进程与欧美等西方国家的不同。欧美等不少城市的发展程序，一般遵循通过工业化推进城市化，进而促进城市现代化，又反过来推进城市化与工业化的相互循环过程，这是城市内部结构变动引发城市功能的改变。相比之下，"前资本主义"性质下的中国近代城市通常不具备自立的经济，它们与乡村在经济上是同一的。这种同一性的基础是：城市，在政治上统治乡村的同时，经济上依赖乡村，没有发展成独立于乡村之外的经济中心。也就是说，中国近代城市功能改变往往是外部作用力的结果，不是从城市内的工业化开始，而是从商业贸易开始的，包括重庆在内的中国沿海、沿江的新兴城市基本上都属于这种模式。

据《重庆开埠史》不完全统计，自1890年英商立德乐在重庆下陕西街开设立德乐洋行开始，到1911年辛亥革命爆发时为止，外商先后在重庆开设洋行、公司、酒店、药房等商业机构49家、工厂11家。新的外贸商业形式极大地改变了重庆传统的贸易结构，并刺激着国人的现代性商业意识。随着外国产品输入数量的加剧，中国资本的新式商业公司和工厂开始在重庆出现。1891年，森昌泰与森昌正火柴厂移设重庆就是重庆新式商业崛起的一个标志。到1911年前，重庆的民族资本工厂有52家，具有资本主义性质的金融机构也开始出现，川江航运发展迅速，从而初步形成了以商业、金融、交通和工业为四大支柱的近代重庆经济体系[2]，也促成了近代四川经济中心的东移，不但为重庆成为经济中心夯实了前提基础，加强了重庆与外界的联系，也引起了重庆城市功能在多个领域的变革。

在马克思看来，"随着经济基础的变更，全部庞大的上层建筑也或

---

[1] 金沙，《四川贸易谭》，《四川》，1908年第2号，87页。

[2] 参见周勇主编，《重庆通史》，重庆：重庆出版社，2014，37页。

慢或快地发生变革……"[1]经济结构是整个社会系统中最基本、支配着社会其他结构的结构，是具有本源性的"元结构"。比如，经济的发展必然出现更多的雇佣工人，这是经济学的一般规律。劳动空间与居住空间的分离，带来了家庭观念的变化和习俗制约的减少，以血缘为纽带的宗族关系进一步削弱，取而代之的是利益、效率、竞争、绩效、合作、创新等新观念，重庆概莫能外。再比如，重庆近代社会"挑夫"群体（即重庆市民俗称的"棒棒"）的兴起，很重要的一个拉力就是城市经济的发展以及相配套的生产生活需要。即便是这类城市的边缘群体，他们也会将这种劳动力的买卖经营以行、帮的方式来实行一种规模经营，无疑具有现代意义。同时，他们人口的急速增长，产生了一个较大的游民阶层，增加了社会不稳定因素，导致城市性别比例失调，社会安全、嫖娼、吸毒等问题层出不穷，也间接加快了重庆袍哥组织等秘密社团和现代警察职能的发展。

2.城市社会结构的转型

社会结构转型，是自马克思以来，迪尔凯姆、韦伯以及吉登斯等人共同关注的研究对象。吉登斯反对马克思、韦伯、迪尔凯姆将社会转型的动力分别归于生产力的发展、社会分工、人的理性化这样的单一因素，而且认为这些因素实质而言都是把近现代社会结构转型的动力归结为经济结构中生产力因素的变化。在吉登斯看来，资本主义不是现代社会实现结构转型的唯一力量，除了上面的这些因素之外，还有一个更为重要的力量，即国家形态的变化。[2] 那么，对国家、民间统治精英、民众这三个社会结构中最基本的因子来说，因为民间统治精英"身在国家之外，但却是定型国家基本制度框架（institutional framework）的基本社会力量；在民间的基层社会生活中，民间统治精英又是实现社会整合、造就社会的自我组织以及自我形成秩序能力的重要社会力量"[3]。在晚清国家日趋式微，最低层次的民众又作为转型隐性

---

［1］马克思、恩格斯，《马克思恩格斯选集》（第2卷），北京：人民出版社，1995，33页。

［2］参见安东尼·吉登斯，《民族—国家与暴力》，胡宗泽等译，北京：生活·读书·新知三联书店，1998。

［3］孙立平，《改革前后中国国家、民间统治精英及民众间互动关系的演变》，《中国社会科学季刊》，1994年第1期。

力量的境况下,这就要求作为连接国家与民众枢纽的民间统治精英在公共领域发挥更为积极的领导、整合、组织、管理、协调、仲裁等价值。这也是吉登斯社会结构转型中"权威性资源"的重要体现。

这一点回到历史唯物主义的视野下实际上很容易解释。晚清之际,近代经济结构的转型,西方近代文明的传播及新式学堂的创办,特别是科举制的衰败及最后被废除,扮演民间统治精英的士绅——地主集团受到沉重打击,并分化为工商业者、知识分子、新式军人和仍然留在农村的土豪劣绅[1],这次统治精英衰落与解体带来的直接结果就是帝制的结束,但也促使身在城市的工商业者、知识分子和部分新式军人在社会转型中地位的提升。

在晚清重庆传统统治精英瓦解的同时,具有一定资本主义性质的新式商人大量出现,并成为一股新兴的力量登上历史舞台。他们在同国外同行竞争的过程中,既天然地追求利润,也自觉地举起了民族主义的旗帜。在1904年成立重庆总商会,夯实了"共同体"的概念。作为全国较早设立的商会之一,重庆总商会是在重庆商业发达、商人地位提高、清政府实施"新政"等多重因素的激励下建立的,它在较大程度上反映了重庆商人群体的现代意识,这一点从《重庆商会公报缘起》中所表达的"通达商情、开启商智、联合商群"[2]的集体诉求就可以管窥一斑。在重庆《渝报》《广益丛报》《重庆日报》的背后都可以发现商人资本或隐或现的身影,而报刊正是他们参与社会动员的最重要武器之一。此外,知识界也先后建立了公强会、游想会、同盟会等团体和政党组织。

3.城市地域结构的转型

重庆城市是在古代江州城的基础上发展、演变而来的。张仪筑江州采用的是城郭分治的办法,以嘉陵江两岸为主,其中官舍居于江北,称为"北府",市井中心位于两江环抱的半岛上,称为"南城"。明朝洪武年间,重庆卫指挥使戴鼎对两江半岛上的重庆城墙进行了大规模的

---

[1] 关于土豪劣绅的讨论见 Philip A. kuhn, "Local Self-Government under the Republic"。in Frederic Wakeman, Jr and Carolyn Grant（cds）, *Conflict and Control in Late Imperial China*, University of California Press, 1975。

[2] 参见《重庆商会公报缘起》,《广益丛报》,1905 年 9 月 8 日第 82 号。

加固、修缮,新构筑了临江门等重要城门,形成了"九开八闭"的城门格局,确立了重庆城的范围。同时,城北嘉陵江原江州城旧址到明代中期逐渐发展成为一个较大的集镇——江北镇,清代乾隆十九年(1754年)移重庆府同知驻此,分巴县江北地区置江北厅,重庆城区开始横跨嘉陵江南北。

据《近代重庆城市史》考证,南岸一带在清末也陆续有街市出现。南岸街市的出现,和重庆开埠有直接关系。重庆开埠,"署理川东道张华奎,报重庆关开关,旋与税务司勘定南岸王家沱为商埠地址"[1],南岸成为西方列强开设机构的首选之地。英、法、日、美、德等国,在南岸地区设海关、建码头、修仓库、开洋行……仅南滨路一线,不仅有法国水师兵营、英国海军俱乐部、王家沱日租界,更有立德乐洋行、卜内门洋行 27 家,这无疑扩大了重庆城市的地域范围。日本人山川早水记下了这种全新的南岸市区环境变化:"在扬子江(即长江,下同)边上之市街的对岸,约隔半里的另外一带是山岳地带,地势甚为陡峭,西洋馆所多建筑在这一带半山腰上。其中如法国水兵俱乐部以及侨居西洋人之别墅,皆占有好的地形。崖下水深流缓,是属列国炮舰的碇泊场。"[2]

除了向南拓展,渝中半岛的许多区域也逐渐演变为城市区域。晚清的重庆城区是拥挤的,法国里昂商会 1896 年对重庆城市的观察是"人口拥挤,人口密度奇大","重庆城里大街小巷不乏热闹","大街上的买卖、喧嚣一直要持续到夜晚",巴县县长"亲口对我说过城区内有两到 3 万户人家,平均每户 5 口人。如果以三万户计算的话,就应该有 15 万人。我个人认为实际人数至少应该翻一番。无论怎样,即便估计重庆人口有三十万到三十五万,我也不觉得有多少出入"[3]。据统计,到 1910 年,巴县人口有 19.1 万户,每户平均 5.2 口人,人口总数

[1] 民国《巴县志》卷 16《交涉》。
[2] 山川早水,《巴蜀旧影——一百年前一个日本人眼中的巴蜀风情》,李密等译,成都:四川人民出版社,2005,240 页。
[3] 法国里昂商会,《晚清余晖下的西南一隅——法国里昂商会中国西南考察纪实(1895—1897)》,徐枫等译,昆明:云南美术出版社,2008,94-95 页。

则攀升到 99 万。[1] 人口的急剧增长,进一步加剧了城市的拥挤,"(城市)没有扩展空间,……货栈、会馆、商行、店铺、穷人和富人的住所,塞满在陡峭沙岩上,或者坐落在长江与其最大的北方支流嘉陵江之间的半岛上"[2]。这种情况,与当时重庆城市的经济社会发展是不协调的,也会推动城市突破古老的城墙,向外实现地域的扩张,自然也会带来近郊农村向城市的转变。

重庆城市地域结构转型另一个值得注意的方面是,"异质"的城市建筑"嵌入"古老的城市空间。开埠之后,西方国家纷纷来重庆设立领事馆、洋行、教堂、教会、学校、医院等,日本还设有租界并将它变成"一个四川内地的一个小日本国"。[3] 这些机构的设立及建筑物的修建,对重庆城市的规模扩张、地域结构和空间布局影响很大。特别是西式建筑,恰如尼采所说的"建筑是一种权力的雄辩术",具有象征系统的明显意义,是时代身份的表述,不只展示了重庆城市土洋共处的地域风貌,也宣告了这个城市半殖民地的政治背景。

4.城市文化结构的转型

城市的文化(狭义文化)结构,即城市市民的生活方式,行为方式和价值观念,也称为城市精神,包括城市市民的生活习俗、日常交往方式、时尚以及宗教观念、道德情操、哲学理念、艺术底蕴等,它是城市的深层结构。[4] 必须交代的是,相对封闭的地理位置,根深蒂固的传统文化,决定了城市文化结构难以在短时期内更新迭代。这种变化是细微和缓慢的。不过,晚清城市在开埠之后还是展现出许多文化上的新气象。

重庆很早就是四川东部的文化中心。明、清两代重庆府和巴县各立学宫、府县设学官主持。清朝中后期,学官的教育任务转由书院承担。到清后期,以专馆和散馆为主要类型的私塾已经普及,地方官绅、

---

[1] 转引自王笛,《跨出封闭的世界——长江上游区域社会研究(1644—1911)》,北京:中华书局,2001,400 页。
[2] 伊莎贝拉·伯德,《1898:一个英国女人眼中的中国》,卓廉士,黄岗译,武汉:湖北人民出版社,2007,343 页。
[3]《收回王家沱特委会敬告租界内本国民众》,《新蜀报》,1931 年 10 月 21 日第 6 版。
[4] 赵强,《城市现代性:本质、问题与超越》,苏州大学 2006 年硕士论文。

商人、富户、家庭等捐资建立的义学则面向贫穷家庭子弟,城市人口的识字率不断提高。这也为新式报刊的阅读和发行创造了条件。1900年之后,重庆在当局的鼓励下,兴起了一股主要面向日本的"游学热"。一些为留学做前期准备的民间组织和学校,如重庆东文速成学堂、游学预备堂等接踵出现。清政府在鼓励出国留学的同时,也注重保存旧教育制度,开始发展学校教育,形成双轨制教育体系。由于"渝城地居冲要,得风气之先",重庆新式学校,如小学堂、中学堂、师范学堂、专门学堂的创办较一般州县更快更容易。到1904年,四川各大中小城市的学校"以彼处为占多数"[1]。1905年后,女子教育也得以实现。《重庆日报》的创办人卞小吾在重庆培德堂设立女工讲习所,"既授以文化,又授以技术,一洗中国几千年来女子无才便是德的封建旧习"[2]。此外,还有实验工学团、四字讲社、半日学堂、补习学堂等大批未入学制的学校先后出现。教育,是文化转型的基础。教育培养的人才成为重庆城市发展的中坚力量,他们的行为规范、生活方式、思想意识、价值观念、科学意识等更担负起城市现代化建设的现代人角色。

　　教育的发展,与重庆的开放一样,开阔了重庆人的视野,也塑造了重庆人"勇开风气之先""新社会的催生者""民族精神的象征"[3]等近代精神。以卞小吾为例,他出生在重庆江津的封建家族,早期受明末思想家黄宗羲的学说影响较大,"最喜探讨历朝兴亡之道,留心经世致用之学"[4],后受民族危机刺激走出封建家庭,前往北京、上海等地游历,并探访了事涉苏报案的邹容、章太炎等人,又与《中外日报》的汪康年、马君武、谢无量,以及革命党人冯自由、章士钊等人接触,立志反清。回渝后,他办报纸、开学堂、开工厂,"宣扬革命精神,以唤醒群众同心协力为国家民族的利益而共同奋斗","大力倡导新文化,吸取欧美和日本等国的现金科学知识以开启民智","振兴实业,抵制外货,挽回权利,以苏民困"。[5]在他的推动下,"渝中知己,沪上党人,音书往

[1]《四川官报》,"新闻"4页,甲辰第20册。
[2] 卞稚珊,《卞小吾遇难纪实》,《重庆文史资料选辑》,1981年第12辑,116页。
[3] 参见隗瀛涛主编,《近代重庆城市史》,成都:四川大学出版社,1991,828-852页。
[4][5] 卞稚珊,《卞小吾遇难纪实》,《重庆文史资料选辑》,1981年第12辑,112页。

来,密图组织,势渐膨胀"[1],"不数月,革命事业,大有一日千里之势"[2]。后来在清政府的迫害下,他依然坚持工作,"革命事业正在蓬勃发展,不能中断一日"。1905年6月,卞小吾被捕入狱,在囹圄之中坚持写下《救危血》《呻吟语》,"皆救亡图存的警钟"[3]。另一位与卞小吾一样舍身成仁的新闻人邹容也来自重庆。邹容少年时,对激进的维新思想家谭嗣同十分崇拜,"常悬其遗像于座侧,自为诗赞之",决心继承维新志士的未竟事业。东渡日本求学后,这种爱国的责任感迅速转变为时代的使命感,他自觉接受了孙中山的民族、民主思想,以"革命军中马前卒"的开拓精神写下《革命军》一书,为近代中国的屈辱设置了一个有效的宣泄口,它把中国内受清政府压制、外受列强驱迫的危险境地公布于众,将中国历史上长期潜藏的种族观用革命的方式表达出来,号召人民奋起"与尔之公敌爱新觉罗氏,相驰骋于枪林弹雨中"[4]。苏报案发生后,他主动投狱,并在租界的会审公廨上提出了"拥护社会主义"的口号,声称要"写关于社会主义基本原理的书"[5]。沿着历史的轨迹,我们可以清楚地看到,从最初景仰谭嗣同的改良主义到追随孙中山的革命路线,从大声倡言资产阶级民主革命到自觉信仰社会主义,邹容代表了先进的中国人在寻求民族独立解放过程中思想的不断进步和自我提升。

（二）通过报刊参与政治：一个现代性问题

在展开论述之前,我们必须明白在新式报刊出现之前,我国已有自己的新闻传播体系。这在前文已有展开。在封建时期,这种传播体系是以服务政治为基本价值取向的,和现在流行的"大众传播"不能相提并论。

正如外国传教士观察的那样,"邸抄在政府的指导之下在北京经

[1]《卞小吾事略》,（民国时期）《江津县志》。
[2] 邹鲁,《卞烈士传》,《中国国民党史稿》,中华书局,1960,1396页。
[3] 卞仲璠,《重庆日报创办人卞小吾烈士事迹》,《辛亥革命回忆录》三,北京:文史资料出版社,1981,68页。
[4] 邹容,《革命军》,转引自《邹容文集》,重庆:重庆出版社,1983,74页。
[5]《苏报案庭审邹容记录（1903年12月4日）》,参见周勇,《邹容集》,重庆:重庆出版社,2011,305页。

常发行。它的内容主要登载全国的重要人事任免命令、豁免灾区赋税的命令、皇帝的恩赐、皇帝的重要行动、对特殊功勋的奖赏、外藩使节的觐见、各处的进贡礼物,等等。皇室的事务和私人日常起居注很少登在邸报上"[1]。从传播对象看,邸抄的阅读者主要是各级官员,后来扩大到士绅阶层知识分子等;传播方式是典型的自上而下垂直传播,非常类似于今天的组织传播。然而,邸报仅仅是古代政府信息流通的渠道之一,此外还有大量形式各异的官方文书,以及面向民众的布告、榜等,这在重庆地区都有发现。

真正意义上的由中国人自己创办的新式报刊是 1872 年的创刊的《羊城采新实录》(广州)、1873 年创刊的《昭文新报》(汉口)、1874 年创刊的《汇报》(上海)、《循环日报》(香港)。这些新式报刊产生的地区,主要是沿江、沿海通商口岸,这也是国人最早与外界频繁接触的地区。

王韬与友人合伙创办的《循环日报》是早期国人自办报刊中最有分量的一份。该报 1874 年 2 月创刊于香港。王韬是一位受过传统儒家思想教育的近代早期维新思想家和报刊政论家,也是一位追求中国现代性的呐喊者。"论者谓富强之道,必当仿效西法,则其效易于速见。惟(唯)恐识见拘墟,智虑浅薄,以为舍己从人,必不可行。不知事贵变通,势无中立,今在中土,既创开辟以来未有之局,亦当为开辟以来未有之事,则庶不至甘居乎西国之后。"[2]作为 19 世纪后几十年的改革推动者,在中国文化与西方文明之间,在传统与现代性之间,王韬所扮演的角色十分重要。王韬的身上,明显地呈现出一种传统与现代泾渭不明、纵横交错的复杂状态。他的思想中,既有对中国传统根深蒂固的坚持,又有对西方事物最大限度的开放,这些思想也体现在王韬"强中以攘外,诹远以师长"的政论宗旨上。王韬与晚清改革之间体现的"在传统与现代性之间"的关系也被美国学者柯文仔细记录并详

———————

[1] 斯当东,《英使谒见乾隆纪实》,叶笃义译,上海:上海书店出版社,1997,394 页。
[2] 王韬,《英欲中国富强》,载《韬园文录外编》卷 5,北京:中华书局,1959,133 页。

加考察。[1] 王韬本人更是被林语堂称为"中国新闻报纸之父"[2]。担任主笔的十余年间,他在《循环日报》上发表八百余篇政论,呼吁中国必须变法,兴办铁路、造船、纺织等工业以自强,进一步还应当进行政治、文化改革,并对西方议会制度和君主立宪制度大加赞赏。《循环日报》也被认为代表和反映了新兴民族资产阶级的利益和愿望,是报刊宣传变法维新的先声。当然,准确一点来说,这些报纸的观点还只是与当时的洋务运动相契合,与洋务派倡导的"中学为体,西学为用"在价值追求以及变革方式上是一致的。

显然,王韬是通过报刊参与政治的第一位代表人物。在他的笔下,现代性被他诉诸笔端,经由报纸通达国人与内地,仅《申报》就转载了近百篇,王一川直接评价他是"中国现代知识分子中体验西方世界的先行者,更是中国最早的集中、全面而系统地觉察到现代性问题的思想家"[3],但这种重要性却带有更多巧合性的成分。1870年从欧洲游历回到香港的王韬几乎处于失业状态。他撰写的《普法战纪》如果不是得到港商冯明珊、陈桂士等人赏识和集资,几乎无法付印。中华印务总局也是在这种情况下完成组建的。解决了印刷设备,《循环日报》的创立几乎是顺理成章的事情。

作为中华印务总局和《循环日报》的重要合伙人与主持人,主理《循环日报》成了王韬重要的谋生之道。[4] 但王韬对《循环日报》这一新式传播媒介并没有投入过多激情。王韬一直是《循环日报》名义上的正主笔和刊印人,但他却在1875年春,也就是办报大约一年后,就延聘洪士伟担任《循环日报》主笔,代理其主持《循环日报》笔政,自己只是做发稿前的定稿工作,仍旧专心从事著述和著作出版。他在致

---

[1] 参见柯文,《在传统与现代性之间——王韬与晚清革命》,雷颐等译,南京:江苏人民出版社,2003。

[2] 参见林语堂,《中国新闻舆论史》,刘小磊译,上海:上海人民出版社,2008。

[3] 王一川,《王韬——中国最早的现代性问题思想家》,《南京大学学报》,1999年第3期。

[4] 在对王韬办报动机进行研究方面,多数史家仅强调其借报纸进行自强宣传之目的,即所谓"强中以攘外,谀远以师长"。这种认识无疑未能深入王韬个人生活情景和内心深处。只要回到王韬个人命运与人生追求的历史情景中去,就会发现,谋生计才是王韬办报的直接目的与动机。这一点,既可从理雅各归国后王韬突然面临的"生活无着"和"别无栖枝"等情况中窥得一二,也可从《循环日报》"以服务商界为重,以营业为先"的"经营方针"中得到印证。参见樊亚平,《"报业之父"王韬职业认同探析》,《新闻春秋》,2011年第2期。

唐景星的信上说:"今岁日报一役,已延洪干甫茂才代为捉刀。拟以闲中日月,将生平著述略为编辑。"[1]从中可以看出,王韬虽为新型的知识分子,但他的思想根基仍依附于传统价值,并没有意识到办报的政治意义,也没有理解新式媒体的传播价值。他更多的是将报纸作为一个"通上下""通内外"的工具。当然,这些认知对于封闭的中国来说,已经是一种超越时代的卓越见识。

尽管如此,王韬有限而被动的办报经历,却是那个时代知识分子富有开创意义的行为。他成功开创了报纸以社论取胜的风格,也改变了知识分子以传统方式追求权力和扩大影响的方式。对此,柯文的一段话非常有见地,"从 19 世纪 70 年代初起,他有关'洋务'的社论和著述得到同代人的愈来愈多的承认。由于一些官吏开始征询他的建议,而中国年轻的改革者也将自己的作品送给他指正,他的社会价值感自然增加了。王韬作为记者和政论家而'达'了,这样,他就从总体上对中国知识分子新的事业模式的形成,起到了推动作用。正如吕实强所说,他表明了不做大官也能做大事"[2]。只不过,这些都是当时王韬本人根本没有意识到的,他更没有意识到自己不自觉的办报行为,客观上为中国知识分子起到了开拓者的示范作用。1895 年之后维新知识分子创办的《万国公报》《强学报》《时务报》等,也为晚清重庆地区的报业发展树立了榜样。

在求变的时代背景下,办报是知识分子参与政治的一项重要选择。他们使用报纸和杂志作为评论社会发展与讨论公共事务的工具,开创了一种新的政治生活空间,并推动政治文化理念走向城市与社会,成为广大普通民众能够感受的具体理念。但以报刊为载体传达出来的多重具体理念,却又超越了纯粹政治的范畴,形塑着城市与现代性的多元勾连。

比如,《渝报章程十五条》明确:"本局为广见闻、开风气而设,凡有关经世时务、中外交涉、条约诸书皆宜印布。"[3]但《渝报》实际关

---

[1] 王韬,《与唐景星司马》,载王韬,《弢园尺牍》,北京:中华书局,1959,125 页。

[2] 柯文,《在传统与现代性之间——王韬与晚清革命》,雷颐等译,南京:江苏人民出版社,2003,53 页。

[3] 《渝报章程十五条》,《渝报》,1897 年第 1 册。

注的内容包括:"四端,一曰教,二曰政,三曰学,四曰业(农工商所执为业),而归重以卫教为主,明政为序……讲学:无论中西,取其切于实用,如天文,地舆,兵法,医学,算学、矿学,格、化、光、声、重、汽、电各种学……劝业:凡种植畜牧,制造贸易,取其能出新法,周知利益……"[1]这些内容,无论在各省近闻、本省近闻、外国近闻,还是在奏折录要、译文摘要和各类专论中,都是广泛存在的。细致一点统计,《渝报》共摘译外国报刊文章38篇,其中,介绍欧美和日本等国重视报刊和书籍的印行工作的有10篇;介绍各国积极兴办学校情况的有8篇;介绍外国人研究成都、重庆以及西藏的现况的有8篇;外国人论中国的人口、财政、铁路、海关以及通商口岸存在的问题及改进办法的有9篇;介绍英、美、俄的军事情形的有3篇。这无疑扩展了当时重庆人对世界的认知,使人们从蜀中山水的偏远地域空间解放出来,参与到人的现代转型和现代性的全球流通中。这种现象,吉登斯曾转引过一位文学评论家的描述:"由于现代报纸的作用,某个边远乡村的居民对当时所发生的事件的知晓程度,超过了一百年前的首相。阅读某份报纸的村民'自己就同时关心着发生在智利的革命、东非的丛林战争、中国北方的屠杀和发生在俄国的饥荒'。"对此,吉登斯不得不感叹,"如果不是铺天盖地而来的由'新闻'所传达的共享知识的话,现代性制度的全球性扩张本来是不可能的"。[2]

再比如,《广益丛报》开重庆报刊刊载小说之先河。据不完全统计,1903年5月16日至1912年1月18日,《广益丛报》刊载的小说有81种。在重庆城市现代化转型过程中,《广益丛报》第一次以报刊的形式开拓了属于重庆的文学公共空间。相比《渝报》较为单一的政论说教和有限的关于西方文明的介绍,文学以喜闻乐见的语言形式给近代重庆人民以切身的新时代体验,传播了现代气息。更进一步说,《广益丛报》刊载小说正是在小说空前繁荣的时代。晚清小说在那样的特殊年代里最大限度地发挥了舆论传播和思想启蒙的作用。各种新体裁小说诸如"政治小说""社会小说""哲理小说""历史小说""教育小

[1]《学报序例》,《渝报》,1897年第1册。
[2]安东尼·吉登斯,《现代性的后果》,田禾译,南京:译林出版社,2000,67-68页。

说""科学小说""侦探小说""军事小说""国民小说""滑稽小说"等层出不穷，这些小说的产生本来就不是为传世而作的，它们往往源于启蒙知识分子"醒世"和"觉民"的政治追求，"它的目的，是创造一个公众参与的思想舆论空间，使现代文明的观念得到传播和讨论"[1]。

再比如，《重庆日报》刊载了大量的广告，有国内的，如合州学制山房售品、渝城大梁子中西合客栈、荣兴公客栈、五大洲客栈、陕西街祥泰包席馆、别有风味轩、均和昌照相、渐秀威仪照相、周瑞芳照相楼、华利灯厂、张生大洋衣庄、重庆神仙口百年画馆、蜀商惠安泰等。有外商的，如英商卜利门公司、重庆大阪洋行、太和洋行、东华洋行石灰公司、重庆隆祥行、立德英行等。另外还有一些文化教育方面的广告……平均每天10条左右。这些广告及现代商品与服务，作为现代城市文化最具代表性的外在表象和符号系统，以其镜像功能充分建构了重庆市民对于现代性的最初想象，推动着城市消费文化的发酵。这是消费时代广告与产品不同的特点。此前，产品有使用价值，但它无法表达，更不能展示想象的图景。在面向大众发行的报纸上，广告通过符号赋予商品意义，使商品与现代生活方式联系在一起，并通过形象展现在受众面前，使他们在追求美好生活的臆想中产生消费欲望。这种由广告创造的文化心理空间，契合了开埠后重庆日趋新式的生活潮流，代表了当时重庆人的审美兴趣和价值观。

综观晚清重庆，乃至晚清中国的各类报刊，基本上没有意识到新闻本位的要义，政论占据了版面的中心。这在很大程度上是由报纸创办者和写作者等知识分子高度的政治化倾向决定的。封建时期专制政治的高度发展，吸附了整个传统的社会生活，知识分子也不例外。通过报刊参与政治，他们力求实现与先辈王韬一样的、"自我实现"的成就途径。[2] 不过，"媒介即是讯息"。按照麦克卢汉的解释，每一种新媒介的出现，都会实现一次人的延伸（可以是感觉器官和神经系统的延伸，也可以是认识的延伸），新的媒介为人创造出一种新的环境，并产生一次对人的积极的作用过程，使人的认识、观念、社会功能发生

---

[1] 杨联芬，《"新"之启蒙与公众舆论》，《明清小说研究》，2003年第4期。

[2] 柯文，《在传统与现代性之间——王韬与晚清革命》，雷颐等译，南京：江苏人民出版社，2003，53页。

明显的变化。[1] 在新式报刊从发行转到个人手中时,报纸上的各式内容、各类词汇、标点符号,哪怕是报头的日期,都会产生一种个人与城市的体验和碰撞。日复一日的媒介实践将城市从单纯的空间场所中解脱出来,置于社会、文化和媒介的维度中,使城市成为客观上可感知的"自然的结构"所在,同时更是构建了一种"想象的共同体"。这个过程,一方面悄无声息地进入市民的日常生活,将生活的居所与城市空间联系在一起;另一方面晚清报纸对民族国家概念的强调,在一定程度上遮蔽了城市的存在,但也让普通人从前人世界和周遭世界中,认知到共同世界的国家现实,"形成了从未有过的户庭——城市/天下感"[2],而对这个国家现实的思虑,正是中国现代意识萌生的起点。

(三)引子:晚清重庆报刊发展概述

"现代性语境下,城市化在作为经济和社会过程的同时,也日益表现出政治性,具有政治效应、政治后果。空间生产、城市化正在成为诱发政治事件的重要原因,城市中心往往成为各种利益主体表达政治诉求、进行权力博弈的场域,而中心城市的城市中心则往往成为重大政治事件的发生地。"[3]当代学者陈忠先生精辟的阐述,既能解释为什么第一份维新报纸《万国公报》出现在清朝政府统治的"心脏"北京,也能够说明《时务报》为什么能够在上海产生更大的影响力,而办得有声有色的长沙《湘报》为什么只能是一份区域性报纸。

归根到底,传播现象的发生,与城市本身有关,与现代性有关。维新人士宋恕在给杨定夫的信中就谈到对报馆开设城市的担心,"康长素拟开报馆于京师,恐无益处。今上海报馆有三,专以逢迎时贵、变乱是非为事。京师忌讳更甚,安可以开报馆!果开之,其逢迎变乱之弊必更甚于上海!"[4]宋恕的担心是有一定道理的,北京是维新运动的

[1] 马歇尔·麦克卢汉,《理解媒介——论人的延伸》,何道宽译,北京:商务印书馆,2000,20-26页。
[2] 黄旦,《"新报之事,今日之事":上海进入新媒体时间——初期申报与上海研究之一》,载黄旦,《城市传播:基于中国城市的历史与现实》,上海:上海交通大学出版社,2015,223-229页。
[3] 陈忠,《城市现代性的政治逻辑:历史转换与伦理趋向》,《哲学研究》,2014年第9期。
[4] 宋恕,《致杨定夫书》,《宋恕集》上册,北京:中华书局,1993,544页。

起点,"公车上书"是在北京展开的,维新政治组织强学会、京师同文馆等新型学校也在北京。但是,北京作为清朝政府的政治中心,风气比较保守,政治色彩浓烈,缺少市民社会的基础,这些因素都会制约《中外纪闻》的出版。果然,不到半年,光绪皇帝在顽固派的压力下,下令封禁京师强学会,《中外纪闻》一并被查封。上海强学会与机关报《强学报》也被解散。1897年,康有为等建议在广西开设维新报刊,梁启超在充分考虑广西的办报条件后予以了回绝,"一馆之股,非万金不办,销报非至三千不能支持。桂中风气未开,阅报者那得此数? 且自来日报无不亏本者,专恃告白为之弥缝。桂中商务未兴,商家皆蹈常习故之招牌,陈陈相因之货物,无籍于登告白。此途一塞,日报无能开之理"[1]。按照梁启超的评估,报纸的创立不能排除城市的地域因素。一个报馆的创立,开销巨大,需要庞大的发行量和充足的广告主来支撑,广西地区的商业发展还不成熟,商家习惯了用招牌、实物等形式招徕顾客,不会刊登报纸广告。这样的话,报社的经济来源就很难有所保证,加上广西地区民风未开,民众没有阅报习惯,所以在广西办报并不可行。

后来,《时务报》在上海取得了巨大的成功,这是和上海《强学报》截然不同的景象。究其原因,一方面与《时务报》宣传策略有关。当时鉴于强学会因为议论时政而遭禁封的教训,经理汪康年以"历验世务"见长,办报的初衷是借报刊开阔视野,新民智,通风气,以利于变法,表达政治主张并没有成为办报的主要追求。因此,报纸"不如守夫子述而不作之训,专译西政、西事、西论、西电,并录中国谕旨,旬为一编,其开风气,良匪浅鲜。""论有是有不是,易于乱人",倒不如事,"事皆记实,能广见闻,即能益神智"。[2] 吴樵以为其底线是"不言讲学"[3],只有不越出这一边界,才可保办报无碍。整体上,《时务报》采取了一种稳健而非激进的办报策略,另一方面与报纸所在地上海有关。1843年开埠后,租界带来的"欧风美雨"让上海成为中国除了北京以外最引人关注的城市,这里的权力结构复杂,"当时的寓居者率先创造了中国

[1] 丁文江等编,《梁启超年谱长编》,上海:上海人民出版社,1983,79页。
[2]《邹代均》,见《汪康年师友书札》(第三册),上海:上海古籍出版社,1986,2648页。
[3]《吴樵》,见《汪康年师友书札》(第一册),上海:上海古籍出版社,1986,481页。

城市的现代性"[1]，当时的上海有发行量最大的中文报纸《申报》《新闻报》，有历史悠久的西书出版机构广学会和江南制造局翻译馆，有规模和影响最大的中文出版社商务印书馆，有全国办学影响力的广方言馆、格致书院等，还有邮政、电报、电话、现代印刷技术、公共图书馆、戏院、电影院、公共园林等，以及经由洋务运动历练的冯桂芬、王韬、郑观应、张焕伦等先进知识分子以及受过新式教育的阅读公众，这一切，构建了一个在全国独一无二的公众舆论空间。

相比之下，重庆显然不具备上海的条件，更不用说产生社会变革中坚力量的市民阶层。但值得注意的是，"作为公共领域重要标志的政论性报刊，在1895—1898年间，就出现了第一次高潮。之所以如此，乃是因为中国公共领域的形成，并非与资产阶级的市民利益有关，而是同晚清帝国的内外危机密切相关，是社会变革的一部分。它的参与者，没有一个类似欧洲那样的从市民到公众的资产阶级的身份转变，从一开始，就是由立志于改革的士大夫来推动的"[2]。这个评价是精当而准确的，晚清中国的变革固然可以从宏观上作一般性考察，但由于缺乏欧洲那样广泛的市民阶层的支持和铺垫，近代中国的变革，包括本书观察的报刊、城市与现代性，通常是由新型知识分子和精英群体驱动的。所以，开埠之后的重庆，在城市现代化转型的诸多领域都展现了长足的进步，也培育了现代报纸产生的土壤。于是，当被誉为四川历史上"睁眼看世界"第一人的宋育仁出现在重庆时，一场时代的序幕就此拉开，宋育仁创办的《渝报》也应运而生，掀起了四川历史上第一次思想解放的潮流。

而在更深远的层面，重庆开埠后，工商业迅速发展，新式学堂逐渐兴起，近代资产阶级知识分子群体产生，维新思潮和民主革命思想的广泛传播，外人办报的示范效应，国人办报的强烈意识，宗教宣传的迫切需要……这些因素，都迫切地催促着重庆产生属于自己的新闻出版物。

---

[1] 梁允翔，《重构现代性："赎回"晚清上海的空间碎片》，《马克思主义美学研究》，曹成竹译，2011年第1期。

[2] 许纪霖，《近代中国的公共领域：形态、功能与自我理解——以上海为例》，《史林》，2003年第2期。

据初步统计,晚清时期(1897—1911 年)重庆约有报刊 18 种,包括《渝报》《华西教会新闻》《广益丛报》《重庆日报》《重庆商会公报》《崇实报》……这些报纸的先后出现,初步构建了重庆地区的报刊体系,见表 0-1。这一时期,在历史上被称为重庆新闻报刊的兴起阶段,即开端时期。

表 0-1　晚清重庆报刊一览表(1897—1911 年)

序号	名　称	创办人	创办时间/年	备　注
1	《渝报》	宋育仁	1897	
2	《通俗有益报》	潘清荫	1898	未见实物
3	《渝州新闻》	潘清荫	1898	未见实物
4	《华西教会新闻》	基督教华西各差联合会	1899	
5	《天公报》	不明	1902	未见实物
6	《广益丛报》	杨庶堪等	1903	
7	《渝城日报》	商办	1903	未见实物
8	《重庆日报》	[日]竹川藤太郎、卞小吾	1904	
9	《崇实报》	[法]古洛东、[法]雷龙山		
10	《开智白话报》	杨某等	1905	未见实物
11	《重庆商会公报》	重庆商务总会	1905	后更名为《商会公报》
12	《驻渝四川公报》	不明	1905	未见实务
13	《川东日报》	不明	1909	未见实物
14	《救时报》	不明	1911	
15	《商报》	郭又生(谌)	1911	未见实物
16	《皇汉大事记》	不明	1911	后更名为《国民报》
17	《光复报》	郭又生(谌)	1911	未见实物
18	《益报》	统一党	1911	未见实物

因为未见实物,或者记载不详,或者信源单一,上述 18 种报刊中有些情况必须说明:

第一,《通俗有益报》有可能就是《渝州新闻》。光绪二十四年正月初八(1898 年 1 月 29 日),《渝报》正主笔潘清荫在给上海《时务报》总理汪康年(穰卿)的信中说:"前承寄《白话报》,即欲仿为之,拟分五门,曰京城情形、曰各省情形、曰本省情形、曰本城情形、曰外国情形。就中又分数目,曰说读书、说庄稼、说做工、说贸易、说医道、说女学、说洋务。每篇首敬列圣谕广训直解一段,篇尾附录通商原委一段(即在《白话报》中)。或更采古今中外之能以败为胜者,如秦穆、齐灵、楚昭、越王勾践之类。日衍说一段,期以激发众耻。(与《白话报》有别者,不载招牌、告白及俚鄙传记。)诚如来教所谓,开商民之知识,莫善于此。日出一纸,只取值三文,名曰《通俗有益报》,或可销出三四千纸。"[1]从信中可以得知,渝报馆还有意要出一张通俗的日报,即《通俗有益报》。但此后未见有关该报出版的资料或记载。1898年4月中旬,《渝报》在第15册《本馆告白》中说:"省中兴蜀学会自闰三月起接办旬报(指《渝报》),渝中添办日报(即指《渝州新闻》)。"同一册里由潘清荫撰写的《增通俗报缘起》一文也提到"自三月望后,旬报(指《渝报》)移设省门,略变其旧例,渝中专为通俗之言,日出一纸",其内容为"开首敬列广训直解……次采中外及本省近闻……次纪农学、工学之新术、商务、洋务之浅言"。[2]《渝州新闻》所提出的这些内容,和此前与汪康年通信中所说的内容十分相似,因此,《渝州新闻》有可能是原计划中的《通俗有益报》。因两报均未见到实物,未能确证,此处存疑。

此外,《中国近代报刊名录》中记载,"《通俗报》(重庆):四川出版的第一张日报。1898年(光绪二十四年)创刊,在重庆出版。创办人宋育仁,编辑大多是原来《渝报》的人员。日出四页。该报偏重报道工商界消息、文字通俗。读者大多是工商界人士"[3]。这份报纸至今未见原件,估计也有可能就是《通俗有益报》或《渝州新闻》。

第二,《天公报》,最早见于1992年重庆新闻志编辑部编的《重庆报史资料》第11期《重庆报纸一览表》。[4]此后1996年出版的《四川省志·报业志》也载有该报,但2000年出版的《重庆市志·报业志》却

[1]《潘清荫函》(五),见《汪康年师友书札》(第三册),上海:上海古籍出版社,1986,2904页。

[2]潘清荫,《增通俗报缘起》,《渝报》,1898年第15册。

[3]史和、姚福申等,《中国近代报刊名录》,厦门:福建人民出版社,1991,299页。

[4]重庆新闻志编辑部,《重庆报史资料》,第11期,67页。

无该报记载。因缺乏史料，未能确认该报是否存在。

第三，《渝城日报》，仅见于 1905 年 5 月 11 日天津《大公报》刊登的该报记者编制的《报界最近调查表》。该调查详细列举了全国 302 家，报刊列有《渝城日报》，1903 年在重庆出版，系商办。但未见实物。

第四，《驻渝四川公报》，仅见于 1905 年 3 月 21 日《重庆日报》第 122 号《请看驻渝四川公报》的报道。文中："重庆欲出一三日报，名驻渝重庆公报，附设莲花池医学堂公地，每月出报十册，其宗旨不臧否人物，妄（议）朝政，为报界中最忠厚之特色。"[1] 从全文来看，文中的"驻渝重庆公报"应该有误。不过，《驻渝四川公报》未见实物。

第五，《川东日报》，仅见于宣统元年六月十四日（1909 年 7 月 30 日）《通俗日报》（成都）"文苑"栏对《川东日报》的记载："为输新智牗屯蒙，又发晨钟警蜀东。字水汇流文化远，涂山耸峙内容丰。繁华里巷传巴曲，次第辀轩载土风。若与蓉城论纸价，三分报界日称雄。"[2] "字水""涂山"均在重庆，所以该报在重庆出版，创刊时间不会晚于 1909 年 7 月 30 日。

第六，《救时报》，仅见于戈公振在《中国报学史》的记载，称"清末重庆出有《救时报》"[3]。亦未见实物。

第七，虽然明确记载存在，但限于史料缺乏，目前学界并未发现《开智白话报》《商报》《益报》等报纸实物。

综上所述，在表 0-1 所列举的 18 种报刊中，我们仅仅掌握《渝报》《华西教会新闻》《广益丛报》《重庆日报》《崇实报》《重庆商会公报》《皇汉大事记》《光复报》8 种有实物的报纸。当然，这并不影响本书研究主题的展开。一者，本书所研究的报纸一般都是在晚清重庆历史上发行时间较长，影响力较大的报纸；二者，本书所研究的报纸性质各异，有民办、有商办、有维新思潮的、有倡言革命的、有国人创办的、有宗教性质的，具备研究的代表性；三者，本书所研究的报纸基本是以现代性议题为内容，面向重庆城市为中心的区域进行传播，与重庆、与城市现代性之间有着或大或小的关联，这些都是可考察的内容。

---

[1]《请看驻渝四川公报》，《重庆日报》，1905 年 3 月 21 日第 122 号。
[2]《文苑》，《通俗日报》，1909 年 7 月 30 日。
[3] 戈公振，《中国报学史》，台北：台湾学生书局，1983，147 页。

第一章

―――――

《渝报》:
开风气、讲变法与城市报刊的诞生

图1-1 《渝报》第一册

报刊具有的这样的一种能力，即"重构感知和经验的时空参数，从而使我们能够远距离地看到、听到甚至有所行动，所以它们改变了以前被想当然地视为自然的（即使不是不变的）存在框架"。

——［澳］斯科特·麦奎尔

国势衰微，不能不兴功利以自救。

——宋育仁

一、苦闷与出路:"宋育仁"们的时代选择

19世纪中期以前,"中国国家和社会仍然认为自己是东亚文明的中心。它和周围非中国人的关系是假定以中国为中心的优越感这一神话为前提的"。[1] 这一观点在当时并非"神话",发达的经济、众多的人口、广袤的土地、强大的军队、有效的统治……在长达3 000多年的历史中,中国这个统一的多民族国家一直有着足以傲视全球的资本。特别是"康雍乾盛世是中国历史上发展程度最高、最兴旺繁荣的盛世"[2]。这种国内繁荣的假象,让当时的统治者对世界大势的变化没有丝毫敏感,这也为1840年后五战五败的丧权辱国埋下了伏笔。

国人并非对失败无动于衷。"咸丰庚申(1860年),英法联军之役,中国备受屈辱,朝野普遍激起慷慨奋发之气,自强思想至此而汇成思潮主流,形成一种运动。提倡西学,注重洋务,开始对西洋作广泛地认识与研究:从格致之学到工业建设,认定为西洋致富强的本源,从而接收与仿效。但是,终竟不能既富且强,而外患日益迫促,国势日趋陵替,军政依然窳败而落伍。"[3] 这是学者王尔敏先生对洋务运动的概括,寥寥数语间,把清末第一次自上而下改革的兴起、经过、失败说得清清楚楚。

洋务运动失败,很大程度源于将"格致之学和工业建设认定为西洋致富致强的本源",忽视了制度改革,一切停留在冯桂芬"以中国之伦常名教为原本,辅以诸国富强之术"和张之洞"中学为体,西学为用"路径上。这种"变",被学界称为"在传统中变"。

(一)知识分子的苦闷与转向

对于洋务运动,大可不必过分批判。洋务派的思想与实践是当时

---

[1] 费正清,《剑桥中国晚清史1800—1911年》上卷,中国社会科学院历史研究所编译室译,北京:中国社会科学出版社,1985,35页。

[2] 洪波,《盛世的沉沦——戴逸谈康雍乾历史》,《中华读书报》,2002年3月21日。

[3] 王尔敏,《晚清政治思想史论》,桂林:广西师范大学出版社,2005,25页。

时代的产物。洋务运动前夕的中国,是一个资本主义尚不存在而自然经济普遍的社会。在这样的社会要建立起"西体"是不行的,因为还不具备西方式的制度所赖以存在的经济基础,传统的"中学之体用"还在按照其自身的逻辑运作。

历史的转换往往就在一瞬间。面对鸦片战争后西方列强的严峻挑战,不引进西学,则国将不国。在这种情势下,"中学为体,西学为用"的思想于是产生了。尽管后来的历史证明了洋务运动注定是一场失败的国家行动,但它在客观上起到了多重效应:在经济结构中,产生了资本主义经济;在阶级结构中,出现了资产阶级;在社会思想上,产生了思想启蒙的效应。更进一步讲,洋务运动还包括了"制器"蕴含的工业文明启蒙,"求富"蕴含的伦理观念启蒙,"采西学"蕴含的知识与观念的启蒙,"自强"蕴含的民族主义启蒙,可以堪称一场近代化的全面启蒙。

1894 年甲午战争的失败,结束了"同治中兴"的幻想,让有识之士蒙受了巨大的刺激,也认识到洋务运动的局限之处。梁启超的一声"唤起吾国四千年之大梦,实自甲午一役始也"[1],表达了知识分子阶层的如梦初醒,以及对自身政治存在状态的反思和自觉意识。晚清小说主将之一包天笑发出疑问:"那个时候,中国和日本打起仗来,而中国却打败了,这便是中日甲午之战了……为什么被挫于一个小小日本国呢? 读书人除了八股八韵之外,还有它该研究的学问呢!"[2]谭嗣同在给老师欧阳中鹄的信中说:"经此创巨痛深,乃始屏弃一切,专精致思。当馈而忘食,既寝而累兴,绕屋彷徨,未知所出。"[3]远在四川的吴玉章听到甲午战败的消息后,与二哥一起"痛哭不止"[4]。湖南的唐才常在甲午之战前的全部生活只是"课读之余,看书静坐而已",《马关条约》签订的消息传来,顿时感觉"可耻万分","不只当头一棒,使人猛醒"。[5] 早年沉浸在四书五经中的谭嗣同,在甲午战败

[1]梁启超,《改革起原》,载《戊戌政变记》,北京:中华书局,1954,113 页。
[2]包天笑,《钏影楼回忆录》,香港:大华出版社,1971,145 页。
[3]谭嗣同,《上欧阳中鹄书》,《谭嗣同全集》上册,北京:中华书局,1981,167-168 页。
[4]吴玉章,《吴玉章回忆录》,北京:中国青年出版社,1978,2 页。
[5]唐才常,《致唐次丞书》(五),载《湖南历史资料》,1958 年第 3 期。

后立即转向,他说:"三十之年,适在甲午,地球全势忽变,嗣同学术更大变。"[1]他猛烈抨击旧学,并发出"二千年来之政,秦政也,皆大盗也"[2]的愤懑。他们的追问、他们的彷徨、他们的愤慨、他们的醒悟,是对以往追求工具层面"技"的怀疑,也是向制度层面"法"的转变,"变法"也成为此阶段从传统士大夫向现代知识分子转变过程中最为集中的观念表达。

梁启超在《变法通议》中说:"法者,天下之公器也;变者,天下之公理也。大地既通,万国蒸蒸,日趋于上,大势相迫,非可阏制。变亦变,不变亦变。变而变者,变之权操诸己……不变而变者,变之权让诸人……。"[3]"变祖宗之法"的政治观念霎时间成为知识阶层的心中共识,也成为包含现代性元素的政治文化观念普遍生成与广泛传播的突破口。"这时才更觉到,方兴的强邻,实因维新变法而崛起。眼见东方蕞尔小邦,因力求西化,而达于富强之境,全国政治思潮,乃又受到更大的激荡,议论重心均集聚于制度的变革和新政体的确立。"[4]于是,战前还较为微弱的维新变法呼声,迅速发展成为一股汹涌的社会思潮和一场澎湃的运动。这种急迫的心理,只有在深刻感受到"国之将亡"的压力后才能迸发出来。也正是这种急迫的心理,让1895年成为中国历史上一个重要的分水岭。

1895年前,精英层面对西学的态度还抱有一种普遍的漠视,一般士大夫思想上的门还紧紧关闭着,但是1895年以后,开始有了极大的转变。[5] 这种变,是"在传统外变"(change beyond the tradition),一种向着西方式的"现代"转向。[6] 1895年,严复在《国闻报》上发表《论世变之亟》来表达这种变化的前所未有,"观今日之世变,盖自秦以来

---

[1] 谭嗣同,《谭嗣同全集》(上册),北京:中华书局,1981,259-260页。

[2] 谭嗣同,《谭嗣同全集》(下册),北京:中华书局,1981,228页。

[3] 梁启超,《变法通议》,载李华兴等编,《梁启超选集》,上海:上海人民出版社,1984,10页。

[4] 王尔敏,《晚清政治思想史论》,桂林:广西师范大学出版社,2005,25页。

[5] 张灏,《晚清思想发展试论——几个基本论点的提出与检讨》,载周阳山等编,《近代中国思想人物论——晚清思想》,台北:台湾时报文化出版事业有限公司,1982,27页。

[6] 葛兆光,《1895年的中国:思想史上的象征意义》,《开放时代》,2001年第1期。

未有若斯之亟也"[1]。这种急迫心理在随后的一篇文章中迅速贯穿到"变法"与"国家存亡"的关联中,"天下理之最明而势所必至者,如今日中国不变法则必亡是已"[2]。

同一年,一位名叫宋育仁的归国外交官引起了人们的关注。此前,始终警惕西人关于"言天""行医""谈物理",认为是"欲以其教折我"的宋育仁,开始急切地向西转,他在《泰西各国采风记》中开篇就指出:"国势衰微,不能不兴功利以自救,急治其标,然而士学已卑,经术不明,官方已邪,市流竞进,商势已重,本业日微。益以崇西学、尚工艺、保商权……故广兴功利,诚可转贫弱为富强。"[3]在另一本名为《时务论》的著作中,他还大谈英国的教育、议会、政府、刑狱、币制、军队、新闻等,建议中国的改革要采用西方制度。

在维新运动中,宋育仁是一个影响巨大却又被后代忽视的人物。这种影响性,既基于他作为川渝地区维新运动领导人的身份——郭沫若先生主编的《中国史稿》和《中国近代史稿》,在列举维新运动的发动者和中坚力量时,宋育仁名列其中,且位居"早期改良主义者"之首[4],又基于他在重庆创办的《渝报》开展的维新宣传,"形成了四川近代历史上第一次思想解放的潮流,直接启迪了一代先进青年"[5]。这种被忽视,表面上看是被身处维新舞台中央、兼具政治影响力和舆论动员力的康有为、梁启超等维新领袖人物的历史光芒所遮蔽,实际上是宋育仁自身的局限性决定的。

我们可以简单回顾一下宋育仁的人生经历。"六岁随先王父慰农

[1] 严复,《论世变之亟》,载卢云昆编选,《社会剧变与规范重建——严复文选》,上海:上海远东出版社,1996,3页。
[2] 严复,《救亡决论》,载卢云昆编选,《社会剧变与规范重建——严复文选》,上海:上海远东出版社,1996,44页。
[3] 宋育仁,《泰西各国采风记》,载《郭嵩焘等使西记六种》,北京:生活·读书·新知三联书店,1998,375-376页。
[4] 中国社会科学院近代史研究所编,《中国近代史稿》(第三册),北京:人民出版社,1978,24页。
[5] 周勇,《论〈渝报〉》,《社会科学研究》,1983年第6期。

图 1-2　宋育仁(1857—1931 年)

公宦浙江,就传受书。"[1]"他髫龀颖秀,读书能贯通大义,尤邃于经史。"[2]同治十三年(1874 年),17 岁的宋育仁考取秀才,两年后(1876 年),进入四川尊经书院学习,颇受器重。其师王闿运曾说:"入川办学八年,英才辈出,其尤者宋玉、杨雄。"[3]宋玉即指宋育仁,杨雄

---

[1] 宋维彝等撰,《宋芸子先生行状》,北平石老娘胡同传沅林先生捐。 转引自董凌锋,《维新运动期间宋育仁思想研究》,内蒙古大学 2005 年硕士论文。

[2] 萧月高,《宋芸子先生传》收于汪兆镛纂录《碑传集三编》卷三五,《儒林》四,台北:明文书局,1985,235 页

[3] 黄宗凯等,《宋育仁思想评传·宋育仁年谱》,成都:西南交通大学出版社,2007,183 页。

即指"戊戌六君子"之一的杨锐。读书期间,宋育仁写出《周礼十种》《周官图谱》,两书为托古改制提出了蓝图。光绪十二年(1886年)中进士,朝廷授其翰林院庶吉士。1889年升任翰林院检讨。当年恰逢光绪帝将行"加冠""大婚"与"亲政"三大礼,宋育仁献二万余言的《三大礼赋》,被时人誉为"雅管风琴"。1891年任广西乡试副主考。这一年,他也完成了具有早期资产阶级改良主义特色的《时务论》。[1] 1894年,他以驻英、法、意、比四国使馆二等参赞的身份,随公使龚照瑗出使西洋,驻节伦敦,时年37岁。出使期间,他直接沐浴到西方世界之中,眼界洞开,内心世界也大受震撼,开始撰写《泰西各国采风记》一书,评述西欧社会风俗、文教制度、政治生活等。是年9月下旬,清军在平壤战役和黄海海战中失败,恰逢公使龚照瑗返国述职,宋育仁以代理公使身份,密谋购买船舰,招募水兵,奇袭日本。后被清朝当局阻止。宋育仁"抚膺私泣,望洋而叹",指责投降派"贻误大局",使"国事一误再误",是"误国罪人"。[2] 1895年宋育仁解职回国后,参加强学会的活动。1896年春,国子监祭酒张百熙上奏清廷,举荐宋育仁回川兴办矿务、商务。清廷采纳了张百熙的建议,于是年5月1日(旧历三月十九日)谕:"宋育仁著(着)即前往四川。鹿传霖(时任四川总督——作者注)俟该员到后,将矿务、商务与之逐一讲求。"[3] 到任后至1898年9月戊戌政变发生的两年多时间里,宋育仁在四川全力宣

---

[1] 据学者董凌峰考证:关于宋育仁名著《时务论》的成书年代,目前学术界有两种观点。一种观点认为,《时务论》发于甲午战前,持此说者主要有蔡乐苏、文成英;另一种观点认为,《时务论》应写成于甲午战后,发表于维新运动期间宋育仁创办的《渝报》和《蜀学报》上,持此说者有郭双林、汤志钧、朱维铮等人。再者,北京图书馆图藏《时务论》单行本所署年代为光绪乙未年,即1895—1896年。此处有关《时务报》的成书年代采用伍松桥等人合著《隐没的传奇——宋育仁》所附的《宋育仁年谱简编》。不过,仔细考察《时务论》的内容,本文赞同董凌峰所持的观点,即《时务论》应撰于甲午战后,主要原因有:其一,查遍有关介绍宋育仁生平的史料,都没有关于他在甲午前学西学的记录,而《时务论》中宋育仁熟练地拿西学比附中学,中西杂糅,议论时政,阐明见解,则证明其撰写此书应在甲午出使英法意比四国公使参赞之后;其二,《采风记》为随感性笔记,《时务论》则详述作者政见,深度远胜前者,《时务论》中宋育仁以西方政治、经济、军事、文化、教育等制度为样本,贯通中西,理论水平明显高于《采风记》,故其撰成年代应晚于《采风记》,应在1895年之后;其三,维新运动期间,宋育仁积极参与维新运动,力主维新,倡言改制,而《时务论》则详尽地阐述了他的变法主张。综上所述,《时务论》的撰成年代应在维新运动期间,确切时间还有待进一步考证。

[2] 宋育仁:《借筹记》宋氏后人家藏手抄本。

[3] 《张祭酒百熙筹办四川矿务商务折》,《渝报》,1897年第7册。

传和推行自己的变法主张,创办报纸、组织学会、设立学堂,鼓吹和兴办资本主义新式企业,为推进四川维新运动的开展做出了重大贡献。作为一位变法维新思想家,宋育仁的思想对四川近代变法维新思潮的形成和高涨起了重要作用。

依照上述脉络,特别是宋育仁的著书立说,可以发现他很早就有改革的志向,他的《周官图谱》比康有为的《孔子改制考》早了整整10年,是近代最早以"托古改制"为旗帜来主张"复古即维新"的维新思想家。《时务论》更是展开直接批评,认为洋务派"未闻治道,欲一切易中国以洋法,不求其意惟称其法,不师其法惟仿其器,竭天下之心思财力,以从事海防洋务,未收富强之效,徒使国有聚敛而官私中饱",其主张不过是"欲盗威福之柄以愚天下"[1],只谈洋务不谈君主立宪。

宋育仁维新的思路,与陈虬、汤震、郑观应、陈炽、何启、康有为、梁启超等维新派一致,甚至表现得最有特色,他们在不同程度上接受了西方制度的优越性,这是诸多旧文人面对新时代给国家开出的"药方"。不过,宋育仁受儒家传统文化影响多年,在内心深处是无法做到彻底转型的,甚至认为"外国富强之故","隐合于圣人经术之用"[2]。因而,今日维新的最好办法是"莫如因敌国以睹之效,以明经术之用"[3]。即根据西方的制度及其取得的成就,来阐明中国古代的经典,制定变法的措施,这也是贯穿《时务论》始终的思想。

宋育仁的维新思想,为什么不如康有为的影响大?这也是一个值得细究的命题。这个问题可以从两方面考察:一方面,宋育仁比康有为更加推崇孔子,维护儒教,尽管他批评廖平的《今古学考》"于经学功夫甚深,但于经术无得,未见制度"[4],主张经学应直接为政治改良服务,但是他远远没有康有为"胆子大"。康有为用《新学伪经考》把封建主义者视为神圣不可侵犯的经典宣布为"伪经",从根本上动摇了封建统治制度的合法性基础。这是四川尊经书院毕业的宋育仁,无论如何也不敢做的事情。另一方面,康有为在《孔子改制考》中提出了托

---

[1]《时务论》,《渝报》,1898年第14册。

[2]《时务论》,《渝报》,1897年第3册。

[3]《时务论》,《渝报》,1897年第5册。

[4]徐溥,《早期改良主义思想家宋育仁》,《社会科学研究》,1979年第5期。

古改制思想最重要的核心——公羊三世历史进化论。正是从公羊三世的历史进化论的观点出发，康有为全面论证了人权、民主等资产阶级社会政治思想。在康有为的描绘下，"孔子专主人物进化之义"，"三世进化"成为孔子"托古改制"的中心和宗旨。在概念的偷换下，康有为从历史进化到婚姻自主，从立宪民主到个人自由，全面输进了资产阶级的社会政治思想和变法维新的主张，来为其改良派现实政治活动服务。于是，康有为的公羊三世历史进化论就显示出与众不同的先进政治意义。相比之下，宋育仁还固守早期改良思想家所采用的历史变易论，鼓吹"古今之变，百世而复，今既剥极当复之时矣"[1]。这是宋育仁的老师、清代著名今文经学家王闿运信奉的，也是宋育仁全然接受的。因此，从历史观上讲，康有为是先进的，宋育仁则是落后的。

"历史环境与人物经历的独特汇合，能使一个人与熟悉的文化模式决裂，而寻求新的道路。"[2]当宋育仁出使西方后，他被亲身经历的西方社会所震撼，他十分珍惜这个来之不易的出访机会，他观察世情政事，交往学者官员，深入官场也深入民间，甚至在监狱也留下了脚印。一部《泰西各国采风记》，宋育仁对西方各国的政治、经济、教育、司法等各个领域都做了深入的介绍。对于此书，王尔敏先生认为，在宋育仁访英之前，早有王韬、郭嵩焘、曾纪泽、刘锡鸿、张德彝和薛福成等人零散的旅英观感，"惟宋育仁所记则颇为专注而深入，有其亲见亲闻纪录，简明而全备"[3]。考察不只是为了记录，当甲午战争又一次把中国命运推向十字路口时，国家面临的沉重压力和空前困扰，成为宋育仁等一代知识分子尝试解决的共同问题。于是，当一纸任命将宋育仁推向开埠之后逐渐向现代转型的重庆时，西方的经历和维新的思考，在重庆这座城市就有了落地的空间。

总的看来，宋育仁意识到了需要学习西方的先进技术与体制，但同时他还是放不下在文化上或者说思想上固有的一种虚妄的优越感。

---

［1］《复古即维新论》，《渝报》，1897年第1册。

［2］柯文，《在传统与现代性之间——王韬与晚清革命》，雷颐等译，南京：江苏人民出版社，2003，54页。

［3］转引自聂作平，《旧文人与新时代》，《随笔》，2016年第2期。

差不多也正是因为如此，宋育仁把《时务论》和《采风记》放在一起出版，并把"隐合"的宗旨也贯穿到《采风记》中，直接以西学比附《周礼》。[1] 他欣赏英国的议会制度，但认为议会制就是《周礼》中说的"询群吏""询万民""制不同而意有合"，并且，周朝时干得比西方人还要好。就连西方政治体制中引以为傲的立宪、地方自治、三权分立，宋育仁都能在上古中国找到其源头。至于国际法，宋育仁认为那不过是周朝的诸侯会盟；外国以首相兼管户部，不过是《周官·冢宰》"制国用"之意。俄国有总司会计官，不过是《周礼》中所说的"司会"。"西人略知其意，而不知治本。"[2] 虽然在当时的转型过程中，宋育仁不是个例[3]，但这种旧文人面对新时代的艰难且努力的转型，似乎注定了宋育仁等一批类似知识分子的宿命。

唯一欣慰的是，变革始终是宋育仁的方向。这一次，在履职重庆后，他的维新变法思想，开始从观点向庶政和制度产生跨越，也顺理成章有了创办《渝报》的动力。

（二）作为"开风气"的办报

"本局为广见闻开风气而设"[4]，《渝报》第一册《渝报章程十五条》第一条明确指出了《渝报》的办报初衷。

"广见闻"和"开风气"是一对相辅相成的概念，只不过两者的施动对象有所差异，前者偏向受众，后者偏向社会。对于近代中国城市来说，"广见闻"是可以通过创办报纸、编译西学和引入新兴事物来直接达成，"开风气"却是与社会思想和城市精神紧密相连的一个深层次问题，但"广见闻"却是"开风气"绕不开的一环。视野不开阔，见识不广泛，要促进城市风气的转型是不可想象的，进而推进城市的现代性生成更是不可能的。

---

[1] 蔡元培评价宋育仁《泰西各国采风记》，"其宗旨，以西政善者，皆暗合中国古制，遂欲以古制补其未备，以附于一变主道之谊，真通人之论"。参见蔡元培，《宋育仁〈采风记〉阅后》，《蔡元培全集》第1卷，杭州：浙江教育出版社，1997，212页。

[2] 宋育仁，《时务论·泰西采风记》卷一，袖海山房石印，光绪乙未冬月。

[3] 类似的学人，如唐才常、谭嗣同、孙宝瑄，都有以西学比附《周礼》的论述，参见朱俊瑞等，《中国近现代政治思想史》，杭州：浙江人民出版社，2008，165-166页。

[4] 《渝报章程十五条》，《渝报》，1897年第1册。

国外的经历以及回国后维新派的报刊实践,让宋育仁认知到报刊在政治动员中的重要意义。虽然按照比附《周礼》的思路,他认为报纸不过是"悬书象魏",西报来源于《京报》,但他认定的报纸能够"广见闻开风气""兼通上下之情,为国政之助"[1],却是同中国近代报刊"去塞求通""开通民智""开通风气"的角色定位完全一致。这也是戊戌变法前维新派的报刊观相互一致、共同连通的主题线索。

　　在当时的维新派眼里,"通"是一个有多重含义的词。首先"通"代表着"去塞求通"。梁启超在《论报馆有益于国事》中认为,"觇国之强弱,则于其通塞而已……上下不通,故无宣德达情之效……内外不通,故无知己知彼之能"……"去塞求通,厥道非一,而报馆其导端也。"[2]严复在《国闻报缘起》中表示,报纸的作用在"求通"。"一曰通上下之情,一曰通中外之故",并进一步解释说,"如一国自立之国,则以通下情为要义。塞其下情,则有利而不知兴,有弊而不知去;若是者,国必弱。如各国并立之国,则尤以通外情为要务。昧于外情,则坐井而以为天小,扪龠而以为日圆;若是者,国必危"。[3] 正是基于这样的认识,维新派一直努力实践着报刊"通下情",特别是"通外情"的主要任务。其次,"通"代表着"开通民智"。谭嗣同在《湘报后叙》中指出,报刊可以"阐新理,纪新事",能够"假民自新之权以新民"。在开民智方面,报刊比学校、学会受众广、见效快,起到了"师范之嚆矢""师者之师"[4]的作用。郑观应在《盛世危言》"日报篇"中说:"若日报一行,则民之识见必扩,民之志量必高。从此愈进愈深,愈求愈上,吾知其正无止境也。"[5]最后,"通"代表着"开通风气"。裘可桴在创办《无锡白话报》时指出:"无古今中外,变法必自空谈始。故今日中国将变未变之际,以扩张报务为第一义。阅报之多寡,与爱力之多寡有正比例;与阻力之多寡有反比例。"[6]梁启超也在给汪康年的信中

　　[1]《学报序例》,《渝报》,1897 年第 1 册。
　　[2]梁启超,《论报馆有益于国事》,《时务报》,第 1 期,1896 年 8 月 9 日。
　　[3]严复,《〈国闻报〉缘起》,《国闻报》,1897 年 10 月 26 日。
　　[4]谭嗣同,《湘报后叙》,《湘报》,1898 年第 11 期。
　　[5]郑观应,《盛世危言》,沈阳:辽宁人民出版社,1994,80 页。
　　[6]裘廷梁,《无锡白话报序》,《时务报》第 61 册,1898 年 4 月 1 日。

说："报馆之议论,既浸渍于人心,则风气之成不远矣。"[1] 远在澳门脱离清政府权力管控的吴恒炜甚至直接提出"以二三报馆之权力以变易天下"[2]。这也可以看出,维新派将开通风气视为去塞求通和开通民智的高阶,他们重视报刊的大众传播功能和舆论工具的性质,也毫不避讳报刊的政治功能与维新改良国家的渠道意义。

在维新运动的驱动下,北京、上海、天津、长沙、澳门等城市,广泛出现了作为资产阶级维新派政治动员工具的新式报刊——《万国公报》《中外纪闻》《强学报》《时务报》《湘报》《湘学报》《知新报》《国闻报》。这些报纸,加快了维新思想的传播,有力地推动了变法运动的高涨,也掀起了中国人第一次办报的高潮,成为推进现代意义上城市发展的催化剂,也成为研究中国城市新式报刊与城市、现代性多维关系的一扇窗口。比如,《湘报》在湖南报道中外时局、讲述变法道理、宣传新思想、介绍科技知识、开列读书目录、解答疑难问题,深受当时进步青年与士绅阶层的欢迎,日销量达到五六千份,它与时务学堂、南学会相互配合,开启了"湖南民智骤开,士气大昌……人人皆能言政治之公理,以爱国相砥砺,以救亡为己任,其英俊沉毅之才,遍地皆是……"[3] 的蓬勃局面。在上海,维新派创办了 27 种报刊和 8 个学会,包括影响最大的《时务报》……加之众多的教会学校、私立学校、女子学校等西式学校,"崇慕和学习西学在上海早已深入人心,蔚然成风。从而在上海形成阵容宏大的新型知识分子群体,是其他城市所不具的"[4]。这种影响力,不独在上海存在,随着报刊的辐射范围不断扩大,"上海发达繁荣的近代报刊业,对于周边江南地区的扩散和辐射,影响着这一地区人们的近代意识,促进了该地区城市近代化的进程"[5]。

[1] 梁启超,《与穰卿足下书》,载张品兴主编,《梁启超全集》第 10 册第 20 卷,北京:北京出版社,1999,6077 页。

[2] 吴恒炜,《知新报缘起》,载中国人民大学新闻系编,《中国近代报刊史参考资料》(上册),北京:中国人民大学出版社,1982,267 页。

[3] 梁启超,《戊戌政变记》,载中国史学会编,《戊戌变法》第 1 册,上海:上海人民出版社,1957,303-304 页。

[4] 杨东平,《城市季风:北京和上海的文化精神》,北京:东方出版社,1994,49 页。

[5] 洪煜著,《近代大众传媒与城市文化研究》,上海:上海人民出版社,2012,60 页。

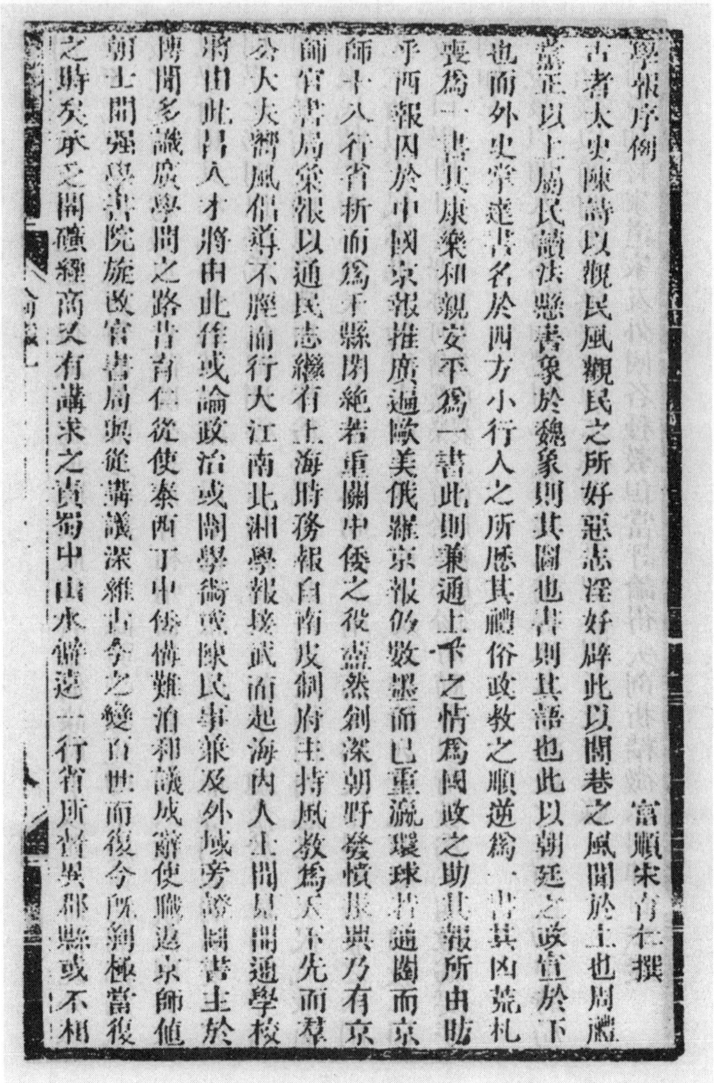

古者太史陳詩以觀民風觀民之所好惡志淫好辟此以閭巷之風聞於上也周禮
蓋正以上屬民讀法懸書象於魏象則其圖也書則其善也此以朝廷之政宣於下
迪而外史掌達書名於四方小行人之所歷其禮俗政教之順逆焉一書其凶荒札
喪為一書其康樂和親安平為一書此則兼通上下之情為閭政之助其報所由昉
乎西報囚於中國京報推廣遍歐美俄羅京報的數墨而已重瀛環球若通閭而京
師十八行省析而為千縣閈絕若重關中倭之役盡然剝深朝野發憤服興乃有京
師官書局彙報以通民志繼有上海時務報自南皮銅府主持風教為天下先而萃
公大夫裒倡導不輝前行大江南北湘學報繼武而起海內人士間昌間通學校
將出此昌入才將由此佀或論政治或闡學衛電陳民事兼及外域旁諮閭書主於
博聞多識廣學問之路昔育任從使泰西丁中倭構難泊稗議成辭使遠京師值於
朝士間彊學與其院旋改官書局與從講議深羅古今之變百世而復今所綢極當復
之時矣承之聞礦經商又有講求之責蜀中山水僻遠一行省所督異郡縣或不相

學報序例　　　　　　　　　　　　　富順宋育仁撰

图 1-3　宋育仁撰写的《学报序例》节选

报刊与地域的特殊关联,宋育仁和他的同事们在创办《渝报》之初就有着清醒的认识。宋育仁在《学报序例》中指出:"中倭之役,尽然创深,朝野发愤振兴,乃有京师《官书局汇报》以通民志。继有上海《时务报》……《湘学报》接武(疑应为"踵")而起……昔育仁从使泰西,丁中倭构难,泊和议成,辞使职返京师。值朝士开强学书院,旋改官书局,与从讲议……承乏开矿经商,又有讲求之责。蜀中山水僻远,一行省所督,异郡县或不相闻,视外省京师已辽矣,得风气为最晚。"故应大力办报,"兼通上下之情,为国政之助",否则"民气散而不聚,民情壅而不通,天下之大患。"[1] 他的助手,《渝报》主笔梅际郁在《说渝报》中阐述得更为具体,他认为:"四川僻在西南,重庆虽属通商剧镇,而山峻流塞……重庆据长江之上游,通滇黔之孔道,见闻较确,采访非难。凡地方之腴瘠,民气之嚣静,岁时之丰歉,市价之浮落,有关时务者,莫不博采舆情,快登报录,俾乡塾里肆咸知……"[2]

宋育仁和梅际郁的言论,从各地的维新报业实践和"广开风气"的媒体作用出发,结合重庆的地理闭塞性,以及缺乏报纸的严重后果,来论证在重庆办报的重要意义。这种意义,无论后代如何评价,都无法回避《渝报》的首创价值。四川早期报人傅樵村1903年评价说:"在前十年,并无人看过报,所见者,不过坐省刻的京报,自家打的电报,官场送的抄单。到丁酉年(1897年),富顺宋芸子先生,在重庆办商务开《渝报》,四川人才知道商务二字,成都人才知道报纸的样子,此为《渝报》时代之四川。"[3] 可以说,宋、梅的认知与实践,在当时无疑具有先进性,它一方面将重庆拉入了近代中国报业的"版图",同时借由政治传播的节奏,进一步巩固了重庆经济、政治和文化中心的地位,也在更广泛的层面将城市熔铸成为重庆人现代性体验的主要场所,影响着城市空间与市民的精神气质。这恰如帕克所认为的那样,大众传媒将各种现代生活、艺术、文化、教育、时事、社会新闻信息传递给居民,推动着现代性的生成,"也带来了城市人口的习俗、情感和品格的

---

[1]《学报序例》,1897年《渝报》,第1册。

[2] 转引自何承朴,《四川第一家近代报刊——渝报》,《新闻研究资料》,1983年第18期。

[3] 傅樵村,《四川开官报说》,《启蒙通俗报》,1904年10月。

变化"[1]。

这里试举一例。如《渝报》前后有多篇文章涉及重庆放足风气的记载：

"渝中自英国立德尔女士，以天足会远来倡导，一时闻风欣慕，愿如会约者，颇不乏人。兹闻江津邓明经鹤翔，同邑鸳鸯井周某，邀同志约五六十人，议订会约，已有成言，并于油溪招集会侣，演剧开会……现在渝中各友，亦拟仿办，并捐资设立天足女学堂一所……"（《渝报》第5册）

"天足渝会启：矜全同气斯谓深仁，湔除积习斯谓大勇，中国女子缠足之风，沿讹至千百年……今则运会将转，公理渐明，即闺阃亦悟其非，愈宜目势而广为利导，爰约同志采近章，可依据者订为简例十余条。（巴县潘清荫撰）

天足渝会简明章程：一、入会者女不得缠足，子不得娶缠足之妇。二、入会者女年十岁以上已缠足者愿否解放听其自便，十岁以下均须一律放足……"（《渝报》第9册）

"远人助会：渝中开天足会，推广之初，华人尚意存观望。昨英牧师嘉立德，将所刊放足哥百册，送局代为散布。"（《渝报》第14册）

"会议天足：英商立德乐之夫人，于中国女子缠足一事，颇为厪怀。于三月二十一日，招集伊国教士男女，及渝郡开会，诸绅董同至……稗众人皆明其理，庶风气当易于转移。"（《渝报》第15册）

"天足"，与中国传统的"缠足"习俗构成了二元对立。"废缠足"的"天足"运动，不仅是旧时期女性对身体的解放运动，也是身体在中国现代化生成过程中的重要标志。《渝报》对"天足"运动不遗余力地"鼓与呼"，配合了维新派在全国开展的"废缠足"运动，也在客观上推进了女子放足、崇尚天足风气在重庆社会的扩展。至清末，天足在重庆城市女性中已成为时尚，形成一股风气，并逐渐向广大城乡扩展。

这里有一个可以进一步考究的细节，上述《渝报》报道中多次提到的"立德乐之夫人"，不是别人，正是重庆开埠后第一位驾驶轮船通过

---

[1] R. E.帕克等，《城市社会学》，宋俊岭等译，北京：华夏出版社，1987，23页。

銷其用款亦視問店所省不少稅入豐而貢賣減開大憲亦爲褒許云

天足開會

渝中自英國立德爾女士以天足會遠來倡導一時開風欣慕願如會約者頗不乏

人兹開江津鄧明經鶴翔同邑駕爲井周某邀同志約五六十人議訂會約已有成

言並於油溪招集會侶演劇開會其會規每人捐錢數緡以作底本自後逐漸推廣

俟入會寖衆孳乳寖多用以侫助會中貧苦不能嫁娶之人以及刻書勸善之用立

字及各稱有用之學務使會中之女悉皆秀異明達強毅尊貴以愧廿婪縛束者枸

法頗爲安勵現作渝中各友亦擬仿辦並損貲設立天足女學堂所冀以中西文

學誼惺似此善心孤詣或可稍悅頹風乎

耶穌教速

美國某教士至江北廳賈書曰爲市井小兒所侮摭以瓦礫有司閒風卽往彈壓且赴

教士寓館賣慰關道昨將閒罪者親爲研訊警以夏楚並擬荷校示衆教士轉爲代

求寬釋在保護遠人者固屬處置有方而教士法量能谷尤爲不可及也

图 1-4　新闻:天足开会

三峡来到重庆的外国人立德乐(又译做立德)的妻子。立德乐是一位对重庆近代史有很大贡献的英国人,这一点早已被中国官方所承认。1890年,立德乐在重庆南滨路开办"立德乐洋行",主要经营四川土特产和外国舶来品。这是重庆历史上的第一家外商洋行。1892年,立德乐在重庆设了第一家外资运输公司——重庆有限转运公司,并在南岸开办重庆历史上第一家猪鬃厂。1893年,立德乐洋行在重庆设立利川保险公司,主要经营重庆与宜昌之间"挂旗船"的货物运输保险和船舶保险。1898年,立德乐趁江北两家煤矿主发生纠纷之机,乘隙而入申请开矿……这些突出的成就,让英国不少书籍至今仍称赞他是"开发中国西部的第一人"。《重庆通史》也指出,"重庆商界受西方文化的影响,虽不如文化人那么明显,但却是肯定的。在一定程度上,重庆商人都是英商立德乐的学生,是后者教会了他们在商战中如何无情厮杀,击败对手"[1]。比如,重庆的猪鬃业,初由立德乐一家独占,华商不见与闻,但他们最终还是加入了竞争,在清末形成了多家竞争的局面。再比如,1908年5月,江北绅商联合各界与立德乐的华英公司争夺龙王洞煤矿开采权,数度谈判,据理力争,又联络农民,形成会外压力,终于使立德乐败北,由江合矿务有限公司夺回权力。

相比丈夫在商业上的活跃表现,立德乐夫人积极投身重庆的社会活动,其中最突出的就是"天足"运动。在她看来,强行裹成的小脚不但毫无美感,而且致使无数中国女人失去健全的双脚,部分幼女甚至失去生命,这让同样身为女性的她悲愤不已。在《穿蓝色长袍的国度》一书中,立德乐夫人写道:"妇女不仅占全国人口的一半,而且是另一半人的母亲。肢体不全,愚昧,多病的母亲生育和抚养的儿子会与他们的母亲一样。值得注意的是,自从缠足在中国蔓延开来以后,中华帝国从没诞生过一个赢得万世景仰的男人……"[2]在立德乐夫人的倡导与《渝报》的宣传下,整个四川地区的"反缠足"运动开始形成风潮,英国牧师嘉立德刊印《放足歌》百册,送到《渝报》局,要求代为散

---

[1] 周勇,《重庆通史》(第一册),重庆:重庆出版社,2014,556页。

[2] 阿绮波德·立德乐,《穿蓝色长袍的国度》,王成东等译,北京:时事出版社,1998,356页。

发,尚在东川书院读书的日本人成田也到《渝报》局捐款表示赞助。[1]此事发生在 19 世纪,如果不是重庆的有关人士受西方文化影响甚深和新闻媒体的直接参与宣传,是很难想象的。1903 年,重庆设立了"女学会",提出要"振兴女学"。1905 年春,卞小吾在培德堂建立了女工讲习所,招收女工"半工半读,既授以文化,又授以技术"。"到辛亥革命前夕,四川大中城市,交通要道,女孩一般已不缠足,青年妇女放足者尤多,足见维新运动所倡导的风俗改良成效之大。"[2]在后人看来,中国女性最终能够从缠足的痛苦中解脱出来,有很大一部分要归功于立德乐夫人,她的全名是阿绮波德·立德乐。

《渝报》将西方人参与重庆风气解放运动作为重要的报道主题之一,应该与宋育仁和维新运动的大背景有关。他的助手梅际郇甚至直接领导组建了重庆天足渝会。这也从侧面反映出《渝报》与立德乐夫妇有可能存在密切的交往。不难推测,他们商人的身份,与宋育仁"主持四川商务矿务"的官方管理者之间,必然存在交集。此外,宋育仁到重庆主持四川商务矿务后,设立商务局,兴办洋烛、煤油、煤矿、玻璃、白蜡、卷烟、药材等公司一系列活动,也表明宋育仁与重庆工商界存在密切的交往。

这些复杂的社会交往,也赋予了宋育仁多重人物角色,这也让他比纯粹的知识分子更难以把握自己的定位。本书更多地认为宋育仁是一名知识分子,他"学而优则仕",在仕途失败后又回归到书房,落脚在知识分子著书立说的路径上。从整体上来看,在近代中国社会经济政治的深刻变化中,知识分子本身也在经历着深刻的变化。他们从传统中分离出来,但仍有浓厚的传统色彩。他们主张学习西方,但仍以"中体西用"规范之(尽管其内涵较以前有所改变);他们希望变革,甚至主张设议院,但所有的改良建议仍旧是维护君权统治的,这些都建立在他们从一开始接受的传统教育基础上。"与传统国家制度的广泛批评相比,这些改良者一般还没有批评旧秩序的信仰思想基础(即儒学)。事实上,他们中间有些人,特别是宋育仁,不惮其烦地以保卫儒

[1]《天足渝会简明章程》,《渝报》,1898 年第 9 册。
[2]李学勤、徐吉军,《长江文化史》,南昌:江西教育出版社,1995,1238 页。

家和维护纲常名教的正当性为己任。"[1]不过，其出使西方和署理地方商务的官方身份，又使人在宋育仁身上看到新兴资产阶级在政治上、文化上表达的意愿。这又与此后邹容、李肇甫、卞小吾、杨庶堪等新式知识分子群体有着趋同性。所有的一切表明，宋育仁、梅际郇等同仁的努力，无论是办报，还是讲变法，都处在转型之中；他们的身份，还是为现实政治和社会秩序服务的。他们对现代国家民族的想象，侧重于追求形式上的调整。

虽然没有实现这一现实目标，《渝报》等近代报刊却将一个与传统社会迥然不同的形象传递给社会，以西方现代性对中国传统文明体系进行了一次形象的涂改，开启了民智，开通了风气，甚至"军舰""铁路""电报""轮船""电灯""火车""商务局""银行""公司""博览会""博物馆""图书馆""人权""进步""进化""民族""社会""文明""公法""陪审""政治学""经济学"等新名词的引入推广，都能在当时掀起思想认知上的波澜。可以毫不夸张地说，语言上的革命，赋予了中国人与西方现代性文明进行直接对话的对等性，唤起了现代性想象，中国人也大致搭起了"现代思想平台"。

二、讲变法：报纸构建的"现代民族国家的想象"

《剑桥中国晚清史》有一个评述："十九世纪九十年代初一些有志改革的中国学者所出版的政治著作，他们当中最著名的是宋育仁……他们的改革思想在许多方面和前此三十年的思想相比并无新意。"[2]虽然游历西方，欣赏并推介西方制度，但与中国的第一代外交家如郭嵩焘等人相比，宋育仁的见解显得保守而迂阔。

他在《渝报》第一册介绍了自己的《复古即维新论》，开宗明义指出："今天下竞言变法，不必言变法也，修政而已；天下竞言学西，不必

---

[1] 费正清等，《剑桥中国晚清史（1800—1911）》（下卷），北京：中国社会科学出版社，2007，278页。

[2] 费正清等，《剑桥中国晚清史（1800—1911）》（下卷），北京：中国社会科学出版社，2007，276-277页。

言学西也，论治而已。"[1]或许是基于对中国文化近乎偏执的自信，宋育仁陷入了一个无法自拔的泥沼：他承认西方的政治体制比中国先进，但西方的这种先进的政治体制是从中国古人那里套用过去的，因而西方政治体制在中国古已有之。所以，当务之急不是学习西方，而是复古。

显然，这是一个奇怪的逻辑，一个违背历史规律却又走在历史前台的逻辑。即便如此，宋育仁的见解在当时还是具有先进性的，起码符合了转型时期的社会心理，避免了一般士子从老大帝国跌落神坛后的心理落差，同时也能借由传统的因素来获取士绅阶层的支持——正如"他们只希望在不要根本改变封建制度的情况下来推行某种民主改革以便可以发展资本主义一样；他们也只希望在同样的前提下来进行某种资产阶级文化思想改革"[2]。特别是在当时救亡图存的危机关头，资产阶级维新派提倡新学，在政治、经济、军事、外交、文化等诸方面提出了具有西方现代性改革的方案，在社会上起到了思想启蒙作用，无疑是近代中国一次思想潮流的解放。这也就容易理解为什么康有为的"托古改制"理论在思想上和政治上具有进步意义，并能够领导意见市场和掀起一场政治运动。

在这场运动中，报刊成为维新人士解决其位卑言高之困境、承载其维新变法之政治诉求的完美媒介。如谭嗣同在致汪康年信中"居今之世，吾辈力量所能为者，要无能过撰文登报之善矣"[3]之语，便表明其意识到身在民间的士子掌握资源有限，只能以报纸影响世道人心，改良风气。同为维新士子的邹代钧亦有类似见解，"以上下之人心、政教沉溺已极，谁复能挽狂澜而倒流，公明眼人，何必费此无益之心，作（做）此无益之事，不如极力报馆，尚可救黄种于万一也"[4]。相比之下，宋育仁作为主政一方的官员，创办《渝报》有着一系列的便利条件。这些便利，也一并推动着重庆进入"新媒体"时间。这种时间性，当受众拿起当天报纸时，毫无声息地打破了"周遭世界"和"个人时区"，

---

[1] 宋育仁，《复古即维新论》，《渝报》，1897 年第 1 册。
[2] 李泽厚，《中国近代思想史论》，天津：天津社会科学院出版社，2003，161 页。
[3] 谭嗣同，《致汪康年书》，《谭嗣同全集》上册，中华书局，1981，494 页。
[4] 清华大学历史系编，《戊戌变法文献资料系日》，上海：上海书店出版社，1998，309 页。

"重新规定了其日常生活的安排和秩序,而人们的展阅报纸,则又被带入一个共时性的空间之中,生存的居所与城市空间顿时勾连在一起"[1]。这种时间性,恰如芒福德阐释的钟表一样,"不仅是计时手段,更是协调人类活动、整合人类行为,使之有节奏、同步化的工具"[2]。尽管还只是旬报,出版频率不算太高,但新式传播媒介构建的新式信息传输网络,毫无疑问会推动社会关系的重新调整,这是城市作为信息流动与交换空间的必然结果。

(一)《渝报》:重庆进入"新媒体"的起点坐标

《渝报》,1897 年 10 月上旬创刊,册装,川贡土白纸木板雕印,竖排,每页 26 行,每行 23 字,每期双面 30 余页。用丝线装订成册,体积略大于新闻纸的十开本,有边线栏,中缝双鱼尾形,印报名、页码。样式上,《渝报》和《时务报》非常类似。严格说来,《渝报》在形态上还处于古代报刊向近代报刊过渡的雏形阶段,并不是现代意义上的报纸。

《渝报》前后共出版 16 期。馆址最初设在重庆白象街,后迁至夫子池来龙巷。最初计划铅字排印,后因印刷设备不能及时到渝,改为木印。中国现代意义上报纸的出现,是伴随着国家对现代性的想象而被召唤出来的,尽管杜赞奇批评安德森关于民族主义起源与形成的过程不适合于近代中国,因为"促使汉族中国人在与其他群体相遇时强烈地意识到'他者'并相应地认识到自己的群体的,并不仅仅是,或主要不是印刷媒体"[3]。可是在维新派的政治活动中,为了满足宣传的需要,却大量依靠了印刷媒介,宋育仁对印刷也十分重视。

最开始,宋育仁指定参与办报的江瀚与上海《时务报》经理汪康年联系,代为购买办报所需的铅印设备及聘用熟手。江瀚在 1896 年农历六月四日给汪康年的信中说:"承示铅字六枚,兹欲购三号与五号者

---

[1] 黄旦,《"新报之事,今日之事":上海进入新媒体时间——初期〈申报〉与上海研究之一》,载黄旦,《城市传播:基于中国城市的历史与现实》,上海:上海交通大学出版社,2015,228 页。

[2] 芒福德,《修道院与钟表》,载芒福德等,《刘易斯·芒福德著作精粹》,宋俊岭等译,北京:中国建筑出版社,2010,426 页。

[3] 杜赞奇,《从民族国家拯救历史:民族主义话语与中国现代史研究》,王宪明等译,北京:社会科学文献出版社,2003,41 页。

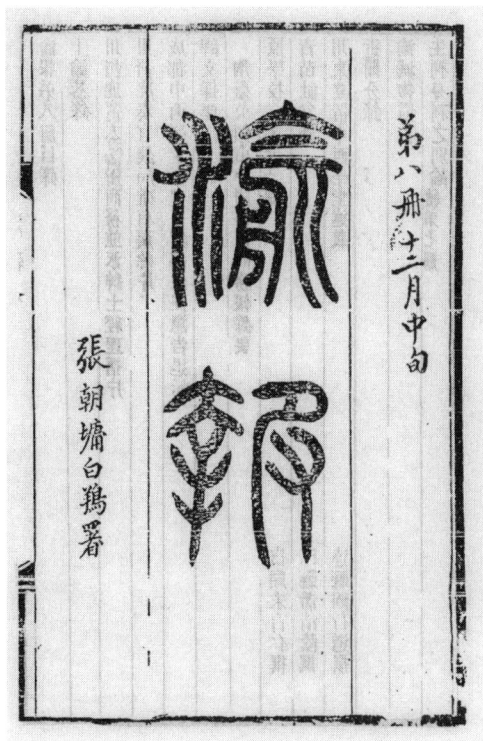

图 1-5 《渝报》第八册

各一具……将全模二具购就，点明字数，仍交天顺祥票号带渝，或托招商局亦妙。总期从速，是所切盼。""字模务望速购寄渝，至恳至恳"。同年农历七月十一日又函："前蒙开示铅字价目，三号字每磅一百个，约一千六百磅，每磅价洋四角，合计两副共需洋九百六十元。但五号字系备夹注之用，未审宜否，或六号字方合，务祈代为酌定，迅速装妥，克期交天顺祥带渝。""蜀中向无排印，必须觅一熟手前来。其工价、路

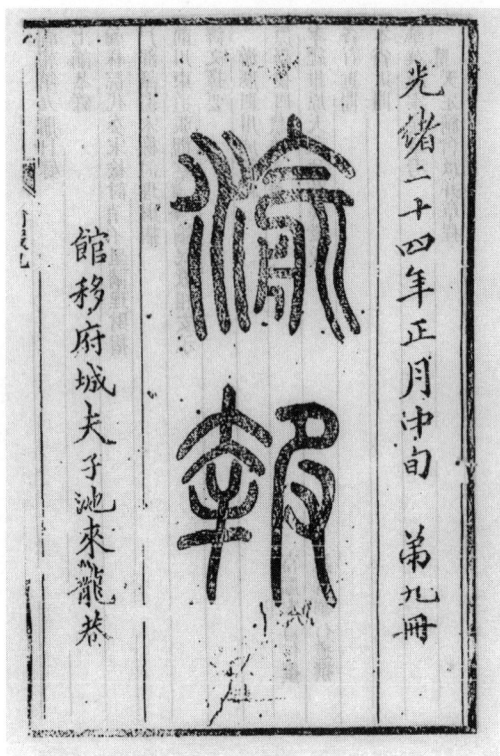

图 1-6 《渝报》第九册

资并乞费心议妥,促其速行,至要至要。"[1] 1897 年江瀚离开重庆后,
印刷机的购买事宜由潘清荫接办。他与汪康年之间也通信频繁。
1897 年农历七月十日信中说:"春间宋芸子拟在敝郡踵设报馆,招弟
襄事,所有托购字模及中西报篇,已由江君东浒函电往复,弟皆与览。
惟字模第五号可用为第三号之夹注否? 如可用故佳,否则请酌改第几
号之合度者。又排印虽有印机,敝处少娴熟习者,拟请尊处代雇一人
来以引导,俾下手资以学习,来往川贽及月薪若干得示照给,其人必偕

[1]《汪康年师友书札(一)》,上海:上海古籍出版社,1986,259-261 页。

字模同到,庶易于开办也。"同年农历九月朔日又函:"铅字前惠寄者凡六号,商定请购第三第五两号,以备印报、印书、直行夹注之用。如第五号不堪作第三号夹注,请别购一号,总期双行与独行耦合,不相龃龉为主"。农历九月十一日再函:"印机大小,既以贵报为准,即可酌定用某样为合,此机不知仅印铅字版耶?抑可印寻常木刻之版耶?如可以印木版,即恳将印机于九月得信后购成即寄。""如早有印机至,其印法必较人力为速便也。"紧接着次日又在函后加写:"又如印机可兼印木板,则管机友人必须雇定,与印机同时来川。今暂寄合同一纸,以昭大信。"另外还致函汪康年委托正在日本的留日学生监督孙淦购买日制的印机、制字机、铜模、铅字。"芸子检讨来渝,以铜模到蜀需时商定,暂用木刻试办,已于十月十一日开馆。"[1]

上海与重庆之间的一次次协商,表现出宋育仁对先进印刷技术的急切心情。铅字,不仅意味着通过新式印刷技术能够有效提升出版效率,降低出版成本,也更加赋予了语言文字的象征性意义。对于大众来说,印刷体比手写体往往更加正式和规范,也更能在文化层面影响大众,甚至"由于文字印刷,衣着上什么样式'入时'、什么式样'过时',也转变得愈来愈快,影响社会的范围也愈来愈广"[2]。斯坦贝格在《印刷术五百年》中说:"如果不考虑印刷机的影响,充分了解任何政治、宪政、基督教和经济事件都是不可能的,充分了解任何社会学、哲学和文学运动也是不可能的。"[3]从这个意义上来说,我们似乎可以理解宋育仁对先进印刷设备的执着了。甚至,印刷技术的助推和现代机器的展示,能够在很大程度上将报刊的形象和西方技术联系起来,成为表征"先进"的外在形态,为维新变法做出心理上的"预热"。反之,《渝报》的传播受限,很大程度上也与印刷技术有关。

人事方面,《渝报》局由宋育仁任总理,杨道南任协理,潘清荫任正主笔,梅际郇任副主笔,此外还聘有编纂、翻译、缮校、司账、排字等一应职工,均聘定足数。由此可见,《渝报》的组织管理具有了近代报馆

[1]《汪康年师友书札》(三),上海:上海古籍出版社,1986,2896-2902页。
[2]李伯庚,《欧洲文化史》,上海:上海社会科学院出版社,2001,284-285页。
[3]转引自克劳利,《传播的历史:技术、文化和社会》,董璐等译,北京:北京大学出版社,2011,121页。

的架构。所有职务实行月薪制。其中,报馆所有之事,"归其(宋育仁)主持,月供费拾六两正"。协理杨道南(范九),"月供费拾二两"。正主笔潘清荫(季约),"常川著论兼司编校,月供费拾六两"。副主笔梅际郇(黍甫),"月供费拾二两"。还有"翻译暂聘一人,常川译书,月供费□□两。缮校二人,月各四两。司账一人,月陆两。排字二人,月各三两"。"以上皆为撙节起见,若报章风行,事务增繁之日,人数月费再行议增。"所有人员"辨(办)事程度,另有详细条目,由总理拟定,以便照行"[1]。从《渝报》的相关资料来看,作为主笔的潘清荫、梅际郇,与宋育仁一起,为报纸撰写了不少文章。在宋育仁离渝后,潘、梅二人继续了他没有完成的事业。这种"志同道合"在后期还是产生了有意思的分野,当宋育仁的思想还停留在维新保皇,甚至参与张勋复辟时,杨道南、潘清荫、梅际郇均走上了革命道路。潘清荫此后历任山东济宁州判、山东大学堂监督、学部实业司主事、政法学堂庶务长等职。1911年,潘清荫弃官归乡,不久去世。1911年9月,四川仁寿保路同志会起义成功,公推杨道南出面作自治领袖。1903年,杨沧白与梅际郇、童宪章、陈崇功、朱之洪等人秘密组成资产阶级革命小团体"公强会",杨沧白与梅际郇为主要负责人。重庆蜀军政府成立,梅际郇任行政部长。

发行方面,《渝报》一改古代"官报"的内部送发,面向社会私费订阅,读者对象已不仅是各级官吏,还包括社会读者,只要有9钱银子,就可以买到一份《渝报》。这是一种典型的面向市场的平等买卖交易关系。除报馆零售外,《渝报》还接收订户。《渝报章程》规定:"先交银十两者,送报五年;先交洋银十元者,送报三年;先交银三两者,送报一年;先阅后交银者,每年银三两六钱,闰月照加。折购者每册九分。""先阅后交费者,本城满一月,外境送满三月,皆须收费,始行续送,以示限断。"《渝报》在省内外设有派报处,最多时曾达到52处。省内有成都、嘉定、叙州、夔州、绥定、顺庆、保宁、潼川、龙安、雅州、宁远、资州、绵州、邛州、眉州、泸州、酉阳、忠州、富顺、涪州、合州、江津、永川、长寿、万县、梁山26处;省外有京城、天津、南京、上海、苏州、山东、山西、河南、陕西、甘肃、安庆、江西、饶州、杭州、福建、武昌、汉口、沙市、

---

[1]《渝报章程十五条》,《渝报》,1897年第1册。

宜昌、长沙、广东、桂林、梧州、云南、贵州、遵义 26 处。发行范围遍及中国大部分重要城市。为方便读者订阅，《渝报》还经常在报纸上公布各代派处人员姓名、地址，并给各地工局、信局、商店愿代派报者，"二十份以上只收费九成，五十份以上只收费八成"的优惠，以求得进一步扩大销售量。

报馆除编印出版《渝报》外，还开展"代发《官书局汇报》《时务报》《万国公报》，并印发各种时务书或新译外国书及刻近人新著"[1]的业务。以后还代派了湖南的《湘学新报》，最后连澳门的《知新报》也曾应允代派。同时从第 9 期开始广告刊登业务，开四川报纸登广告之先河。不过，发行始终是《渝报》面临的难题。由于当时交通邮传不便，以及技术设备的落后，加上《渝报》的发行周期相对较长，订报费用也不算低。最初，《渝报》曾提出征订十两银送五年报，结果发行起来很难。宋育仁便随即改为三两订一年，后来再降为二两六钱订一年，以尽量争取订户。

编辑形式上，"首谕旨恭录、宫门钞全录，次折奏摘要，次外国报择录，此后另页起首先列题，依题叙录本局新论时务一二篇，次录川省物价表，渝城物价表，次另页起，首附中西有关政务各书，并各种章程，以纸数为断，次届接续前篇"。《渝报》第一册栏目有"谕旨恭录""奏折录要""译文摘录""时务新论"（即各类专论）、"渝城物价"。"所录奏折、洋报，但录原文，不参论断。凡当道姓名、地方琐屑，概不涉笔，以避毁誉之嫌，杜赇贿之弊。"[2]从第二册起，增加"蜀事近闻"栏。从第三册起，增加"各省近闻"和"外国近闻"栏，"蜀事近闻"改为"本省近闻"。最重要的变化就是增加新闻，尤其是本地新闻的比重。新闻，既有三言两语的简讯，也有夹叙夹议的长篇报道，第 7 期的《四川商情答问》一文，采用一问一答形式，针对当时四川商务存在的主要问题，逐一予以阐明，通篇不拘形式，生动活泼，是四川近代报刊史上最早的答记者问。第 15 期宋育仁撰写的《车里界议》一文，介绍了 1894 年中英《续议滇缅界务商务条款》签订以来英国进行的一系列阴谋活动，建

---

[1]《渝报章程十五条》，《渝报》，1897 年第 1 册。
[2]《渝报章程十五条》，《渝报》，1897 年第 1 册。

议清王朝应及早同英法两国谈判,文后专门附录了滇缅边界车里地段的地图。这张地图虽然只是木刻的,却是四川新闻史上第一次采用图片新闻的形式。在版面设计上,新闻不仅按地区分别编排归栏,并且从第3期开始,每条新闻都编辑有标题,后来基本固定为四字一题,其目的在于提示内容,如第13期外省新闻有"俄船窘况""教士受伤""整顿海防",本省新闻有"创设快轮""法增教堂""万州试事""学堂将开"等。

这样的编辑形式,现在看来有点不伦不类,它糅合了公文、新闻、译文、政论、物价等内容,用前面的话来说,这并不是现代意义上的报纸。不过,这样的编辑形式,在当时却是维新派报纸的基本模式,蕴含着丰富的象征意义。比如"恭录谕旨",代表着维新改革是在帝制的框

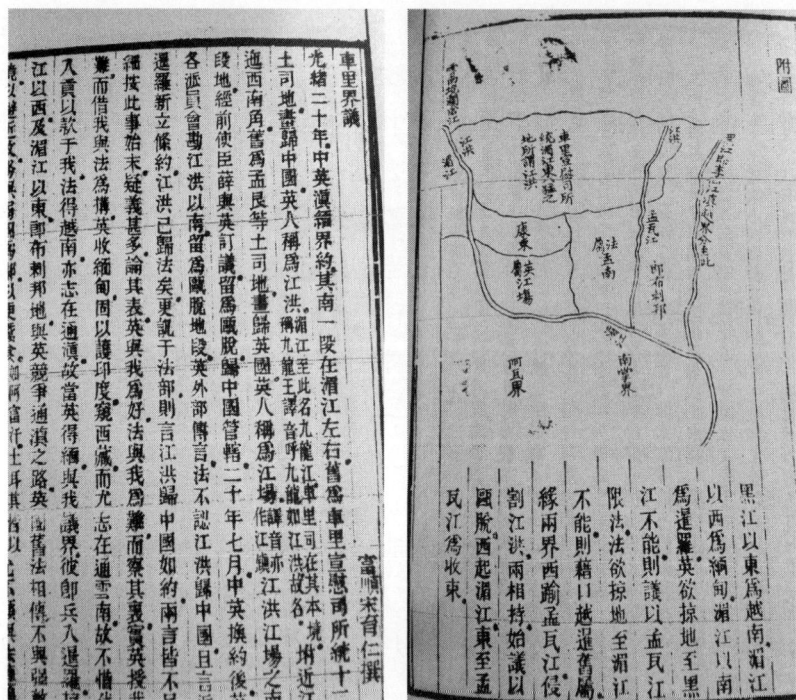

图1-7 《渝报》刊载的《车里界议》是重庆最早的图片新闻

架下进行的,沿袭着邸报"自上而下"的治理方式。《时务报》曾因时效性问题,在第 18 册暂不刊载"恭录谕旨",就引起读者的失望。当时在家乡浙江黄岩任讲习的王舟瑶致函汪康年表示:"贵馆近出报册,不录上谕,以为邸报《申报》俱已恭录,无事复出;不知各处购尊报者,不必皆购他报,俱以未见上谕为歉,以后似宜补录。"[1]邹代钧也认为此举让人失望,"缘寒素不能遍阅各种报,仅购《时务报》阅之,而无上谕,甚视为缺典"[2]。为此,《时务报》从第 35 册起又刊登了上谕。作为抒发政见的载体,"各种上书、奏章、条陈频频书刊报章,则体现出书生'上书言政'之传承"[3]。这也是近代以来国人自办报刊"文人论政"的重要体现。而大量的西方"译文摘录"则为转型时期的国人"提供了一套新的政治价值参照系"[4],为维新变法提供了理论依据,驱动上层绅士从儒家经典的审美偏好转向"政治的现实主义",并在客观上引发了人们对现存政治体系的质疑,是维新派具体政治变革道路的理念引领。新闻的出现,让"地方读书人超越区域性的'耳闻目见',从倾心于'乡里空间'的日常俗事转向思虑起'民族国家';青年学生'思出其位',在个人前景和国家危机的双重失意中,发展出新的自我意识"[5]。"渝城物价表"是贯穿《渝报》第 1—15 册的共同内容,每册会用 8 页的篇幅来罗列市面上各种商品的价格,包括五谷、五金、食物、药材、服装、杂货等。从 1897 年 10 月到 1898 年 4 月,《渝报》连载了重庆市场上 150 种进出口货物的批发价。物价表看上去形式单调,却有力地服务了当时经济信息的沟通,也从侧面反映出重庆开埠后资产阶级工商业迅速发展对商贸流通信息的需求,更是报纸参与现代性市场经济建设、与商人阶层互动的一个真实写照。

　　"媒介化的传播不仅提供人们或好或坏的信息,还以感同身受抑或麻木不仁的立场,为人们提供了观察社会事件的多重视角。另外,

[1]《汪康年师友书札》(一),上海:上海古籍出版社,1986,56 页。
[2]《汪康年师友书札》(三),上海:上海古籍出版社,1986,2731 页。
[3] 章清,《清季民国时期的"思想界"》(上),北京:社会科学文献出版社,2014,124 页。
[4] 唐海江,《清末政论报刊与民众动员:一种政治文化的视角》,北京:清华大学出版社,2007,50 页。
[5] 卞东磊,《古典心灵的现实转向:晚清报刊阅读史》,北京:社会科学文献出版社,2015,3 页。

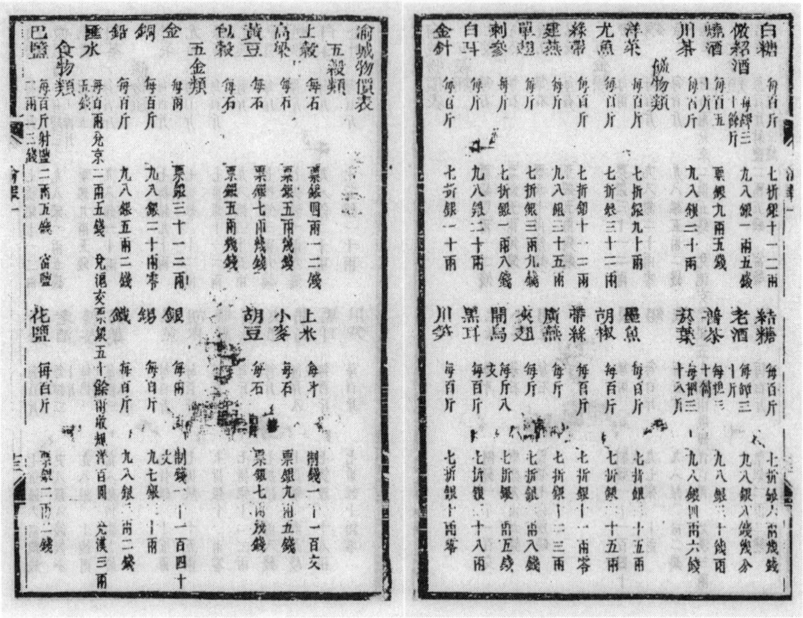

图 1-8 《渝报》刊载的"渝城物价表"

它还可以成为……谈资,或是为人们挑选出一系列政治、科学或社会方面或权威或可疑的信息,以供公众在考虑社会问题时参考。"[1] 西方学者对媒介化传播的意义界定,几乎可以完美阐释自《渝报》以来新式报刊对重庆市民的影响,虽然受限于识字率、报纸售价、印刷质量或者重要性认知,《渝报》的读者还只是士大夫阶层,但是它却开启了属于重庆的"新媒体"时间。

(二)变法:"现代民族国家想象"的政治传播建构

近代民族国家观念是近代世界以来国际政治体制的产物,其形成

---

[1] W.兰斯·本奈特,罗伯特·M.恩特曼,《媒介化政治:政治传播新论》,董关鹏译,北京:清华大学出版社,2011,4-5页。

的主要标志有两个：一是国家主权观念的确立；二是民族共同体的认同。民族国家的概念在中国的学科中存在共同的认知，也表现出广泛的争议，但却是在中国古代的知识谱系中无法寻觅的。"先秦以来古典中国的民族、国家观念，无外乎两种基本的类型模式，即文化普世的'天下主义'和充满族际偏见的'华夷之辨'。"[1]正是这种文化和民族上的保守且自大，造就了优越的自我中心感与"天下"观念。晚清时期，随着地理知识的传播和西方列强的入侵，"天下观念"不得不让位于国家观念。

印刷对民族国家观念的产生和传播，起到了关键作用。传播学的标志性人物麦克卢汉曾十分生动地将印刷词(The Printed Word)比喻为"民族主义的建筑师"，"印刷物的心理和社会影响之一，是将其易于分裂而又整齐划一的性质加以延伸，进而使不同的地区逐渐实现同质化。结果使力量、能量和攻击性都得以放大，我们把这种放大与新兴的民族主义联系在一起"[2]。这种看法与本尼迪克特·安德森的研究一致。在安德森看来，民族、民族属性和民族主义，是一种特殊的文化的人造物。他主张这样定义"民族"：一种想象的政治共同体。他认为，民族的形成源于资本主义生产关系、印刷新技术和人类语言宿命的多样性之间的互动，"促使新的共同体成为可想象的，是生产体系和生产关系(资本主义)、传播科技(印刷品)和人类语言宿命的多样性这三个因素之间半偶然的，但又富有爆炸性的相互作用"[3]。由于这三个因素都来自人类经历的现代化过程，因此这个理论非常适用于解释工业革命后新兴的民族国家的种种情形——比如美洲殖民地的民族革命可以追溯到报纸带给欧裔海外移民的影响：由于每日更新的报纸提供了属于殖民地的信息，同时面向对象又仅限于殖民者，报纸便提供了有限的想象共同体的基础，由此产生了报纸所对应的人群的共同体：民族。

---

[1] 孙军，《辛亥革命与近代中国民族国家观念的确立》，《大连大学学报》，2011 年第 6 期。

[2] 马歇尔·麦克卢汉，《理解媒介：论人的延伸》，何道宽译，北京：商务印书馆，2007，223 页。

[3] 本尼迪克特·安德森，《想象的共同体：民族主义的起源与散布》，吴叡人译，上海：上海人民出版社，2011，38-46 页。

回归到晚清的语境下,波云诡谲的历史舞台上资产阶级维新派、立宪派和革命派先后粉墨登场,他们围绕建设民族国家阐述了不同的构建方式和形态模式,但他们之间有着一种不约而同的默契,即试图通过重新建立对现代中国的理解,将传统的王朝国家整合成在国际体系中具有平等地位的民族国家。资产阶级维新派对此也有不遗余力的宣传,并得到了后世历史学家的承认,"维新派报纸有两个主要版面,一版专用于报道新闻,包括有关重要政策的诏令、全国其他地区的地方新闻以及重要的国际事件。另一版专用于社论,主要是关于国事的社会政治文章。通商口岸报纸中占很突出地位的商业和地方消息,在维新派报纸中却明显地缺乏。这些社会精英的报纸倾向于关心国家大事的报道,关心与其他国家的对比以寻求立国之道。这种类型的报纸表现了一种明显的民族主义的倾向"[1]。在民族主义的话语"复调"努力下,包括宋育仁在内的维新人士构建着对民族国家的现代想象——一种现代化的努力。通达的路径,正是他们变革的主题——变法。

"教、政、学、业"是宋育仁着重阐述的变法四方面。在次序上,宋育仁认为是"卫教为主,明政为要"。这既符合维新派报刊首要的"开通民智"价值,也遵循了维新变法的改革路径。在社会文化与政治制度亟待根本改造的转型时期,生硬直接的政治变革远不如教育变革更能在社会扎根。新式教育,除培养、造就近代社会经济活动所亟须的各种专业人才之外,还可以为提升近代国民素质做出重大贡献,使近代社会生活方式得以健康形成,近代政治制度得以牢固建立。"教"的另一端,无疑是"学"。宋育仁提出"学",是他个人对近代学科远见认识的一个生动注脚,也是对维新派教育学说的超前突破。梁启超在1899 年《清议报》第 11 期《本报改定章程告白》才逐渐显示出对"学"的重视。"本报宗旨专以主持清议,开发民智为主义,今更加改良,特取东西文各书报中言政治学、理财学者,撷其精华,每期登录数叶(页)。"[2]大约在两年前,宋育仁就把编纂《渝报》的说明命名为《学

---

[1]费正清等,《剑桥中国晚清史(1800—1911)》(下卷),北京:中国社会科学出版社,2007,328 页。

[2]《本报改定章程告白》,《清议报》第 11 期,1899 年 4 月 10 日。

报序例》,此后在成都创办的报纸更是直接定名为《蜀学报》,力求"昌明蜀学",由此可见"学"的重要性。"政"与"业"是紧密对应的,维新派政治改革的目标之一,就是国家的富强。这是维新派的共同追求,也是宋育仁追求"民富国荣",身体力行发展民族工商业,推进经济改革的政治人角色的要求。这与他本人接受清政府任命前往重庆履职的要义是不谋而合的。

"教、政、学、业"既彼此对应,又围绕着一个共同的主题,即民族国家的现代性发展。这种现代性的判定,无论是"文化结构""社会心理",还是"集体认同",它们意指的含义都可以归纳为一种以"政治文化"为变量的社会动员理论。这种"政治文化"与前述"精神气质"有着内在的契合性,政治文化是政治活动中的一种主观意识领域,"包括了社会对政治活动的态度、信仰、情感和价值,具体地讲,包括了政治意识、民族气质、民族精神、民族政治心理、政治思想、政治观念、政治理想、政治道德等各个方面"[1]。只不过,维新派倡导的这种政治文化,经由的途径体现在"教、政、学、业"的具体呼吁中。

1.论教育

在宋育仁的思想认知中,"今日救时之务,必先复古学校之制"[2]。这是他在《复古即维新论》中的结论,也是他论述变法的起点。《渝报》第2册"奏折录要"就刊登了《李侍郎端棻推广学校折》《总署议复李侍郎推广学校折》,同时"译文摘录"的4篇外论,都是介绍外国教育的,分别是《论学校》《外国学校数目》《外国学校费用》《伦敦学校岁报》。其中,《论学校》一文,把当时中国的教育实际同美法德等国的教育具体做了对比:"中国十八省……统计每百人中能识字记事者约不过十余人;而泰西各国……统计每百人中能识字记事者,德国约有九十四人,美国约有九十人,英国约有八十八人,法国约有七十八人,俄国约有十一人",经费方面,"泰西各国之学院经费尤称充足……每年需银计美国八千万、法国二千万、德国亦在二千万左右、英

---

[1] 王沪宁,《比较政治分析》,上海:上海人民出版社,1987,159页。
[2] 《复古即维新论》,《渝报》,1897年第1册。

国一千六百万、俄国一千二百万"……"虽所费较多,而成就甚大"[1]。封建社会的人才选拔制度也是宋育仁抨击的重点,他深刻揭露了科举制一考定终身的弊端,"今国子监,古之太学成均也;上书房、景山咸安八旗官学,则王宫虎门之学也;大小书院则古之族塾、党庠、州序也。然教官与试官不谋,司教者不典试,典试者不司教,决进于一日之长,不关于平时所学,则学者不劝,而贤能无自而兴"[2]。同时,他又对科举制度下大多数考生为求取功名而埋头于故纸堆、不关心时政的状况作了揭露,"国计安危,民生休戚,或茫然而无知,言之而不切,则欲益而反损"[3]。对此,宋育仁清醒地认识到:"今四裔凭陵,中国衰弱。由于彼之人才尽出学校,而我之学校无以励人才。"于是,《渝报》一再呼吁教育制度的改革,主张参照西式教育体制建立各级新式学校(小学、中学、大学),实行专业教育(分科而课业),并且力求"所教即所学"。因为只有凭借教育二字,中国方可转弱为强。

2.论政治

宋育仁极力主张变法,倡言改制,"世局虽变,富强之道则不变岂可"[4]。变局观方面,他和早期维新派相似,均持历史变易观。他以批评顽固派为切入点,大胆地揭露了沿袭多年的传统体制之弊端,指出要变法的必要性和迫切性,"不宜变祖宗之法为此言者,有似于忠且敬也,实则妨贤病能而不恤国家之急者也。昔三代之制度者皆圣人,前圣后圣而必有损益者,法久行而必弊,人情久习而必迁也。"[5]他还以本朝掌故为例,说明变法在情理之中,堕不可待,"开国之制,至圣祖始定为成宪,雍乾之治,已异于国初,嘉道以来,又数有改易……咸丰军兴……文宗显皇帝毅然宸断,易直兵而召(招)募,破常例以用人"[6]。他还从抵御外侮的角度出发,强调变法势在必行,"夫外患之碎来者易觉,而治之积弊者难知,积弊至此时,而甚必更张者,亦诚不得已之势也。今将决天下之计,必先定天下之疑,则莫如以敌国已睹之效,明经术之用"。宋育仁在《泰西各国采风记》中以英国的教育、

---

[1]《论学校》,《渝报》,1897年第2册。
[2][3] 《时务论》,《渝报》,1898年第14册。
[4]《时务论》,《渝报》,1897年第3册。
[5][6] 《时务论》,《渝报》,1897年第5册。

议会、政府、刑狱、币制、军队、新闻等为榜样，建议采用西方制度，因为他很准确地看到了当时世界权势向强者转移的大势，"国势衰微，不能不兴功利以自救，急治其标，然而士学已卑，经术不明……商势已重，本业日微。益以崇西学、尚工艺、保商权，工商日益贵……以某国商业盛，即通行某国文，为便用而易谋利"[1]。此外，宋育仁还提出了改革官制和整顿吏治的思想。

3.论西学

晚清西学在中国各地的传播极不平衡，沿海地区占地理优势，受西学影响最为深刻，但重庆地处西南内地，交通不便、信息闭塞，对西学的认知和了解远远不及沿海地区。《渝报》为此刊登了不少西学内容，比如关于报馆的文章，有《观泰晤士报馆记》《报馆电报》《美国印书日盛》《德国创设华文报》，通过这些内容，宋育仁试图论证报纸的正向性价值；编译英国驻华领事哲美森的《华英谳案定章考》，将清朝与英国的司法审判制度相对照，是迄今所能看到的第一篇详细比较研究中国与英国司法审判制度异同之作，也使重庆人第一次接触到"陪审""陪审制"的概念；编译李提摩太的《论生利分利之别》，首论生利，次论分利。从经济学的角度，说明科技的发展进步，只会大大提高人们生利的能力，而不是相反。这对消除中国一些守旧派人物的疑惑，推动科学技术知识在中国的传播都产生了积极的影响；再如《中西度量权衡表》第一次向重庆人介绍了西方的计量单位，这是追求统一的科学语言的第一步，有着破天荒的意义。此外，宋育仁在《时务论》中还提出新式知识分子必须有较丰富的西学涵养，"如地质、气化、物理、声光诸艺，中学略焉未究，有须专求外域，以补其缺，精究西书，博采以通"[2]。不过，限于报纸的篇幅，《渝报》有许多关于西学的内容并没有来得及展开。在成都主持尊经书院期间，宋育仁从上海等地采购西学书 103 种（合计 1 040 本），舆图 3 部（合计 18 张），比如《时德通考》汇编分天算、地典、公法、约章、使臣、税则、钱币、礼制、兵政、律例、工

---

[1] 宋育仁，《泰西各国采风记》，载钱锺书主编，《郭嵩焘等使西记六种》，北京：生活·读书·新知三联书店，1998，375 页。

[2] 宋育仁，《时务论》（序言），光绪乙未冬月，袖海山房石印。

政、铁路、矿务、电报、邮政、农桑、商务、教务、学校、官制、议院、史学、算学、化学、电学、重学、汽学、声学、光学、测绘、医学三十一门。通过学习阅读，宋育仁传播西学的构想也得以体系化。

4.论经济

钟财祥先生曾评价说："宋育仁的经济思想糅合着中国传统经济观念和先进敏锐的近代资产阶级经济理论的成份，他接触并引用西方经济学说来分析中国的社会现实，虽然在某些概念理解上并不准确，有时还存在着矛盾混乱之处，但却抓住了中国现实经济的要害问题……这使他的文章具有鲜明的时代性和创见性"[1]。宋育仁在比较中西国家发展路径后，曾不无感伤地指出，"夫经商者，富国之资也"[2]，其重商思想表露无遗。在渝署理商务、矿务后，他向朝廷递交《翰林院代奏宋检讨育仁呈清理财折》，引起清廷重视，户部奏复："次第推行"。在这份奏折中，他详细列出了"开矿、铸币、设行、行票"四项主张。在另一份《宋检讨育仁债式议》，提出政府偿还外债，手续出入，吃亏很大，可以采取"一、年限须与息扣通盘融算，年分（份）不宜太久……一、常息须与扣折通计乘除……一、银价须与镑价议定"[3]的策略，这些具有现代金融思想因素的建议是大有裨益的。这些内容，在《渝报》上都有详细记载。此外，报纸还选录了《川督鹿奏开办冕宁金厂及试办各矿厂情形》《张祭酒百熙请筹办四川矿务商务折》《陈侍御其璋奏广开矿利折》《四川官商合办矿务章程》《沪商拟办川省火油矿公司草章》，介绍当时重庆、四川的经济发展动态。除此之外，宋育仁还有关于平治路政、整顿税务等经济主张，这在当时都是很有远见的。

以上四个方面，大致是宋育仁有关现代民族国家的构想内容，也是他认定的政治文化的组成基础。当然，追溯他的言论和思想，我们可以发现宋育仁的矛盾之处，比如他希望新式教育能够"博采地质、气化、物理、声光诸艺"，但基础却是"说教以明人伦为宗，如礼制仁义等，杀之精春秋，名分进退之义"等传统儒学的框架，整个人才观还处在

---

[1] 钟祥财，《宋育仁的经济思想》，《经济科学》，1994 年第 2 期。

[2] 《时务论》，《渝报》，1897 年第 3 册。

[3] 《宋检讨育仁债式议》，《渝报》，1897 年第 5 册。

"中体西用"的藩篱中,与近代人才标准有较大差距,也并没有和科举制度正式决裂。比如宋育仁对西方的议会制度推崇备至,他认为:"议院为欧洲近二百年振兴根本……为其国国政之所在,即其国国本之所在,实其国人才之所在。"[1]但是他也很客观地意识到,在当时之中国要立即建立议会制是不现实的,因此提出"先议于京师,先议于官府"的缓冲步骤……这些也说明,宋育仁对现代民族国家的理解是大打折扣的。

用当今的观念来评判 120 年前的知识分子是毫无必要的。在无法构建现代性民族国家整体框架和具体制度的背景下,半知半解的认知依然具有超前性,特别是在一位见识过现代化国家的外交官的相关论述中,它必然在当时具有充分和强大的说服力。落实到宋育仁的民族国家想象中,一个无法否认的事实是,它对民族国家的认知基础是客观存在的。

一是宋育仁有着明确的主权概念。在经历了 19 世纪的若干次外交失利和战争惨败后,宋育仁对国势危急的境况忧心忡忡,"今内则国藏空虚,民不安业……外则先亡琉球,旋失缅甸、印度,近者法夺我越南,英人进规藏卫,朝鲜叛而外附,俄坐收帕米尔地,千里藩属,侵削殆尽……我欲无事,彼屡生畔,不可以为安"[2]。宋育仁的主权概念虽然包含着传统士人所具有的宗藩观念,但反对西方列强侵略的爱国之情也跃然纸上,有着维护主权的自觉,这也是宋育仁民族主义的重要体现。随着西方商品和宗教思想的不断侵入,宋育仁的民族危机感日趋严重。"今四夷凭陵,中国衰弱,四海交驰,中国孤立,通商遍内地,则利源为所夺,传教遍各省,则教本为所摇。"[3]这种思想,明确提出中国领土的固有性,要防止经济侵略和宗教侵略。二是宋育仁有着明确的公法观念。《渝报》用整整 4 期连载英国人罗柏村的《公法总论》,向重庆市民介绍国际法的概念及适用范围,内容包括:论公法之源流、论公法之大纲、论古今公法之沿革、论公法与便法攸分、论分别自主与不自主之国、论预闻别国之事、论平权之理、论自主国相待为平

---

[1] 宋育仁,《泰西各国采风记》,载钱锺书主编,《郭嵩焘等使西记六种》,北京:生活·读书·新知三联书店,1998,347 页。
[2] 《时务论》,《渝报》,1897 年第 3 册。
[3] 宋育仁,《时务论》(序言),袖海山房石印,光绪乙未冬月。

等、论新得地与定交界法、论待使臣法、论使臣分三等、论立合约、论战时公法、论评理免战法、论交战章程、论局外国应守之例争等。作为报纸的议程设置者,特别是有着现代外交经历的宋育仁来说,运用国际法与他国交涉,通过文明和平的方式维护国家主权应该是他极力主张的。此前中国外交失败的重要原因之一就是不明白国际法,不懂得国际法在维护国家主权中的重要性,因此,接受和传播国际法,进而运用国际法文明排外体现在《渝报》中就不足为奇了。

整体来说,宋育仁和《渝报》建构的现代民族国家图景有着卓越的启蒙意义。此前,受制于信息的传播流通,重庆市民对外界的了解不可能很多,即便是当地的士大夫,得到的知识多是前人世界的道理,具体事件也是"过去式",与国家的现在事务无关。但《渝报》出现后,由"渝城"之外"湖北""安徽""陕西""西藏""滇""沪"等"省外"空间构成的"国家"层面的事件,由"中国"之外"日""英""法""德""美""越南""朝鲜"等"域外"空间构成的"国际"层面的事件,以白纸黑字的形式清晰地表达出来时,民族国家不再是抽象的概念,读者们从报纸上开始思考民族国家的命运,这可能让他们产生一种新的身份认同,并萌发出"地方兴国"的冲动。这是顺应时代发展的一种思维方式、价值原则、人生取向,即福柯表述现代性所谓的"精神气质"。

三、城市与报刊:城市近代化与媒介现代性关系的初步考察

蒋晓丽教授是少有的专门研究过重庆城市与近代报刊关系的学者。她认为,"19世纪90年代末,新闻传播业的主要媒介——定期新闻报刊在重庆出现。这个与社会整体发展水平相适应的特定历史阶段的产物,是重庆由封建城市向近代城市转化的重要标志之一,同时也是推动重庆城市近代化加速发展的动力之一"[1]。她的这一论断,是基于人类历史发展规律和新闻传播规律,并纳入近代中国城市发展

---

[1] 隗瀛涛主编,《近代重庆城市史》,成都:四川大学出版社,1991,779页。

框架下得出来的。在她眼里,"新闻传播业的兴起是重庆由较低层次的城市型(形)态向较高层次的城市型(形)态转变的一个象征"[1]。这也是中国新闻传播学界较早论述城市与报刊关系的研究。这项研究,被纳入隗瀛涛先生主编的《近代重庆城市史》。该书是中华人民共和国成立以来第一批研究中国近代城市历史的学术专著之一,填补了中国近代史研究的一大空白。隗瀛涛在书中提出的城市结构功能演变的研究模式,在学术界产生了重大影响,被称为"结构—功能学派"。

另一位年轻学者何秋红观察了《通海新报》和中国"近代第一城"南通城市现代性的关系。她在深入研究后指出:"在该报存续的十六年内,南通城市对报纸的影响涉及到方方面面,而不只是作为背景而存在;报纸也参与到南通早期城市现代化的发展进程当中,而不仅仅是一个记录者。报纸上的铅字负载着城市的各种消息,商业的、生活的、娱乐的、政治的,搭起了城市各个方面的桥梁,延伸着城市建设的道路,显示着城市脉搏的律动。人们阅读着报纸的同时,也阅读、了解和关注着这座城市,在阅读、了解和关注中进行着以城市为纽带的心灵交流,构建这座城市的人们彼此之间全新的一种交流方式,它突破了时空,然而又在分享着同一时空。在这一过程中,人们在第一时间分享着这座城市中的一切新的事物、新的消息、新的观念,大到对局势的认知和看法,小到柴米油盐的价格变动。城市诞孕、投影、型(形)塑着报纸,报纸记录、沟通和改变着城市,报纸与城市纠缠共生,双方彼此嵌入,互相促动,这一切构成了近代第一城独特的剪影,投射到了中国的近代史上。"[2]这种思路,是将"城市"作为一个独立的研究要素,选定处在早期现代化进程中的南通城市这一特定历史时空,探讨城市的变迁与《通海新报》互动关系的一项学术突破。在研究方法上,何秋红也超越了"城市自身作为传播媒介""城市为传播提供环境"等相关研究,可以为我们观察近代重庆报刊与重庆城市,或者城市、报刊与现代性之间的显著关系提供有价值的借鉴。

当然,一个显著的差别是,《渝报》创刊于 1897 年,是典型的政治报刊,主要面向士大夫精英阶层开展维新宣传,议程设置有很大的局

[1] 隗瀛涛主编,《近代重庆城市史》,成都:四川大学出版社,1991,779 页。
[2] 何秋红,《〈通海新报〉与南通城市现代化研究》,华中科技大学 2015 年博士论文,1 页。

限性,对普通市民阶层的影响也并不直接,发行时间也只有短短半年。《通海新报》创刊于 1913 年,是一份商业报刊,前后发行了 16 年。相比《渝报》,后者关注的城市信息内容更为宽泛,读者群也更为庞大,所处的时代及城市的现代化程度也更高,所报道的内容自然也更具有现代性气息,更容易成为历史中的一种"主动力量"。因此,经由后者发现城市与报刊的关系可能更为直观。

(一)《渝报》:中国媒介现代性开始的一个样本

在众多维新思想家倡导变革的蓝图中,创办报刊是其中必不可少的一项内容。这种看上去的"应有之义",是与他们师法西方政教文化的变革思想联系在一起的,其要旨在于借助报刊这一现代性媒介,发挥"兴利除弊,促进国家和社会进步的重要工具"价值和"近代中国'强中攘外'的重要文化设施"[1]的意义。换言之,这是一种典型的"工具论",并没有落脚到新闻本位主义思想上。也就是说,《渝报》等报纸强调的是政治动员工具,而不是新闻信息交流的平台。这一点,与西方国家报业发展的特点大相径庭。

"五四"之前,准确一点说是辛亥革命之前,缘于现实社会的政治需求,中国近代报人往往将报刊的政治功用放在新闻传播活动的主导地位。无论是早期资产阶级改良派的王韬、郑观应,还是后期资产阶级改良派的康有为、梁启超,抑或是资产阶级革命派的孙中山、于右任,政治是贯穿他们行为的共同主线,"尽管西方新闻学中许多现代名词在他们那里相当齐全,如出版自由、第四种族、舆论监督等等,但这些东西早已中国化了。他们逃不脱只在政治方面体验人生,在政治生涯中追求自我价值的命运"[2]。其中,梁启超的"报馆有益于国事"论颇具代表性。恰如梁本人所说,《时务报》之初衷在于"哀号疾呼,以冀天下之一悟,譬犹见火灾而撞钟,睹人井而怵惕"[3],《清议报》

---

[1] 李滨,《中国近代报刊角色观念的发展和演变》,长沙:岳麓书社,2011,65-67 页。

[2] 陈力丹,《五四时期的中国新闻学》,《新闻战线》,1989 年第 6 期。

[3] 梁启超,《蒙学报·演义报合叙》,中国人民大学新闻系主编,《中国近代报刊史参考资料(上)》,北京:中国人民大学出版社,1979,289 页。

则是要"倡民权""衍哲理""明朝局""历国耻"[1]。这样的动机和目的,不仅使得报刊对变法维新起到了不可忽视的作用,而且推动并掀起了中国新闻思想史上第一个思潮——报刊是政治宣传喉舌。此时,报纸更侧重言论,而非新闻,报纸往往是"言论纸",而非"新闻纸"。

在这样的背景下,依据西方职业化或者专业主义的定义来评价宋育仁等维新报人和《渝报》等维新报刊也许并不恰当。报人们此时从事的既非古代中国的邸报,也不是完全现代意义上的新闻职业,而是一种"政治性出版",一种基于印刷而派生出来的新权力(the Power of Print)[2],"但是,不容置疑的是,在清末政治文化机制的作用下,新闻传播的职业精神开始在清末政论报人中萌发"[3]。要想论证这一点并非难事,宋育仁和《渝报》就是很好的研究样本。

首先,强烈的政治使命感成为宋育仁等人职业认同的根本原因,这也是他们在重庆首创报纸,并在成都续办《蜀报》的职业化根本动力之一。作为现代化社会分工的一项新职业,与传统官报体系以及民间报坊的人士不同,宋育仁、梅际郇、潘清荫等都明确《渝报》的使命是进行现代政治动员和政治启蒙。"专门化分工的精细,为政论报人的职业认同提供了坚实的基础"[4],从具体的运作分析来看,《渝报》的管理层除了未发现杨道南有关的活动外,宋育仁、梅际郇、潘清荫三人都做出了重要贡献,这些贡献除了撰写文章、论证变法,应该还包括在当时重庆城市内外各种社会资源的整合与协调,以确保《渝报》能够有一个比较好的媒介生态环境。

其次,注重公共舆论的引导,赋予《渝报》某些媒介公共性理想的色彩。《渝报》是维新团体的报刊,但"开风气"的宗旨却是一种公共性的表达。或许它的传播层面还只是停留在士大夫等精英阶层,不过宋育仁的目标却是成为国民的启发者、引导者和鼓吹者,担当起解放

---

[1] 梁启超,《本报第一百册祝辞并论报馆之责任及本馆之经历》,张之华主编,《中国新闻事业史文集》,北京:中国人民大学出版社,1999,42页。

[2] Joan Judge, *Print and Politics: Shibao and the Culture of Reform in Late Qing China*. Stanford University Press, 1996.

[3] [4] 唐海江,《清末政论报刊与民众动员:一种政治文化的视角》,北京:清华大学出版社,2007,350页。

民众思想、唤起民族精神的角色。梅际郇在《说渝报》中也指出："报馆者，天下之公言，非一人之私智也，取其有益于天下，非徒因以为利也。苟天下之公言，则吾固得言之。苟取其有益于天下，则虽一理之得，一策之善，吾尤不能已于言之。"[1]这种"公言"的思想，是知识分子"以天下为己任"的精神自觉，与谭嗣同的"国口"、梁启超的"公器"理念，无一不是以国民利益为代表的。只不过在维新派这里，宋育仁等更强调"制造舆论"，而到了20世纪20年代的戈公振等"五四"学人那里，他们关于舆论的见解更突出"代表舆论"。

再次，《渝报》在管理经营上初步显示出现代媒介的组织架构和运营方式。《渝报》一开始就确立了《渝报章程十五条》，章程包括报刊的创办主旨、编辑栏目、字号规格、人员架构、分工职能、订阅方式。其中，"只准书坊贩售不准外人翻刻请官立案"显示出初步的媒介知识产权意识，"所录折奏、洋报，但录原文，不参论断。凡当道姓名、地方琐屑，概不涉笔，以避毁誉之嫌，杜赇贿之弊……本局著论，参用《时务报》馆章程，但敷陈事理，绝不论列局外是非"，既是媒体中立性的体现，更是行业自律的规范性要求。股份制是《渝报》的一个特色，"捐款一时无多，如愿照集股分（份）例人银者，以一百两为一股，每股给息折一分，盖用本局图记，每两对年认官息一分，年终凭息折给付利银"[2]，明显具备了一种媒体现代股权运作方式的因素。尽管很多捐助者的捐款只是名义上"股份"，且从第十册披露的"财务报表"[3]来看，《渝报》从创刊至当年年底的报费收入只有一百零一两八钱六分，只够支付房租，远远不能支付成本，更不用说实现盈利，但凭借关系网络，《渝报》却实现了"入股及捐助四千八百五十两"的收入数字，足够支付一年的开销，这是维系《渝报》持续运作的根本财政保障。

最后，创办《通俗有益报》是宋育仁等《渝报》同仁向更高阶媒介形态的积极探索。1898年1月29日，潘清荫在给汪康年的信中说："前承寄《白话报》，即欲仿为之……诚如来教所谓，开商民之知识，莫

---

［1］梅际郇，《说渝报》，《渝报》，1897年第1册。

［2］《渝报章程十五条》，《渝报》，1897年第1册。

［3］《计开丁酉年十月初旬开局至十二月下旬收支账目藉呈》，《渝报》，1898年第10册。

善于此。日出一纸,只取值三文,名曰《通俗有益报》,或可销出三四千纸。"[1]创办《通俗有益报》(有可能更名为《渝州新闻》),可以被视为《渝报》的"升级版",是宋育仁等向更高阶媒介形态的努力转型。新的报纸,"采取白话""只取三文",意味着新报纸会面向更多的社会中下层读者,"日出一纸"比《渝报》大大压缩了发行周期,"纸"的媒介形态也更贴近现代报纸的样式。更有意义的是,"日出一纸"带来了一种新的城市时间——报纸时间。这种日复一日定时出现的新型媒介使得罗杰·夏蒂埃所说的"印刷文字总是意在建立或加强某种秩序"[2]变得更加可能,这是宋育仁等人的媒介现代性努力,也促使了城市与报刊的互动关系更加密切。

从严格意义上来说,宋育仁和《渝报》所体现的现代性是一种远未成熟的媒介现代性,可以提出很多批评,比如尚未形成科学的传播思想,没有建立成熟的新闻学科,对受众有着"自上而下"的非平等对视,没有彰显报刊的主体性而只是作为一种工具等。但是,这只是一个媒介现代性的开端。从中国新闻传播史自身发展逻辑来看,晚清新闻事业的发展受历史条件制约,有什么样的社会历史条件就有什么样的新闻形态,包括宋育仁及其《渝报》都无法超越自己所处的时代,这是唯物史观的重要内涵,我们必须承认。而在另一方面,以上四点足以透视出《渝报》初步具备的现代媒介文化特征,这是区别于古代新闻媒介的现代传播精神,也是现代中国新闻职业化的始源,我们更不能否定。

(二)城市交往网络的构建:以《渝报》为中心

哈贝马斯在交往行为理论中提道:"在交往行为中,参与者主要关注的不是自己的目的,他们也追求自己的目的,但遵守这样的前提,

---

[1]《潘清荫函》(五),载上海图书馆,《汪康年师友书札》(三),上海:上海古籍出版社,1986,2904 页。

[2] Chartier, Roger. *The order of Book*. Trans. *Lydia G. Cochrane*. *viii*. Stanford University Press, 1992.

即:他们在共同确定的语境中对他们的行为计划加以协调。"[1]本书所说的城市交往并不等同于哈贝马斯的交往行动,但交往理论中"共同确定的语境"和"加以协调"两点,却是城市交往无法回避的问题。在城市交往中的个人,不是简单而机械地聚集为一个组织或是团体,换言之,他们不只是打破性别、身份、阶层、职业和种族的物理空间上的聚集,他们会出于自身某些方面的共同性而聚合,更多的是一种精神上的共鸣而产生的聚合,即一种"精神共同体"。与一般的群体、团体和群伙不同,精神共同体往往有着共同的利益、共同的目标,并能从精神共同体中获得精神情感的满足,产生与精神共同体一致的生存体验,这是精神共同体对成员产生吸引力的关键。

通过《渝报》,一种无须真正见面,只要凭借印刷物交往的社会网络就能形成,这是一种新型的空间形态。如果说此前的交往空间是卡西尔所谓的"行动的空间",集中于直接利益和实际需要的话,那么,由报刊开辟的交往空间则是一种"抽象的空间"——"不仅为人开辟了通向一个新的知识领域的道路,而且开辟了人的文化生活的一个全新方向"[2]。甚至有点类似于哈贝马斯的"公共领域"。鉴于重庆开埠后城市发展的情况特殊性,特别是《渝报》时期的公共交往还只是停留在精英阶层,城市远未形成市民社会,以及"占有性的个人主义"(精神层面),沙龙、咖啡馆和公共媒体(物质载体)也远不发达,哈贝马斯的理论是否可以作跨文化的应用,本书持保留态度。然而,以《渝报》为中心的城市交往网络却在很短的时间内构建出雏形,对内加强着城市的身份认同,对外扩散着重庆的城市影响力。当然,无论是内部的构建,还是外部的构建,志同道合往往成为人们相互认同的基础,并重新整合着城市精英的各类资源。

按照内部构建和外部构建的划分,以《渝报》为中心的城市交往网络大致可以划分为重庆—四川和重庆—外省两个网络。

重庆—四川的城市交往网络,地理上的纽带色彩较为浓厚。当时

---

[1] 尤尔根·哈贝马斯,《交往行为理论:行为合理性与社会合理性》(第一卷),曹卫东译,上海:上海人民出版社,2004,273 页。

[2] 恩斯特·卡西尔,《人论:人类文化哲学导引》,甘阳译,上海:上海译文出版社,1985,56 页。

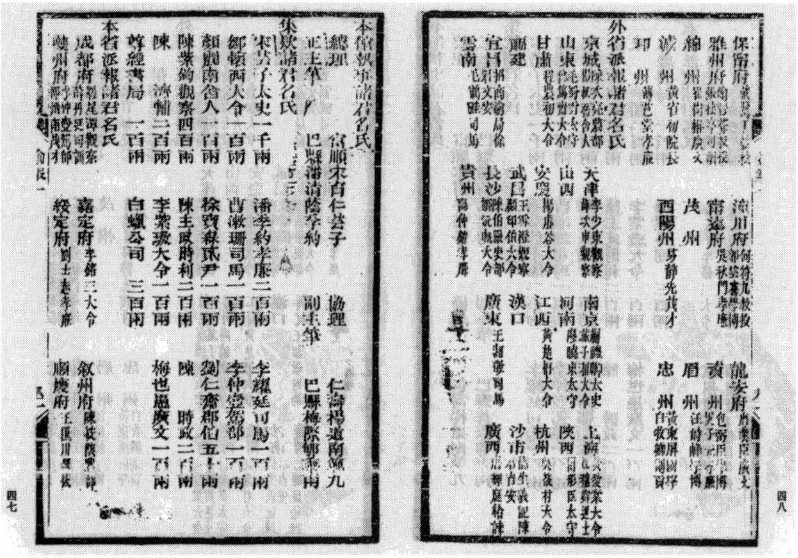

本館執事諸君名氏

總理　富順宋育仁芸子　協理　仁壽楊道南

正主筆　巴縣潘清蔭季約　副主筆　巴縣梅際郇

集款諸君名氏

宋芸子太史一千兩　潘季約孝廉二百兩　李耀廷司馬一百兩

鄒頓西大令一百兩　曹澈珊司馬一百兩

顏觀南舍人一百兩　徐寶森京尹一百兩　劉仁齋郡伯五十兩

陳紫鈞觀察四百兩　陳圭成時利二百兩　陳　時政二百兩

陳　濟輔二百兩　李紫璈大令一百兩　梅也楓廣文一百兩

尊經書局一百兩　白蠟公司　三百兩

本省派報諸君名氏

成都府　嘉定府　敘州府

夔州府　綏定府　順慶府

保甯府　潼川府　龍安府

雅州府　甯遠府　資州

綿州　茂州　眉州

瀘州　酉陽州　忠州

邛州

外省派報諸君名氏

京城　天津　南京　上海

山東　山西　河南　陝西

甘肅　安慶　江西　杭州

福建　武昌　漢口　沙市

宜昌　長沙　廣東　廣西

雲南　貴州

四七　四八

图 1-9 《渝报》馆执事人员名单、捐助人员名单、省内外派报人员名单

的重庆隶属于四川，重庆—四川的城市交往网络偏重于依靠现代城市的各种关系网络聚集在一起，成员经常在固定或不固定的物理空间进行面对面的交流，有稳固的关系网络。“都市空间既是交流的公共平台，更塑造了一种新型的关系，作为媒介的外滩启示我们，建构作为主体的人与人之间的关系，才是传播的本质。”[1]于是，这种城市交往网络的具体构建，以志同道合为前提，并且随着《渝报》带来的内容传播产生了更大层面的政治价值认同。同时，就《渝报》的动员对象来看，立足“省界”，构建交往网络也是基础。在古代社会，士人要获得生存和自我发展，所凭不多，乡谊便是其中的重要选项。对于寻求变革的宋育仁来说，要在以转型为特征的政治文化生态中达成自我实现，乡缘和地缘自然可以提供有效的帮助。

这一点，可以从《渝报》的出资主体得出结论。宋育仁在官府有任职，《渝报》却系民办，所需资金由同人以捐款或入股的方式来筹集。

[1] 孙玮，《作为媒介的外滩：上海现代性的发生与成长》，《新闻大学》，2011 年第 4 期。

从《渝报》的记录来看，《渝报》先后收到捐资4 700余两。宋育仁以创办人身份首先捐银1 000两，此外，先后有黄肇青捐银1 000两，陈紫钧捐银400两，白蜡公司捐银300两，潘季约（清荫）、陈时利、陈时政、陈济甫各捐银200两，李耀庭、邹怀西、曹漱珊、李仲壶、颜丽南、徐宝森、李紫璈、梅也愚、夏淑轩和尊经书局各捐银100两，刘仁齐、于伯山、蓬州崇实学堂各捐银50两（表1-1）。

表1-1 《渝报》捐款者社会身份分析

捐款人（单位）	身　份	捐款数	捐款人（单位）	身　份	捐款数
宋育仁	太史	1 000 两	陈时政		200 两
潘清荫	郎中	200 两	陈济甫		200 两
李耀庭	司马	100 两	李紫璈	大令	100 两
邹怀西	大令	100 两	梅也愚	广文	100 两
曹漱珊	司马	100 两	尊经书局		100 两
李仲壶	驾部	100 两	白蜡公司		300 两
颜丽南	舍人	100 两	黄肇青	中翰	1 000 两
徐宝森	贰尹	100 两	于伯山	刺史	50 两
刘仁齐	郡伯	50 两	夏淑轩	观察	100 两
陈紫钧	观察	400 两			
陈时利	主政	200 两			

通过上述名单可以看出，这些资本与大部分捐助者与重庆—四川的"省界"身份联系紧密。宋育仁（四川富顺人）、潘清荫（四川巴县人）、陈时利（四川合江人）、李紫璈（四川合江人）、梅也愚（四川巴县人）、陈紫钧（四川合江人）……李耀庭是重庆最大票号天顺祥的老板，曹漱珊是重庆干菜匹头帮的头面人物，邹怀西时任涪州知州，颜丽南（四川自贡人）在重庆荣昌创办洋烛公司。白蜡公司、尊经书院、蓬州崇实学堂都位于四川。"省界"构成"合群"之先声，也是读书人集团力量形成的最初标志。[1]值得注意的是，以宋育仁为代表，《渝报》构建的城市交往网络体现了官绅商等不同群体的融合。这个社交网络体系中，捐助者的身份大致与同期的《时务报》类似，也体现出改良

---

[1] 章清，《清季民国时期的"思想界"》（上），北京：社会科学文献出版社，2014，166-172页。

派报刊代表的资产阶级中上层利益,并与旧有的政治体制有着密切的联系。这部分开明者,虽然"身"在传统政治体系中,但是"心"在时代危机感和民族忧患意识的推动下却转向支持变法。他们与报刊的"联姻",虽无政党、社团之名,却无疑开辟了一种精英群体交往和联合行动的新平台,政治动员力显著提升。

此外,《渝报》接受来稿,先后发表了达县刘行道的《川东赈荒善后策》《论裁兵》《川东建置中西学堂述义》、资州孙树藩的《西南边防论》、眉州刘书晋的《生财非敛财说》、荣县黄芝撰写的《戒缠足会叙》、资州邓文焯的《训诂与译言相表里说》、奉节张朝墉的《夔灾论》等。尽管篇目不多,却通过《渝报》构建起一个初步的城市公共话语空间,让书生报国有了新的发言渠道。这种空间除了纸质文本的表达,还通过报纸定期出版,以及在社交场所的传播的形式,进一步维护和拓展着公共话语空间。这种空间既有物理意义上的符号,更有心理意义上,类似梯利所谓的"情境空间"(textured space)。

重庆—外省的城市交往网络,更多地依靠精神纽带发生联系。"近代报刊产生之前的交往是一种传统性的交往,交往的场所往往集中在寺庙、同业公所、戏院。"[1]近代报刊创办之后,开始了以报刊为中心的交往,即便没有面对面的交流,也有一种精神场域将他们集合在一起,形成了一个共同体。

这个共同体既包括与外地同行报人的实体交往,比如江瀚、潘清荫在《渝报》创办前后一直与上海《时务报》总理汪康年保持通信往来,商议机器购买、新报筹办等;又包括一种想象机制,即当不同的城市个人进入《渝报》的读者群时,集体归属感会油然而生,个人也就成为城市交往网络的每一个节点。"个人主义的都市知识分子比乡村知识分子更需要社会交往,在他抵达城市的第一天起,就需要寻找适合与接纳他的社会空间和关系网络。"[2]同时,对于转型过程中的士人群体来说,报刊似乎是个不错的选择,看上去仍可以发挥自己的传统优势。而在更高的层面,"在民主国家,往往是大多数人希望联合和需

---

[1] 汪苑菁,《发现"城市":重构近代报刊史之城市与报刊关系》,《国际新闻界》,2013 年第 5 期。

[2] 许纪霖,《都市空间视野中的知识分子研究》,《天津社会科学》,2004 年第 3 期。

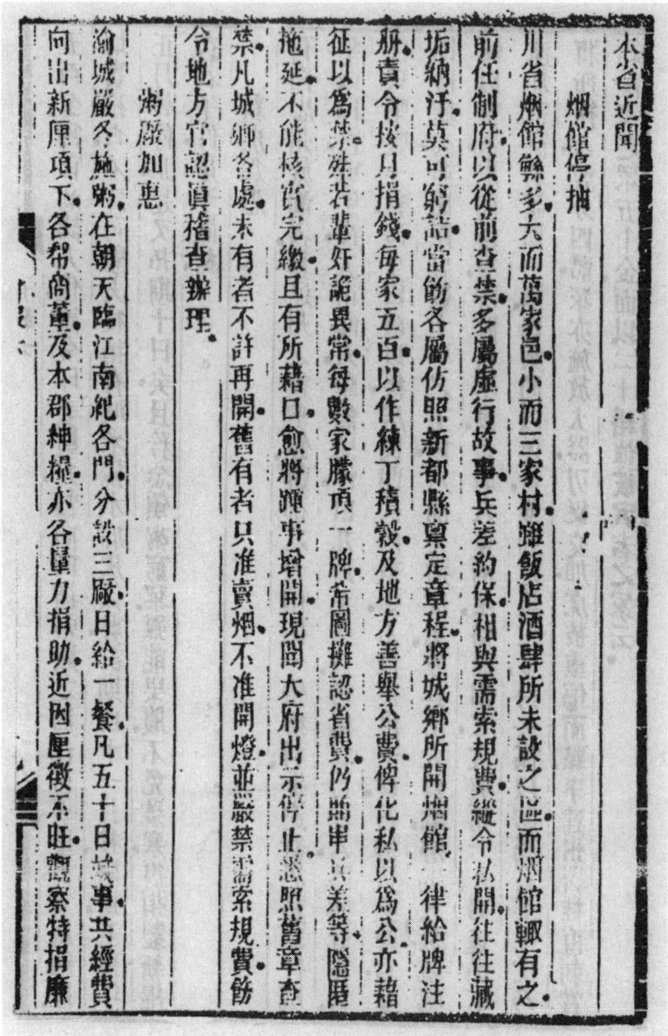

本省近聞

烟館停抽

川省烟館夥多大而萬家邑小而三家村雖飯店酒肆所未設之區而烟館輒有之前任制府以從前查禁多屬虛行故事兵差約保相與需索規費縱令私開往往藏垢納汙莫可窮詰當飭各屬仿照新都縣稟定章程將城鄉所開烟館一律給牌注册責令按月捐錢每家五百以作練丁積穀及地方善舉公費俾化私以爲公亦藉征以爲禁然若輩奸詭異常每數家朦頂一牌希圖攤認省費仍賄串差等隱匿拖延不能核實完繳且有所藉口愈將踵事增開現聞大府出示停止悉照舊章查禁凡城鄉各處未有者不許再開舊有者只准賣烟不准開燈並嚴禁需索規費飭令地方官認眞稽查辦理

粥廠加惠

渝城嚴冬施粥在朝天臨江南紀各門分設三廠日給一餐凡五十日竣事共經費向出新釐項下各帮商董及本郡紳糧亦各量力捐助近因釐徵不旺觀察特捐廉

图 1-10 《渝报》刊载的“本省近闻”

要联合,但是办不到,因为他们每个人都微不足道,分散于各地,互不认识,不知道到哪里去找志同道合者。有了报纸,就使他们当中的每个可以知道他人在同一时期,但却是分别地产生的想法和感受。于是,大家马上便会驱向这一曙光,而长期以来一直在黑暗中寻找的彼此不知对方在何处的志同道合者,也终于会合而团结在一起了"[1]。需要指出的是,节点并不是被动的信息接收者,很多时候也扮演着信息传播者的角色,它能够按照自己的信息组织、处理和发布方式,遵循传播规律参与媒介的再次生产和传播过程。这种节点从类型上划分,属于网络意义上的"桥节点"。

以《渝报》为中心的重庆—外省的城市交往网络,是以报章销售网络的建立为基础来构建的。"近代报刊之间也形成了互惠的关系,它们互相刊登告白,互相代派,首先在销售环节连为一体,构成互相援助的网络。"[2]这种互相援助的网络,可以从两方面考察,同时你会发现它们又共同参与构建了当时的全国报刊版图。

一方面,重庆作为西南地区的重要城市,《渝报》有着自身的代派网络,代派的报刊包括《时务报》《求是报》《译书公会报》《蒙学报》《湘学新报》《知新报》《昌言报》等维新派重要报刊。这样的代派,不能简单理解为扩大销售的一种商业体系,或者是作为"生意"的互动。实际上,互相代派是同业之间的互相支持和互通声息,避免了"省界"意识的泛滥,并顺势引入了"业界"这一超越"地缘"的组织形态,是前述重庆—四川城市交往网络的向外拓展。在更高的层面上,这种代派是将重庆纳入整个维新报刊体系的主动举措。于是,在整个国家向现代性进程迈步的过程中,重庆赶上了时代的"节拍"。同时,"《渝报》以其鲜明的资产阶级改良倾向,和当时维新派创办的大量报刊一起,打破了万马齐喑的局面,从而结束了封建阶级垄断新闻事业的时代,翻开了资产阶级新闻事业的新篇章"[3]。

另一方面,《渝报》在省内外均设有派报处。省内有成都、泸州、眉州、万县、叙州、绥定、顺庆、绵州、忠州、保宁、酉阳、长寿、龙安、雅州、

[1] 托克维尔,《论美国的民主(下)》,董果粮译,北京:商务印书馆,2003,641-642页。
[2] 章清,《清季民国时期的"思想界"(上)》,北京:社会科学文献出版社,2014,105页。
[3] 周勇等,《重庆通史》(第一册),重庆:重庆出版社,2014,450-451页。

富顺、潼川、宁远、资州、嘉定、邛州、夔州、合州、永川、涪州、江津、梁山26处；省外有京城、天津、上海、南京、山东、山西、河南、陕西、甘肃、江西、安庆、苏州、饶州、杭州、汉口、沙市、长沙、宜昌、遵义、福建、梧州、桂林、武昌、贵州、云南、广东26处，发行面遍及中国大部分重要城市。最多时《渝报》的派report处曾设有52处。在这一方面，《渝报》构建起以重庆为中心，辐射全国很多城市的交往空间，并经由代派点连接读者，让熟悉与不熟悉的知识分子以及更广泛的读者得以聚合，形成了一个对抗原有政治和社会秩序的传播网络。

这种新的城市之间的交往网络是一种结构性影响，即在原有的封闭性政治交往网络之外开辟了一条新的信息通道。用李仁渊的话说，"首先是作为分散各地的士人联络之媒介，其次是作为越过层层遮蔽中央的腐败官僚，成为士人直接向有权者进言的管道"[1]。如果再进一步，将维新报刊的动员对象扩展到普通民众，那么，这种结构性影响的力量会更加强大。尽管20世纪前后几年近代报业成为近代中国都市生活不可缺少的部分，促成了政治改革的进行，丰富了城市文化的功能，维新派也一直鼓吹"开民智""兴民权""振民气"。然而，对于生活在城市底层的大多数中国人来说，《渝报》等维新报刊受制于多重因素，在很大程度上仍然是无从接触。进一步来看，人民群众并未在维新运动中成为历史的主角。随着此后白话报、晚报的勃兴，识字率的提升以及报纸内容的丰富，这种情形才有了极大的改观。

（三）新的时空观：观察城市、报刊与现代性关系的一个关键指标

"不同的社会培养不同的时间观念。"[2]戴维·哈维的这一论断，与传播学先驱哈罗德·伊尼斯的观点非常类似。后者提出，"不同的文明以不同的方式看待空间观念和时间观念，而且，在同一文明里，不同时期、不同地域的态度也大不相同……"并且认为这种时空观念差

---

[1] 李仁渊，《晚清的新式传播媒体与知识分子：以报刊出版为中心的讨论》，台北：稻乡出版社，2005，23页。

[2] 戴维·哈维，《后现代的状况——对文化变迁之缘起的探究》，阎嘉译，北京：商务印书馆，2003，242页。

别的部分原因在于传播技术的改进。[1] 这一观点，在他所著的《帝国与传播》《传播的偏向》有着进一步的论述，并启发了麦克卢汉在《谷登堡星汉璀璨》提出了"地球村"概念。按照"地球村"的解释，我们可以认为媒介具有超越时间和空间的力量，在改变着人类信息接收方式的同时，也跨越了地域和时间的局限。无疑，这是一种新的时空观。在媒介研究的历史中，时间和空间作为变量，被多次提及。只不过由于"习焉不察"，学界一直未能给予足够的重视。

在现代性的语境下，"媒介传播为现代性所建构，同时建构了现代性"[2]，媒介与现代性成为现代社会互构的要素。时间和空间是研究社会向现代性发展的重要维度，吉登斯对此认为，"现代性的动力机制派生于时间和空间的分离和它们在形式上的重新组合"[3]。可以说，媒介的时间性和空间性共同构成了理解现代性的两个重要方面。

按照吉登斯的观点，"机械钟的发明以及计时器在所有社会成员中的实际运用推广，（它）对时间从空间中分离出来具有决定性的意义"。这种分离，以"日历在全世界范围内的标准化"和"跨地区时间的标准化"为标志，使得"统一尺度'虚化时间'（empty time）得以形成"。"时间的虚化"催生着"空间的虚化"。原本"统一的时间成为控制空间的基础"，但在"虚化的时间"世界里，空间成为不受具体时间限制、"独立于任何特定地点和地区"的"先进的全球航海图和世界地图"：一种日益"虚化的空间"。即相对于传统社会，在现代性社会里，由于时间的"缺场"（absence），空间日益从由具体时间决定的"地点"等传统要素中"分离"出来，成为不受"在场"（presence）支配的"虚化的空间"。[4]

在这个意义上，无论是《渝报》的"每十日出报"，还是《渝州新闻》"日出一纸"，都重新刻画了一种区别于自然时间和钟表时间的"媒介时间"。当《渝报》《渝州新闻》的读者在官府、私宅、商埠、街头阅读报

[1] 哈罗德·伊尼斯，《变化中的时间观念》，何道宽译，北京：中国传媒大学出版社，2015，35页。
[2] 马杰伟、张潇潇，《媒体现代：传播学与社会学的对话》，上海：复旦大学出版社，2011，69页。
[3] 安东尼·吉登斯，《现代性的后果》，田禾译，南京：译林出版社，2006，14页。
[4] 安东尼·吉登斯，《现代性的后果》，田禾译，南京：译林出版社，2006，15-17页。

纸的时候,报纸不仅完成了时间参考标准的转化,更重要的是对日常生活的时间安排产生结构性影响。这种影响是在无声无息之间渗透进生活、替代计时工具的,并很容易成为一种时间刻度。这就如同西方人习惯在早饭之前在餐桌上拿起报纸,而中国很多家庭习惯把洗澡安排在《新闻联播》之后一样。报纸头版上的日期,表征的是一份新报纸的发行印记,暗中却把阅读者一同裹挟进新的时间旋涡中。

吉登斯认为:"时间和空间不是随着现代性的发展而来的空洞无物的维度,而是脉络相连地存在于活生生的行动本身之中。"[1]《渝报》的出现,本身就是现代性的产物,背后既有现代媒介意识的生成;更有通过媒介载体传播现代性的巨大作用。通过《渝报》,重庆市民开阔了眼界,知道了教育的重要、科技的发达、文明的概念、防务的严峻、国势的危急和世界的存在。而在此之前,他们的视野是有限的。1880年,合州丁树诚在上海首次见到西洋马车、东洋车(三轮车)、电线、高尔夫球、黑人、轮船等新鲜事物。1886年,井研廖平通过嘉定传教士王某,才第一次读到《新约》。即便是"《时务导报》既已风行宇内",但四川僻处西南,重庆虽属通商重镇,而山河险峻消息闭塞,京沪报纸邮寄逾月,并且很少登载四川消息。在这种信息隔绝的状态下,重庆要想进入现代性社会,是无法想象的。

《渝报》的发行,看似普通,实际上却将这种现代性媒介技术散播在城市的空间场域,把重庆拖入"新媒体"的时间范畴,一种新的时空观也自然由此生成。新的时空观突破了原有的时空障碍,加强了信息传播,为现代性的达成提供了可能。"通过把人们看来遥远的事物变得近一些、把人们看来是陌生的事物变得可以理解,媒介可以有助于在传统社会与现代社会之间架设桥梁。"[2]从中国历史发展的规律来说,晚清时期,媒介技术的引进和应用重塑了时空结构,时空伸延的水平比以往任何一个时期都要高,这种重构是对秩序的改变,打破了原有的国家社会政治体系和文化形态,也重构了近代城市空间。

这种空间的重构是多元属性的。一方面,经由《渝报》为中心建立

---

[1] 安东尼·吉登斯,《现代性的后果》,田禾译,南京:译林出版社,2006,92页。

[2] 韦尔伯·施拉姆,《大众传播媒介与社会发展》,金燕宁等译,北京:华夏出版社,1990,136页。

起重庆—四川和重庆—外省两个城市交往网络。这种重构经由印刷物的形式，对现代民族国家概念的产生和强化产生巨大的孵化作用。麦克卢汉指出："印刷术的爆炸延伸了人的头脑和声音，在世界规模上重新构造了人的对话，这就构成了连接各个世纪的桥梁……它的作用就是结束狭隘的地域观念和部落观念，在心灵上和社会上结束地方观念和部落观念。"[1]这种时空观是现代媒介技术进步的作用成果，随着报刊出资、投稿和发行体系的铺开，新式报刊扩大了人们的交流范围和谈论对象，传统社会结构不断被摧毁。当旧有的狭隘空间概念被打破时，物理空间和精神纽带连接的志同道合者的同质感与日俱增，精神共同体的团结感和连带感明显增强。可以说，维新报刊的出现迎合了晚清时期兴起的民族主义，它们用版面将维新派关于现代民族国家的想象绘成图景，进行广泛的政治动员，加快了国家与城市的现代化进程。

另一方面，《渝报》在物理空间平行的维度上建立起"纸质"的城市公共空间。这种"纸质空间"深受城市物理空间的影响，这恰如孙玮指出的那样，"传播意义的发端、延续、变异、断裂、新生、融合等等状态，都能从城市表征的现代性的发生、成长、变化的过程中得到体现"[2]。通过新闻、政论、图片、物价表等形式来展示多种信息的生成，引导市民阶层的价值观念。作为一种大众化传播媒介，报刊"不仅直接地作用于个人，而且还影响文化、知识的贮存、一个社会的规范和价值观念"[3]。在这个意义上，报刊不只是城市现代性发展的产物，报刊还具有主动性的功能。它不仅利用多种西方现代知识资源从多方面建构"纸上的城市"，塑造了各种各样的"城市形象"，而且报纸媒体对于城市的报道、叙述和想象，营造出一系列的意向，激发了报纸读者对城市现代性的想象，并在实际层面推进着城市新的生活方式和文明理念，传递着现代城市意识的"新市民"，也深刻影响并建构了读者

---

[1] 马歇尔·麦克卢汉，《理解媒介——论人的延伸》，何道宽译，北京：商务印书馆，2003，217页。

[2] 孙玮，《作为媒介的城市：传播意义再阐释》，《新闻大学》，2012年第2期。

[3] 丹尼斯·麦奎尔等，《大众传播模式论》，祝建华等译，上海：上海译文出版社，1997，82页。

的"城市观"。

报刊具有这样一种能力,即"重构感知和经验的时空参数,从而使我们能够远距离地看到、听到甚至有所行动,所以它们改变了以前被想当然地视为自然的(即使不是不变的)存在框架"[1]。这种能力,是新式媒体打破时空藩篱、构建新式城市交往、建构新式社群关系、推进社会整体向现代性跃进的强大推动力。可惜,由于《渝报》代表和影响的只是当时的资产阶级中上层群体,这种城市、报刊与现代性的勾连在市民阶层的体现并不突出。但是,《渝报》带来的,远不只近代重庆新闻传播史上第一份新式报刊的诞生,也不只是掀起了整个四川地区的维新变法运动,它悄然改变的是随着报刊发行带来的新的时空观——一种与现代性扩张一致的"时—空的转换"(时—空分离),这也是吉登斯眼中前现代社会(传统社会)向现代性社会转变的基础。

---

[1] 斯科特·麦奎尔,《媒体城市:媒体、建筑与都市空间》,邵文实译,南京:江苏教育出版社,2013,6页。

第二章

———————

《华西教会新闻》:
基督教会、可沟通城市群与空间争夺

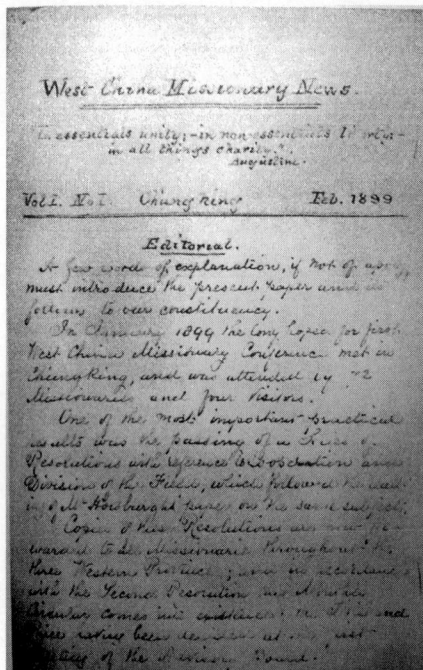

图 2-1 《华西教会新闻》创刊号

一个城市的规模越大,基督教信众的人数就越多。

——[德]哈纳克

　　当我们发布新闻报道的时候,我们是在写信给"弟兄们""肢体""同工";当我们阅读它们的时候,我们要培养共同的理念并祈祷避免批评的或评判的精神。

——《华西教会新闻》创刊号社论

一、宗教、城市与报刊：《华西教会新闻》的创立

在重庆区域，传统的宗教信仰以佛教和道教为主。然而，"佛道二教，在清末民初之际，久已流入形式，而丧失其真髓。虽间亦有杰出之信徒，力谋振兴，但卒未能收有宏效"[1]。这一判断可以从人们对庙宇修建的热情递减中窥得一斑。据学者王笛统计，以巴县为例，"康雍乾时期约每十年2~4次，嘉庆以后明显减少，进入近代庙宇新建便不见记载"[2]。

1868年春夏之间，伦敦会杨格非（Griffith John）与大英圣书公会亚烈伟力（Alexander Wylie）从汉口乘船溯江而上进入重庆。他们希望能迅速开展长江上游的布道工作。杨格非在记述中说："我们一定不要忽视四川。希望我们能成为新教在重庆的第一个差会，我自己能成为第一个以基督之名占有重庆的新教传教士。"[3]但是，他们的呼吁并没有迅速产生效果。此时，天主教已经在重庆传播多年。1877年5月，英国内地会麦卡泰（Rev.John.McCarthy）牧师经万县来重庆建立第一个基督教会（差会），嗣后各外国差会相继来渝建立教会，基督教在重庆开始传播、发展。麦卡泰建立教会的举动，既是近代以来基督教新教各宗派向国外布道的产物，也是1876年《中英烟台条约》签订后英国获得"驻寓"重庆权利的结果。19世纪末英国人立德乐来渝考察时，已经看到重庆有好几个基督教组织设立了传教点，如美以美会、内地会、伦敦会、公谊会、美国圣经会等。[4]据《四川洋务局关于外国传教士、传教人数及教产统计》，1909年，重庆地区的基督教徒有6 256人。这一数据，仅占重庆地区总人口的0.09%。

---

[1] 吕实强，《从方志记载看近代四川的宗教与礼俗》，《汉学研究》，1985年第3卷第2期。

[2] 王笛，《跨出封闭的世界——长江上游区域社会研究（1644—1911）》，北京：中华书局，2006，653页。 相关数据来自民国《巴县志》《庙宇表》。

[3] R. Wardlaw Thompson, Griffith John, *The Story of Fifty Years in China*. London: The Religious Tract Society, 1906, pp. 228-229.

[4] A.J. Little, *Through the Yang-Tse Gorges Or Trade and Travel in Western China*. Published by Sampson Low Marston & Co., 1898, p.172.

基督教的传入，影响是多方面的。当我们将基督教会、记录重庆和精神交往等概念结合在一起的时候，就会发现《华西教会新闻》这份基督教在华西地区（1897 年，基督教在中国传教的领域被划分为华南、华中和华西）的报纸在重庆城市史、中国基督教史和区域思想文化史上的有益贡献，尽管这份英文发行的报纸在很长时间内并没有被学界关注到。

（一）宗教与城市：值得关注的学术领域之一

曹南来的《建设中国的耶路撒冷——基督教与城市现代性变迁》，是一本研究基督教与城市的颠覆性著作。此前谈及宗教与城市，人们追寻的踪迹往往立足于宗教在城市踪影的历史，或者遍布的建筑。而这本书告诉读者，"伴随着我国城市化和现代化的进程，宗教尤其是基督教的崛起成为当今社会一个引人关注的现象……在这样的社会背景之下，以及商业气息尤其浓重的温州社会之中，高度的都市性、现代性、先进性、文明性，成为每个人都想获得的东西，而温州的'老板基督徒'把基督教信仰视为自身接近现代性的文化资本，在温州社会中基督教成为某种现代性道德的隐喻"[1]。通过大量的田野调查，作者得出一个饶有趣味的结论：在温州，基督教信仰可能不纯粹是人们终极性的精神追求，但作为一种手段和选择，他成了部分个体获得"城市现代性"的方式，基督教给信徒们披上了一件现代性的外衣。这也催生了 680 万温州人口中 60 万基督教信仰者的存在，以及"文化大革命"之后建成或重建的 1 000 余座教堂。因此，许多国外媒体又将温州称作"中国的耶路撒冷"。

在更久远的人类历史上，宗教与城市的关系更是令人心潮澎湃。"世界若有十分美，便有九分在耶路撒冷。"当人们回味这句话时，恐怕很难清晰梳理出：耶路撒冷，这座被征战千年的城市，如何被犹太教、基督教和伊斯兰教敬奉为共同的圣地。类似的城市，还有君士坦丁

---

　[1] 郭潇威，《基督教在温州——读曹南来〈建设中国的耶路撒冷——基督教与城市现代性变迁〉》，载金泽、李华伟主编，《宗教社会学》第三辑，北京：社会科学文献出版社，2015，303-304 页。

堡。君士坦丁堡是公元 4 世纪时，从古希腊的殖民地——拜占庭城的废墟上修建起来的城市，本质上是一座基督教城市。因为越来越多的人涌入这座城市，到了 12 世纪，君士坦丁堡已经成为首屈一指的国际大城市，不仅遍地是财富，而且是精神的圣土和艺术品的天堂。1453年，君士坦丁堡被奥斯曼土耳其帝国的军队攻陷，从此成为土耳其的首都，后又改名为伊斯坦布尔。

基督教在城市的扩张是二维的。在空间上，教堂成为公众聚会的场所；在时间上，基督教的节日被编入日历。这种二维扩张在礼仪、建筑和图像作品中得到体现——基督教礼仪由于融入了皇室礼仪的内容而丰富起来，并且发展了各种口头表达形式。因此，教义问答式指导、祈祷、阅读《圣经》、布道和唱赞美诗，这些都提高了基督教教众在救赎秘仪表达中的参与程度。在罗马、耶路撒冷和君士坦丁堡对古典建筑模型进行调整，建造了基督教建筑形式的主要原型。其中包括梵蒂冈的圣彼得大教堂和奥斯蒂亚大道上的圣保罗大教堂，拉特兰山上的罗马城大教堂和洗礼堂，以及耶路撒冷的复活教堂和天主经堂。壁画和马赛克这些在石棺及装饰物上的墓葬艺术给异教意象（诸如妇女祷告像和好牧人）注入了一种全新的基督教意义。视觉艺术方面，发展出一种新的叙事意象，其中异教图像被重新演绎，来描绘《旧约》和《新约》中的主题。

在中世纪的罗马，教皇达马苏斯将罗马重建为一座基督教城市，通过大量的市政和碑刻，达马苏斯使罗马成为中世纪城镇新布局的样板。公众生活的中心由广场和神庙转移到大教堂及其附属建筑、城墙内外的殉道者教堂及基督教公墓和礼拜场所。对此，刘易斯·芒福德在考察城市历史的时候专门指出："修道院、同业公会和教堂是形成中世纪城镇的基础。它们比希腊的科斯岛（Cos）、德尔法神庙（Delphi）和奥林匹亚（Olympia）更强大，它们塑造了城市的每一个区并为人们铸造了一种生活模式，使人们指望能战胜原先扎根于古代城堡中的组织机构和制度。志愿合作、契约规定的义务和相互之间的责任部分地代替了盲目服从和单方面的强制高压。一旦这些新机构的建筑物出现后,肩并肩地发挥着各自的作用,就可以说,中世纪城镇的原型已经形成。"[1]

耶鲁大学宗教学教授、人文学部主任维恩·米克斯(Wayne A. Meeks)是研究基督教与城市时无法回避的一位关键性人物。他在《早期城市基督徒》一书中指出,基督教的发展主要是一场"城市运动"。也正如他在该书第一章中所述的那样:"在耶稣受难后的十年之内,巴勒斯坦的乡村文化已经远远落在后面,而希腊—罗马的城市在这时期成为基督教发展的决定性环境。"[2]罗德尼·斯塔克追寻了米克斯的足迹。他在《基督教的兴起:一个社会学家对历史的反思》中,用定量研究的方法考察了公元 100 年时希腊—罗马世界中的 22 个最大城市,并验证了基督教是一场城市运动的结论。

西方天主教在华传播最早也选择了城市,比如外商云集的广州和作为政治中心的北京。据徐光启后人、天主教徒徐宗泽对 1644 年全国教务的统计,天主教耶稣会在中国直隶、山东、山西、陕西、河南、四川、湖广、江南、福建、浙江、江南 11 省的主要行政城市中建有教堂 157 所,教友数量达 114 200 人。一名传教士在寄往欧洲的信中颇为乐观地写道:"使我深感欣慰的是,在我经过的所有城市都能看到大量为供奉上帝而建的教堂和充满热情的基督世界。基督教的发展在这里日新月异,似乎整个帝国最终归依的时刻也已来临。"[3]中国教区中教务发展势头最好的是江南地区,仅上海一城即有教堂 68 所,教友约在 42 000~50 000 人之间[4],而这一地区正是清代中国城市化发展水平最高的区域,集中了多个一流的城市。

这种现象随着康熙皇帝与雍正皇帝颁布的禁教令而迅速改变,天主教与基督教作为非法宗教,在当时只能采取地下传教的秘密形式。此前作为传教重心的城市,教徒数量正在急剧减少,在"若干地区,城

---

[1] 刘易斯·芒福德,《城市发展史:起源、演变和前景》,宋俊岭、倪文彦译,北京:中国建筑工业出版社, 2005, 335 页。

[2] Wayne A. Meeks, *The First Urban Christians: The Social World of the Apostle Paul*, Yale University Press, 1983, p.11.

[3] 杜赫德,《耶稣会士中国书简集:中国回忆录》,郑德弟等译,郑州:大象出版社, 2001, 241 页。

[4] 徐宗泽,《中国天主教传教史概论》,上海:世纪出版集团, 2010, 145-146 页。

市中确已无教友可言"。"即如上海徐光启之后裔,在青浦者尚能完全保存信仰;在沪西当时尚属乡村之徐家汇,已半数背教;在城内者,几已全数丧失信仰。"[1]而在当时的四川,康熙年间在川传教的西方传士仅有遣使会穆天尺(Mülleber)一人。为了传教安全,他只能面向官府势力很难管辖的农村发展。其传教活动主要是走家串户。洗礼和祈祷等仪式多在教徒家中进行,教堂也多建在乡下和城市僻静之处,从外表上看与一般民房并无差别。[2]

西方有学者研究表明,在城市化过程中,一般教会会伴随着宗教的复兴,主要原因就是,大量从边陲地区或乡村涌入中心城市的人口往往会以更为积极地参加宗教性的组织和活动这一方式来寻求对认同感的满足,在国际上,美国一些大都市如旧金山等地也曾出现这种情况。[3]斯梅尔塞指出,经济发展的现代化是"充满紊乱的现代化",它会形成失范型劳动分工,原因在于新旧社会安排存在种种矛盾,"宗教性质或民族主义性质的社会运动的涌现便是一种典型的反应",其目的在于复归和重建传统价值。[4]这种理由,用来解释基督教在重庆的传播,很难让人信服。首先,"重庆城市化的模式是中国式而不是西方式"[5]。当时的重庆尽管经济迅速发展,但依然处于"前资本主义"阶段,不可能经由经济的发展,产生大规模的社会分工,进而产生对宗教传播的推动。其次,如果不是《望厦条约》《黄埔条约》《北京条约》《天津条约》等赋予了西方国家在中国建立教堂和自由传教的特权,《大清律例》中的禁教条款依然会成为基督教落地的阻碍。最后,尽管基督教在重庆表现出"蓬勃"的趋势,但文化差异、民教矛盾引发的教案却时有发生。仅在重庆区域内,影响较大的有真原堂事件、佛图关事件、酉阳教案、大足教案和余栋臣反教会起义。

[1]方豪,《中国天主教史人物传》(下),北京:中华书局,1988,167页。
[2]杜懋圻,《鸦片战争前的四川基督教》,《宗教学研究》,1992年Z2期。
[3]孙尚扬,《宗教社会学》,北京:北京大学出版社,2001,173页。
[4]马尔科姆·沃特斯,《现代社会学理论》,杨善华等译,北京:华夏出版社,2000,325-326页。
[5]隗瀛涛主编,《近代重庆城市史》,成都:四川大学出版社,1991,49页。

（二）报刊与宗教：值得关注的学术领域之二

报刊属于文字事工的范畴。"西方新教差会通常将其传教活动分为五个领域，即布道、教育、医疗、慈善和文字五大事工。"[1]所谓"文字"，可以解读为读物、作品、出版物、文章、图书、画册、小册子、传单等，即以纸张为载体的印有文字的读物。所谓"文字事工"，包括文字创作与翻译、书报刊印刷、出版、发行等活动，相当于今天的出版事业。此外，文字事工在华西少数民族地区甚至包括创制文字活动，比如老苗文、老傈僳文、景颇文、黑彝文、佤文等。

《圣经》属于典型的文字事工。1455 年，约翰内斯·谷登堡（Johannes Gutenberg）印出了世界上第一本印制《圣经》——《四十二行圣经》，后世称为《谷登堡圣经》。身为金匠的他在为丰厚的利润欣喜之时，大概不会意识到自己已经成了"西方活字印刷之父"，更不会知道自己的创举又将会为后来的世界带来何种翻天覆地的变化。谷登堡印刷术的价值，不仅改变了书籍的制作方法，带来了图书价格的大幅下降，而且"改变了欧洲社会知识储存和传播的总体基础"，并"代表了在中世纪占据主导地位的口语和图像为基础的文化向现代社会阅读文化的转变"[2]。从政治意义的角度看，印刷技术打破了精英群体相对封闭的信息圈，并威胁到教会和王权的统治稳定性，它带给欧洲的影响不仅是技术的革新，更是政治秩序的结构性变化。[3] 可以断言，如果没有印刷术带来的《圣经》大规模出版，马丁·路德等人倡导的宗教改革运动似乎很难展开，基督教相应地也难以大规模地流行传播。有统计表明，1522—1546 年，《圣经》和《圣经摘录》先后被印刷和翻印了 400 多次，昂贵和难得一见的《圣经》在短短 20 多年间开始被普通信徒所拥有，由此也打破了教会对《圣经》传播的控制，赋予了人们接触《圣经》的自由和权利。这就是文字事工的力量。

19 世纪最早进入中国的传教组织是英国的伦敦传教会，他们挑选

［1］陈建明，《近代基督教在华西地区文字事工研究》，成都：巴蜀书社，2013，1 页。

［2］Williams, K., *Get Me a Murder a Day: A History of Media and Communication in Britain*（2rd edition），London：Bloomsbury Academic，2010，p.15.

［3］Conboy, M., Journalism, *A Critical History*，London：Sage，2004，p.11.

了一名可以依赖和审慎的传教士——马礼逊。1807年1月20日，伦敦传教会给尚未启程的马礼逊发来一份"书面指示"："你可转到另一个方向使用你的中文知识做对世界广泛有益的事：一是你可编纂一部中文字典，要超过以前任何这类字典；二是你可把圣经译成中文，好使世界三分之一的人口，能够直接阅读中文圣经。"[1]怀着虔诚的信仰，马礼逊不但完成了传教会给予的使命，还与另一位传教士米怜在1815年8月16日创办了第一份中文近代报刊《察世俗每月统记传》。该刊虽然创建在中国境外的马六甲，却是我国近代化报刊的开端。

《察世俗每月统记传》是一份宗教月刊，农历月初出版，中国书本式样，木板雕印。文句右旁有圈点，夹有木刻插图。封面正中为"察世俗每月统记传"字样，右侧题"子曰多闻择其善者而从之"，左下角署"博爱者纂"，最上端横排中国农历出版年月。这一样式，也被后来的《特选撮要每月纪传》《东西洋考每月统记传》等继承。《察世俗每月统记传》以阐发基督教教义为根本任务，尽管有些和新闻勉强沾边的内容，还有不少科学知识介绍，但"始终没有跨出'宗教刊物'的范畴。因为，其内容以有关宗教的文章占绝对多数"[2]。约1822年，《察世俗每月统记传》停刊。

"一个新的宗教如果与人们所熟知的、传统的宗教有文化上的延续性，则容易为人们所接受。"[3]显然，米怜领会了这一点。面对深受儒家文化（西方经常称为"儒教"）影响的中国人，米怜在《察世俗每月统记传》上采取了"孔孟+耶稣"的宣传策略，即把儒家伦理道德纳入基督教宣传的轨道，找到中西文化的结合点，用儒家经典来阐释和宣传基督教。米怜说："面对当地的评述和责难，让中国哲学家们出来讲话，对于那些对我们的主旨尚不能很好理解的人们，可以收到好的效果。"[4]当时的《中国丛报》也夸赞米怜说："他十分善于观察人，能够机敏地抓住各种机会，以研究中国人的性格和习惯。他知晓他们的偏

［1］马礼逊夫人，《马礼逊回忆录》，顾长生译，桂林：广西师范大学出版社，2004，25-26页。

［2］卓南生，《中国近代报业发展史：1815—1874（增订版）》，北京：中国社会科学出版社，2002，32页。

［3］罗德尼·斯塔克，《基督教的兴起——一个社会学家对历史的再思》，黄剑波等译，上海：上海古籍出版社，2005，167页。

［4］*The Bible*. The Chinese Repository, vol.4, pp.300-301（Nov.1835）.

见并用合适的方法进行处理。"[1]的确,要在当时视基督教为异端的情形下出版宣传教义的报刊,并让中国人接受和信仰上帝并不是一件容易的事情。

对于米怜来说,他必须采取有效的宣传策略,而不是空洞的说教,否则,传教恐怕难以奏效。"处在闭关政策下的中国人,对于外国人、对于基督教异常陌生,天然地抱有疑惧态度,对近代报刊这种传播媒介,也十分生疏。这些传教士清楚地懂得,要使广大的中国读者一下子接受《察世俗每月统记传》所宣传的思想观点,定是障碍重重,困难极大。这就使得他们不得不采用迎合中国人的思维习惯和运用中国人所熟悉的传统形式的宣传手段,来宣传自己的思想。"[2]这种路径,与此后四川地区外国传教士身着长衫、头戴(假)长辫、摇着扇子、走进茶馆,用半生不熟的汉语,甚至四川话进行布道,是一个道理,就是运用传播对象熟悉的形式来拉近心理距离,以便于传教。

1840年鸦片战争后,传教士得以进入中国本土进行公开传教和办报。1853年,《瑕迩贯珍》在香港创刊,创办者为马礼逊教育会,这是香港的第一份中文报刊。1857年,《六合丛谈》在上海创办,创办者为传教士伟烈亚力,这是上海第一份中文近代报刊。1872年,《中西闻见录》在北京出版。"各地出现的第一份报刊大多是在华的外国传教士创办的,随后在华外国人在各重要城市所办报刊逐渐形成全国网络。"[3]传教士为什么热衷于办报?《中西教会报》给出了解释:"盖播道之教师虽专以播道为事,而荒村僻壤究难遍历也,虽以引人入道为心,而方隅睽隔,情性差池,亦难家喻而人晓。也惟(唯)有报章,以笔墨代口舌,便人购阅而后流传始广,悔改自多。"[4]归根到底,还是为了传教。

这一点,在《华西教会新闻》中也有记载:"为了庆祝英国和外国圣经公会的百年纪念,我们将9月27日星期日视为圣经公会的朝圣日。我们向教徒传播了我们这儿保留的圣经公会的55种出版物,这

---

[1] *The Chinese Magazine.* The Chinese Repository, vol.2, p.235 (Sep.1833).
[2] 方汉奇,《中国新闻事业通史》(第一卷),北京:中国人民大学,1992,255页。
[3] 杨师群,《中国新闻传播史》,北京:北京大学出版社,2007,36页。
[4] 《本馆主持人特白》,《中西教会报》第1卷5期,1891年6月,25页。

些书对过去 100 年的工作、生产以及财富等进行了概述。自去年我们在这里开展工作以来，教徒们对在万县及其他川东地区大约发行 10 000 本的量的事情很感兴趣。我们给圣公会捐赠。我将会向此文的所有读者们建议，在本世纪针对他们代表的人民设立一个特别的圣经主日，提供工作的细节，尽可能地为社会做贡献。即使是很小的事情，这些对我们来说是很有价值的工作。"[1] 可以看出，在重庆万县地区开展传教工作的传教士不仅积极向教徒传播书籍，还鼓励"此文的所有读者们"开展类似的活动，这也是基督教文字事工的具体体现。

1949 年之后，随着社会主义中国与以美国为首的西方阵营展开全面对抗，内地教会学校和传教士创办的报刊陆续被接管，传教士被驱逐出境，传教士报刊也就此终结了自己的历史。据不完全统计，1815 年至 1948 年共出版基督教（新教）报刊 878 种。[2] 当然，这只能是一种不完全统计，一者传教士分布在疆域广阔的中国土地上，在信息交流尚不发达的年代，很难完全采集到准确的数据；二者有些报刊发行范围很狭窄，特别是一些教会学校内部刊物；三者一些传教士创办的报刊是英文发行的，比如说本书研究的《华西教会新闻》，在很长时间并没有进入中国研究者的视野。

在漫长的 100 多年间，这些联系宗教与报刊关系的传教士报刊，扮演着"文化侵略""文化交流""文化交融"的多重角色，梁启超、戈公振、蒋国珍、黄天鹏、胡道静、林语堂、方汉奇、熊月之、叶再生、程丽红、赵晓兰等学者先后对传教士报刊给予过评价。当然，无论从整体，还是就个案来说，传教士报刊依然值得仔细研究。

（三）《华西教会新闻》：值得关注的学术领域之三

"W. 戴维森现在负责管理最近刚刚来到的新印刷机，以后《华西教会新闻》将由其印制。据说打印机是一个很小的机器，但它符合所有标准，它被开玩笑地描述为在这片土地木头块和涂抹印象中'潜在

---

[1] *Wanhsien Notes*, The West China Missionary News, 1903, No.11.
[2] 汤因，《中文基教期刊》（手稿），1949 年，上海档案馆，档案号 U133-0033，22 页。

的文明引擎'！可以证明是这样的！"[1]这段文字,源于《华西教会新闻》"重庆通信"执笔人威尔逊(J.W.Wilson)在1901年写下的一段话。其字里行间,透露出对《华西教会新闻》给华西这片土地能够带来的文明期待。

《华西教会新闻》是1899年基督教华西各差会在重庆创办的一份英文报刊。这一时间,比天主教在重庆创办《崇实报》的时间早了整整5年。不过,《崇实报》采用了中、法两种文字印刷,更容易被中国读者所阅读。或许,这也是当代学者长期以来未能足够重视《华西教会新闻》的原因之一。1996年版的《四川省志·报业志》与2000年版《重庆报业志》均没有记载《华西教会新闻》。

1.《华西教会新闻》的创立

1897年,基督教在中国的传教领域被划分为华南、华中和华西三个教区。华西各差会为避免传教领域的重叠和传教力量的分散,决定联合布道。1899年1月,华西各差会在当时华西传教的中心城市重庆召开首次宣教大会,72位传教士和4位来访者与会。会议通过《睦谊协约》,划分了传教区域,并成立了负责协调教会关系的华西差会顾问部,确立了差会之间联合协作的合作精神。

在此次会议上,与会传教士对圣公会利用通函来加强圣公会内部传教士之间的联系留下了非常深刻的印象。他们迫切感到需要一种类似的媒介来调整各差会之间的关系以增强合作。[2] 大会讨论并决定为传教士们出版一份新闻通讯类的杂志。大会考虑到当时的具体情况,不可能像圣公会那样通过传教士游历的方式来传递信息,决定寻找一个中心和负责人接收来自各个传教站通信者的信息,再把收集的这些信息分类整理,最后以邮寄的方式分发出去。杂志的具体工作则由华西差会顾问部负责,杂志的名称和定价由华西差会顾问部第一次会议讨论决定。

1899年1月23日,华西差会顾问部第一次会议决议将杂志命名为《华西教会新闻》(*The West China Missionary News*),并规定定价为每

---

[1] *Chungking Notes*.The West China Missionary News, 1901, No.5-6.

[2] *Cooperation and Division of the Field*, The West China Missionary News, 1938, No.2.

年 0.5 两白银。同时，重庆被选定为出版中心，陶维新夫人被任命为主编。此外，各地传教站的编辑和通信者也同时被任命，他们被要求给《华西教会新闻》提供当地的新闻。

1899 年 2 月，《华西教会新闻》在重庆出版第 1 卷第 1 期。[1] 创刊号上，报纸选择了基督教教父圣·奥古斯丁的箴言，"基于要事，统一；基于非要事，自由；基于所有事，仁爱"，以之作为杂志的基本准则。[2]

初版的部分期数是手写复印稿，内容包括社论、华西传教士大会报告、华西顾问部记录、外国儿童学校（消息）、重庆新闻。正刊之后，还附有一个长达 6 页的增刊，记载了首届华西传教士大会对传教区域的划分与写作的决议。以后各期的内容除专题文章外，几乎都是大量的通信和新闻报道，传教士结婚、休假、死亡、出行等信息也被报纸一一刊载。

1900 年，华西传教事业遭遇了历史上最为严重的危机，大批的传教士因为义和团运动和四川境内不断发生的教案被迫逃往东部沿海口岸城市，《华西教会新闻》也于同年 8 月前后迁至上海出版，直到半年之后才重返重庆出版。1906 年 5 月，华西差会顾问部年会决议将《华西教会新闻》作为华西顾问部的机关刊物。此后，所有与华西差会相关的重要通告和信息都通过该刊发布。1907 年，成都开始成为华西地区的传教中心。同年 1 月，《华西教会新闻》由重庆迁至成都出版，直至 1943 年年底停刊。

2.《华西教会新闻》的内部管理

《华西教会新闻》最初由华西差会顾问部负责，后来在华西差会顾问部下设出版委员会，改由出版委员会负责《华西教会新闻》的出版工作。《华西差会顾问部细则》规定出版委员会由三人组成，其中两人应该分别是杂志的主编和经理。委员会负责所有与《华西教会新闻》相

---

[1] 关于《华西教会新闻》的出版时间和出版地点，新闻史上有不同的说法，如方汉奇先生认为是 1901 年创刊于成都，叶再生先生认为 1898 年创办于重庆。根据四川大学龙伟先生的最新考证，应为 1899 年 2 月创刊于重庆，详见龙伟《有关〈华西教会新闻〉出版时间与出版地点的考证》，《中华文化论坛》，2004 年第 2 期。

[2] *The West China Missionary News*, The West China Missionary News, 1899, No.1.

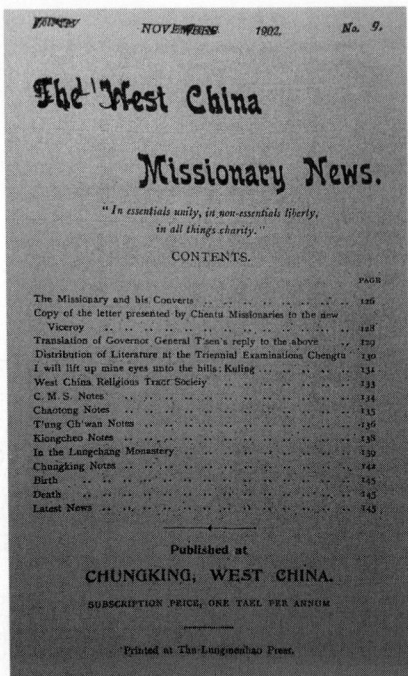

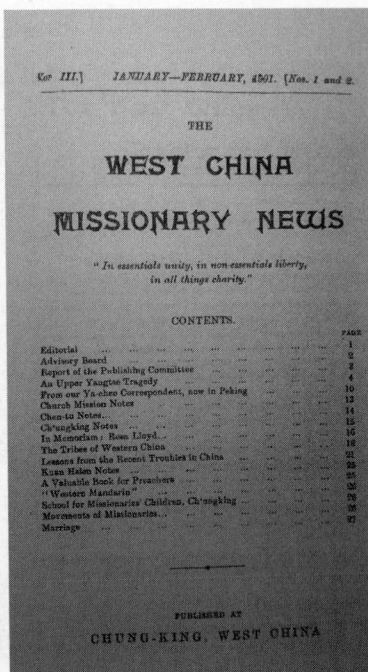

图 2-2 《华西教会新闻》目录

关的出版事宜,重大事宜则与华西差会顾问部下设的当地分部协商决定。1937 年 9 月 24 日,华西差会顾问部执行委员会决定终止差会顾问部的运作,决议由各差会各任命一名代表组成新的华西教会新闻出版委员会负责华西教会新闻的出版工作,华西教会新闻出版委员会的工作一直持续到杂志停刊。

在《华西教会新闻》内部,1901 年 1 月 8 日举行的出版委员会第一次会议上,决定将《华西教会新闻》的具体工作分为出版、管理与编辑三个部门,以减轻编辑的负担,让他们专心于该刊的编辑工作。陶维新负责出版工作,希斯罗普负责商业管理,陶维新夫人除继续担任主编外,还被授予委任各地编辑的权力,并负责编辑部总体工作。1902 年 8 月,巴克夫人接替陶维新夫人担任主编。1907 年,成都成为华西传教中心后,启尔德接替巴克夫人担任编辑,经营业务由中华内地会的傅文博先生担任。[1]

清末时期的《华西教会新闻》有大量文章涉及教育、文学、青年等方面内容,差会因此在 1909 年 5 月添设了 5 位专职编辑。但专职编辑并不能代替撰稿作者成为信息的来源渠道。《华西教会新闻》的时事消息大部分都依靠该杂志在各传教站的编辑和通讯记者来采写。因此,报纸委任了各传教站的传教士担任其外地编辑和通讯记者。例如,1904 年 7 月,杂志就有来自顺庆、成都、重庆、叙府、万县的新闻。1905 年 7 月,报纸则有来自自流井、嘉定、雅州、潼川的消息。1906 年9 月,《华西教会新闻》公布的各地编辑名单共有 26 名编辑,遍及华西26 个行政单位,其中 24 个都在四川。编辑人数以内地会为最多,共14 人。可以补充的是,《华西教会新闻》作为基督教的内部刊物,其重要岗位都是由外国传教士担任,只有杨少荃等少数中国基督徒参与了编辑。

3.《华西教会新闻》的发行、印刷与影响

《华西教会新闻》只在教会内部发行,对象为海外西方人士和在华的基督教传教士,因此,发行量不大,发行面比较窄。1903 年,杂志发行量为 222 册,1904 年达到 230 册。[2] 1914 年,《华西教会新闻》的发行量达到 400 册,但这一数量一直到 20 世纪 30 年代末、40 年代初仍未见增长,每月的出版量基本保持在 450 册以内。这大约 450 册的订购费用就是《华西教会新闻》工作费用最为重要的经费来源。无奈之下,《华西教会新闻》只得通过刊登广告和获得捐助的方式来补充经费收入,但两者都很有限。

《华西教会新闻》最初系手写,后改为铅字印刷。1904 年起,由重庆龙门浩书社负责印刷。1905 年,龙门浩书社与广益公司合并为华英出版公司,《华西教会新闻》遂移交华英出版公司。1907 年《华西教会新闻》迁往成都出版后,改由华英书局承印。至于终刊时间,初步断定是在 1943 年。这一年,因纸张和印刷费用的大幅上涨,《华西教会新

---

[1] *To Sub-editors and Subscribers*, The West China Missionary News, 1906, No.12.

[2] *To Subscribers and Friends*, The West China Missionary News, 1905, No.12.

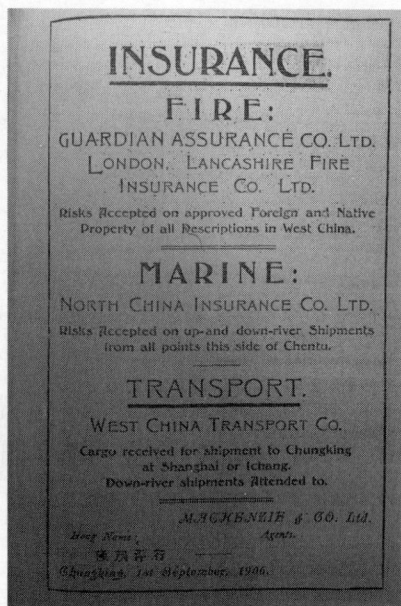

图 2-3 《华西教会新闻》刊登的广告

闻》陷入了经济上的窘境,出完第 5—12 期合刊之后被迫停刊。[1]

从 1899 年 2 月创刊到 1943 年底休刊,《华西教会新闻》连续生存 45 年,共出版 45 卷 540 期,约 500 余册。[2]《华西教会新闻》是西南地区最早以英文出版的近代报刊,重庆最早的宗教报刊,也是近代四川出版时间最长的报刊。这在基督教在华报刊史上也是比较罕见的。

"《华西教会新闻》作为华西差会顾问部的机关刊物,是华西地区基督教差传工作的权威指南和时代见证。"[3]《华西教会新闻》的创办初衷旨在加强华西各教会之间的联系,交流传教信息从而加强相互协作。从内容上来看,《华西教会新闻》主要反映华西差会和中国教会

---

[1] 龙伟,《有关〈华西教会新闻〉出版时间与地点的考证》,《中华文化论坛》,2004 年第 2 期。

[2] 如果按每年出版 12 期计算,共应为 540 册,然而不时有出版合刊的现象,特别是从 1941 年开始日益严重,故实际册数低于此数。 参见陈建云,《〈华西教会新闻〉在中国区域史、传教史研究中的价值》,载吴义雄主编,《地方社会文化与近代中西文化交流》,上海:上海人民出版社,2010,180 页。

[3] 龙伟,《珍贵的文献 研究的宝库:〈华西教会新闻〉概览》,载陶维新夫人等主编《华西教会新闻(1899—1943)》第 1 册,北京:国家图书馆出版社,2013,15 页。

的情况，并且以传教士的传教活动为主，反映世俗地方社会和时事政治的报道相对较少。在当时信息传递不畅的条件下，《华西教会新闻》刊载的华西各差会的报告、决议、消息，以及各传教团体在西南三省（云南、贵州和四川）传播福音、兴办教育、设立医院、从事社会救济等具体事工，也在某种意义上起到了发布决议、传送文件、沟通交流的效用，因此，几乎所有差会都将《华西教会新闻》作为重要文件置于案头，成为华西传教士信息交流的平台和相互联系的纽带。

同时，作为一份英文月刊，《华西教会新闻》通过对外发行向地球的另一端开启了西部中国之窗，加强了西部中国与世界的沟通。在栏目的设置上，《华西教会新闻》每期都会有一个较为固定的栏目，用以刊载来自各地的消息。报纸还曾大量刊载传教士的游记，系统介绍四川的历史和丧葬习俗，以及重庆、成都等地的社会和工业状况。以1937年为例，确切的订购人数是424人，中国各地订户为195人，占总订购人数的46%，美国、英国、加拿大与澳洲的订户则高达229份，占总订购人数的54%。[1] 在西方读者的眼里，《华西教会新闻》的报道既涉及了各传教团体在华西兴办教育、设立医院、从事社会救济等方面的具体工作与详细活动，也涉及了西部中国的政治经济、人文地理、风土人情及社会状况等方面的内容，这无疑会促进西方世界对中国西部地区的了解，尽管这一人群的数量不是很多。

二、可沟通城市群：以重庆和万县为节点的展开

"可沟通城市群"是本书基于"可沟通城市"概念提出的一个新概念。20世纪60年代，美国学者简·雅各布斯开始呼吁美国城市重回街道生活，注重人的体验和邻里之间的交流互助。1971年，扬·盖尔在《交往与空间》中强调了空间具有促进交往的潜能，并探讨了交往空

---

[1] 龙伟，《〈华西教会新闻〉中的西部印象及其形成原因》，《西南科技大学学报》，2007年第3期。

间的设计与条件。[1] 但其对"交往"的定义更多局限于个体行为层次而忽略了其在共享意义、建立关系等方面的社会价值。2006 年，美国规划学界和人文学界共同提出了"可沟通城市"（communicative city）的理念，认为城市结构和实体空间能够促成一个可以将其居民整合进一个动态而有活力的整体的传播系统，同时可以使城市居民参与到社会公共生活中去并为此承担一系列角色。[2] 这套理念对城市交往场所的营造具有借鉴意义，但更适合有着广场生活传统的欧美世界。

2010 年后，中国复旦大学信息与传播研究中心确立了以"可沟通城市"为核心概念的研究重点，力求重新审视传播、交流与城市以及人类的关系，以期达到下述三个目的。在社会功用层面，推动中国式"可沟通城市"的构建；在人文理念层面，从传播、交流视角观照现代城市人类生存的状况及其问题，尤其是中国城市化进程中的问题；在学科建设层面，以传播、交流为基点，勾连人文和社会学科，搭建传播研究新的理论制高点。[3] 这是偏重传播学学科领域对"可沟通城市"的一次伟大拓展。在现实层面，针对当前普遍存在的"重连接轻沟通、有连接无沟通"的城市问题，相关研究人员将"可沟通性"作为考察城市状态的基本点，在信息传递、社会交往、意义生成三个层面，探究传播对于城市的多重意义，以回应城市化进程中因缺乏沟通、不可沟通引发的社会问题。[4] 显然，这是一个当下和未来中国不断发展的城市化进程中必须面对的问题。

在中国本土学者眼里，"可沟通城市"概念强调立足本土经验，反思既有研究范式，拓展"传播"的含义，创建传播研究的一种新范式——城市传播。这也是本书赞同、欣赏和遵循的研究路径。不过，就《华西教会新闻》构建的传播关系来说，它显然超越了单个城市，而是覆盖整个华西地区，包括《华西教会新闻》关注到的其他城市。简单

[1] 参见扬·盖尔，《交往与空间》，北京：中国建筑工业出版社，2002。
[2] Leo W. Jeffreys. The Communicative City: Conceptualizing, Operationalizing, and Policy Making. *Journal of Planning Literature* November 1, 2010, 25: 99-110.
[3] 陆晔，《中国传播学评论·交往与沟通：变迁中的城市》（第五辑），上海：复旦大学出版社，2012，4 页。
[4] 孙玮，《可沟通城市研究的"野心"：重建传播与人的关系》，复旦大学信息与传播研究中心微信公众号，2014 年 12 月 22 日。

来说，"可沟通城市"的研究对象偏重于生存在城市中的节点，比如人、宣传片、建筑等，"可沟通城市群"的研究对象偏重于作为都市星球关系节点的城市，以及城市之间信息传递、公共交往、意义建构等关系。再形象一点说，"可沟通城市"研究的是原子中的传播关系，"可沟通城市群"研究的是原子间的传播关系。[1] 当然，"可沟通"代表的连接、流动、对等和融通等传播内涵是两个概念之间的共性。

现在看来，《华西教会新闻》构建的"可沟通城市群"，是通过刊登通信（note）的原始方式来支撑的。从现存的史料来看，《华西教会新闻》从 1901 年第 1—2 期就辟有 Chentu Notes（成都通信）、Chungking Notes（重庆通信）、KuanHsien Notes（灌县通信）[2]。此后陆续辟有：Ta Li Fu Notes（大理府通信）、Swei Fu Notes（绥府通信）、Lu Cheo Notes（泸州通信）、Pao Ning Fu Notes（保宁府通信）、Chatong Notes（茶峒通信）、Kiongcheo Notes（邛州通信）、K'uh-Tsing Fu Notes（曲靖府通信）、Wanhsien Notes（万县通信）、Nan-Pu Hsien Notes（南浦县通信）、Tachienlu Notes（打箭炉通信）、Kiangtsin Notes（康定通信）、Kuhsien Notes（珙县通信）、K'weiyang Notes（贵阳通信）、Notes from Shinanfu Hupeh（来自湖北十堰的通信）、Teh Yang Notes（德阳通信）、YaChou Notes（崖州通信）、Notes from Sui Ling（来自遂宁的通信）、Station Notes：Renshow, Suifu（工作站通信：仁寿, 绥府）、Station Notes：Wanhsien（工作站通信：万县）、Station Notes：Yingshanhsien（工作站通信：营山县）、Station Notes：Chentu（工作站通信：成都）、Station Notes：Chungking（工作站通信：重庆）、Station Notes：Ningyuenfu（工作站通信：宁远府）、Station Notes：Renshow（工作站通信：仁寿）、Station Notes：Suifu（C.I.M. Notes）［工作站通信：绥府（C.I.M 通信）］、Station Notes：Tsunyi（Dzenni）（工作站通信：遵义）、Station Notes：Kiating（工作站通

---

[1] 当然，不少专注"可沟通城市"的学者也提出，"随着民族国家重要性被全球在地化削弱和随之而来城市重要性的递增，在世界范围内，城市与城市之间的关系变得前所未有的密切，城市传播不仅要考量城市内部的传播，也要考量城市之间的传播——后者在今天更像一个相互牵制和牵引的环形触发器和反馈平台，将地理上遥不可及的不同城市联系在一起"。参见陆晔主编，《中国传播学评论·交往与沟通：变迁中的城市》（第五辑），上海：复旦大学出版社，2012，3 页。

[2] 灌县即现在的都江堰地区。

信：茶亭）、Station Notes：Yuinhsien（工作站通信：荣县）、Station Notes：Anshuenfu（Kweichow）（工作站通信：贵州安顺）、Station Notes：Nanpu（工作站通信：南浦）、Station Notes：Suifu（工作站通信：绥府）……

这些通信，定期不定期地刊登在《华西教会新闻》，或详或略地介绍传教点所在城市的情况，内容当然是以传教为主，但也包括其他一些情况，比如当地外籍人士的情况、地方官员的任免、灾难、物价、反鸦片、反缠足……这些信息共同编织成一张大网，沟通起华西各差会所遍及的城市，形成一个"可沟通城市群"，进而推进了华西地区基督教共同体的凝聚和关系性空间的充实。

（一）《重庆通信》：来自较大节点的传播

根据 1899 年华西传教士大会的讨论结果，重庆、成都被划为公共传教区，基督教各派别均可以自由传教。同时，华西差会顾问部设在重庆，并下设重庆、成都、云南和贵州四个分会，这在一定意义上确立

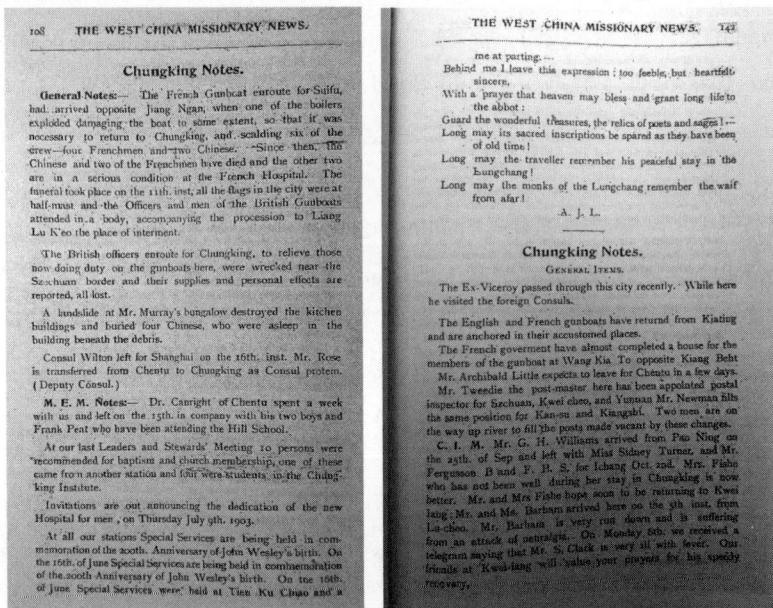

图2-4 《华西教会新闻》刊载的《重庆通信》

了重庆在华西地区基督教历史上的中心位置。1907年,成都开始成为华西传教的中心,重庆的地位有所下降,但也一直是华西传教网络的重要节点。查看晚清时期,特别是1906年之前的《华西教会新闻》,这一点有着足够的佐证。

与重庆城市地位相对应的,《重庆通信》一方面承担着传播来自重庆教区信息的责任,另一方面也塑造着重庆作为"可沟通城市群"重要节点的角色。

1.传递各方信息

晚清时期,重庆是进入四川、贵州地区重要的枢纽。很多进入云南的传教士,也选择了从重庆出发。另外,重庆作为重要的贸易中心,外商颇多,英、法、美、日等国先后在此设立领事馆,部分国家还设有驻军和军舰。同时,回溯长江,重庆又连接着利川、汉口、上海等城市,因此,《重庆通信》也成为记录人员往来、信息汇通交流的重要资料。

以1904年第8期的《重庆通信》为例,可以发现其内容十分丰富,总计12条,涉及的人物、事件、地点、领域众多,甚至连通信异常、天气干旱也记录在内,显得非常庞杂。此外,日俄战争的动态,也是他们关注的对象,尽管传教士所在国并不是战争的任何一方。

重庆通信[1]

7月份,城市南部山上的英语学校以及14户平房都已经被暑期前来避暑的拜访者占据了,包括重庆的传教士、英国和法国的领事、英国炮舰上的官员及士兵、海关专员,另外还有古诺夫妇、曼利夫妇、斯夸尔夫妇和他们的家庭以及从边远地区赶来的比奇先生。

迈尔斯夫妇、皮特夫妇和家人赶往龙王洞那里的山上,尼科尔森夫妇预计会在8月份到达那里。

另外一行人离开前往更高而且凉爽的金佛山地区。一行中包括克拉克斯顿先生、柯克伍德夫人以及三位美国的女执事。

为了支持山上的礼拜会活动,锚地阅览室的服务已被暂停。礼拜活动包括于安息日,英国教会在海军的平房里举行的礼拜会以及当晚

---

[1] *Chungking Notes*, The West China Missionary News, 1904, No.8.

6点在教会平房里晚上的聚会。接着,通常星期四晚上的祈祷聚会也于下午五点半在教会平房里举行。

英国炮舰 Kinsha 号已经从绥府返回,目前停泊在港口。Woodcock号目前也停泊在港口,不过它现在在嘉定府。

为了庆祝美国的独立,7月5日在麦卡特尼医生的住所有一场招待会。现场,所有为伟大的共和国的迅速崛起而付出的人均被授予了勋章。

一场相似的聚会于7月14日在法国领事馆举行。在法国每年的就职典礼上,Hauchecorne 先生和夫人收到了外国教会成员的祝福。

威廉·劳顿先生于7月25日到达这里,他准备前往科斯特以及苏格兰休假,这次休假推迟了很久。

最近的邮递十分的异常,一封5月12日从伦敦邮寄的信件我们于7月25日收到,这封信经过了仰光(缅甸首都)、八莫(缅甸北部的城市)以及云南!

6月份最后一周以及7月份的前两周很热,没有降雨,这对庄稼的收成来说是严重的威胁。但是我们很高兴的是这里已经下雨了,并且一部分的稻谷将得到拯救。

战争——日军继续在中国东北取得胜利并且占领了开平(Kaiping),在这之后日本在另外的一场战争中取得了胜利。亚瑟港仍然掌控在俄国人的手里,尽管停泊在港口的受损的船舰已经修补结束计划从港口突围,但是不久之后被迫回到躲避的堡垒处。海参崴(符拉迪沃斯·托克)舰队也对一些日本运输船进行了突袭。在被迫再次回到港口之前,海参崴(符拉迪沃斯·托克)舰队成功地让日军载着数百人的运输船沉没。

7月29日我们收到的一封电报。电报上说在大平岭爆发了一场激战,尽管有无数的枪炮与日军反抗对峙,但是他们取得了最终的胜利。

莘庄(New-chuang)已经被日军占领,据证实当时没有反抗。

有意思的是,英国皇家海军("His/Her Majesty's Ship",意译"国王/女王陛下的舰船",简称 H.M.S.)也曾在《重庆通信》中开辟专栏,报道海军动态及相关见闻。不过,这样的专栏并不多见,很大程度上应该是被《重庆通信》记录在案的缘故。

H.M.S.Notes (英国皇家海军通信)[1]

鸟鹪号船舰于 6 月 15 日离开港口。如果水位情况允许,船舰将去绥府、嘉定及成都。萨默维尔上尉承担指挥工作。威尔顿领事的助理罗斯先生,作为翻译陪同前去。金沙和伍德拉克仍然在这里。

H.M.S.Notes (英国皇家海军通信)[2]

Woodlark 号于 10 月 20 日从绥府返回到这里,因此现在港口里有三艘英国炮舰。

我们听说一名美国领事和一名德国领事将要驻守在这里,并且后者在沿河而上的途中。

谣传说,我们尽职的总督岑春煊 (Tsen-chun-bsuen) 将要返回四川,锡良 (Sih-liang) 总督将前往广东。

军方改革大会通知了总督们,军队的军官和士兵要变动他们的队列以及改变自己的风格的衣服。

从《华西教会新闻》的记录来看,《重庆通信》的作者既有个人,如 J.Wallace Wilson、J.F.Peat、S.K. McCartney、A.B.Lewis,也有未署名的。出现未署名的情况,有可能是《重庆通信》的内容来自在渝的多个传教机构的汇总。从形式上来看,《重庆通信》类似于地方传教负责人向华西差会顾问部的信件汇报,一事一条,并不追求新闻报道的样态。当然,对于华西地区和海外的外籍读者来说,这样的信息传递已经是很珍贵的了。

2.报告传教动态

重庆作为公共教区,有不同的基督教派在此传教,传教也是他们的首要任务,因此自然成为《重庆通信》的重要内容。从目前的记载来看,《重庆通信》的内容主要来自公谊会 (Society of Friends; The Religious Society of Friend)、中国内地会 (China Inland Mission)、美以美会 (The Methodist Episcopal Church)、伦敦会 (London Missionary

---

[1] *Chungking Notes*, The West China Missionary News, 1902, No.6.
[2] *Chungking Notes*, The West China Missionary News, 1904, No.11.

Society)等差会。

以 1904 年为例,1904 年第 4 期的《重庆通信》刊登了公谊会的信息 5 条,第 5 期的《重庆通信》刊登了内地会的信息 6 条,第 12 期的《重庆通信》分别刊有来自美以美会的传教信息 4 条、伦敦会的传教信息 4 条。

F.F.M.A Notes(公谊会通信)[1]

我们的代表团,克罗斯菲尔德先生、福克斯先生以及威尔森医生结束了为期 7 周的访问后,最终忍痛离开重庆。他们和我们在一起起到很大的帮助并且充满乐趣,这份回忆将会成为我们未来的精神激励。我们坚信最终的结果无论是对家乡的教会还是对远在他乡的我们来说都是眷顾。他们来访的实际效果已经产生,就这个区域来说,已经设立了三个新的工作站,包括成都、遂宁以及铜梁。他们决定在大河另一边的山上建立一所男子寄宿学校和教师的住所。我们的朋友于 2 月 27 日离开我们,在结束快速的旅行之后,他们在 3 月 7 日那天到达了宜昌。他们想要在南宁停留并且看一看美国公谊会教徒是如何在这个城市开展工作的。他们预计于 3 月 16 日离开上海,返家的途中在锡兰[2]进行为期 1 周的访问。

工作站的任命如下:

成都,R.J.戴维森先生及夫人。

铜川,瓦登先生和夫人,戴维森医生和夫人,坎伯小姐和哈里斯医生。

遂宁,杰克森先生和夫人。

重庆,威格汉姆先生和夫人,A.W.戴维森先生及夫人,莫先生和夫人(很快,他们就会从汉口前往重庆),亨特小姐、琼斯小姐以及阿尔弗雷德·戴维森先生。

成都的房屋已经租赁好,梅森先生已经开始谈判转让遂宁地区的资产,维格汉姆先生期望不久之后可以为新的寄宿学校购买新地址。

R.J.戴维森夫人、蔡尔德小姐预计在 4 月 1 日到达上海,她们大约

---

[1] *Chungking Notes*, The West China Missionary News, 1904, No.4.

[2] 锡兰即现在的斯里兰卡。

会在五月中旬到达这里。

山顶学校体育场的扩建正在推进。阿尔弗雷德·戴维森先生将衷心感谢为这一有价值事情作出任何贡献的人。捐献列表还在继续流转中。英国皇家的炮舰队以及许多的传教士已经热心地给这个基金捐赠。照片组的孩子和老师可以按照每张 25 美分的价格向维格汉姆先生索取复印品。

C.I.M.Notes(中国内地会通信)[1]

3 月 25 日,星期五的晚上,我们很高兴地迎接来自泸州的赫伯特先生和伯德先生。他们到这里是为了同詹姆斯相见。但是由于詹姆斯先生的迟到,伯德先生不得不在他到达之前返回泸州。然而赫伯特先生可以在这里等到詹姆斯先生到来,他是 4 月 13 日离开的我们,他走的陆路并护送科茨先生前往绥府,科茨先生是绥府亟需的后援者。

绵州 C.M.S.教会的 O.M.杰克逊牧师和夫人,带着他们两个很小的孩子结束旅行返程并且于 3 月 30 日到达重庆,他们此行的出发地是上海。波纳尔小姐、韦德小姐以及弗莱明是前往 C.M.S.地区的三名新工作人员,他们在杰克逊牧师一家的陪同下经水路前来。他们在这里逗留了大约一个星期。

云南府的欧文·斯泰芬森先生及夫人需要好好的休息,他们在返家的路程中途经重庆并于 2 月 2 日星期六早上到达重庆。

云南昭通 B.C.M.教会的波兰德先生此次前往重庆有两个目的。首先,陪同他最大的儿子萨姆回家,他要回到英格兰的学校上学;另外一个目的是同英国研究院(B.A.)埃塞尔·斯夸尔小姐汇合并且护送她一起返回昭通,埃塞尔·斯夸尔小姐的到来是为了增援他们云南的传教工作。

4 月 11 日,我们很高兴迎来了帕里医生、夫人、他们大儿子、女儿以及康妮重又回到重庆。他们沿河度过了一段极好的旅行,更重要的是他们在烟台逗留期间受益匪浅。L.特鲁丁格小姐前往成都,斯夸尔小姐则和他们一起到达这里。

与哥雷斯先生一起沿河旅行的詹姆斯先生,在帕里医生一行陪同

---

[1] *Chungking Notes*, The West China Missionary News, 1904, No.5.

下到达灌县地区的新工作者穆尔先生,他们和我们待了几日之后离开这里前往泸州,他们是在波兰德先生和教会其他成员的陪同下经水路前行的。

4月14日,布鲁姆霍尔先生和夫人的三个最大的孩子玛丽、玛乔丽、凯瑟琳以及多萝西·艾伦离开重庆准备到烟台入学。他们在史蒂文森夫妇的陪同下前往上海。

来自打箭炉的埃德加先生在重庆逗留了一段时间。

M.E.M.Notes(美以美会通信)[1]

11月15日,几个教会成员访问了江北,他们针对那里在建的楼房发表了他们的看法。每个人都对教堂的外观设计很满意,其他建筑也建造良好,因此通风和采光都很足。

这些楼房建筑在高处的好位置上,从河下游看视野很舒适。

自六年前医药学生被杀,这个城市的工作有了很快的进步。并且我认为我可以很负责任地说,在华西地区没有更有前途的工作了。前些年反对外国的领导者大部分现在都是我们最主要的支持者并且是最诚挚的基督徒。

我们热切地欢迎约瑟夫·比奇牧师再次来到我们这里,但是他的离开也让我们更加悲伤。我们所有人都会想念德克尔小姐,但是我们成都的朋友有了更快乐的理由。无论是在美国还是在中国,找到一个乐观、可爱的女性是很困难的事情,我们真心地祝贺比奇先生。然而幸运是站在我们这边的,她也是属于我们的。

我们每天都在期盼着J.约斯特先生和他的新娘的到来,陪同他们一起前来的还有雷蒙德·瑞克先生。我们非常诚挚地欢迎他们的到来,因为我们极度需要强化我们的队伍。我们祈祷着他们安全到达。

L.M.S. Notes(伦敦会通信)[2]

这个教会的工作发展稳定。几个布道站分站在经文知识方面的传播呈现出健康发展的迹象,尽管这样令人振奋的状况是相较于人们以前的无知而谈的,并不是以知识目标这个标准去衡量。我们拜访了

---

[1][2] *Chungking Notes*, The West China Missionary News, 1904, No.12.

很多人,但是很少有人选择学习。那些没有看到自己渴望知识一面的人将自己称为寻道者,他们必然对学习有着强烈的意愿。总之,想要加入基督教的愿望并不会受到过去禁令的影响。虽然他们之间相互访问的最终效果难以言说,但是对将具有净化和激发能力的作用福音传递给那些真诚和迫切的人来说,这是一种鼓励和感激。

结果也许应该在世界末日的最后一天公布。但是现在由于我们对统计结果有迫切的需求,因此在前往 8 个布道站分站的访问中应该做好记录,经过谨慎的宗教仪式的选择,有 22 个人接受了洗礼。一个令人鼓舞并感到有趣的特征是(大家)对 W.C.R.T.S.教会的 3 个工作站的反应。遵循咨询委员会的建议,宗教出版会的出版物与崇州、涪州及 Mutung 等地的教众见面。在那些地方的(教堂礼拜时的)捐款增长了 11 两。虽然总数并不大,但是在传福音的工作中,把调动本地兄弟们的兴趣的工作做好将发挥巨大的作用。在这些消息刊发出来之前,城市教堂将捐赠它们的募捐财务。

克拉克斯顿先生去了涪州,他想为妇女和学校女孩做一些必要的工作,沿途他拜访了两个传道中转站。

11 月份最后的 3 个星期,我们将工作投入到对本地工作者的年度圣经学习当中。课程于一年前便确定了,每天课程结束后大家都要进行一天四次的聚会。参与学习的人要通过 7 个科目的笔试。

通过这些内容,可以看见公谊会、中国内地会、美以美会、伦敦会等基督教差会人员更迭、学习圣经、传播福音、建设教堂等传教动态,也可以看到华西地区差会在不同城市之间互相往来同工互助的情景。实际上,正是随着传教士的步伐,重庆与泸州、上海、涪州、灌县、绥府、绵州、昭通、成都、遂宁、铜梁、南宁,甚至锡兰之间的城市沟通体系进一步被丰富,并被《华西教会新闻》所记录、传播,并向其他城市展示,这是"可沟通城市群"存在的重要前提。"可沟通城市群"的存在,使地理上相互隔绝的城市联系在一起,其中的每一个城市都发挥着连接彼此的节点价值。经由这些节点,包括基督教教义在内的各种文化得以沟通、传播与扩散,并再次经由这些节点进一步向县城、乡村蔓延。这正是霍恩伯格等人"中心地体系"和"城市网络体系"理论的中国华西版本。

就重庆来说,《重庆通信》不仅确认了重庆在"可沟通城市群"中的重要地位,也形塑着重庆在基督教华西地区的独特位置,这是城市传播的早期杰作。

(二)《万县通信》:来自中等节点的传播

按照曼纽尔·卡斯特的逻辑,城市网络体系的关键特征就是"有中心性,只有节点性"[1],约翰·厄里的阐释则进一步明确,"各节点通过更多地吸收信息并更有效地处理这些信息来增强自己在网络中的地位;而如果它们表现不佳,其他关节点则会把它们的任务给接收过来……从这个意义上说,重要节点并不是网络中心点,而是网络中起转换作用的关节点,这些'转换者'遵从网络运行逻辑,而不是命令逻辑"[2]。因此,本书在定义重庆、成都等城市在基督教华西地区的位置上,并没有使用中心节点的字样,只是根据其位置和连接的节点的数量和强度,将它们定义为"可沟通城市群"中的较大节点,它们居于更加关键的位置,能够对更为广泛的地域产生影响。

相比之下,万县差不多只能算一个中等节点。万县位于当时重庆城区的上游,是重庆与汉口连接的必经之地。1894 年,澳大利亚人莫理循经过万县的时候写道:"自万县内地教会 1887 年成立以来,传教士们就勇敢地坚持传教工作了。虽然不幸的是还没有人改变信仰皈依基督教,但是有三个'问道者'有希望皈依……我有幸见到那三位'问道者'中的其中一位,他在三人当中最了解基督教的教义。我此刻并不想说他的坏话,但是我不得不说,此人是一个贫穷、可怜又衣衫褴褛的苦力。他在教会外的某个拐角有一个破旧的货摊,卖最普通不过的含沙子的饼。他既不会读也不会写,智力低下,反应迟钝。这个可怜人有一个又聋又哑的三岁女儿。传教士在他身上看到了努力传教的第一份希望,这个人有可能是这个地区第一个被他们拯救的人。但

---

[1] 曼纽尔·卡斯特,《信息时代的城市文化》,载汪民安等主编,《城市文化读本》,北京:北京大学出版社,2008,374 页。

[2] 约翰·厄里,《全球复杂性》,李冠福译,北京:北京师范大学出版社,2009,12 页。

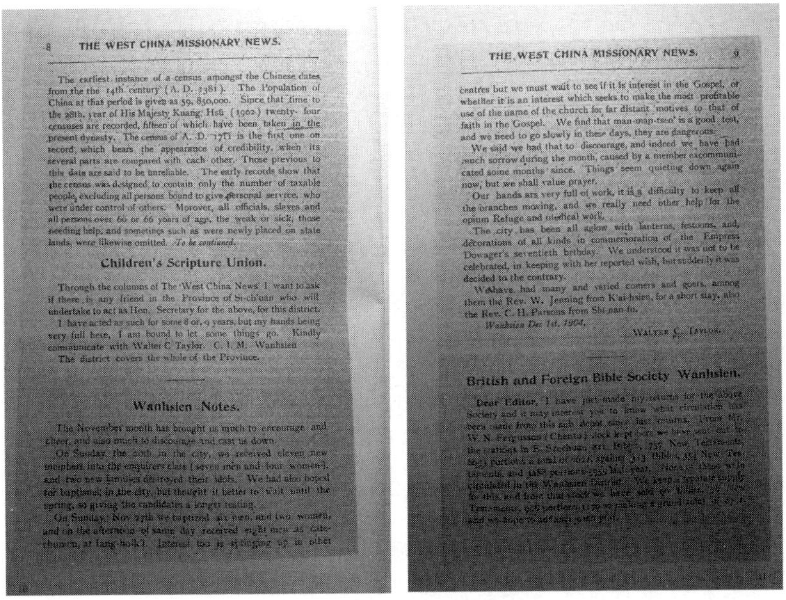

8 THE WEST CHINA MISSIONARY NEWS.

The earliest instance of a census amongst the Chinese dates from the the 14th century (A. D. 1381). The Population of China at that period is given as 59, 850,000. Since that time to the 28th, year of His Majesty Kuang Hsü (1902) twenty- four censuses are recorded, fifteen of which have been taken in the present dynasty. The census of A. D. 1711 is the first one on record, which bears the appearance of credibility, when its several parts are compared with each other. Those previous to this date are said to be unreliable. The early records show that the census was designed to contain only the number of taxable people, excluding all persons bound to give personal service, who were under control of others. Morover, all officials, slaves and all persons over 60 or 66 years of age, the weak or sick, those needing help, and sometimes such as were newly placed on state lands, were likewise omitted. *To be continued.*

Children's Scripture Union.

Through the columns of The 'West China News' I want to ask if there is any friend in the Province of Si-ch'uan who will undertake to act as Hon. Secretary for the above, for this district.

I have acted as such for some 8 or, 9 years, but my hands being very full here, I am bound to let some things go. Kindly communicate with Walter C Taylor. C. I. M. Wanhsien

The district covers the whole of the Province.

Wanhsien Notes.

The November month has brought us much to encourage and cheer, and also much to discourage and cast us down.

On Sunday the 20th in the city, we received eleven new members into the enquirers class (seven men and four women), and two new families destroyed their idols. We had also hoped for baptisms in the city, but thought it better to wait until the spring, so giving the candidates a longer testing.

On Sunday Nov 27th we baptized six men, and two women, and on the afternoon of same day received eight men as catechumen, at lang-hoi?. Interest too is springing up in other

THE WEST CHINA MISSIONARY NEWS. 9

centres but we must wait to see if it is interest in the Gospel, or whether it is an interest which seeks to make the most profitable use of the name of the church for far distant motives to that of faith in the Gospel. We find that man-man-tsen' is a good test, and we need to go slowly in these days, they are dangerous.

We said we had that to discourage, and indeed we have had much sorrow during the month, caused by a member excommunicated some months since. Things seem quieting down again now, but we shall value prayer.

Our hands are very full of work, it is a difficulty to keep all the branches moving, and we really need other help for the opium Refuge and medical work.

The city has been all aglow with lanterns, festoons, and, decorations of all kinds in commemoration of the Empress Dowager's seventieth brthday. We understood it was not to be celebrated, in keeping with her reported wish, but suddenly it was decided to the contrary.

We have had many and varied comers and goers, among them the Rev. W. Jenning from K'ai-hsien, for a short stay, also the Rev. C. H. Parsons from Shi-nan-fu.

Wanhsien Dec 1st, 1904.

WALTER C. TAYLOR.

British and Foreign Bible Society Wanhsien.

Dear Editor, I have just made my returns for the above Society and it may interest you to know what circulation has been made from this sub depot since last returns. From Mr. W. N. Fergusson (Chentu) stock kept here we have sent out to the stations in E. Szechuan ...

图 2-5 《华西教会新闻》刊载的《万县通信》

是,他们也担心,正是因为这个可怜人对他女儿的爱,才促使他寄希望于传教士的,而且他还隐隐地希望在他完全皈依基督教后,传教士们能让他可怜的小女儿恢复听说能力。这样的收获并不理想。”[1] 显然,这样的传教条件是艰苦的,也是十分考验传教士的宗教热忱与工作信心的。

1901 年,圣公会(Anglican Church)在万县县城修建了第一座基督教堂,取名“福音堂”,这是万县基督教史上的标志性事件。1902 年,伦敦会则指出:“所有分支机构的冬日工作都在很好地开展着。克拉克斯顿牧师希望离开 5 周到布道站点旅行,并记录下这一繁荣的发展时期。传道工作已经突破了从重庆到万县的扬子江上游江畔的所有村庄,还有南川。华西教会的旅行者们应该知道,如果他们的船只在以上任何一个村镇停泊,他们都被允许加入当地的祷告仪式(尤其是

[1] 莫理循,《1894 年,我在中国看见的》,李琴乐译,南京:江苏文艺出版社,2014,32-33 页。

周日）。"[1]1903 年,来自万县内地会的传教士沃尔特·泰勒(Walter C. Taylor)已经开始通过《万县通信》在《华西教会新闻》上逐月向读者汇报万县地区的传教情况,这种局面一直持续到 1908 年 6 月 30 日他给报纸写完最后一份通信(除了 1905 年末至 1906 年初他前往上海的一段时间外)。在短暂的空白期后,内地会传教士达林顿(Roy.T.Dar-lington)承担了《万县通信》的工作,但发布频率大不如前。

沃尔特·泰勒的《万县通信》篇幅不长,但他对传教的日常工作记录得非常详细,并富有文采。他的记叙往往会从天气入手,或者对整个月的情况作出简单说明,然后再按顺序陈述万县地区的传教工作,有时候甚至会对某些事情详细描述。这无疑为我们勾勒出万县地区传教活动的生动画卷。比如 1904 年第 3 期的《万县通信》:

万县通信[2]

我们这里度过了一个忙碌的一月。

2 日,14 个从利川县来的男性到达这里接受圣经学习。他们应该在这里一段时间等到圣诞节的聚会,但是没能实现,因此我们为他们安排了四或五天特殊的教学,现在他们都已经返回利川县了。我们称赞那个地区中对福音感兴趣的人(在万县南部边界,在湖北省境内)以及《华西教会新闻》读者中的祈祷者。另外我们的主会派某个人去照顾他们和带领他们。

7 日,亚瑟·波尔先生及夫人到达这里。当波尔先生访问贵州府地区工作的时候,波尔夫人留在了我们这里。访问结束后,波尔先生受到很大的鼓舞。

10 日星期日,我视察了我们杨何溪(Yang-ho-k'I)的工作站分部,工作稳定的增长。大约 40 人在上午集合进行朝拜,下午有 30 人,这些好像是固定的参加者。

14 日,罗驰小姐和哈特小姐结束了在开县地区浦里大约 11 周的巡回传教返回这里。她们和那里的女性一起度过了一段鼓舞人心的时光。

---

[1] *Chungking Notes.*The West China Missionary News, 1902, No.9.

[2] *Wanhsien Notes.*The West China Missionary News, 1904, No.3.

18 日星期一的下午 2 点 30 分,当隔壁的寺庙朝天观(the Chuin-hsien-Kuan)发生火灾时,我们都感到非常吃惊。火焰从窗户中涌了出来,很快烧到了屋顶,风把火焰带到我们当地教堂的一端,只有几英尺的距离。教堂着火似乎是无法逃脱的,我们也知道整个楼房中的东西都不可能拯救。我们聚集在一起祈祷,不到五分钟上帝改变了风向,我们从教堂中出来发现风吹向了另一个方向,寺庙里的火焰太高形成一个高高的火墙。上帝拯救了我们,也挽救了寺庙中剩下的建筑。这是一次美好的救赎,我们只能说"这是真主的功劳,在我们眼中这是奇妙的"。我们的基督徒聚集在一起,向我们表达了他们深切的同情并且安慰了我们,一些人赤脚走在隔壁的屋顶上,搬开靠近的椽子后把水倒下去。爆燃的原因好像是某一道士吸鸦片。他在内室将他的灯打翻了,并且无法控制住火焰,火势猛烈之后他关上了身后的门,没有通知任何他的同僚。他们对灾情毫不知情,直到我们发出警报。接下来,在整个时间,他们没有为了拯救现场而做出努力,甚至拒绝使用他们水塘中的水,因为他们在水塘中养了神圣的鱼类和海龟。向火焰上倒水以及搬开椽子等工作均是我们的人完成的。事后证明,寺庙没有提供一点水。

第二天,我们这里的王长官赶到这里(我们并没有提出任何的要求),并且自费修缮了我们所有损坏的物产。同时,他让所有的道士离开寺庙,只安排一个俗家弟子看护。引发这场火灾的道士被戴上了木枷锁并坐在了寺庙的台阶上。这个例子表达了我们当地官员的周到与善意。我们到达这里至今已经过去两年了,当地官员对我们一直都是这样。他们在管理皈依者和非皈依者使用他们的法律时秉持着公平与公正的态度。

21 日,我们在北秧坪(Peh-iang-ping)购买了一栋房屋。它现在正在进行整改和修缮。不久之后我们就要过去,正式在我们第二个工作站分部进行礼拜,在那里接受教育的人已经超过 20 人了。

我们现在祈祷着开辟新的区域,去另一个重要的名叫 TIi Pa Tien 的地方,那里涌现出很多感兴趣的人。

25 日是一周的开始,我们的传道师赵在新龙滩(shin-lung-tan)给感兴趣的人进行每日教导。

Walter C.Taylor

万县,1904 年 2 月 2 日

在沃尔特·泰勒的笔下,1904 年 1 月是繁忙而又神奇的一个月份。繁忙是因为传教事务的繁重,要安排利川县来学习圣经的新人接受特殊教育,要视察杨何溪的工作站分部,要准备北秧坪第二工作站分部的工作,还要开辟 Tli Pa Tien 传教新区域的工作,此外,还免不了传教人员的各种迎来送往。神奇是因为火灾发生的神秘。18 日下午 2 点 30 分,教堂隔壁的寺庙朝天观发生火灾,"火焰从窗户中涌了出来,很快烧到了屋顶,风把火焰带到我们当地教堂的一端,只有几英尺的距离。教堂着火似乎是无法逃脱的,我们也知道整个楼房中的东西都不可能拯救。我们聚集在一起祈祷,不到五分钟上帝改变了风向,我们从教堂中出来发现风吹向了另一个方向,寺庙里的火焰太高形成一个高高的火墙"。这突然发生的神奇一幕,让泰勒觉得是"上帝拯救了我们,也挽救了寺庙中剩下的建筑。这是一次美好的救赎,我们只能说'这是真主的功劳,在我们眼中这是奇妙的'"[1]。

在 1905 年万县的另外一场大火中,"近百间的房子被烧毁,在爆燃的环境下有 4 名基督徒的家庭保留下来。上帝之手最直接的介入是对聚集在房屋前的人们祷告祈求的回应,风向转变,有些人会记得去年他为我们所做的。这些在兴奋之中的亲爱的人们受到鼓励,他们祈求上帝为他们做同样的事情。上帝为我们做了他做过的事情。结果是上一年因错误行为而受到处罚的四人之一,因为受到上帝对他和他的家人的善意的眷顾而承认了自己的错误,他被上帝再次接受"[2]。在这里,泰勒对基督徒家庭免受火灾给予了超自然的解释,认为是来自上帝的拯救。

作为对生命意义的追求,宗教是个体的一种信仰选择。宗教认同将神圣世界与世俗世界区别开来,这种区分也是建立自我身份的重要途径。这种认同,既是"自认",也是"他认"。在火灾现场和《万县通信》之中,泰勒充满了对主的感激,认为这是他拯救苦难信徒的一种方

---

[1] *Wanhsien Notes.*The West China Missionary News, 1904, No.3.

[2] *Wanhsien Notes.*The West China Missionary News, 1905, No.7.

式,是对自我宗教信念的认同。通过《万县通信》在《华西教会新闻》的传播,这种"自认"很容易在相关读者心里产生一种"他认",并超越现实层面,逐渐"神圣化"。在心理学层面,认同的本质不但是"心理"的,也包含"群体"的概念,是一项"自我的延伸,是将自我视为一个群体的一部分"[1]。可以说,正是在包括《万县通信》等文字事工不断构建的信念认同中,来自不同城市的基督教徒的自我界定和群体归属感与日俱增,宗教认同和共同感知不断得以强化,这正是基督教"可沟通城市群"达成的内在关键。

1910 年 7 月 29 日,在万州工作 8 年的沃尔特·泰勒因病去世。[2] 同事们高度评价了他耐心友善、自我牺牲和刻苦工作的品质,这一点,也可以从他连续不断撰写《万县通信》投递给《华西教会新闻》看出来。毕竟,在清末《华西教会新闻》所有的通信员中,沃尔特·泰勒是少有的持之以恒且充满激情的一位。

从宏观来看,无论是《重庆通信》,还是《万县通信》,《华西教会新闻》以基督教传播为中心,将其从信息传递工具,扩展理解为一种宗教仪式感的实现、传教士与教徒之间关系的建构。它不仅构建了一个基督教教义和西方文化的传播网络,同时也平行地建构了传教士、教徒及外交人员在重庆城市活动的精神空间。可以说,以《华西教会新闻》为核心发行的报刊、宗教与城市的互动,共同塑造了一种新型的交往互动关系。在此基础上进行城市精神活动空间的传播意义的解读,也应该从更深远意义上的城市宗教存在的精神交往维度去理解报刊活动,这种报刊活动不仅仅是一种虚实间关系的建构,也是近代社会与城市传播关系下的现代人的存在方式。

三、空间争夺:统一体、现代性与宗教信仰

1901 年之后,基督教在包括重庆在内的广大四川地区得到了迅速

---

[1] Miller, Warren E, J. Merrill Shanks, *The New American Voters*. Harvard University Press. Nathan, James A, Richard C. Remy 1996. 转引自梁丽萍,《中国人的宗教心理:宗教认同的理论分析与实证研究》,北京:社会科学文献出版社,2004,13 页。
[2] Walter. C. Taylor, *Correspondence-In Memoriam*, The West China Missionary News, 1910, No.9.

传播。一方面,《辛丑条约》订立后,清政府保证严禁民众从事仇外活动,并将其与地方官员的升降罢黜相联系,实施责任追究制,制止了部分官员变相支持民众酿成教案的做法,为激化的矛盾起到了降温作用。另一方面,不少民众对义和拳成员的愚昧无知、笼统排外、滥杀无辜等行为感到非常痛心,"我们川省,动不动造些谣言,便要闹教。没见识的还说他是义民,却不想这些义民,平日只是拉肥猪、抢童子的人"[1]。这也促使民众正视西方的强大,接纳西方文化和西方教会,甚至逐渐加入其中。"斯时各地人民对于传教工作所抱之态度,已有变更。昔日仇视教会者,今愿来听福音,并与西人做朋友。从开县市场和城内,常常有人来万县礼拜,听学从未听闻之道理,许多房屋都可借为做礼拜之用。"[2]

相应地,历经民众运动冲击的基督教会也总结经验,吸取教训,调整传教策略,"经过了过去迫害的磨炼,全部活动都精心地加以调整,使之符合中国方式"[3],最明显的措施,就是转向文字传播、医药治疗、教育影响等方面。这些转变,极大地扩散了基督教的影响,"计今遍布于四川之教会,厥有两派:一为法人所经营之天主教;一为英美人所经营之福音教。天主教徒最早来,而其传播之范围亦广,自省会以迄县治,教堂几遍。据日人神田正雄之调查,谓该教在四川,现有信徒五十万人,实占支那全国天主教民之半数……其吸引力之神速,况伟且大也。近数年来,福音教盛行,其势骎骎与天主教抗,信徒日增而未有艾"[4]。另据 1909 年 12 月四川洋务局对在川外国教会的统计,在13 个外国教会势力中,天主教只占 4 个,其教士数量分别为巴黎外方传教会 146 人,公信会 5 人,圣教会 1 人,公谊会 31 人,共 183 人;而基督教会占了 9 个,教士数量分别为内地会 104 人,美以美会 45 人,浸礼会 33 人,英美会 81 人,安立甘会 37 人,永安公会 22 人,基督教会 5

[1]《光绪二十八年川东道宝芬函巴县知县张铎》,载中国社会科学院近代史研究所《近代史资料》编译室主编,《义和团史料》(下),北京:知识产权出版社,2013,908 页。
[2] 谭正明,《开县救世堂二十五周年纪念会刊》,3 页。 转引自秦和平,《基督宗教在四川传播史稿》,成都:四川人民出版社,2006,116 页。
[3] 费正清、肖赖尔,《中国传统与变革》,陈仲丹等译,南京:江苏人民出版社,1992,327 页。
[4] 梧生,《排外与仇教》,《四川》,1908 年 1 月第 1 号。

人,伦敦会 4 人,监督会 1 人,共 332 人。[1] 这一数据表明,基督教入川的时间比天主教晚,但发展却非常迅猛,甚至超过了天主教的势力和影响力。

《华西教会新闻》在这种迅猛发展态势中的作用应该客观地认识:一是不能夸大,严格来说,《华西教会新闻》并未面向大众传播,它只是基督教华西教区的一份内部刊物,且是英文发行,不适合普通中国读者,所以影响力自然有限,无法与世俗机构发行的大量出版物相提并论;二是不能小觑,《华西教会新闻》的创办是首次传教士大会的产物,由各教会支持出版,由华西差会顾问部负责它的出版经营。其创办初衷是加强华西各教会之间的联系,交流传教信息从而加强相互协作,起到基督教在华西地区联系纽带和加强团结的作用。

差不多就在"不能夸大"和"不能小觑"之间,可以隐约感觉到基督教在华西地区的积极"嵌入",这是一种异质文化和本土文化的对抗,特别在城市空间中,当顶着十字架的西式教堂先后矗立、教会学校与医院遍地开花、讲道祈祷赞美诗的歌声逐渐响起时,不同文化间的隔离和封闭基本上是徒劳的。它们在有限的空间里,上演着一幕幕的"空间争夺战",而城市,则成为"文化的空间化"(Spatializing Culture)进入、控制与抵抗最激烈的竞技场。

(一)推动基督教华西地区"统一体"目标的达成

1905 年底,《华西教会新闻》主编撰文向订阅者表示感谢,并指出:"《华西教会新闻》的主要目标是将华西的所有同工联结成更紧密的爱和同情的组织,这样我们会感到我们不是孤立的个体或松散的传教士小团体,而是一个怀着'中华归主'目标的统一体。"[2]实际上这也是华西地区 1899 年各差会在重庆首次召开宣教师大会,从分散的原子状走向联合统一体的基本动因。

在某种意义上,《华西教会新闻》就是构建"统一体"目标下各差

---

[1]《宣统元年十二月四川洋务局关于外国传教士、从教人数及教产统计表》,巴县档案,转引自蒲娟,《近代四川地区天主教与基督教研究(1840—1919 年)》,西南交通大学 2005 级硕士论文。

[2] *To Subscribers and Friends*, The West China Missionary News, 1905, No.12.P.256.

图 2-6 　《华西教会新闻》刊载的教会学校的照片

会的合作产物。《华西教会新闻》创刊号的社论中明确指出："要是没有各地助理编辑们系统的和积极的帮助，我们的刊物将会失败，因为它是为了'来自华西所有差会的信息的流通'——而在有效的相互协作下，将会出现最愉快的工作前景：即在不同地方和不同差会的所有同工互惠的'紧密团结'，以增加富有同情的理解和'领悟性'的祈祷。当我们发布新闻报道的时候，我们是在写信给'弟兄们''肢体''同工'；当我们阅读它们的时候，我们要培养共同的理念并祈祷避免批评的或评判的精神。"[1]这段话大致有两层含义：一是强调《华西教会新闻》的成功，只能建立在遍及华西地区所有差会的共同努力上，因为没有各地差会带来的信息流通（包括各地的通信），《华西教会新闻》将注定失败；二是《华西教会新闻》的出版，将会增强"紧密团结"，推进"弟兄们""肢体""同工"的"统一体"目标的达成，增加富有同情的理解和"领悟性"的祈祷，培养共同的理念并祈祷避免批评的或评判的精神，这也是《华西教会新闻》希望带来的美好愿景。其中，无论是各地助理编辑的帮助，还是"最愉快的工作前景"，《华西教会新闻》强调的都是"所有人"——一个因为共同信仰而形成的区域共同体。

----

[1] *Editorial*, The West China Missionary News, 1899, No.1.

1907 年 1 月,《华西教会新闻》的第三任主编启尔德曾说:"我们的杂志首先是一份报纸,我们想获得华西(四川、云南、贵州)各个传教站的信息。当然,我们想得到的信息是传教士的信息,由传教士为传教士写的关于传教士的,特别是关于传教方法和传教工作的信息。"[1]他接着列举了该刊的好处:报道传教站正在做的工作,相互学习成功的经验,总结失败的教训;定期发布新闻;交流在布道、教学、医疗、圣经与其他作品发行等活动中的经验,以及在为上帝和中国人工作中获得的各种经验。

启尔德列举的好处在《华西教会新闻》上有着显著的例证。以教育为例,《重庆通信》曾反复提及一所"山顶学校",这是一所招收外国儿童的学校,学校设有专门的管理委员会,1905 年的时候有在读的外国学生 20 余名,这是 F.F.M.A(公谊会)创建的一所学校,在渝的外国人以及来渝的英国皇家海军都曾给学校捐赠,帮助修建体育场和健身馆。此外,1904 年 6 月的《重庆通信》还提到了一所 M.E.M(美以美会)教会学校,其学校课程安排见表 2-1。这应当就是重庆市求精中学的前身——"重庆求精中学堂"。

表 2-1　重庆 M.E.M.教会学校课程

		汉　语	英　语
一年级	第一学期	《福音调和》 《初级地理》 《算术初级》 《四书》 《写作及对联》	《英语入门》 《写作》 《拼写》 《对话》
	第二学期	《福音调和》 《chapin's 地理》 《算术初级》 《四书》 《写作及对联》	《初级读本》 《写作》 《拼写》 《对话》 《造句》

---

[1] *Editorial*, The West China Missionary News, 1907, No.1.pp.1-2.

续表

		汉 语	英 语
二年级	第一学期	《预言书》 《自然地理学》 《算术中级》 《世界史（一）》 《诗经》 《论述及文章写作》	《二级读本》 《写作》 《拼写》 《对话》 《作文》 《语法》
	第二学期	《预言》 《自然地理学》 《算术中级》 《世界史（二）》 《诗经》 《论述》 《文章写作》	《三级读本》 《写作》 《拼写》 《对话》 《作文》 《语法》 《翻译》
三年级	第一学期	《使徒行传》 《算数高级》 《世界史（三）》 《生理学》 《尚书》 《文章写作》	《四级读本》 《写作》 《语法》 《翻译》 《地理》
	第二学期	《保罗书信》 《算数高级》 《世界史（四）》 《生理学》 《尚书》 《文章写作》	《写作》 《语法》 《翻译》 《地理》 《指定阅读》
四年级	第一学期	《旧约》圣贤 《代数》 《物理》 《易经》 《礼记》 《文章写作》	《写作》 《语法》 《翻译》 《植物学》 《古代史》 《指定阅读》
	第二学期	《旧约》圣贤 《代数》 《物理》 《易经》 《礼记》 《文章写作》	《写作》 《语法》 《翻译》 《地质学》 《中世纪历史》 《指定阅读》

		汉　语	英　语
五年级	第一学期	《新约》传记 《植物学》 《几何学》 《Dso Dswan》 《文章写作》 《作文》	《作文》 《修辞学》 《翻译》 《物理学》 《现代史》 《指定阅读》
	第二学期	《新约》传记 《植物学》 《地质学》 《Dso Dswan》 《文章写作》 《作文》	《作文》 《修辞学》 《翻译》 《物理学》 《英国历史》 《指定阅读》
六年级	第一学期	《教会历史（科比特）1、2 章》 《旧约》长老 《三角法》 《化学》 《古代文学》 《作文写作》 《作文》	《美国历史》 《化学》 《翻译》 《指定阅读》
	第二学期	《教会历史（科比特）3、4 章》 《旧约》长老 《三角法》 《天文学》 《古代文学》 《作文》	《政府的历史》 《化学》 《生物学》 《基督教的象征》 《18 世纪历史》 《指定阅读》

　　这份课程设置，发表在《华西教会新闻》上，其意义显然不仅是一种"告知"，即浅层次的信息传递，更重要的应该是一种经验的分享。求精中学作为 1891 年美国传教士鹿依士创办的一所教会学校，在当时已经有了 10 多年的办学经验，它们成熟的课程设置，可以为华西各差会在当地兴办教育提供有益的借鉴。

通过这份课程表,我们可以看到 M.E.M.教会学校课程有三个特点:一是儒学课程在教会学校受到重视,与基督教课程相结合。早期来华的传教士企图以耶稣取代孔子,在思想文化上控制中国,寻求"中华归主"的目标。但事实证明,长期受到儒学熏陶的中国人很难摆脱儒学的影响。因此,传教士们只好改变策略,对儒家思想做出妥协,并加以利用。"我们不能和中国经书相处,而我们不能不和它相处。"[1]19 世纪 80 年代后期,一些传教士通过淡化教会办学的宗教性,增强其世俗性,提高儒学课程的地位来迎合中国社会顾忌教会学校传播宗教的心理。二是开设英文课,英文课程与中文课程各占一半。1865 年上海英华书院开设英文课程。此后,沿海通商口岸的教会学校里陆续开设英文课,以扩大学生的知识范围、传播西方的习俗。不过,传教士内部对是否开设英文课也有过激烈的争论。1877 年在上海举行的第一次基督教传教士大会上,以狄考文为首的"不开设派"占了上风,他们认为开设英文课会影响学生对宗教的信仰,在同期狄考文主持的登州同文馆就没有英文课。然而随着形势的变化,到 1890 年第二次传教士大会上时,对开设英文课基本上达成了共识。狄考文虽持激烈反对的态度,但也认为"一方面教以有限的英语和少量的其他知识",另一方面"授予优化的中文教育,并从中文学习中学习西方科学知识",是一种"实际的做法"[2]。三是开设植物、地理、物理、地质和化学等西学课程。洋务运动开始后,西方科技越来越受到中国人的重视,传教士认为只有"培养受过基督教和科学教育的人,使他们能够胜过中国的旧式士大夫",才能"从受过儒家思想教育的人那里夺取他们现在所占有的地位"。科学必须与宗教结合,"科学不是成为宗教的盟友,就是成为宗教最危险的敌人"[3]。

狄考文曾说过:"教会学校的建立的真正目的其作用并不单在传教,使学生受洗入教。他们看得更远,他们要进而给入教的学生以智慧和道德的训练,使学生能成为社会上和教会里有势力的人物,成为

[1] 朱有瓛、高时良,《中国近代学制史料》(第四辑),上海:华东师范大学出版社,1993,126 页。
[2] 朱有瓛、高时良,《中国近代学制史料》(第四辑),上海:华东师范大学出版社,1993,101 页。
[3] 狄考文,《基督教会与教育的关系(1877 年)》,载陈学恂主编,《中国近代教育史教学参考资料》(下册),北京:人民教育出版社,1987,10 页。

一般人民的教师和其他领袖人物。"[1]狄考文的这一论说并没有夸大,《重庆通信》也有记载:"男子学校和女子学校已经完成了年度工作。四个男孩子毕业了并且于 1 月 25 日周六被授予了毕业证书。最鼓舞人心的特点是这四个孩子都是教会成员,并且他们积极地参与到教会传道工作中去。"[2]这些有益经验的分享和身边成功的案例,超越了纯粹信仰之间的精神联系,赋予了教会工作经验层面的实际内涵和智力支持,让构建基督教华西地区"统一体"的目标有了可操作的路径。

此外,还有一种"统一体"的建构路径,就是"情感连接"。在报刊领域和交往过程中,难免会注入报人的情感、感动和美学等人文关怀的元素,让旁观者的悲哀、伤感、喜悦等情绪,得以透过报刊媒体的文化论述与人文理性达成公共空间的交往模式。以传教士新闻为报道对象的《华西教会新闻》,正好充当传教士家庭联系和精神寄托的功能。

这里略举一例:

重庆通信[3]

周日(2 月 19 日)晚上举行了莱德福先生逝世简短纪念活动,活动在沃尔芬代尔医生的伦敦传教会举行,由绥府圣母会的法伦特先生主持。晚上,沃尔芬代尔医生的医护助理说:"亲爱的同胞们,我们今晚会面庆祝我们的兄弟莱德福先生升入天堂。他昨天上午 9 点 15 分去世。在我楼上个人的房间里患了伤寒并引发了并发症,我们聚在一起,哀悼他的离去。"

尽管不如那些给予他临终关怀与爱的人那样了解他,但从他身上我看到了基督徒的坚强,因为耶稣,他远离澳大利亚的家来到中国西部边境,并且承受着病痛,我相信他现在到了天堂。他的病一定是在西藏地区患上的。他的病是在四个星期前离开宜昌之前迅速扩散的,即使当他接受了我的护理,技术更加先进,尽管夜以继日地治疗,他仍无法康复。我觉得我有义务告诉他这一事实,他对上帝的旨意是坚定

---

[1] 狄考文,《如何使教育工作最有效地在中国推进基督教事业》,载陈学恂主编,《中国近代教育史教学参考资料》(下册),北京:人民教育出版社,1987,14 页。

[2] *Chungking Notes*.The West China Missionary News, 1902, No.2.

[3] *Editorial*.The West China Missionay News, 1901, No.3.

而乐观的,他告诉我们他来到中国并不遗憾。"上帝埋葬他的工人,但他的工作仍要继续。"在中国,美国白人的面孔并不常见,的确数量非常的小,我们在教会办公室和炮舰上都要承担起救治生命的责任,我们中的任何一个离开,情况都会变得紧迫。我们不应该只追求前途和现实利益。莱德福先生于两年前来到中国,在圣母会大致学习后被教会委派到打箭炉(今康定)。通过短期的修行,我们的神父安排他通过四个部分的汉语考试,并进入藏区工作。他爱西藏,热爱西藏人民,以及上帝为他的信徒准备的小羊。

总之,我们对同他一起在打箭炉和西藏教会工作的同事表示怜惜,对他远在澳大利亚的亲人表示慰问。我们向上帝祷告,派遣那些年轻有为、有爱心且信念坚定的真正的传教士,他那神圣无比的愿望可能会实现。他留下遗言给母亲,告诉她我在中国的生活并不能反映出真实的情况,告诉她我坚信耶稣会到来,也许无法康复是上帝的旨意,告诉她"我很高兴来到中国"。

信仰传播靠自身固有的"规则",这些规则自然或不自然地规范着每个人的生活状况。传教士来到重庆,要想跟当地人进行交流,必须通过近代传媒进行沟通,实现一个可沟通的城市。在日常城市生活中,媒介重构了各个不同社会群体的观念和心像,掌握了复杂多变的沟通交往方式。在将传播视为一种文化意义的沟通交往方面,凯瑞提出的"传播仪式观","如果说传播的传递观其核心在于讯息在地理上的扩展(以控制为目的),那么传播的仪式观其核心则是将人们以团体或共同体的形式聚集在一起的神圣典礼"[1]。显然,讣闻是一类极富仪式观的讯息,因为它代表着上帝与信徒之间最直接的联系。

通过对传教士莱德福的追思和哀悼,《华西教会新闻》将复杂的传教活动整合为可感知、可追溯的个体经验,向读者传播了一种特定的"归属感",产生着连接、信任与认同,进而让分布在不同地域和不同差会的传教士凝聚在一起。传教士的个体身份认同不仅在阅读过程中流动,同时也在"统一体"构成的目标中彼此交汇。换言之,"统一体"

---

[1] 詹姆斯·W.凯瑞,《作为文化的传播:"媒介与社会"论文集》,丁未译,北京:华夏出版社,2005,28页。

所必需的共同目标、身份认同和归属感在《华西教会新闻》构建的虚拟共同体中实现了互动的可能、意义的流动和价值观的理解，也达成了《华西教会新闻》最初的组织愿景。

（二）基督教对城市现代性生成的辩证认知

美籍奥地利历史哲学家和政治哲学家埃里克·沃格林有一本著名的史稿——《宗教与现代性的兴起》，这本书差不多成就了研究宗教与现代性的一个流派。目前，国内外对于宗教和现代性问题的研究，主要是从世俗化理论出发，通过强调现代性的生成与世俗化进程的密切关系，来探讨现代性产生的源泉、引发的困境等一系列问题。在沃格林的定义中，他通过将现代性定义为"灵知主义的兴起"（与正统基督教对立的一种异教），来解释现代性中所蕴含的，除掉"科学"的理性方面的力量以外的、虚无性的力量，并进一步得出现代性就是世俗化的代名词的结论，这被认为是"灵知主义的非理性价值胜利的路径"[1]。有关宗教与现代性的解释，还有来自布洛赫、洛维特等"虚无主义的意义缺失路径"，以及查尔斯·泰勒的"审慎"路径等。就研究现状而言，目前对于马克思的宗教批判思想的理解，还未深入马克思宗教批判与现代性批判向度关联的系统阐述上，即马克思的宗教批判中固然有否定基督教意义上的上帝的维度，以及对于西方近代宗教批判运动成果的继承，但这并非意味着对宗教的否定，而是对资本主义社会在一种新的存在论基础上的批判。

从现代性的源头来看，基督教世界所发生的宗教改革，与近代科学革命、工业革命以及文艺复兴、启蒙运动等事件都成为西方现代性得以发生的推进力量。并且，开始于 16 世纪的宗教改革，本身就表现为与传统断裂的现代性。因此，很多学者把基督教视为西方现代性的积极动因之一。

这主要表现在基督教在西方现代化进程中的自我演进及其所发挥的社会功能上。显然，这种社会功能是多方面的，比如在观念层面上，"基督教理念能够给自由的民主社会提供的精神资源：一是关于自

---

[1] 袁芳，《马克思的宗教批判与现代性批判》，上海：上海大学出版社，2016，4 页。

由和平等的理念,二是社会公德与灵魂的滋养"[1]。再如在划分宗教与政治的界限上,"清教历史的重要性实质上寓于以下事实中:它打断了上帝与凯撒两个领域间的联系,促进了社会的非政治化过程,从而把人类生活的重心转移到不受国家控制的自愿结合上来,也就是说,这种结合的内在约束力变得比国家作为一个整体把他们联结在一起更为强固"[2]。

"(基督教)作为现代性的承载者,在其传入中国的同时,也就传递着现代性。因而,基督教在这种外生的中国现代性的型(形)塑中起着举足轻重的作用。"[3]历史的确如此,晚清洋务运动提出"师夷长技以自强"的变革主张,与基督教作为教学辅助手段的教育文化事业分不开。此后的维新运动,大部分变革思想正是来源于传教士输入的西方现代政治思想。同时,来自基督教的传教士们在运动中自觉承担了变革的责任:他们希望通过自己的指导,"使整个国家在学识和哲学方面准备一个新时代"[4]。这种期待,也是对中国向现代性迈进的重要认知。英国圣公会传教士傅兰雅在《1896年教育展望》一文中指出,洋务运动的局限性在于没有考虑到人的因素,而仅仅是"技术救国",因此,为了有现成合适的人来使用技术和运作新的制度,需要一个道德的和精神的复兴来造就"新人"。英国浸礼会传教士李提摩太被视为所有传教士中涉入变法运动最深的外国人,除了直接参与变法运动外,他还从理论上探讨维新变法的思想或观念的传播,这不仅直接促成了维新运动由思潮向行动的转变,而且影响了启蒙思想家去寻求新的宗教和道德基础。"康有为创设了儒教,谭嗣同也主张以宗教化的方式光大儒学。维新派儒学宗教化的思路,以及以宗教化的儒学去支撑变法的思路,很大程度上源自基督教。"[5]确切地说,源自传教士关于基督教与西方近代文明之关系的教导。在社会层面上,传教士带来的兴办教育、科技传播、思想启蒙过程,基本上是基督教进入中国以及

---

[1] 刘小枫,《现代性社会理论绪论》,上海:上海三联书店,1998,453页。

[2] 乔·萨托利,《民主新论》,冯克利、阎克文译,北京:东方出版社,1993,326页。

[3] 张秀华,《基督教与西方和中国的现代性》,《学习与探索》,2008年第1期。

[4] 《同文书会年报》,第3号,《出版史料》,1988年第3、4期,60页。

[5] 张秀华,《基督教与西方和中国的现代性》,《学习与探索》,2008年第1期。

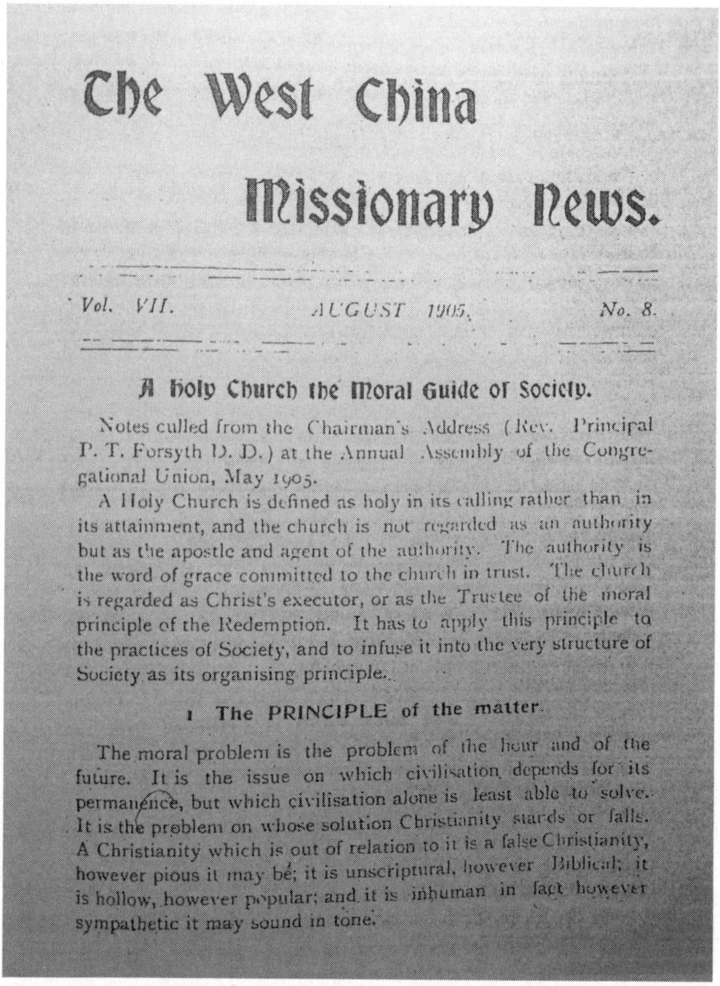

The West China

Missionary News.

Vol. VII.　　　　AUGUST 1905.　　　　No. 8.

A Holy Church the Moral Guide of Society.

Notes culled from the Chairman's Address (Rev. Principal P. T. Forsyth D. D.) at the Annual Assembly of the Congregational Union, May 1905.

A Holy Church is defined as holy in its calling rather than in its attainment, and the church is not regarded as an authority but as the apostle and agent of the authority. The authority is the word of grace committed to the church in trust. The church is regarded as Christ's executor, or as the Trustee of the moral principle of the Redemption. It has to apply this principle to the practices of Society, and to infuse it into the very structure of Society as its organising principle.

1 The PRINCIPLE of the matter.

The moral problem is the problem of the hour and of the future. It is the issue on which civilisation depends for its permanence, but which civilisation alone is least able to solve. It is the problem on whose solution Christianity stands or falls. A Christianity which is out of relation to it is a false Christianity, however pious it may be; it is unscriptural, however Biblical; it is hollow, however popular; and it is inhuman in fact however sympathetic it may sound in tone.

图 2-7　《华西教会新闻》1905 年第 8 期

基督教的本土化过程,更是中国的现代性形成与展开的同步过程。此后,"20世纪初期,在中国现代性意识演化过程的各阶段,诸如新文化运动,宗教大讨论,非基运动,救亡运动等,基督教均紧扣时代主题,自觉不自觉地参与其中"[1]。只不过,启蒙话语把基督教置于现代理性的对立面,而20世纪以来的救亡运动则将基督教置于民族主义的对立面,置于与帝国主义和资本主义的关联中。于是,基督教与中国现代性的关联被逐渐遮蔽,甚至走向大众认知的误区,这一点需要辩证认知。

城市是基督教与现代性生成的最佳土壤。考察当下中国的城市,很多前身以教会为创建主体的学校、医院至今仍发挥着服务社会的强大功能。这在包括重庆在内的华西地区的很多城市都能寻觅到身影。这些历史遗迹也佐证着基督教在推动城市现代性方面的特殊历史贡献,也作为研究对象被写进各类研究文献为大家所熟知。这里,我们举一个大众可能不熟悉的案例,来讨论基督教对城市现代性生成的真实价值。

众所周知,鸦片改变了近代中国命运,不仅在精神上、肉体上给国人造成损害,而且也破坏了生产力,带来了两次鸦片战争。不过,传教士是反对鸦片的先驱,却鲜为人知。早在1868年,在宁波传教的美国浸礼会传教士那尔敦在一份教会杂志上发表文章,引用了外国医生和中国人对鸦片危害的描述,指出:"民众吸食鸦片的习惯似乎是这个国家最为黑暗的一个方面。"这份杂志的编辑对罪恶的鸦片贸易进行了强烈地谴责:"如果基督教国家的政策是要彻底毁掉中国人,它们尽可以支持这一毁灭性的贸易,为它而战斗。但是,这样的政策不能被称为基督教政策,任何实行这种政策的国家最好放弃基督教的名义。"[2]罗凯琳的《反对鸦片的十字军:新教传教士在中国,1874—1917》、黄智奇的《亦有仁义:基督教传教士与鸦片贸易的斗争》、林治平的《基督教传教士与中国禁烟运动》、刘天路的《身体·灵魂·自然:中国基督教与医疗、社会事业研究》是近年来这方面的有益探讨。

---

[1] 张晓林,《现代性展开过程中的中国基督教》,《华东师范大学学报》(哲学社会科学版),2004年第6期。

[2] *Opium Smoking in China*, The Chinese Recorder, 1868, Vol. 1, No. 5, Sept, pp. 93-94.

《华西教会新闻》也用了大量的笔墨关注华西各地的反对鸦片运动,这是华西各差会禁烟行动的生动写照。以 1899—1911 年现存的《华西教会新闻》为对象,其中以"鸦片"为标题关键词的新闻总计有 19 条,见表 2-2。

表 2-2 《华西教会新闻》以"鸦片"为标题关键词的新闻(1899—1911 年)

序号	期 数	标 题	作 者
1	1902 年第 6 期	A Free Translation of a Native Tract Against Opium Cultivation	H.Parry
2	1904 年第 9 期	Uncle Sam and Opium	J.L.Stewart
3	1905 年第 7 期	Minute on Opium	
4	1905 年第 8 期	Translation of an Official's Exhortation to His People Against Opium Cultivation Issued in 1904 by the Wanhsien Magistrate	
5	1906 年第 6 期	Report of Opium Committee	H.L. Can-right M.D. Rev.Joseph Beech
6	1906 年第 7 期	The Opium Question in Parliament	
7	1906 年第 12 期	The Anti-Opium Movement	
8	1907 年第 3 期	Anti-Opium in West China	J.Parker
9	1907 年第 3 期	Anti-Opium Ballad	
10	1907 年第 4 期	The Malay Opium Cure	J.G.ALexander
11	1907 年第 6 期	On The Track of a Vegetable Antidote for the Opium Habit	Richard Wolfendale
12	1907 年第 7 期	Anti-Opium Ballad	L.S. Parker
13	1907 年第 12 期	Christus Contra Opium. (An Ode for the Anti-opium League.)	W.Munn
14	1908 年第 9 期	The Malay Opium Medicine At Suiling	W.A.MAW
15	1910 年第 3 期	The Fight Againat Opium—A Chinese Statesman on Opium and China	
16	1910 年第 5 期	The Fight Againat Opium	R.Wolfendale
17	1910 年第 7 期	The Fight Againat Opium	
18	1910 年第 8 期	The Fight Againat Opium	
19	1910 年第 9 期	The Fight Againat Opium	

在这些翻译为《反鸦片斗争》《反鸦片斗争：一个中国的政治官员禁烟对鸦片及中国》《一个反对当地大片鸦片种植的意译》《关于鸦片的记录》《对1904年万县官方劝告人民反对鸦片种植官方发布的翻译》《会议上的鸦片问题》……的文章中，基督教传教士表达了反对鸦片的坚决态度，赞赏和推广了一些地方反对鸦片的经验。

《万县通信》对反对鸦片，并通过教会鸦片戒除所戒除鸦片的案例也有大量的记载：

药房开张以来，我接待了很多生病的病人，最后我们让三位病人住进了鸦片戒除所。现在我们刚刚开始，我们可能会继续推进此项工作。[1]

我们的鸦片戒除所有两个或者是三个成功的案例。我们已经获得的声誉招来了大量的病人。我们最近受到了很大的鼓励。[2]

因为治疗深度的鸦片吸食者方面我们有了一些成功的案例，在这个战线方面带来了更多的求助者。大约35个人正在接受治疗，有大量的人前往鸦片戒除所。[3]

我们鸦片戒除所的工作依然很忙碌。五位病人已经在这里治疗了一段时间了，他们似乎恢复得很好，并且不少人仍在参加我们的课程。还有五位病人等待着住进来，但是在炎热的天气结束之前，我们并不打算接收新的病人。[4]

在我写作的时候，鸦片戒除所住满了病人。[5]

我们最近忙于工作，保持各个分站点的工作推进对我们来说是一件困难的事情，我们的鸦片戒除所和医药工作真的需要帮助。[6]

我们的鸦片戒除所已经住满了病人，他们现在做得很好，并且大部分对福音表现出了兴趣。[7]

---

[1] *Wanhsien Notes*. The West China Missionary News, 1903, No.12.

[2] *Wanhsien Notes*. The West China Missionary News, 1904, No.5.

[3] *Wanhsien Notes*. The West China Missionary News, 1904, No.6.

[4] *Wanhsien Notes*. The West China Missionary News, 1904, No.8.

[5] *Wanhsien Notes*. The West China Missionary News, 1904, No.12.

[6] *Wanhsien Notes*. The West China Missionary News, 1905, No.1.

[7] *Wanhsien Notes*. The West China Missionary News, 1905, No.9.

这个月里,我们的鸦片戒除所住满了病人。[1]

……

从这些通信可以看到,万县传教士创建的鸦片戒除所在戒除鸦片方面成效不小。实际上,从 19 世纪五六十年代开始,来华传教士就开始设立各种形式的鸦片戒除所。在不断的实践过程中,鸦片戒除所又与教会药店、教会诊所、教会医院相配合,共同参与到反对鸦片的运动中。不过,这种与鸦片界限的分开,不仅是割除陋习,移风易俗,推动城市向现代文明转型,也包含着运用戒除鸦片来传播福音的用意。

在鸦片戒除所或者教会医院附设的戒除室里,传教士往往向前来戒除鸦片的人宣传基督教教义。在某种意义上可以说,一个鸦片戒除所实际上就是一座小型教堂。在杭州鸦片戒除所,“每天早上和晚上都要在接待室里进行祈祷,大多数住院病人都能正常参加。其中一些人还购买了《圣经》”。传教士还在出诊时向聚集起来的人群进行讲道,向他们宣读和出售《圣经》,有时候还会进行讨论。[2] 许多中国人在传教士的帮助下戒除了鸦片,进而皈依基督教,成为虔诚的教徒。身在万县的沃尔特·泰勒对这样的成效很是满意,“我们的鸦片戒除所已经住满了病人,他们现在做得很好,并且大部分对福音表现出了兴趣”[3]。

当然,这种情况不一定是绝对顺理成章的。然而,有一点是可以肯定的,这就是传教士通过反鸦片活动,向中国人表明了他们与贩卖鸦片的商人和其他支持鸦片贸易的外国人之间的区别,从而使中国人逐渐改变了原先把传教士与鸦片问题联系起来的看法。这样的转变,对基督教事业的发展无疑是十分有利的,既在整个中国反对鸦片的浪潮中占得一席之地,又改变了在普通民众的心理空间中的不利位置。同时,这种参与中国事务的积极角色,也对地方的现代性产生了积极影响。这种辩证认知恰如隗瀛涛和王笛两位教授的看法,即“西方传

---

[1] *Wanhsien Notes.* The West China Missionary News, 1905, No.10.

[2] G. E.Moule, *The Opium Refuge and General Hospital at Hangchow*, The Chinese Recorder, Vol. 5, No. 5, Sept.-Oct. 1874, pp. 260-261. 转引自刘天路,《身体·灵魂·自然:中国基督教与医疗、社会事业研究》,上海:上海人民出版社,2010, 181 页。

[3] *Wanhsien Notes.* The West China Missionary News, 1905, No.9.

教士在实行宗教殖民的过程中,不可避免地在沟通中西交往方面充当了积极的角色。毫无疑问,西方宗教及其事业作为侵略工具进入长江上游地区始终受到人们心理和社会的排斥,但它们却又以其特有韧力对这一地区施加影响,而成为其社会近代化不可分割的一个部分"[1]。

(三)基督教与传统信仰的空间争夺

空间,不只是物理意义上的实体空间,表示社会群体居住的地理区域,同时也涵盖社会学上的空间,表示传统的社会结构和文化网络而形成的为某一区域成员所共同享有的社会空间。通常,在某一空间中,社会成员凭借相同的语言、信仰、习俗、生活习惯、生活秩序等获得一定的社会归属感。按照涂尔干在《宗教生活的基本形式》一书的观念,"人们并不仅仅活动于一个作为物质环境的空间之中,对于任何一个人类社会而言,空间都已经被注入了人类的集体情感,那些对空间方位的划分并非只是呈现为一些冷冰冰的物理参数,相反它们都具有特定的社会情感价值"[2]。在这个意义上,基督教与传统宗教争夺的空间一般被称为"信仰空间"。四川地区原本的信仰空间是长期以来所形成的祖先祭拜、神灵信仰体系以及传统习俗,这是比传统佛教、道教等宗教信仰更为宽泛的概念。基督教士来川后,他们所宣扬的宗教思想也随之传入,并通过教民对中国传统信仰施加影响。因为二者产生于完全不同的社会土壤,具有截然不同的教义教理和信仰原则,所以势必会有一场为征服对方精神信仰、争夺信仰空间而展开的博弈。

信仰空间的争夺,并不是一种抽象的斗争过程,很多时候它首先表现在物理空间的争夺上。《华西教会新闻》就记载了一则有意思的新闻,"重庆本地的教堂购买了新的楼房设为新的教堂。他们幸运地获得了大约十年前烧毁的玄天宫(Hsuan T'ien Kung)庙的遗址。把教堂的位置设置在这块半岛的高地上是极其宽敞的,站在半岛上可以俯瞰两边的河流,建在这上面的圣所将成为长江里途经此地的游客最先

---

[1] 隗瀛涛、王笛,《西方宗教势力在长江上游地区的拓展》,《历史研究》,1991 年第 3 期。

[2] 郑震,《空间:一个社会学的概念》,《社会学研究》,2010 年第 5 期。

PRAY THROUGH.

I was standing at a bank counter in Liverpool, waiting for a clerk to come, I picked up a pen and began to print on a blotter, in large letters, two words which had gripped me like a vice: *Pray Through.* I kept talking to a friend and printing until I had the big blotter filled from top to bottom with a column. I transacted my business and went away. The next day my friend came to see me, and said he had a striking story to tell me. A business man came into the bank soon after we had gone. He had grown discouraged with business troubles. He started to transact some business with the same clerk over that blotter, when his eye caught the long column of *Pray Through.* He asked who wrote those words, and when he was told exclaimed, "That is the very message I needed. I will pray through. I have tried to worry through in my own strength, and have merely mentioned my troubles to God; now I am going to pray the situation through until I get light."
　　　　　　　　　　　　　　　　—*Charles M. Alexander.*

Mr. Vale very kindly sends us the following translation of the hymn with the above title, much used by Mr. Alexander in his meetings:—

莫停祈禱歌

莫停祈禱　因主相近　莫停祈禱　因主必聽
主所應許　定要成就　莫停祈禱　必允所求
莫停祈禱　為凡所需　莫停祈禱　主耳未去
人所祈求　不分大小　莫停祈禱　主准禱告
莫停祈禱　雖彼惡勝　莫停祈禱　使善得成
主被試探　能體恤人　莫停祈禱　主扶門前
無一憂慮　主未嘗見　莫停祈禱　散心爭先
莫停祈禱　雖心憂僞　莫停祈禱　主必釋放
信心堅固　日倚日親　莫停祈禱　主應禱告

图 2-8　《华西教会新闻》刊载的《莫停祈祷歌》

看到的景色。另外教堂也位于城市最繁忙的地方之一,充分地隔绝了教会神圣的传道工作所需的安静"[1]。近代四川地区发生的诸多教案也佐证了这种物理空间上的斗争。比如1863年第一次重庆教案,当时的天主教会欲将崇因寺(俗称"长安寺")拆除,改建天主堂,引发民众怨愤,进而捣毁了赛家桥的真原堂等教会建筑物。1898年,重庆美以美会传教士到江北开辟活动点,借当地人名义租房。在整修房屋期间,当地民众得知是外国传教士开"医馆"传教,遂围住医馆,发生斗殴,史称"重庆江北教案"。不过,就整个四川地区而言,"绝大多数都是针对天主教,只是偶然涉及基督教。总之,天主教在川的活动似乎负面的影响更加明显"[2]。

出现这种现象,很大程度在于天主教与基督教的差异。新教的出现是欧洲资本主义发展的必然产物。马克思和恩格斯都不止一次指出,对资本主义来说,新教是最适合的宗教形式,而罗马天主教原是同封建社会"相适应的,具有相应的封建教阶制的宗教"[3]。新教产生于被恩格斯称为"第一次资产阶级革命"的宗教改革运动之中,具有资产阶级民主化和共和化的特点,反映了新兴资产阶级的政治经济利益。基督教适应资本主义生产关系的要求,往往借助政治势力,联系社会上层,多在城市活动。相比之下,天主教的活动侧重在农村。天主教会也开办学校,但水平不高,因为大多数教授对象是普通农民,所讲授的课程内容几乎都是为了加强学生的宗教信仰,很少或几乎没有做出努力来介绍西方的先进科学技术知识。这样的传教方式,暴露出天主教会的保守色彩。天主教当时在四川实行教阶制度,层层控制,推崇脱离中国政令管辖的教民村(通常还会配备武器、设置公堂),这种地理空间上的隔绝,不仅对当时中国统治者的权力空间造成挤压,而且"天主教注重礼仪规范,等级森严,结构有序,有完整而严密的组织结构,其封闭性容易与民众产生隔阂、矛盾,甚至冲突"[4],近代四川的多次教案就是因此发生的。1862年,法国传教士在酉阳州小摇坝

---

[1] *Chungking Notes*. The West China Missionary News, 1903, No.8.

[2][4] 蒲娟,《近代四川地区天主教与基督教研究(1840—1919年)》,西南交通大学2005级硕士论文。

[3] 马克思、恩格斯,《马克思恩格斯选集》(第4卷),北京:人民出版社,1995,251页。

修建天主教堂"公信堂"，公开招收教徒，并设置"教党"武装，修筑寨堡炮台，引起当地士绅等地方势力不满。团首张佩超、冯仕银暗中支持民众反教。1865年3月4日，刘胜超带头聚众捣毁"公信堂"，反教风波迅速波及州境。

基督教在传播过程中有意打破了天主教恪守宗教教义、回避世俗生活的传统，强调宗教活动的世俗化。华西基督教虽派别复杂，但信仰简单、直接，活动自由灵活，具有较强的开放性和包容性，传教方式多采取露天布道、散发福音书和其他宗教书籍，争取群众，改变观念。其中，兴办学校、传播科技、翻译书籍、反对鸦片和缠足、推介平等自由等适合资产阶级发展的理论，不仅易于得到先进知识分子的共鸣、赞同与信服，而且为近代中国走向现代化在客观上起到了一定的推动作用。

需要客观指出的是，华西基督教各差会的努力，并不能掩盖和消弭它与传统信仰之间的冲突，前述基督教会学校在课程设置中提高儒学课程地位就是有力的例证。在《华西教会新闻》《重庆通信》和《万县通信》的记载中，也有大量基督教与传统信仰之间的冲突。按照差会的要求，原先信仰崇拜的神像、佛像、牌匾等必须被焚毁，以表示自己与原先信仰的决裂，以及加入基督教的坚定。

"礼拜六，我们的教堂接收了三名男士和三名女士。其中一位男士是我们男子学校的教师，上个月我有提到他。很高兴看到他在学生面前表明他对基督的信仰，同时我们期望他可以在日常生活中依然坚持这样做。三位女士当中有一位姓徐的夫人，为了被教会接纳她等待了很长的一段时间，令我们感到欣喜的是他们烧掉了他们的神像，现在他们的家里面没有了'虚假佛'。"[1]

"在10月4日和10月9日两个礼拜日的聚会之后，大概有九个家庭在我们教堂的院子里，烧掉了他们带来的家里的神像。其中一位驱魔道长甚至毁掉了价值大约5 000文的书卷及其他物品。他给了我们两个黄色的铜锣，这是他和家人在邪恶的驱魔行径中使用的工具。这两个铜锣将被融化打造成一个新的放在他的村庄——我们建立的

---

[1] *Chungking Notes*. The West China Missionary News, 1902, No.9.

杨何溪(Yang-ho-k'i)布道站,用来号召人们信奉上帝。另外有一个富足的学者,不久之后他将前往河南(Honan)任职。他对真理知识的理解不断深入,他焚烧'Li-Tai-Chao-Mu'是很盛大的场景,到处都是围观的普通百姓。"[1]

"24日礼拜日,我们为城中的六名男士和一名女士施以洗礼,当天下午,在我们教堂的院子里,我们见证了两个新的家庭摧毁了他们供奉的神像。我们建造了一个大的开放式的火炉,促使这些神像燃烧起来更容易。教徒们将知道,那些老旧的纸张以及被虫蛀的朽木不会留下任何残留物。当这些东西在地上燃烧的时候可以防潮,以免在燃尽之前火苗熄灭。这样的现象激起围观者的热议,诸如信奉的神无法控制火等。"[2]

"5月,我们取得了很大的收获。5月8日礼拜日,我们北秧坪(Peh-iang-ping)的布道站接收了18名慕道者,5月22日在城中又有超过14位慕道者前来。六个新家庭烧掉了他们供奉的神像,其中不乏贵重的神像。有一位男士烧掉了自己的证件,以此表明自己是Ko-ti-huei的教徒。"[3]

"我已经承诺人们,如果他们清除了所收藏的神像,大的我们将会给予1 000块,小的我们会给500块。有一些骗子进行了一些清除工作,但是很显然他们做了准备,当人们前去我们周边的每一个寺庙进行神像检查的时候,他们都被告知是空的,因此大家感到非常的兴奋。"[4]

"我们在9月份的两个星期日组织了烧毁偶像的仪式,9月25日我们组织了第二次丰收感恩节。"[5]

"11月20日星期日,这个城市里,我们又接收了11名新成员进入询道者学习班(其中7名男性,4名女性),有两个新家庭抛弃了他们的神像。我们也想给这个城市的里的人进行洗礼,但是最好还是等到

　[1] *Wanhsien Notes*.The West China Missionary News, 1902, No.12.

　[2] *Wanhsien Notes*.The West China Missionary News, 1904, No.6.

　[3] *Wanhsien Notes*.The West China Missionary News, 1904, No.7.

　[4] *Wanhsien Notes*.The West China Missionary News, 1904, No.9.

　[5] *Wanhsien Notes*.The West China Missionary News, 1904, No.11.

春天的时候,给这些等待加入的候选人长久一点儿的考验。"[1]

"5 个家庭摧毁了他们的神像。现在我们的课上有很多抛弃偶像的'听众'参加我们的课程,但是对他们一定不要激进,要确保他们有一个良好的基础以便接收他们入教。"[2]

"有很多事情鼓励着我们。4 月 1 日礼拜日,有 23 个家庭清除了供奉神像的桌子等。我们在庭院里烧了一场火,因为大约有另外的 10 个家庭也带来了类似的神像,我们应该很快就会组织另一场焚烧。"[3]

由于记载得简单,很难得知被毁的神像、佛像是民间神灵信仰或者宗教信仰的哪路对象。毕竟,在长期的历史过程中,中国民间构成了一个杂乱的信仰体系,杂糅了儒、道、佛三家神灵,也即马克斯·韦伯认为的中国民间信仰就是"功能性神灵的大杂烩"[4]。就连宗教学的创始人麦克斯·缪勒都不得不慨叹,"这些神并肩而立,互不干涉,也没有什么较高的原则使之相连"[5]。但从另一角度看,这实际上也是中国人信仰的庞杂性与包容性,四川、重庆地区也不例外。除了前文指出的重庆地区的传统宗教信仰以佛教和道教为主外,重庆地区的民间信仰更是丰富多彩,有土地神、山神、水神、城隍、蚕神马头娘、梓潼神文昌帝君、武安王关羽等人神信仰。"湖广填四川"之后,广东南华宫的南华六祖、福建天后宫的天妃妈祖、江西万寿宫的许真人、湖广禹王宫的大禹、湖北关帝庙的关羽等,都得以在重庆立足。

基督教是崇拜独一神的排他性的宗教,其教义高度强调神的唯一性,否定其他一切事物的神圣性,强调唯有信仰耶稣基督才能得到拯救,所以基督教在基本教义上总是表现出极强的排他性。从历史上看,基督教在中国的传播过程,在一定程度上可以说是基督教与中国诸神争夺信徒的过程。尽管他们采用教育、医疗、慈善、布道等多种

[1] *Wanhsien Notes.* The West China Missionary News, 1905, No.1.

[2] *Wanhsien Notes.* The West China Missionary News, 1905, No.4.

[3] *Wanhsien Notes.* The West China Missionary News, 1906, No.6.

[4] 杨庆堃,《中国社会中的宗教:宗教的现代社会功能及其历史因素之研究》,范丽珠等译,上海:上海人民出版社,2007,5 页。

[5] 麦克斯·缪勒,《宗教学导论》,陈观胜等译,上海:上海人民出版社,1989,65 页。

"柔性"手段来推广基督教,但教会要求入教教民须放弃原先的伦理观念,并严格遵守教会教规,建立独立于原来信仰系统之外的权威体系,对中国传统信仰毫不妥协地拒绝和排斥。于是,就有了《华西教会新闻》对焚烧神像的大量记载。

基督教坚持一神信仰,它对全体教民的要求是:"你们不可作(做)什么虚无的神像,不可立雕刻的偶像或是柱像,也不可在你们的地上安什么錾成的石像,向它跪拜,因为我是耶和华你们的神。"[1] 据此,它批判道教、佛教和中国民众的一切偶像崇拜,"道教令人做鬼灵的奴仆,道教多方欺骗人民,充满迷信,不合真理,不合科学,人日日都在恐怖之中生活,甚至连自己的影子亦疑为邪鬼",而佛教徒"看重牲畜过于妇女","破坏人类家庭骨肉感情","迷信轮回,不重今生义务"。在传教士们看来,所有对儒释道的信仰均为迷信,"迷信乃真理之敌,因其徒有幻想而无真理,故竭力反抗敌对之。迷信乃破坏纯正信仰者,并使人生建于虚幻之沙土上,极其危险,与基督教真理原则大相径庭,故该教竭力破除迷信"[2]。正因为双方各自信仰上的针锋相对和毫不妥协,才上演了近代四川和重庆地区此起彼伏的教案。透过历史的迷雾与教案的斗争,一种"文化的空间化"正随着外来宗教与本土传统信仰之间的博弈,在不断建构与演进。

在这个过程中,我们很难牵强附会地指出《华西教会新闻》在文化侵入、文化挪用、文化杂糅、文化传播和再文化化(reculturalization)过程中的作用有多大。作为一份内部刊物,"在将来,一些勤奋而执着的历史研究者势必通过《华西教会新闻》获得华西教区基督教发展的原始材料"[3],而在当时,它只是忠实地记录了当时的场景、当时的活动、当时的历史,积极地完成了华西各差会信息沟通的任务。

可是,记录不正是一份报纸最大的存在价值吗?

---

[1]《圣经·利未记》第 26 章第 1 节,《新旧约全书》,转引自王光会,《空间争夺与晚清四川教案研究》,聊城大学 2014 年硕士论文。

[2] Rev. E. A. Marshall,《基督教与他教的比较》,严雅各译,中国基督圣教书会,1933,65、124、156、168 页。

[3] *Report of Editor of West China Missionary News.* The West China Missionary News,1918,No.12.

第三章

————

《广益丛报》:
辑录新说、理论供给与城市的
多向度对话

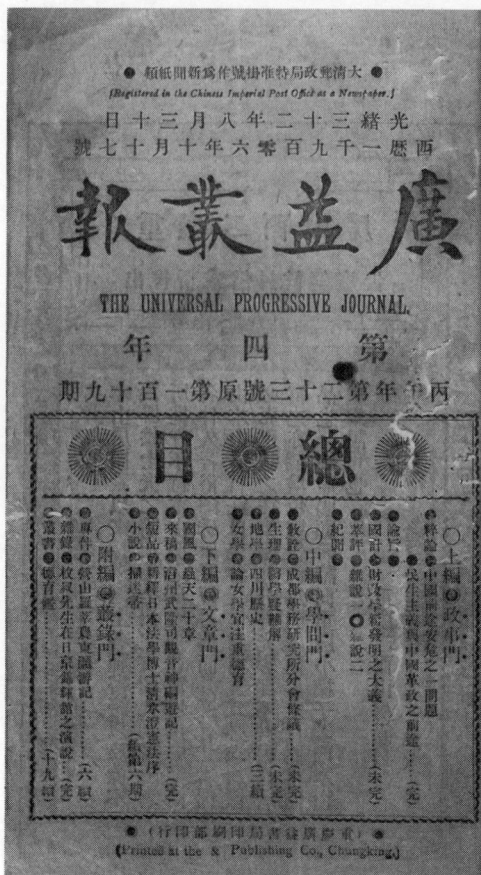

图 3-1 《广益丛报》第 119 期封面

集众粟以成墉垺,集众缕以成经纬,集众木以成轮奂。

——《〈集成报〉发刊词》

报纸是文字史料的一种,也是比较重要的史料,通过它可以看到当时社会的各个方面。

——张宪文

谈及重庆近代新闻史，《广益丛报》是无论如何都回避不了的。这种无可回避，恰如杨庶堪之于重庆近代史的重要性一样。巧合的是，杨庶堪又与《广益丛报》有着莫大的联系。

杨庶堪(1881—1942 年)，字沧白，晚号邠斋，四川巴县人，中国民主革命的先行者，政治家。杨庶堪自幼通读经史子集家著作，博学强记，少年时代就文笔出众，人称"奇才"，曾考取重庆府试第一名，入县学为生员。甲午战争以后，杨庶堪痛感"国事积弱，胡清窃政"。他深受近代先进思想家"师夷长技以制夷"思想的影响，入日本领事馆学习英语及西学，以"备游学欧美，充其识量"。因此，尽管他具有相当扎实的旧学功底，很有希望走上读书做官的仕途道路，但他"不欲以科第进取，举孝廉方正亦不应"。在重庆日本领事馆学习时，杨庶堪结识了邹容。邹容虽然比他小四岁，但其蓬勃向上的精神与离经叛道的言行，已远近闻名，许多学生都不敢与邹容接触，而杨庶堪偏偏与邹容一见如故，十分亲近。邹容留日的消息给杨庶堪以鼓舞，他也想与邹容同赴日本，继续共同探索救国之道。但因父母皆老，他又无其他兄弟姊妹，不便远行。转而同学朱蕴章等人帮助他排除阻挠，并从经济上予以资助，使邹容得以冲破束缚，赴日留学。不久，朱蕴章也赴日本考察军政制度。

1903 年，首批留日的巴县学生陈崇功回到重庆。不久，朱蕴章、童宪章等人也从日本归来。他们在日本结识了不少进步青年，对日本资本主义制度有了更多的了解，并且受到了孙中山先生革命思想的熏陶和留日学生反帝爱国运动的锻炼。当时，整个资产阶级，特别是小资产阶级知识分子正处在从爱国到革命的转变之中，各地革命力量正在积聚，纷纷准备成立革命小团体。留在重庆的杨庶堪等人一直在暗中活动，等待时机。刚回重庆的留日学生也跃跃欲试，试图一展抱负。他们的归来，给重庆的进步青年带来了新的信息和新的活力，带来了新的希望。同年，由杨庶堪、梅际郇二人首倡，联合重庆的革命青年，秘密成立了重庆也是四川第一个资产阶级革命小团体——公强会。

公强会以"寻求富国强兵之道为标志，以启迪民智为作用"，"树

图 3-2 杨庶堪像

立革命思想"。[1] 会员主要是工商业中的青壮年和知识分子。最先有吴骏英、朱之洪、朱蕴章、童宪章、董鸿诗、董鸿词、陈崇功、李时俊、胡树楠、江潘等加入，"均一时俊彦"。他们常会盟于重庆五福宫桂香阁。会中活动通常以会员轮流做东，设酒聚饮为掩护，暗中传阅介绍国内各种新书报，谈论光复大计。1903 年，邹容的《革命军》在上海出版，震动了全国，也极大地鼓舞了家乡的进步青年。重庆青年"亦得邹

_____

[1] 向楚等，《蜀军政府成立前后》，转引自周勇，《辛亥革命重庆纪事》，重庆：重庆出版社，1986，54-55 页。

容所草《革命军》,阴相传览,昌言无忌"[1]。公强会加紧宣传资产阶级新思想,倡言革命,使革命排满的思想日益深入人心,一时"先后加盟于'公强会'者,日以浸盛"[2]。以公强会为核心,逐渐形成了重庆资产阶级革命派。

1903 年,重庆辅仁书院改名正蒙公塾。正蒙公塾绅董曹顺清、余农苑、彭致君等均是商人,集资创设广雅书局,贩卖上海等地的书报杂志。朱蕴章、杨庶堪趁机向他们建议:"广市新出书报杂志,并辑录诸报及杂志中新说,汇为《广益丛报》,以树新风,振民气"[3],这个建议得到了正蒙公塾商人们的赞同与支持。

1903 年 4 月,《广益丛报》创刊,这是四川地区最早的文摘报刊,杨庶堪出任主编。《广益丛报》每旬出一册,社址为重庆上督邮路。从创办之日起,直到 1912 年,在重庆连续出刊 9 年而未中断,目前能见到的最晚一期是 1912 年发行的第 287 号。

不过,目前所有的史料对于杨庶堪与《广益丛报》的关联都是一笔带过,甚至因杨庶堪的革命党人身份,不少资料认为《广益丛报》是公强会的机关报,"对外,他们以宣传和鼓吹资产阶级革命为己任,意图通过开办新式教育开启民智、吸引青年并灌输革命思想。为达此目的,该会创办的会刊《广益丛报》,由杨庶堪、朱必谦、吴骏英等核心成员负责编辑组稿,以此为阵地介绍宣传有关民主革命的新思想与新观点"[4]。有的资料还认为,"1906 年,杨庶堪等加入同盟会后,改组公强会,成立同盟会重庆支部,从此《广益丛报》由同盟会重庆支部掌握。《广益丛报》是一个综合性刊物,其宗旨是传播新知识、新思想。同盟会支部成立后,竭力宣传民主革命"[5]。但是纵览《广益丛报》,无论是公强会时期,还是同盟会时期,民主革命并未成为《广益丛报》的主流,《广益丛报》差不多是直至武昌起义前后,才开始摆脱立宪派影响,

---

[1][3] 陈新尼,《重庆早期的革命思想与组织》,《四川保路风云录》,北京:新华出版社,1985,64 页。

[2] 重庆地方史资料组,《重庆蜀军政府资料选编》,1981 年编印,134 页。

[4] 中国重庆市委党史研究室,《中国共产党重庆历史》(第一卷),重庆:重庆出版社,2011,14 页。

[5] 张万仪、庞国栋,《巴渝文化概论》,重庆:重庆大学出版社,2014,290 页。

为革命呼号声援保路运动,这是基于阅读《广益丛报》大量原件基础上得出的一个颇具颠覆性的结论。

"要应付一件事情,必须明白他(它)的性质……习焉不察,则不以为意,细加推考,自然知其原因极为深远复杂了。"[1]吕思勉先生若干年前的这句话,依然为我们研究《广益丛报》提了个醒。只不过,囿于未能深入文本背后的新闻生产、制度逻辑与权力制约,本书对于《广益丛报》的探讨只得限于全书的主题来尽可能展开,要进行全面深刻探讨,还有赖于新的史料与方法。

一、辑录新说:文摘报刊的兴起与展开

1901 年的《清议报》第 100 期的《中国各报存佚表》一文中,身在海外的梁启超另"创"了一个名词叫"丛报"。这个名称后来为新闻界有所认同,并被梁启超自己运用到 1902 年《新民丛报》的报业实践中。

此前,中国新闻界对所有定期连续出版的新闻纸都称为"报"。这种渊源,差不多可以追溯到林则徐将英文报纸《广州周报》《广东记录报》等"澳门新闻纸"[2]交由好友魏源汇编为《澳门月报》。维新变法兴起的国人办报高潮中,"除了个别例外,所有连续性出版物一律称'报'"[3]。这种历史现象,在 1900 年前后逐渐有了变化,"报"与"刊"开始逐渐分野。"报"的名称逐渐专属于散张出版的非书册型的新闻纸,专指日报。以书册型定期连续出版的期刊则不再笼统地称为"报",出现了"世界""杂志""刊""辑要""录"等新型称谓。实在要冠名为"报"的,也被标明"旬报""七日报""官报""学报""丛报""通报""汇报"等,这无疑表现出办报人在编辑概念上的一种进步,开始注意到每天出版的新闻纸与出版周期较长的期刊乃至并不连续出版的书籍之间的差异和定位。

---

[1] 吕思勉,《中国通史》,上海:上海人民出版社,2014,1 页。
[2] 这两份英文报纸均创刊于广州,1839 年因中英关系紧张迁往澳门出版。
[3] 马光仁,《上海新闻史(1850—1949)》,上海:复旦大学出版社,2014,268 页。

在重庆,无论是 1897 年国人自办的《渝报》,还是 1899 年西人创办的《华西教会新闻》,基本上是期刊形式的"报"。真正的"报",直至 1904 年竹川藤太郎和卞小吾兴办《重庆日报》才得以出现。早于《重庆日报》的《广益丛报》,属于"刊"与"报"的过渡形态,有着"刊"的形式,却顶着"报"的名字,属于典型的文摘报刊类型。

(一)文摘报刊:专集各报,类聚群分

中国近代最早的文摘报刊,是 1884 年 4 月 18 日在广州创刊的《述报》。该报取"述而不作"之意,由广州墨海楼石印书局承印。这是一份图文并茂的石印报纸,每日出版,主要摘录香港的《循环日报》《华字日报》以及上海的《申报》和《沪报》等的内容。

《述报》是近代国人在广东地区创办的第一份大型中文报刊(日报)。《述报》在《本报章程》中对报纸的编辑体例加以说明,谓"本报格式,平分四页,第一、二页,述中外紧要时事。第三页,译录西国一切图式书籍。第四页,各行告白及货物行情,轮船出入日期。各页不相混乱,积至月秒或年终,分装编类,便成有用之书"[1]。四页的分类,赋予了《述报》更加充分的编辑自由,"每月逢十因书局工人休息停派,随后分类装订成册,每月 1 卷。时事、评论部分称《中外近事汇编》,译录部分称《致格便览》"[2]

对于为什么以文摘报刊的形式出现?《述报·中西近事汇编》在《缘起》一文中给予了解释:"中国现有之各报,靡不购阅,至于通商各国,其著名之报馆凡可购阅者,亦必多方罗致,以便译读。同欲以兼收并蓄,集思广益。"又说:"本馆多聘通儒,温阅各报,去疑存信,加以论断,事必核实,语戒荒唐……庶合众长而衷一是,以为讲求时务者之一助,若言渔利犹后也。"[3]这表明该报主编人员之所以注重广录外稿,原因在于追求帮助读者开阔视野,以更好地了解当前时局。

《述报》之后,《集成报》和《萃报》于 1897 年先后在上海创刊。相

[1][2] 《本报章程》,《述报》,1884 年 4 月 18 日。
[3] 《缘起》,《述报》,1884 年 4 月 18 日。转引自方汉奇主编,《中国新闻事业通史(第一卷)》,北京:中国人民大学出版社,1992,482 页。

比《述报》，后两者更能从名称上发现"文摘"的意味，也就此明确了文摘报刊的专门类型。当时的报业重镇上海，报纸期刊出版繁盛，云涌而出，使得当时识字本就不多的中国读者目不暇接，普通民众很难一一看到这些众多的报刊。这就为专门摘录、萃选、编译中外报刊的报刊——文摘类报刊的应运而生提供了首要的前提条件，正如孔昭晋在《集成报叙》中所言："纵观非（匪）易，遍购尤难"，故"拟集各报之所长而去所短，取众人之所是而缺所非，类聚群分，都为一册"，"以餍阅报诸君无穷之愿望"。[1]《集成报》的文章摘自《万国公报》《博闻报》等近 40 种近代报刊，内容包括政治、军事、工业、农业、商业、外交等多个方面。而孔昭晋的《集成报叙》，与《述报·中西近事汇编》的《缘起》非常类似，共同表明了中国早期文摘报刊的兴起初衷。

这些文摘报刊，在创设之初几乎无一例外都是出于对报刊"综观非易，遍购又难"的考虑，有感于"流通不易"与"不能及众"，以将各类报纸精要加以汇聚的"集报"的努力，期望最终能让读者"虽购一报，如见各报；耗费无多，精要具在；留备调查，亦易检阅；分饷内地，沾匄斯广。于开民智，不无尘末之助"[2]。这种努力，既得益于报刊界的繁盛为文摘报刊的创设提供了客观条件，又显示出报业群体向着专业化、精细化方向的分工，以及启发民智、鼓吹启蒙变革的角色担当。

对于重庆来说，《广益丛报》这一文摘报刊的出现，还有如下几层价值值得细致体味：

一是从关系上来看，《广益丛报》表面上由广益丛报社编辑，广益书报局印刷发行，实际上是曹顺清、余农苑、彭致君等人创设广雅书局的一个衍生产品，这也道出了当时报馆与书局之间的一种普遍联系。回溯清末，报馆与书局之间的界限本无那么明显，报馆自设售书处以发行图书，书局自办报刊以自我宣传，这样的案例比比皆是，而报馆与书局之间，亦存在着紧密的互动关系。简言之，书局出版新书，需要在报刊上登载广告以昭告读者，而报刊的印刷及发行工作，又与各大出版机构密不可分，各自频繁地参与到对方的经营活动之中。"新式印

---

[1] 孔昭晋，《集成报叙》，《集成报》第 1 期，1897 年 5 月 6 日。
[2]《本报缘起叙例》，《选报》，1901 年 11 月第 1 期。

刷出版机构与新式传播媒介"的发展与合作,"使得大量廉价、标准化的出版品,可以在较短的时间内同时为互不相识的读者所阅读"[1]。这种合作,在《广益丛报》大量刊载广益书报局的广告,广益书报局发行《广益丛报》的紧密互动就能窥见一斑。

二是重庆地处内地,《广益丛报》出现之前,本地的《渝报》早已停刊,《华西教会新闻》又局限于基督教会内部,市面上虽有报纸出现,但必定还是属于稀缺之物。1904年3月同期的《东方杂志》在办刊章程中就直白地指出这种尴尬,"内地人士,无力遍阅各报(者)"[2]。比《广益丛报》稍晚2个月出版的《萃新报》,1904年6月在浙江金华创刊。这是一份地区性的文摘报刊,由张恭、盛俊、刘馄等激进人士倡办并主编。为什么创刊该报?该报第一期坦陈,"我浙东上游诸府,万山崇沓,邮寄尤艰",所以"同人有鉴,于是特创办《萃新报》,专采辑各新闻杂态,撷精萃华,其一切游戏闲谈,概勿录。务以养成我浙东上游一般士人德、智、力三者为宗旨"。[3]《萃新报》的《发刊词》也重申了这一点,地区的偏僻使报刊的获取、阅读和传播尤为艰难,这是一种空间上的天然缺陷,通过文摘报刊"采辑海内外新报之学说丛谈",从而"为我桑梓……作渡津筏"[4],不仅以时间解决了空间的难题,有效传达了新闻信息,更重要的是担负起重庆地区应用大众传播来传递知识、启发民智、重构城市等多种角色。

三是《广益丛报》延续了《渝报》"以报救国"的文人论政传统,并通过文摘的形式,来扩大报纸的传媒影响力。由于某种先天的相似性,近代知识分子将"清议"传统自然嫁接到了报刊这一新的载体上,并以新的传播形式,在逆境中焕发出了勃勃的生机,迸发出了巨大的力量。这种力量,甚至影响到了中国历史的发展进程,成为近现代以来"文人论政"的滥觞和主要表现。[5] 在"以报救国"意识下,重庆自

[1] 王飞仙,《期刊、出版与社会文化变迁——五四前后的商务印书馆与〈学生杂志〉》,台北:台湾政治大学历史系2004年版,转引自林盼,《清末新式媒体与关系网络——〈中外日报〉(1898—1908)研究》,复旦大学2013年博士论文。
[2] 《新出东方杂志简要章程》,《东方杂志》,1904年3月第1期。
[3] 《萃新报简章》,《萃新报》,1903年6月第1期。
[4] 《萃新报发刊词》,《萃新报》,1903年6月第1期。
[5] 袁新洁,《"文人论政"传统形成的原因及主要表现》,《社会科学家》,2010年第3期。

宋育仁等维新人士开始,自觉把近代报刊的角色定位于"广见闻开风气"的思想变革工具,并通过报纸来积极构建现代民族国家想象,引导读者们从报纸上思考民族国家的命运,产生一种新的身份认同,并萌发出"地方兴国"的冲动。《广益丛报》无疑是《渝报》的精神延续,在晚清的最后几年中,它一直扮演着重庆地区知识传播、思想启蒙、政治批评、文化创造等多重角色,这是李欧梵先生在《现代性的追求》一书中所谓"知识分子从传统体制中解放出来","开创各种新的文化和政治的批评的'公共空间'"[1]的时代载体。1907 年 7 月,《广益丛报》曾刊载一篇读者来信,称赞报纸"为救亡图存之先声,作振兴实业之号角,充新知博闻之传人,实各界民众之益友"[2]。无疑,这是对《广益丛报》的极大肯定。

(二)《广益丛报》:披沙拣金、和花成蜜

梁启超是较早从域外视角注意到文摘报刊的报人。他在有关《萃报》的文章中指出,西方国家虽也有"作者既盛,而一人之才一力,势不能尽群报而阅之"的难题,然而,诸国已经创造出了"披沙拣金、和花成蜜之举",即一种名曰"而立非吴业夫奇而立非吴司报"的新报种。梁启超期望此种"而立非"报刊能在本土出现,从而"尽集群报,撷其精英,汰其糟粕,以饷天下。天下识时务知四国之士,其必有增益,而国家亦有所赖"[3]。

梁氏所谓的"而立非吴业夫奇而立非吴司报",曾特意标注"译言温故"。据考证,"而立非"报刊即英美国家的《评论综述》,这是由英国人 W.T.Stead 和 George Newnes 创办,从 1891—1893 年先后在伦敦(1891 年)、纽约(1892 年)和澳大利亚(1893 年)建立起来的一组杂志的名称。《评论综述》分析当前的事务,转载其他期刊的文章,并对新书加以评论,一直持续出版至 1937 年。[4] 这份报刊很早被国人注意

[1] 李欧梵,《现代性的追求》,北京:生活·读书·新知三联书店,2000,4 页
[2] 朱苏,《广益丛报和重庆日报简介》,《新闻与传播研究》,1983 年第 5 期。 需要交代的是,笔者查阅了 1907 年 7 月的《广益丛报》,并未发现这一句话的原始出处。
[3] 梁启超,《〈萃报〉叙》,《时务报》,1897 年 7 月第 33 期。
[4] 参见周光明,《近代新闻史论稿》,北京:社会科学文献出版社,2014,63 页。

到，并被加以借鉴模仿。《东方杂志》在创刊号中宣布，"本杂志略仿日本太阳报、英美两国而利费 *Review of Review* 体裁"[1]。此处的"而利费"，即梁启超所说的"而立非"。日本太阳报则是指 1895 年 2 月创刊的《太阳杂志》。这是当时日本有名的综合杂志，该杂志创办的初衷是因为当时报刊"种类的繁多造成了包括刊物质量在内的各种问题"，于是"动员各界权威、集结论文以及照片、插图精华"。[2]《东方杂志》受上述二者影响较大，其重视社论与东方画报即是最直接的证明。

《广益丛报》比《东方杂志》早一年创刊，体例与后者也不相同。比如新闻报道，后者按内务、军事、教育、宗教、实业、财政、交通、外交等领域划分；《广益丛报》初期亦按政纪、国闻、国际、外政、瀛谈等领域划分，1904 年后，随着报纸新闻性的增强，则干脆以地域划分，分本国部和外国部，本国部按照省份编列目录，外国部以国别编列目录，这实际上是《渝报》"外国近闻""各省近闻""本省近闻"的延续和细化，这种编辑模式也被此后的《重庆商会公报》所吸收，分为"中国部"和"外国部"。

以现在的眼光来看，《广益丛报》在编排体例上条目清楚、全而不繁，非常便于阅读者检索重要消息或论说。整体上，《广益丛报》的内容栏目，在前期分为上编、下编、外编、附编。出版至第七十二号后，改为上编、中编、下编、附编。

上编统称为政事门，设粹论、谕旨、文牍、国政、国计、萃评、纪闻、章疏、国魂、国际等栏目。

中编统称为学问门，分学案、教诠、生理、地学、女学、法意（司法）、史髓、实业、武学、理科、哲微、医学等栏目。

下编统称文章门，分国风、短品、小说、国粹等栏目。

附编称为丛录门，分杂录、杂俎、图表、来稿、调查、丛书、专件、新章等栏目。

政事门、学问门、文章门、丛录门的四大门类，以及进一步的栏目细化，充分说明了《广益丛报》文摘报刊的集纳性质。可以说，《广益

［1］《新出东方杂志简要章程》，《东方杂志》，1904 年 3 月第 1 期。
［2］吉田薰，《梁启超与〈太阳〉杂志》，《学术研究》，2008 年第 12 期。

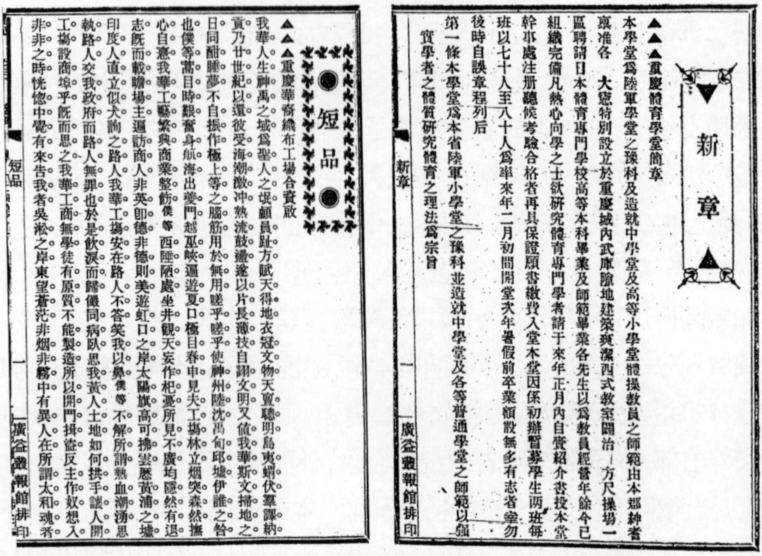

新章

▲▲▲重慶體育學堂簡章

本學堂爲陸軍學堂之豫科及造就中學堂及高等小學堂體操教員之師範由本郡紳耆稟准各 大憲特別設立於重慶城內武庫隙地建築爽潔西式教室開治一方尺操場一區聘請日本體育專門學校高等本科畢業及師範畢業各先生以爲教員經營年餘今已組織完備凡熱心向學之士欲研究體育專門學者請于來年正月內自覔紹介書投本堂幹事處注册聽候考驗合格者再具保證願書繳費入堂本堂因係初辦暫募學生兩班每班以七十人至八十人爲率來年二月初間開堂次年暑假前卒業額設無多有志者幸勿後時自誤章程列后

第一條本學堂爲本省陸軍小學堂之豫科並造就中學堂及各等普通學堂之師範以强實學者之體質研究體育之理法爲宗旨

新章 一 廣益叢報館排印

短品

▲▲▲重慶華裔織布工場合資啟

我華人生神禹之域爲聖人之氓顱員趾方賦天得地衣冠文物天寵聰明島夷蝟伏罣譯納貢乃廿世紀以還彼受海潮激冲熱流鼓盪遂以片長薄技自詡文明又値我華斯文掃地之日同酣睡夢不自振作極上等之腦筋用於無用嗟乎嗟乎使神州陸沈禹甸邱墟伊誰之咎也僕等嵩目時艱奮身航海出夔門越巫峽遍遊夏口極目春申見夫工場林立烟突森然撫心自慝我華工藝繁興商業整飭僕等西陲陋處坐井觀天妄作杞憂所見不廣均隱然有退志既而載瞻場主遍訪商人非英卽德非德則美遊虹口之岸太陽旗高可拂雲歷黃浦之墟印度人直立似犬詢之路人我華工場安在路人不答笑我以鼻僕等不解所謂熱血潮湧思執路人交我政府而路人無罪也於是飲淚而歸儼同病臥思我黃人土地如何拱手讓人開工場設商埠乎既而思之我華工商無學徒有原質不能製造所以開門揖盜反主作奴想入非非之時恍惚中覺有來告我者吳淞之岸東望蒼茫非烟非霧中有異人在所謂太和魂者

短品 一 廣益叢報館排印

图 3-3 《广益丛报》“短品”“新章”栏目

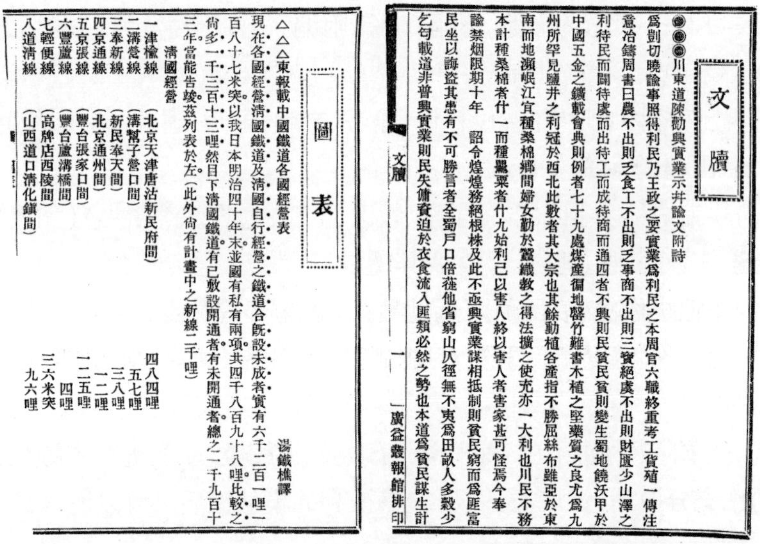

文牘

川東道陳勸興實業示并諭文附詩

爲剴切曉諭事照得利民乃王政之要實業爲利民之本周官六職終重考工貨殖一傳注意冶鑄周書曰農不出則乏食工不出則乏事商不出則三寶絕虞不出則財匱少山澤之利待民而闢待虞而出待工而成待商而通四者不興則民貧民貧則變生蜀地饒沃甲於中國五金之礦載會典則例者七十九處煤產徧地罄竹難書木植之堅藥質之良尤爲九州所罕見鹽井之利冠於西北此數者其大宗也其餘動植各產指不勝屈絲布雖亞於東南而地瀕岷江宜種桑棉鄉間婦女勤於蠶織教之得法擴之使充亦一大利也川民不務本計種桑棉者什一而種罌粟者什九始利己以害人終以害人者害家甚可怪焉今奉諭禁烟限期十年 詔令煌煌務絕根株及此不亟興實業謀相抵制則貧民窮而爲匪富民坐以誨盜其患有不可勝言者全蜀戶口倍蓰他省窮山仄徑無不夷爲田畝人多穀少乞匄載道非普興實業則民失傭資迫於衣食流入匪類必然之勢也本道爲貧民謀生計

文牘 一 廣益叢報館排印

圖表

△△△東報載中國鐵道各國經營表 湯鐵樵譯

現在各國經營清國鐵道及清國自行經營之鐵道合既設未成者實有六千二百一哩一百八十七米突以我日本明治四十年末並國有私有兩項共四千八百九十八哩比較之尙多一千三百十三哩然目下清國鐵道有已敷設開通者有未開通者總之一千九百十三年當能告竣茲列表於左(此外尙有計畫中之新線二千哩)

清國經營

一津榆線	(北京天津唐沽新民府間)	四八四哩
二溝營線	(溝幫子營口間)	五七哩
三奉新線	(新民奉天間)	三八哩
四京通線	(北京通州間)	一二哩
五京張線	(豐台張家口間)	一二五哩
六豐蘆線	(豐台蘆溝橋間)	四哩
七輕便線	(高牌店西陵間)	三六米突
八道清線	(山西道口清化鎮間)	九六哩

图 3-4 《广益丛报》“图表”“文牍”栏目

丛报》集新闻、时事、政治、学术、文艺、科普为一炉，属于综合性的文摘类期刊，内容的广度和深度都比《渝报》略胜一筹。同时，"《广益丛报》又继承了《渝报》政论性强的特点。在它的重头内容——政事门中，大多数文章都忧国伤时，有感而发，既兼容中国资产阶级各个政治派别的观点，又有较为明显的革命倾向"[1]，另外，《广益丛报》增加了新闻报道的篇幅，新闻报道的准确性、时效性、广泛性也有较大的提高，编辑制作也大有起色，开重庆地区报刊文学之先河。广告也成为该报必不可少的重要内容之一，雇主多系工商企业，如重庆富川造纸厂、西药商店、人寿保险公司及英商李白洋行等。

《广益丛报》虽然是文摘报刊属性，但恰如此前《集成报》的解释那样，"本报虽曰集成，非剿袭者比"，理由是"报中分别门类、逐期编列目录，以清眉目"，"名曰集成，盖取中西各报汇集一册，以成大观，庶阅者全璧得窥而无遗珠之憾"。[2] 这种办报宗旨，与《广益丛报》追求的"广收博益"的办报初衷如出一辙，也实践着梁启超"披沙拣金、和花成蜜"的期待。"广收"，即广泛采集，采撷精华；"博益"，即获得益处，产生作用。为了达到目标，《广益丛报》对于文章的质量非常看重。就现有文献来看，《广益丛报》的作者包括梁启超、黄遵宪、章太炎、陈去病、严复、杨度、龚自珍、林纾、陈三立、邓秋枚、吴汝纶、蒋观云、夏曾佑、刘师培、狄楚青、高天梅、胡汉民、张謇、康有为、王闿运、金松岑、李叔同、廖仲恺、柳亚子、冯自由、郑孝胥、林传甲、陈景韩、王钟麒等人，几乎网罗了当时所有的政论名家。

以梁启超为例，《广益丛报》先后转载过他的《中国地理大势论》《近世文明初祖二大家之学说》《挽二十世纪新鬼诗》《政治学大家伯伦知理之学说》《哀西藏》《近世学术史》《新罗马传奇》《中国史上人口之统计》《中国货币问题》《战国初哲学大家墨子之学》《明季第一重要人物袁崇焕传》《中国国债史小叙》《论民气》《德育鉴》《越南亡国史叙》《开明专制论》《国文语原解》《中国铁路现势通论叙》《立宪政体与政治道德》《朝鲜灭亡之原因》《责任内阁与政治家》等文章。

[1] 隗瀛涛，《近代重庆城市史》，成都：四川大学出版社，1991，786 页。
[2] 《本馆章程》，《集成报》，1901 年 4 月第 1 期。

以刘师培为例,《广益丛报》先后转载过他的《中国文字改良论》《国文典问答小序》《王门钜子泰州学派大家王心斋先生传》《经学教科书第一册序》《伦理教科书第一册序》《宪法解》《国学发微》《中国地理教科书第一册序》《孔学真论》《论孔子无改制之事》《王学释疑》《论近世文学之变迁》《尔雅虫名今译》《近代汉学变迁论》《小学从残叙》《邶鄘卫考》等多篇文章。

以蒋观云为例,《广益丛报》先后转载过他的《中国兴亡——问题论》《钱论》《中国武士道小序》《辩论与受用》《老子之面影》《中国之考古界》《君不君者尔汝而已矣》《客观之国》《读历史上中国民族之观察系论》《旅居杂咏》《好山》等文章。

以章炳麟为例,《广益丛报》先后转载过他的《儒术真论》《正名篇》《分镇篇》《枚叔先生在日京锦辉馆之演说》《俱分进化论》《文学略论》《革新之道德》《孔子制礼驳议》《原学》《逐满歌》《邹容传》等文章。

有的文章篇幅过长,《广益丛报》就不厌其烦地予以连载,比如梁启超的《德育鉴》连载 17 期,林传甲的《中国文学史》至少连载 22 期,杨度的《金铁主义》至少连载 23 期……

这些文章,尽管不一定符合马克思主义唯物史观、唯物辩证法思想的科学论断,但在当时却是不折不扣的"新说",也符合杨庶堪"广市新出书报杂志,辑录诸报及杂志中新说,汇为《广益丛报》,欲以树新风,振民气"[1]的办报初衷。

不过,尽管《广益丛报》已经完全具备现代报刊的四大要素:新闻、言论、副刊和广告,所传播的理论思潮也出自名家之手,引领风潮,《广益丛报》在四川,甚至在整个西南也称得上是出版时间较长、内容最丰富、影响最大的近代化报刊之一,但是,它仍然没有完全摆脱旧有的出版物形式,并且受重庆城市工业发展水平的影响,出版的周期较长,新闻报道的质量和数量也不稳定。根据该刊历年所登启事及致订户的通知,可以估计《广益丛报》一般年份的销量不超过一千份,最多时大

---

[1] 陈新尼,《重庆早期的革命思潮与组织》,《四川保路风云录》,成都:四川人民出版社,1981, 65 页。

概近千份。[1] 读者主要是出身地主和工商业者家庭的知识分子、官吏、士绅，且以青年教师、学生和工商界人士居多。《广益丛报》的发行一律采取订阅方式，概不零售。每年共出版 32 期，全年订费四元六角，外埠加全年邮费七角。自 1903 年创刊至 1912 年停刊，订费均无变化。

《广益丛报》面向全国发行，但主要发行区域是四川省内各县，在成都、嘉定、泸州、顺庆、自流井、潼川、江津、遂宁、梁山、资州、永宁、富顺、万县、涪陵、内江、开县、温江、阆中、蓬州、犍为、黔江、威远、渠县、合川、雅州等五十多个县均设有代派处。省外设代派处者只有山东、云南、贵州少数几省。出到第 186 号时，省内外代派处增至 74 处。同时，这家刊物与各报刊也有较密切的联系，如《国粹学报》《东方杂志》《政艺通报》《新民丛报》《教育世界》《中外日报》《时报》等十余种报刊，均由该报代为销售。

一个有意思的细节是，《广益丛报》的版权项目标注详尽齐备。出版项目主要集中在封面和扉页上，刊载有中英文对照的报（刊）名、公元纪年和帝王年号纪年、期号、总期数、出版（印行）部门、邮局投递种类（挂号）等，非常接近现代报刊的著录规范，但《广益丛报》对于转载的文章却几乎不交代出处。这点突出瑕疵，也彰显了《广益丛报》力求"披沙拣金"却也呈现"金无足赤"的时代尴尬。

二、理论供给：通达现代国家路径选择的介绍与争论

近代中国，社会巨变，观念转折，诸说杂陈，各种思潮纷至沓来。出现这种现象，客观上是由于鸦片战争之后出现的"三千年未有之大变局"，主观上是因为传统权威的消损与丧失，加上西方文化的冲击与融入。于是，中西杂陈、新旧交错的近代中国，在一元价值论系统被摧

---

[1] 另有研究认为，"《广益丛报》由于内容广泛，适合各类人群阅读，发行量高达两千多份，全是订阅，不零售，在社会上很有影响"。参见王绿萍，《四川近代新闻史》，成都：四川大学出版社，2007，207 页。

毁瓦解后,就成了价值多元、主张各异的社会思潮产生的绝佳土壤。严格的社会思潮,无疑是指较大规模的观念形态的运动,是特定社会的各种矛盾尖锐化、复杂化在思想领域的反映,通常从知识分子群体发端,推向或大或小的社会层面进而影响生活世界与民众心理的思想运动。"凡'思'非皆能成'潮',能成'潮'者,则其'思'必有相当之价值,而又适合于其时代之要求者也。"[1]因此,高瑞泉先生一言概括:"中国近代各种社会思潮,不管其成败如何,不管其内蕴的正确程度大小,都从属于历史性的巨变,都与某些社会设计有关,因而可以视为都是这场社会选择的不同答卷。"[2]顺延这样的思路可以看出,这些互相激荡的近代社会思潮,可能存在渗透、对立、争鸣或者辩证,但最终指向都是在于解决"中国向何处去"这样的历史课题。否则,便谈不上社会思潮,更无法产生广泛的社会意义。

以报刊为代表的新式媒介的出现,对于近代中国社会思潮的推波助澜,怎么评价都不过分。它一方面是近代部分非正统知识分子的新的生存方式,他们未能以传统方式追求政治权力与社会影响,是一种"王韬式"的"自我实现"途径。另一方面又是非官方的发声渠道,承载着当时知识分子"兼治天下"的士大夫心理与救亡图存的政治热情。进一步来说,"同科举制度下产生的八股士类相比,这类人已经不同程度地受到了新思潮、新学理的洗礼,是另一种类型的知识分子。他们不同于那种'舍帖括八股书画之外更无其他学问'的'阘茸汙贱骄蹇无耻之士',对传统经籍版本的热衷与执着逐步让位于一种积极的社会参与意识和救世意识。他们有新的知识结构,新的人生理想,新的价值观念,新的行为选择。在救亡图存的总目标下,他们开始了新的追求。在传统经籍之外寻求有益于社会进化的新知,寻求强国之道。所以他们作为一个群体一经出现,即引起社会各界的广泛注目,甚至被尊为'制造新中国之良工'"[3]。尽管他们阶级地位、文化背景、知识来源、价值观点、学说观点不尽相同,但并不妨碍他们对社会的关

[1] 梁启超,《清代学术概论》,载《梁启超论清学史二种》,上海:复旦大学出版社,1985,1页。

[2] 高瑞泉,《中国近代社会思潮》,上海:华东师范大学出版社,1996,2页。

[3] 陈旭麓,《近代中国社会的新陈代谢》,上海:上海社会科学院出版社,2006,277页。

注、对救亡的热忱和对国家的忧虑。他们著书立说，通过报刊传递知识、推介观点、广播思潮，发挥着自身在文化资源和政治参与当中的优势。

《广益丛报》作为一份文摘报刊，以"广"为集成的第一标准，在近代民族危亡的困境中对各种意见、观点和思潮采取了兼容并包的开放态度，一定意义上呈现出哈贝马斯所谓"公共领域（public sphere）"的特征。在哈氏的眼里，公共领域是社会意见和思想观念自由表达和交流的公共空间，借助这一空间，公民得以表达他们的权利诉求和利益诉求，实施对政府和其他一切权力机构的监督与批评。《广益丛报》作为公共领域在重庆的兴起和发展，为近代重庆城市的公共交往和公共舆论的构建奠定了基本空间。从学理上说，报刊之所以能够有公共空间的舆论，主要来源于报刊本身的舆论表达，而这种表达与城市民众的切身利益相关，能够带给其最大的精神满足感。从现实来说，作为重庆当时唯一的大众传播报刊，《广益丛报》对各种思潮的介绍和争论，发挥了理论供给、思潮引领与舆论制造等重要价值，既持续着《渝报》以来"地方兴国"的城市使命，也推动着重庆城市精神高地与舆论重镇的形成，是晚清重庆不可或缺的报业阵地。

（一）社会主义：诸多救国方案的其中之一

"于 20 世纪之天地，欧罗巴之中心，忽发露一光明奇伟之新主义焉，则社会主义是也。其主义于现今世界，方如春花之含苞，嫣然欲吐。其将为大地所欢迎，而千红万紫团簇全球乎，抑为其反对者之所摧折，而绿惨红愁飘零无迹乎，虽未可知，而要之其能腾一光焰，照耀众脑，万人一魂，万魂一心，以制成一社会党，其党人复占环球各党之最多数焉，则其主义之价值可知也。"[1]《广益丛报》出版的第 3 号刊载了邓实的《论社会主义》一文，这是四川地区第一篇有关社会主义的文章。此前，它发表在 1903 年 2 月上海的《政艺通报》上。文章开头的这段话，形象地说明了 20 世纪初的中国，在国际社会主义运动的强烈刺激下，开始重视社会主义及马克思主义的价值。

---

[1] 邓实，《论社会主义》，《广益丛报》，1903 年 5 月第 3 号。

但是，邓实认为社会主义对于当时的中国来说，远不如爱国之心来得实际。"凡人类进步之次第，由射猎而游牧，而耕稼，而工商，惟人工商之期，而后有社会之主义。吾国犹在耕稼之时代，故社会主义之问题，在欧洲已高唱、非难，日日绞政治家之脑髓而不能理者，在吾国则视若无动焉。然者吾国今日之所急者，亦惟国家主义而已。吾人所抱持而不失者，亦惟爱国心而已矣。"[1]简言之，在邓实眼里，社会主义尽管愿景美好，却是一种"极不切于中国之主义"。出现这种问题，很大程度应该在于邓实等社会主义的早期倡导者，触及了社会主义代替资本主义的必然趋势，但这些经由日本传递到上海的早期社会主义理论往往都是零碎的、片段的，有些甚至是错误的，马克思主义尚未得到正确阐释，也没有为人们所重视。当然，这是第一次向重庆地区的读者介绍社会主义，因此也是一种历史的进步。

事实上，在中国共产党成立之前，知识界对社会主义的认知总是存在错误。《广益丛报》第118号发表了冯自由的《民生主义与中国革政之前途》一文，"民生主义（Socialism），日人译名社会主义。二十世纪开幕以来，生产的兴盛，物质的发达，百年锐于千载。而斯主义遂因以吐露锋芒，光焰万丈"[2]。在这里，冯自由一方面正确地描述了20世纪初，社会主义思潮在全世界范围内磅礴发展的气势，另一方面，他却把社会主义和民生主义等同起来，把社会主义解释为孙中山的民生主义，这当然是对社会主义的一种误解。

《广益丛报》还是四川地区第一次提到马克思的名字并对社会主义作简要解释的报刊。该报第156号刊登的《论近世经济学之趋势》写道："社会主义，以社会为本位，以干涉为政策，以劳动为基础，实行平等思想，欲组织新国家。其下手之方，则在破坏私有财产制度为第一要义，以全权归于社会。所有价格，以劳力之分量而定。此主义产生于法国，传播于欧洲中原，现于比利时，移于瑞士，遂入德意志而定其巢穴。于是玛克士（即马克思）遂起于德国，为社会党之首领，极力主张此说。以物之生产要具——土地及资本，不宜为私人所占有，一

---

[1] 邓实，《论社会主义》，《广益丛报》，1903年5月第3号。
[2] 冯自由，《民生主义与中国革政之前途》，《广益丛报》，1906年10月第118号。

切当置诸国家监督之下,解除各种阶级,以劳动者为平等,而国家直接保护,是为社会政策。"[1]

从历史来看,无论在四川,还是在重庆,辛亥革命前已有人介绍过马克思和马克思主义。但征诸史实,那时马克思主义并没有传播开来,也没有出现过马克思主义信仰者。出现这种情形,可以归结于介绍者对于社会主义的一知半解,或者当时的第二国际"忘记了东方",但不可否认的是,当时对社会主义的介绍只是中国知识分子向西方学习救国方案的其中之一。在《广益丛报》上,除了占据舆论主流的君主立宪思潮和及时转向的民主共和思潮外,还充斥着进化论、国粹主义、宗教救国等多种社会思潮。

比如进化论。进化论最早源于达尔文创设的生物学概念。19世纪末,严复翻译《天演论》,将进化论引入中国,在当时的知识界广为流传,在唤起民族意识、激发竞争观念、助力民主变革等方面产生了巨大的社会冲击波。作为学界热议的思潮,《广益丛报》也多有推崇。第79号《革天障》一文,认为中国传统之天命观不过是以"一己之遭际,对于天而泄其不平之气",久之必令民众"疲软无气"。而天演论作为"新言天之面目"之真论,能够"说明天之作用",从而醒倚天求福者之迷醉梦,长吾国民众之竞争心。文末作者由此感叹:"语曰:人定胜天。今易之曰:人定代天。"[2]第160号《论天演与命运》,作者开篇即称天演说为"最有势力之学说",且"一切众生界,皆不能逃此公理",与我国相传通说之命运论互为冰炭而不相容。随后举例而论证,以明天演说之正确,命运论之错谬,后疾呼其结论:"命运世界,必有造成之人",并称天演说虽有主自然淘汰说与人为说之分歧,然二者"皆毫不留命运说之余地"。批驳之后,作者认为传统之命运说并非一无是处。因为自然演化之过程过于残酷,前人遂为"稍以阻天行之惨"而"创命运之说以愚弄之","其宗旨固出于大慈大悲"。但二说主次高下之分有定:"命运说之原因实从天演之理。"[3]当然,中国学人对于进化论并不是盲目引进,而是有着足够的清醒认知。曾于1903年发表《驳康有

---

[1] 《论近世经济学之趋势》,《广益丛报》,1907年12月第156号。
[2] 《革天障》,《广益丛报》,1905年8月第79号。
[3] 《论天演与命运》,《广益丛报》,1908年1月第160号。

为论革命书》而狂热鼓吹天演竞争之说的章太炎，在《广益丛报》1906年第122号《俱分进化论》中，就对进化论进行了客观的评价，并据此阐发了自己的观点。文章先引进化论者之观点，指出达尔文和斯宾塞曾各以生物和社会为例，认为进化必达完美。而赫胥黎的"持进化必不能止停相争相残之说"注定了完美和谐之境永无可期。对此，章太炎认为进化之过程，必当遵循以下三点。一者进化未必臻至完美。二者进化非由一方直进，而由双方俱进，"善恶苦乐，同时并进"[1]。三者虽然社会已经大为进步文明，但善恶之势力不会因此消而彼长，双方进步之程度将更加明显。在这里，我们可以发现，达尔文的进化论（包括斯宾塞的社会达尔文主义）传入中国后，物竞天择、适者生存就成为清末民初许多知识分子信奉的富强之路，但绝没有成为盲目崇拜的理论，中国学者有着批判性的认知。

比如国粹主义。清末西风东渐之时，国粹学派斥责鼓噪全盘西化者为"全无心肝之人"，希望能在传统之中披沙拣金，弘扬鼓吹其中能在新的时代仍有功用而焕光彩者。《广益丛报》对此也有多处涉及。国粹主义的思想主张主要有以下两点：一是划清国学与君学之界限，并对后者大加挞伐。如第132号、第133号黄晦闻的《孔学君学辩》一文，称国粹学派所倡国学与君学之对立，即真儒学与假儒学之对立也。该文通过秦代前后儒学论说的对比，力证君学"非孔学之真"。强调乃是汉代的独尊儒术，使原主张抑君权的孔子学说发生了畸变，"于是一变其面目，务张君权为主"[2]。第147号邓实的《国学无用辨》持同样的观点。作者认为无用者君学也，并非国学。中国之衰败，非国学无用，乃是君学阻碍了国学。而先秦之古学实为民学，是真正的国学，是有用之学。伪国学则是无裨于用的君主之学，先秦诸子之学皆为实用救世之学，遂赞其曰："夫诸子之多为其术，以救人国之急，可谓勤矣。"[3]二是反对那些以托古改制为幌子，实际假借公羊学向清廷献媚的所谓国学者。典型如刘师培的《论孔子无改制之事》一文，称托古改制者所言甚谬，孔子非"素王"，亦非宗教家。而"改制之说，本于谶

[1] 章太炎，《俱分进化论》，《广益丛报》，1906年1月第122号。
[2] 黄晦闻，《孔学君学辩》，《广益丛报》，1907年5月第132号。
[3] 邓实，《国学无用辨》，《广益丛报》，1907年9月第147号。

纬",之所以能从故纸堆中寻得凭据,皆因"董子篡其说于《公羊》"[1]。不过,国粹派虽然在古为今用上有所创造和突破,但因其没有相对科学的文化观,所以在晚清中国的转型过程中并未发挥多大的效应,其核心成员此后也放弃宗旨,这一学说也就销声匿迹了。

比如宗教救国。作为当时一类较有影响力的社会思潮,宗教救国有着一定的社会根基,特别是当时的社会民众受教育程度较低,且受传统教化的影响较大,加上以宗教为庇护栖息的传统士人此时开始向近代意义的公共知识分子转化,所以也就有了宗教救国的市场。《广益丛报》第 153 号发表《论宗教心与爱国心之关系》一文,开篇就以"皆无当于事实之言也"对"19 世纪科学大明,论者咸以宗教为束缚国民之大魔窟,于是以废宗教为天下倡"这一公论怒加贬斥。随后大声疾呼:"世界不能一日无人,即人类不可一日无教。"并将清末立志改革进取之人研究政法与学术等却无所作为之窳果,归因于不崇宗教之谬因:"然而卒无效果者,无他,皆由不知以宗教为基础也!"[2]第 165 号《论学术与道德相离之危险》一文,也对当时社会青年不屑宗教的态度直接表达不满:"试观今日之青年,于哲理未精,而于儒释耶回之宗教,则视之若土芥矣。"作者进一步指出教育要从德、智、体三者入手,如果只重视后二者而忽视道德,"则其贻害人心世道,较洪水猛兽为尤烈"。但是,在作者的逻辑中,教育之道德不过形式耳,宗教之道德才是德育之精神,因此:"有教育而无宗教,其国道德日益卑污,其弊足以弱国。"最后得出结论:"必也!合宗教教育二者,而成一新宗教,或成一新教育,夫然后可以挽回今日中国之道德。"[3]而《论宗教心与爱国心之关系》一文更是笃信,"人能以生命殉宗教,然后乃以生命殉国家"。并于文末狂呼:"无爱国心者,其国必不国。无宗教心者,其爱国心必不真。"[4]尽管《广益丛报》所载文章倡导宗教救国的言论都较为狂热,但并不是所有提及此说的文章都一样予以褒美赞扬。如第 139 号刊登了章太炎的《人无我论》一文,文章最后指出:"民德衰颓,于今为甚

---

[1] 刘师培,《论孔子无改制之事》,《广益丛报》,1907 年 5—6 月第 137 号。
[2] [4] 《论宗教心与爱国心之关系》,《广益丛报》,1907 年 11 月第 153 号。
[3]《论学术与道德相离之危险》,《广益丛报》,1908 年 4 月第 165 号。

……恶慧既深,道德日败。"所以今日之矫弊者"乃憬然于宗教之不可泯绝"。然而对此章却冷讽为"崇拜天神,既近卑鄙,皈依净土,亦非丈夫干志之事"[1]。这一言论,通过章太炎这样的大师之口,犹如给当时宗教救国的热潮泼了一盆凉水。

需要指出的是,当时的种种社会思潮,无论现在看起来多么荒谬,但在晚清中国都有着某种正当性,呼应着"中国向何处去"的时代命题。换言之,无论其派别从何,思想如何,主张持何,见解作何,都在直接或间接地为救亡图存所计,策自强护国之谋。而《广益丛报》作为一份集纳性文摘报刊,这时无疑成为"百花齐放"之地,为通达现代国家路径提供着理论供给,也在无形中提升了重庆城市的精神高地地位。

(二)立宪主义:《广益丛报》的舆论主流

立宪主义,是《广益丛报》宣扬的主流。这是此前一直被学界忽视的重要内容。清末"新政"之际,立宪派为提倡向欧美日等学习,提出以立宪为基础与核心,对国家大刀阔斧地进行一系列改革的呼吁。他们主张建立资产阶级民主政权,对清政府之腐败无能也相当不满,强烈要求改变现状,因此其诉求与革命派有一定的重合。只是立宪主义者大多继承发展自戊戌之前的维新派及事变后的保皇派,从国家演进路径上仍寄希望于和平改良。这一学说,尽管被历史证明是行不通的,但却在《广益丛报》上被极力宣扬,数量远远大于民主革命的言论。

立宪主义在《广益丛报》上的言论主要有以下四个方面:

一是催促劝告政府尽快着手实行立宪,以及进行后续之改革。催促劝告手法可粗分为两种,一种方法是通过讲述国外成功的案例来对清政府加以激励鞭策。如第107号严复的《一千九百五年寰瀛大事略述》,被称为"二十世纪履端"之"第一现象"的日俄大战中日本的胜利,曾令作者惊叹此胜使"黄白种界之说,不足复存"[2]。而《广益丛报》中有数篇不同年份的文章,都认为日本的胜利乃是立宪的胜利,日本之所以能败帝俄,首败其于宪政经营之程度。再如第108号梁启超

[1] 章太炎,《人无我论》,《广益丛报》,1907年7月第139号。
[2] 严复,《一千九百五年寰瀛大事略述》,《广益丛报》,1906年6月第107号。

的《过去一年间世界大事记》一文，提及当时瑞典与挪威之分治一事，描述为"昔也，瑞典不废一镞之矢而得统治权于挪威，今也，挪威不留一滴之血而得自由权于瑞典"。在赞叹其为"平和高洁之革命"的同时，梁亦将之归因于其宪政发达且"自治之有机体本已发达完满"[1]。而第244号《论地方自治之意义及立宪国必采用地方自治之理由》更在开篇指出："国家立宪和地方自治，十八世纪以来欧美诸列强谋国之成法。"[2]另一种方法是通过讲述国内情形的危急来以警醒执政者迅速转变。这些文章只要一谈到立宪改革，就认定立宪主义对国家有莫大之利益，或必然能够解决当下急迫的问题，陷入了"立宪万能论"的谬境。如《论地方自治之意义及立宪国必采用地方自治之理由》中，作者认为行宪政办自治有五重利益：一曰增长人民爱国之心；二曰熟练人民政治能力；三曰利益之克必举，杜绝损公利私；四曰举事切中；五曰减少官吏。第236号《请开国会之理由》指出，若欲振兴教育、整理财政、扩张海军、澄清官治并保全国权，开立宪之国会实万不可缓。

二是为确保立宪及相关改革的成功而积极建言献策。对此，《广益丛报》的讨论主要集中在两个方面：一为争论给予人民参与宪政的权利自由的多寡；二为讨论如何限制政府权力以求无害于民而谋利于国。就第一个问题来看，立宪派内部也有激烈的争论。一派以梁启超的《开明专制论》为首，认为当时之人民，程度如幼稚小子，不可贸然给予自由和权利，当长期为国家所监护管理，受官府之教育引导，即所谓"开明专制"。此后第238号的《立宪政体与政治道德》一文，也秉持同样的观点，"夫使官吏之程度已足，惟人民之程度不足，则策厉陶冶以助之长，至易易耳。"[3]另一派则对此表示强烈反对。如第83号刊登的《立宪浅说》，就反对以民众程度不足为借口将民众拒之参政门外。作者承认："夫以中国今日人民之程度，而开议院，其必闹种种之笑话，其谁曰不然？"但随后便话锋一转，一针见血地指出真相："然而

---

［1］梁启超，《过去一年间世界大事记》，《广益丛报》，1906年6月第108号。
［2］成祚，《论地方自治之意义及立宪国必采用地方自治之理由》，《广益丛报》，1910年9月第244号。
［3］沧江，《立宪政体与政治道德》，《广益丛报》，1910年7月第238号。

若惧其闹笑话,而永不开议院,则微特国事必不可救,而民格亦永无进步之期。"[1]关于第二个问题的讨论,《广益丛报》当中有着丰富的见解。如《地方自治谭》一文认为,有所监督可以限制官吏滥用威权。而当时之实况为"官治则民无所监督",正是由此而生的诸多乱象,"使自治成一纸空文"[2]。第189号刊登的《立宪以克己为体说》则指出,恪守宪法是防止政府权力侵越的不二法门,"若国家之权利义务,若君主之权利义务……校若画一,无所侵越,无可推诿",则"虽欲自私,不敢违宪",反之则"苟其无此明文,则虽有圣贤之心,不能用保其不乱"[3]。

三是对革命党人发表评论。这是一个很有意思的言论领域,由《广益丛报》的文章来看,立宪派有相当部分的人士认为,革命派和自己并不是一山二虎,水火不容,甚至对革命派的主张,表示认同。以《论中国之立宪党与革命党》与《论宪政进行与革命党消灭之关系》二文为例,立宪派首先表达了对革命派的势力的认可,前者分析说,"对于现在政府之方面,要不外立宪与革命之两途"[4]。后文则认为,"今日与宪政党相敌而足为深虑者,只有革命党"[5]。其次立宪派对革命派的行为表示肯定,前者指出说,"以数年来之观察",发现滔滔以进行事业者"但有革命党人"[6]。后文则加以对比,确定革命党之宗旨和部分举动"与立宪党相近",而"所足虑者,惟种族革命而已"[7]。再次是对革命派的志向的赞叹,前文褒扬革命派为"少数之志行坚定,多血多泪之男儿"[8]。后文则述对于当时"明达之长官",对因投身革命而身陷囹圄的志士之态度,多为"悲其志,悯其才,欲救援于万一而不可得"[9]。那么,如何应对革命党人呢?《论宪政进行与革命党消灭之关系》给出的策略是立宪党人当励精图治,办好宪政,"则其人自然归附于宪党,而渐就消灭,无足虑也"。若如今日之朝廷,继续"以严厉之法驭之",则"革命党将愈激而愈多,而冤狱亦不能免"[10]。

四是对立宪派同侪进行评议。在立宪主义的发展过程中,立宪派

---

[1]《立宪浅说》,《广益丛报》,1905年9月第83号。

[2]《地方自治谭》,《广益丛报》,1908年10月第184号。

[3]《立宪以克己为体说》,《广益丛报》,1908年12月第189号。

[4][6][8]《论中国之立宪党与革命党》,《广益丛报》,1907年11月第153号。

[5][7][9][10]《论宪政进行与革命党消灭之关系》,《广益丛报》,1909年3月第194号。

对立宪理论与立宪行动也多有观察和反思。一方面，立宪派对冒顶立宪之名的不肖分子表达了强烈的不满。当时的立宪派，势力庞大而鱼龙混杂，派系内部也认为存在不少浑水求利之小人和颟顸无能之辈。如前文《论中国之立宪党与革命党》中，就称当时不少立宪主义者——"不过鼓吹政府，希望政府，为一空言。"其言行举动为"无责任之思潮，不足当一毫实行之用"[1]。第 196 号刊登的《是所希望于今日之讲立宪者》，更是质问那些"自命为立宪党者"，"真解自由民权为何物？宪政为何用？""有为国牺牲，为民请命之心者，百不得一二。"作者怒斥："吾是以一闻其名，而至于呕吐三日也！"[2]一方面，立宪派对理想坚定的同志加以激励，许以希望。这种论调往往与前一类批判出现在同一篇文章之中。如《论中国之立宪党与革命党》，作者在拿出近三分之一的篇幅赞革命派而批立宪派后，笔锋一转写到，革命派虽"乘一时之势力"，但其理论似多有瑕疵，而立宪派则丰富完备"优于革命主义之点甚多"。所以作者认为"真确之立宪党，其难能可贵，且十倍于革命党。""今日之革命健儿"最终无法匹敌"真实之立宪党人"[3]。《是所希望于今日之讲立宪者》对此的表述更为激进。在对伪立宪的鼠辈怒加挞伐之后，作者自问自答："问肩此由亡而存，由绝而继之责任者为谁？敢武断之曰：立宪党。"并道出持此见之故，乃因其认为"立宪党以外，无有他之势力，可以撑持中国"。而无论政府和民众，皆不能寄予希望，革命党亦"犹之无望也"[4]。

（三）民主革命：《广益丛报》的三大贡献

与过去的士大夫相比，近代知识分子裹挟在三千年未有之大变局中，关注政治是他们的必然行为，这也是一种时代的必然性，"他们处于一个社会结构转变的前夜，考虑的重心是如何实现社会政治体制变革，因此政治意识比较强烈"[5]。在中国近代史研究上，"立宪"与"革命"是一对经常被对称的概念，不过它们作为概念的指向却是不同

---

[1][3]　《论中国之立宪党与革命党》，《广益丛报》，1907 年 11 月第 153 号。
[2][4]　《是所希望于今日之讲立宪者》，《广益丛报》，1909 年 3 月第 196 号。
[5]　许纪霖，《中国知识分子十论》，上海：复旦大学出版社，2003，85 页。

的。"立宪"指的是政体形式,"革命"指的是实现某种政治的目标。其中,"立宪"分为两种,一种是君主立宪,一种是革命立宪。革命派所建立的共和政体,即为民主立宪。因此,两派的分歧在于政体形式。与"立宪"相对应的称谓应该是"共和",而不是"革命"。但自晚清以来,一直称主张君主立宪制度者为"立宪派",称主张实行民主共和者为"革命派"。这差不多也说明了两者的区别,一方追求政治制度,一方鼓吹政治手段。两者虽然不同,却有着共同的"立宪"交集,在某种程度上可以说二者方向一致,共同推进时代的政治变革。

《广益丛报》在民主革命方面发挥了重要的历史作用,这与重庆作为清末四川革命地区的中心地位是相符的。

一是传播革命理论。1905年8月,中国同盟会在日本东京成立。同年11月,孙中山在《民报发刊词》上正式提出民族、民权、民生三大主义,作为同盟会领导革命斗争的纲领。以三民主义为纲领,革命派与立宪派之间还展开了一场论战,论战主要是围绕要不要以暴力形式推翻清王朝的统治、要不要建立资产阶级共和国、要不要改变封建土地制度三个问题进行的。其中,平均地权是民生主义的重要内容。

《广益丛报》在1906年后也注意到民主革命的动向,发表了不少具有一定革命进步性质的言论。如第105号刊登同盟会元老廖仲恺的《平说》,文章指出"仁义桎梏,必且坏之以解其拘羁。礼法赘疣,必且削之以除其悬附。此世界所以渐趋于公同通也"[1]。再如第128号刊登革命家章太炎的《革新之道德》,提及了革命党驱逐清统治,光复中华之理想,"吾所谓革命者非革命也,曰光复也,光复中国之种族也,光复中国之州郡也,光复中国之政权也。以此光复之实,而被以革命之名"[2]。并指出革命者不可无道德,当有知耻、重厚、耿介、必信之四品质。

1906年10月,《广益丛报》第118号、第119号连载了革命党人冯自由撰写的《民生主义与中国革政之前途》,对孙中山提出的民生主义做了详细介绍,对民族主义、民权主义也做了简单的介绍。这是第一

[1] 廖仲恺,《平说》,《广益丛报》,1906年5月第105号。
[2] 章太炎,《革新之道德》,《广益丛报》,1907年1月第128号。

次将三民主义公之于四川报端。

在冯自由的文章里,革命派第一次对平均地权和乔治的单税论的关系做出了阐述:"所谓国家民生主义之纲领何为？则土地问题是也。括而言之,则平均地权也。此学说于英人亨利·乔治(Henry George)鼓吹之为最力。前此欧美学者之唱道者虽不乏人,而其影响不广,穿凿未精,故不得不推亨氏为斯学说之巨子。"冯自由说:"自十九世纪以降,欧美列强除俄国外,民权民族之二大主义殆将告厥成功,世人方以为自兹而后,专制之淫威日渐渐减,而人权自由之幸福巩如磐石矣。而孰知事实上竟有大不然者,君主之有形专制除,而富豪之无形专制更烈。富者资本骤增,贫者日填沟壑。"文章最后指出:"民生主义也,土地国有制也,单税法也,即建设新政府唯一之行政方针也……吾深愿吾党研究民生主义,吾深愿吾党研究民生主义之土地国有论,吾深愿吾党研究土地国有论之单税论。"[1]

冯自由的文章把平均地权的理论来源、精神核心、原理原则、操作方法都讲得较为透彻,是当时不可多得的一篇宣传民生主义的权威性论著。不过,按照冯自由的解释,三民主义在当时只是一句空洞的口号,资产阶级革命派并没有切实可行的具体办法。并且冯自由本人也混淆了民生主义与社会主义的内涵实质,显示出当时知识分子的思想冗杂。但是,《民生主义与中国革政之前途》主张推翻满洲贵族的反动统治,要求实现平等自由、改善民生,在中国建立资产阶级共和国,这些都是有革命意义的,既形成了与君主立宪派对抗的力量,也给四川地区的人民探索救国救民打开了另外一扇窗。

1908年8月至9月,《广益丛报》第178—180号连载《革命党史》。《革命党史》系统地宣传了孙中山和革命党人的势力,包括革命党之勃兴、革命党之联结、各派之主张及领袖、革命党之势力及革命党之反对派等。文章对革命立宪派的发展历史、主要流派与领袖人物做了梳理,还评价孙中山,"孙今年41岁,善英文,为人庄重,富于自尊心,又带坚忍之性。近日流布清国革命思想者,彼所负之力最多,彼实清国革命党之急先锋也。彼者标榜民族的共和主义,该时曾由农民而

---

[1] 冯自由,《民生主义与中国革政之前途》,《广益丛报》,1906年10月第119号。

得实验,然彼从幼又淹留外国,崇拜欧美之式,疏略本国之风,往往受'不学无术'之讥,此则不可谓孙之缺点也"[1]。这篇长文在清政府黑暗统治下的四川地区公开发表,对于揭穿清政府对革命党的歪曲污蔑,澄清对革命党人的误解,帮助群众了解革命党及其政治主张,起到了很好的作用。

二是赞扬革命义士。充分发挥英雄人物的政治作用,是政治思维支配下众多政论报人的一致选择。此前留日学生刊物《游学译编》就表达了对英雄的期待心理,"欲创造一新天地一新世界一新国家,使无而能有,亡而能存,万众随潮而能独立,天地破碎而能独全,此何人能之? 英雄豪杰能之"。文章特别突出英雄豪杰的作用:"一人能千万人之所不能,一身种千百年之幸福,一呼而震声启聩,一动而旋乾转坤",此乃"过渡时代之所必须"。[2]

《广益丛报》热情赞扬为革命捐躯的仁人志士,经常登载其遗文、遗诗,收录传记,发表哀悼诗文。这些革命义士,通过报端的传播,也成为四川地区人民群众的政治偶像。

革命党人万福华,刺杀前广西巡抚王之春未遂而被清政府捕获。《广益丛报》刊载《万福华传》以记之。传记写到,荆轲"以一身为天下报仇,虽身死咸阳,亦足褫强秦之魄。而君事适与相类,志虽未达,然汉士遗黎,惕然知俄人弗足恃,联俄之谋,或可稍寝,则君功为不朽矣"[3]!

陈天华蹈海身亡以后,《广益丛报》于 1906 年第 103 号上登载了充满爱国热忱和革命思想的《陈天华绝命书》的全文,并附《事略》。在《事略》中,简介了陈天华的革命经历,称陈天华为烈士,把陈天华所著、被清政府列为禁书的《猛回头》《警世钟》《最近政见之评决》《国民必读》《支那最后之方针》《中国革命史论》等开列出来,向读者推荐。

女革命家秋瑾被清政府杀害以后,《广益丛报》于 1907 年为此发表了大量文章诗词。主要有:《记大通学堂秋瑾被杀事》《记秋女士遗事》《秋女士传》《秋女士遗诗》《哀秋瑾案》《致浙省绅界书》《联合禀

---

[1]《革命党史》,《广益丛报》,1908 年 8 月第 179 号。
[2]《南阿独立英雄古鲁家略传》,载《游学译编》,1903 年第 6 期。
[3]《万福华传》,《广益丛报》,1905 年 5 月第 70 号。

请揭示秋瑾罪案》《挽秋女士七律二首》《吊秋女士》《用原句足成哭秋竞》《吊越女七绝二章》等。

革命党人罗仲霍被清政府杀害后，《广益丛报》于 1911 年第 273 号登载《革命党罗仲霍事略》。除简略介绍罗仲霍革命事迹外，还附录了仲霍遗诗如下：

> 《感怀》
> 十年浪走天涯路，阅历多时忧患深，
> 敢说处囊能见末，几经投衅埶闻音，
> 为怀家国频挥泪，不了恩仇未称心，
> 读罢《离骚》三五遍，剑光灯影两沉沉。
>
> 长铗兴歌一再弹，风潮满目不堪看，
> 容颜秋柳几经瘦，气节冬松尽耐寒。
> 抵有虫声伴长夜，却无人语劝加餐，
> 飘蓬本是平生惯，底事徒悲行路难。
>
> 依阑披发仰长空，剑影光芒贯白虹，
> 奋走风雷轰逸气，悲歌涕泪泣奇穷，
> 抚心常抱千秋恨，得志当为一世雄，
> 冷眼观人回首笑，侧身遥望莽苍中。
>
> 无端瞬息到中秋，岁月催人触景愁，
> 一世繁华空眼底，千秋歌哭上心头。
> 情天有憾何时补，恨海无声永夜流，
> 闻道飞仙能缩地，借他奇术到瀛洲。[1]

三是参与辛亥革命。1911 年是辛亥年，《广益丛报》发表了《辛亥释文》，对"辛亥"二字做了如下解释——辛："曰辛勤、曰艰辛、曰酸辛。天涤人戾，遍于国中，流离困苦，民生凋敝，一辛象也。由辛至新，

---

[1]《革党罗仲霍事略》，《广益丛报》，1911 年 9 月第 273 号。

盖非可以不艰而获也。凡百君子,其可以自奋者矣!"亥:"文为象形,从上,古文上字。下象二人形,而概之成一体观,于此可以知群治之原故。春秋传曰:亥有二首六身,积人而成亥……集志同道合之人以为群,不限于一姓一族也。""今年之岁月,实我中国自家族主义而进于社会主义(革命党人有时称民生主义为社会主义)之过渡也。"[1]用这种望文生义的拆字方法来解释"辛亥"二字,其用意很清楚,就是号召人们要"自奋"以迎"新",集志同道合之人,反对清政府专制主义的统治,实行"群治"(民主)的"社会主义"(民生主义)。

1911年夏,四川发生了保路运动。《广益丛报》以满腔热忱支持保路运动的开展。它先后发表了《川粤汉铁路借款合同》《铁路国有评议》《川粤汉铁路四国借款合同之研究》《盛宣怀压制争路之计划》《讨盛宣怀檄》《从严对待抗收干路之由来》、湖南《学宪关于抗收干路之示谕》、湖北《鄂督对待争路者之手段》等文章文件,揭露清政府夺路卖国,镇压川、湘、鄂、粤保路运动的罪行。《广益丛报》还登载了湖南《争路风潮》《粤人争路之声势》《谈成路乱事志略》《关于铁路要电之一束》《保路同志会详志》《女子保路协会成立》等消息、文电,以各地保路运动的情况来激励四川地区的保路运动。

这些内容足以表明,辛亥革命前夕,《广益丛报》的革命倾向已经越来越明显。及至1911年10月武昌起义以后,《广益丛报》发生了根本的变化,完全成为四川革命党人的宣传武器。武昌起义以后,宣传革命成了《广益丛报》的中心内容。它对广东、广西、湖北、湖南、浙江、江苏、安徽、福建、云南、贵州等省的独立,对上海、厦门、宁波、绍兴、烟台、重庆、成都等各大中城市的光复,均有较详细的报道。

1911年11月,革命党人在重庆发动了武装起义,推翻了清政府在重庆的反动统治,建立了蜀军政府。《广益丛报》为此专门发表一篇充满革命激情的《欢迎蜀军军政府成立祝词》的"号外",充满激情地庆祝新生政权的成立。并接连刊登了《重庆复汉纪略》《蜀军政府各部人员》《蜀军政府成立后之告示汇录》《蜀军政府讨满檄文》《蜀军政府各部职员薪俸及司役工资数目单》《军政府成立后之见闻录》《蜀军政

---

[1]《辛亥释文》,《广益丛报》,1911年2月第257号。

府文告汇录》《蜀军政府宣言》《蜀军都督之公布》《革命军总统黎元洪小史》《皇汉大事纪祝词》等文章和文件，通过信息的发布、舆论的建构、形象的塑造等措施，为重庆城市迈入新的时代积极加油呐喊。

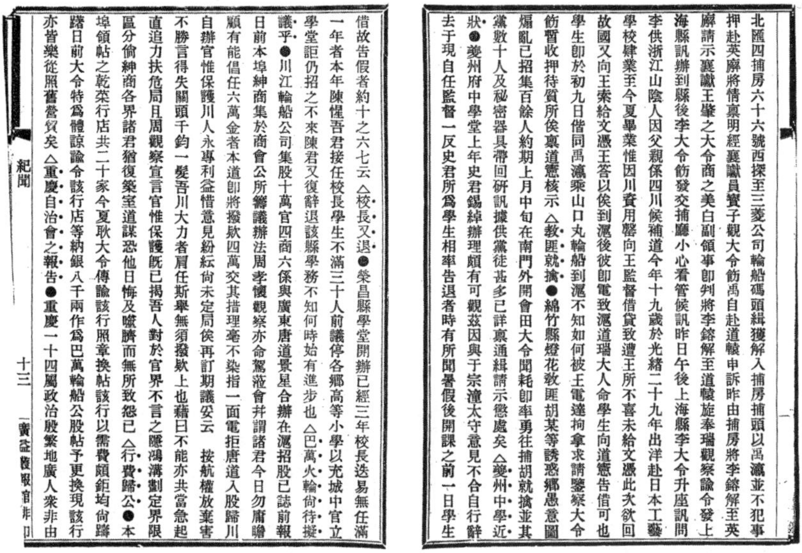

北匯四捕房六十六號西探至三菱公司輪船碼頭緝獲解入捕房捕頭以禹瀛並不犯事
押赴英廨將情稟明經襄讞員寶子觀大令飭禹自赴道轅申訴昨由捕房將李鎔解至英
廨請示襄讞王肇之大令商之美白副領事即判將李鎔解至道轅旋奉瑞觀察諭令發上
海縣訊辦到縣後李大令飭發交捕廳小心看管候訊昨日午後上海縣李大令升座訊問
李供浙江山陰人因父親係四川候補道今年十九歲於光緒二十九年出洋赴日本工藝
學校肄業至今夏畢業惟因川資用罄向王監督借貸致遭王所不喜未給文憑此次欲回
故國又向王索給文憑王答以俟到滬後彼即電致滬道瑞大人命學生向道憲告借可也
學生卽於初九日偕同禹瀛乘山口丸輪船到滬不知如何被王電達拘拿求請鑒察大令
飭暫收押待質所俟稟道憲核示 △教匪就擒 ●綿竹縣燈花教匪胡某等誘惑鄉愚意圖
煽亂已招集百餘人約期上月中旬在南門外開會田大令聞耗卽率勇往捕胡就擒並其
黨數十人及秘密器具帶回研訊據供黨徒甚多已詳稟通緝請示懲處矣 △夔州中學近
狀 ●夔州府中學堂上年史君錫綽辦理頗有可觀茲因與于宗潼太守意見不合自行辭
去于現自任監督一反史君所為學生相率告退者時有所聞暑假後開課之前一日學生

借故告假者約十之六七云 △校長又退 ●榮昌縣學堂開辦已經三年校長迭易無任滿
一年者本年陳惺吾君接任校長學生不滿三十人前議停各鄉高等小學以充城中官立
學堂詎仍招之不來陳君又復辭退該縣學務不知何時始有進步也 △巴萬火輪尙待擬
議乎 ●川江輪船公司集股十萬官四商六係與廣東唐道景星合辦在滬招股已誌前報
日前本埠紳商集於商會公所籌議辦法周孝懷觀察亦命駕蒞會幷謂諸君今日勿庸瞻
顧有能倡任六萬金者本道卽將撥欵四萬交其措理毫不染指一面電拒唐道入股歸川
自辦官惟保護川人永專利益惜意見紛紜尙未定局俟再訂期議妥云 按航權放棄害
不勝言得失關頭千鈞一髮吾川大力者肩任斯舉無須撥欵上也藉曰不能亦共當急起
直追力扶危局且周觀察宣言官惟保護既已揭吾人對於官界不言之隱鴻溝劃定界限
區分倘紳商各界諸君猶復築室道謀恐他日悔及噬臍而無所致怨已 △行費歸公 ●本
埠領帖之乾菜行店共二十家今夏耿大令傳諭該行照章換帖該行以需費頗鉅均尙躊
躇日前大令特為體諒諭令該行店等納銀八千兩作為巴萬輪船公股帖予更換現該行
亦皆樂從照舊營貿矣 △重慶自治會之報告 ●重慶一十四屬政治殷繁地廣人衆非由

紀聞 十三 廣益叢報館排印

图 3-5 《广益丛报》“纪闻”栏目

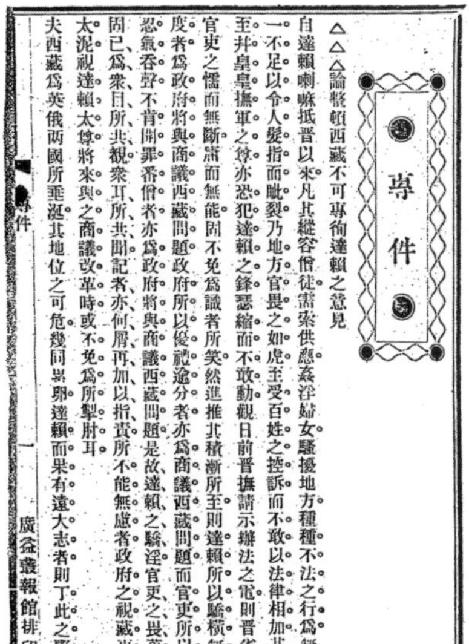

專件

△△△論整頓西藏不可專徇達賴之意見
自達賴喇嘛抵晉以來凡其縱容僧徒需索供應姦淫婦女騷擾地方種種不法之行為無
一不足以令人髮指而眦裂乃地方官畏之如虎至受百姓之控訴而不敢以法律相加甚
至并皐皐撫軍之尊亦恐犯達賴之鋒瑟縮而不敢動觀日前晉撫請示辦法之電則晉省
官吏之懦而無斷葸而無能固不免為識者所笑然進推其積漸所至則達賴所以驕橫無
度者為政府將與商議西藏問題政府所以優禮逾分者亦為商議西藏問題而官吏所以
忍氣吞聲不肯開罪番僧者亦為政府將與商議西藏問題是故達賴之驕淫官吏之畏葸
固已為衆目所共視衆耳所共聞記者亦何屑再加以指責所不能無慮者政府之視藏事
太泥視達賴太尊將來與之商議改革時或不免為所掣肘耳
夫西藏為英俄兩國所垂涎其地位之可危幾同累卵達賴而果有遠大志者則丁此之際

專件 一 廣益叢報館排印

图 3-6 《广益丛报》“专件”栏目

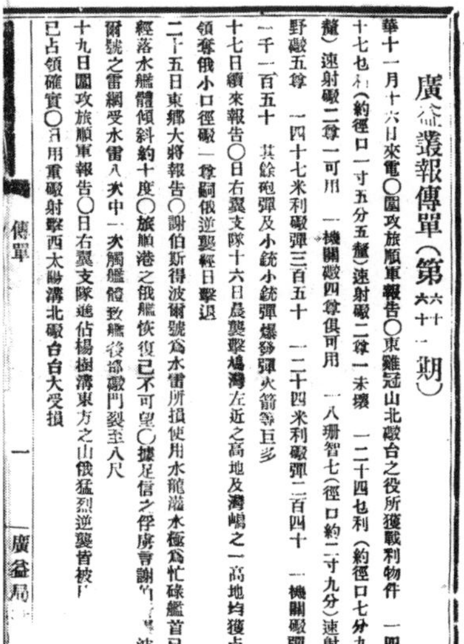

廣益叢報傳單（第六十 六十一期）

華十一月十六日來電〇圍攻旅順軍報告〇東雞冠山北礮台之役所獲戰利物件 一四
十七也利（約徑口一寸五分五釐）速射礮二尊一未壞 一二十四也利（約徑口七分九
釐）速射礮二尊一可用 一機關礮四尊俱可用 一八珊智七（徑口約二寸九分）速射
野礮五尊 一四十七米利礮彈三百五十 一二十四米利礮彈二百四十 一機關礮彈
一千一百五十 其餘砲彈及小銃小銃彈爆發彈火箭等亙多
十七日續來報告〇日右翼支隊十六日晨襲擊鳩灣左近之高地及灣嶋之一高地均獲占
領奪俄小口徑礮一尊嗣俄逆襲經日擊退
二十五日東鄉大將報告〇謝伯斯得波爾號為水雷所損使用水龍瀦水極為忙碌艦首已
經落水艦體傾斜約十度〇旅順港之俄艦恢復已不可望〇據足信之俘虜言謝伯斯得波
爾號之雷綱受水雷八次中一次觸艦體致艦役部礮門裂至八尺
十九日圍攻旅順軍報告〇日右翼支隊進佔楊樹溝東方之山俄猛烈逆襲皆被
已占領確實〇日用重礮射擊西太陽溝北礮台台大受損

傳單 一 廣益局

图 3-7 《广益丛报》“传单”栏目

利者誠只得其皮毛也今本堂爲杜防假冒起見特向上海文明書局用石印
電鍍法將本堂主人小照及天官牌鍍成銅板刷印丸藥封皮外面拜附印於
後賜顧諸君務望留神考察凡丸藥外封有此樣天官牌併有此傳單方是
眞正回天之丸藥又本堂各舖以及分鋪諸處現經定議每售丸一筒給此傳
單一張住明年月及經手圖記　賜顧者千萬認明後開各住址招牌向彼購
取方免魚目混珠也

回天主人謹啓

小照式

天官牌式

此二牌
在上海
文明書
局電鍍
銅板併
於名書
局掛號
他人不
能翻製

本堂雲南住一處街
漢口住老官廟沙汀
住河街又雲州省分
各住省城正順長鋪
遜莊王隆昌祥貨號
重慶住魚市口祥記
錢店又行台對門利
順公敘府佳大東街
錫昌祥號

粹論

△△　△紳士爲平民之公敵

考　中國古昔之盛君繫於民故謳歌獄訟歸之者則爲帝王三代威哉君故前此
非驥似馬非馬似驥然與民諱歌訟時之者自稱王乎不謂自十九世紀之末迄今二十世紀之新紀元所五一種僞服
咄逼人直欲以玩憍儒者奉一一檢問纖發行者一吹影而百大吹字此乎
何人此牟當世所何倫爲國民之代表而紳罘不可侵犯之紳士乎
夫歐洲今日雖似爲庸頗盛之時代然效其內容一總統之禮位一大臣之入閣則其要
路悉遭更易易附己者庸果已者遂一議院之選舉則多數者必其貴族與資本家
效東家之顰失郷邨己之耋安能茂卾使中國今日果爲眞心立憲果行地方自治所謂
夫源洲者流未必洴本撥者葉果一旦醒已百出而重勞異日之改革也況其所謂立意所謂

播慶

廣益叢報館排印

图 3-8　《广益丛报》"粹论"栏目

三、城市的多向度对话：迈向现代性的目标

现代城市不仅是一种物质场所和建筑堆积，更是一种多元意义集合体和生产空间，这几乎成为所有城市研究者的共识。其中，媒介技术的发展、传播渠道的拓宽、新式媒体的出现、信息流通的频繁，不仅建构了实在的城市空间，而且建构了虚拟的城市空间，成为城市的双重空间格局的基础要素。

正是在这个意义上，当代学者吴予敏先生指出："媒介的生产方式也在关键的意义上决定了城市的经济生活、社会管治和文化样态。城市的形象和影响力必须通过媒介来传播扩散，媒介又成为继战争、贸易和行政三大造城动力之后的第四个动力之源。"[1] 在此之前，美国城市规划学家迈耶（Richard L. Meier）在 1962 年出版的《城市发展的通信理论》一书，已经初步揭示了城市和交通、通信等广义的传播系统互为作用的关系。他认为，城市作为人们交往、交易的空间，高度依赖交通和通信网络。交通作为交往的网络，将会受制于物理空间的局限，而人们可以用通信交往方式替代交通，从实体性交往走向实质性交往。在这样的条件下，城市的主要聚集效益就不是物理空间的聚合，而是作为信息枢纽的虚拟空间的聚合。此时城市发展和信息交换率将会同步提升。[2] 在此之前，中国新闻学者戈公振在《中国报学史》（1927 年出版）中就一直强调"交通"的价值。"盖报纸者，人类思想交通之媒介也。夫社会为有机体之组织，报纸之于社会，犹人类维持生命之血，血行停滞，则立陷于死状；思想不交通，则公共意识无由见，而社会不能存在。有报纸，则各个分子之意见与消息，可以互换而融化，而后能公（共）同动作，如身之使臂，臂之使指然。"[3] 据统计，

---

[1] 吴予敏，《从"媒介化都市生存"到"可沟通的城市"——关于城市传播研究及其公共性问题的思考》，《新闻与传播研究》，2014 年第 3 期。

[2] Richard L. Meier, *A Communications Theory of Urban Growth*, M. I. T. Press. Cambridge, MA., 1962.

[3] 戈公振，《中国报学史》，上海：商务印书馆，1986，序言，1 页。

"交通"一词在全书中反复出现了 37 次。在这里,"交通"基本上就是现代"传播"的含义,这也是戈公振关于报刊的本质属性及其社会功能的重要论断,也是他的传播思想的核心内容。从这个意义上看,可以认为东西方学者在近 100 年来保持着一脉相承的共同认知。

这种认知,弥散着一种浓郁的人文主义气息和强调交流对话的要求。在城市的语境和空间中,人文主义与交流对话推动着城市传播的主要思考命题——传播如何让现代城市得以不断进步和实现人的全面发展。20 世纪著名城市研究学者和技术哲学专家刘易斯·芒福德是这方面的权威。他在对历代城市发展及城市规划进行系统批评的过程中,强调人文主义以及交流对话的重要性,芒福德在分析早期城市居民用水时,认为饮用水进入私人家庭后,导致社会交流功能的弱化。"人们围绕公共喷泉或者在村子的唧筒旁边等待轮班取水时,可以闲聊,可以增进社会交往。这样好处在后来技术进步的同时一起消失掉了。那时的唧筒,如同后来的自来水房一样,为当地居民发挥了地方报纸的作用。"[1]在此基础上,芒福德探究了早期报纸和社区交往、大众传媒与城市生活塑造、公共空间、社会控制、群体文化之间的关系,以及城市传播与集体记忆、社会交往、文明生活之间的关系。

对话是城市生活的最高表现形式之一,也是刘易斯·芒福德的重要观点。"若把城市生活的戏剧性场面都去掉,诸如竞技场、法庭、审判、议会、运动场、市政会议、辩论会等,城市中有意义活动的半数都将消失,城市生活的意义和价值半数以上将会减损,如果不是化为乌有的话。从各种形式的仪典和戏剧活动中,又产生出一种更为重要的东西:这就是人类对话。若从较高的形式上给城市下一个定义的话,那么最好莫过于说城市是一个专门用来进行有意义的谈话的最广范(泛)的场所。"[2]由此可见,对话或交流在芒福德的城市理论中具有重要地位。他强调城市态势在信息传播系统中的构建、人的参与以及公共空间的创造,那种价值,犹如"长长青藤上的一朵鲜花",并能够超越"专制城市"。

---

[1] 刘易斯·芒福德,《城市文化》,宋俊岭等译,北京:中国建筑工业出版社,2009,55 页。

[2] 刘易斯·芒福德,《城市发展史:起源、演变和前景》,宋俊岭等译,北京:中国建筑工业出版社,2005,88 页。

《广益丛报》在重庆的早期城市化进程中,发挥着积极的对话交流作用。除了大量政治性的言论,《广益丛报》时刻把目光聚焦于所在的城市,在城市物质结构(如城市建筑、城市交通、城市地理)、城市分层(如阶层分化、社会结构)、制度结构(如城市组织、城市管理)、城市文化(日常交往、生活习俗、道德情操)等领域都有大量的文字注入其中,并展开与时代、与城市、与读者的对话,而所有文字的交流意义,就是以现代性的"决裂"因子,催动重庆城市从传统向现代转型,在不断的选择、重译、整合与构建中,一点一滴地勾勒出现代城市的模样。这是一个客观呈现的过程,也是一个主观迁移的过程,一种以与过去对立的强烈"现在感"赋予《广益丛报》的读者及相关辐射人群的过程。这里的客观过程与主观迁移,可以借用哈贝马斯将现代性区分为"社会现代化"与"文化现代性(culture modernity)"[1]两个层面来对应划分。在东西方任何社会的转型过程中,人们既能感受到器物、技术、制度层面的现代化对社会整体文化氛围以及个体心性结构和精神气质的强大的培育和形塑力量,也能感受到社会整体文化氛围以及个体心性结构和精神气质对器物、技术、制度层面的现代化的深远影响。

这种社会现代化与文化现代性之间相互影响,在《广益丛报》上有着深刻的体现。限于篇幅,下文尝试从振兴实业、移风易俗、推崇教育、传播科技、引领文学、观察城市六个方面来展示《广益丛报》在近代重庆发展过程中开展的多向度对话,以及对话交流中《广益丛报》所扮演的不同角色。尽管只是六个方面,却也正如美国学者兰帕德所指出"应该把城市社会诸多关联的方面作为一个生态复合体来研究"[2]那样,运用《广益丛报》,可以进一步立体揭示与复原重庆城市历史面貌,发掘与梳理重庆城市现代性的形成和发展。

(一)振兴实业:近代重庆工商意识的培育者

在芒福德眼里,金融、保险和广告三者,一起主宰着现代大都市景象。其中,"与其说广告试图确立这件或那件商品的吸引力,不如说确

---

[1] 哈贝马斯,《现代性的哲学话语》,曹卫东等译,南京:译林出版社,2004,3-4页。
[2] 姜芃,《美国城市史学中的人文生态学理论》,《史学理论研究》,2001年第2期。

立了都市通行全世界的吸引力"[1]。《广益丛报》从一开始就注重广告的刊登，或许，这与报刊的商办背景密切相关。该报在封面上刊登《广告价目表》广而告之，对广告主刊登广告做了较为详细的规定，如"凡欲惠登告白者，须于本报定期发刊之五日前交到价。须先惠刊登长年、半年者，面议"。在价格方面，规定刊登广告全年 32 册，定价 4 元，最低要求"十七字起码"，每条为 2 角。当然，这只是《广益丛报》重视工商业的一个侧面。

就芒福德所谓的"保险"业，《广益丛报》曾专刊刊载一则广告《论重庆永年人寿公司保寿用意之善》，全文通过儒家学说议论文形式，结合古今中外种种不均事例，简述永年人寿公司对于民众的种种好处，避免民众对于近代保险这种新生事物排斥。用现在的眼光来看，这无疑是一篇高水平的新闻广告。文章称：

> 幎然者高天，幂至浮也。块然者大地，形至顽也。人类滋生于其间，惘惘然数十寒暑。若有知若无知，而知终不能跳出夫形气之外，以直揭宇宙真现相，得组成一美满光明之世界，是吾人类之为物，其禀性亦至蠢蠢也，以日月之代明，而世界以形，以寄生之至暂，而忧患以生，以人智之有涯，而夷险以殊，身仅六尺，命不百年，一手一足，为烈几何？生齿日以繁，生事日以艰。而情世间，遂演出种种大不平均之奇观，一若人世与忧患常缘，人智与忧患俱生，人身遂与忧患相终始，而莫能解免也者，呜呼！以云乐，乐何似，以云苦，则器世间之累我生人，夫亦甚矣。一日不食则饥，一刻不衣则寒，一窍不和则病，一症不调则死。一事不能，则生事以困，随造化之弄我，而我举……永年保寿之用意，有以消息乎大寰之缺陷，而欲以人力弥补之也。该公司之用意，约略举之，并有数善焉：（一）预防身后。不幸之事，谁其能免脱。遇之，保者即付银一次，亦收全款。（二）永无贫乏。凡恃职业以生活者，恒苦随来随用，代为存储，生息厚而靡（靡）费节。（三）积少成多。逐年零存之款，至期满即得大宗财产，裕生乐业。（四）得人信任。以身谋食，最难得人信用，若有保寿凭单，则声价自贵。有此四大利。洵乎李

---

[1] 刘易斯·芒福德，《城市文化》，宋俊岭等译，北京：中国建筑工业出版社，2009，269 页。

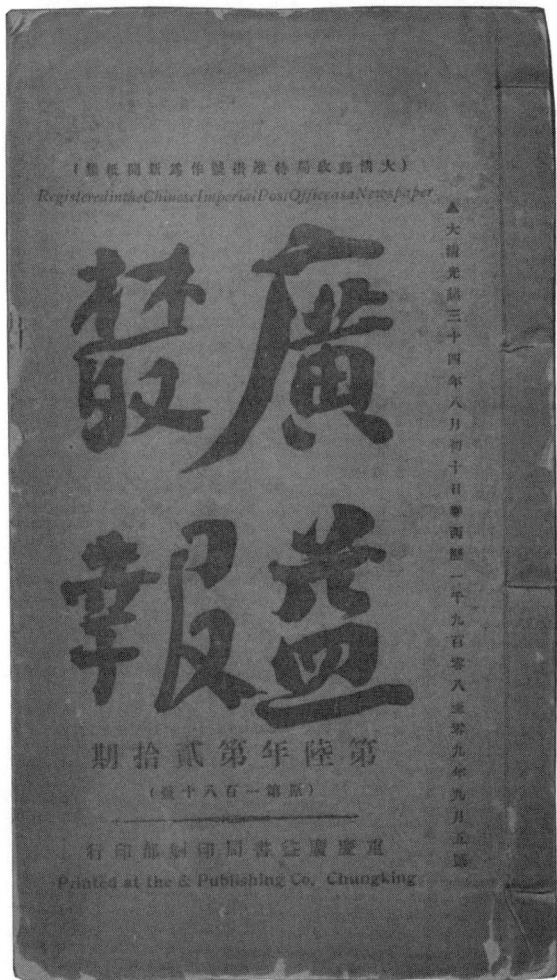

图 3-9 《广益丛报》第 6 年第 20 期封面

鐵路總公司廣告

敬啟者本公司章程第九條載收單換領股票或轉售他人湊領換票一節並無公司收回之說乃屬近有貪詐之徒影射牟利詐稱密為過租購股現由

鐵路公司將此項收單以及單一律收回上過之欵收買似此項股票以及單一律收回上過之欵收買似此擅買收效致使鄉人疑懼成虧售

一面支人出頭收買似此擅買各州縣股東曾經約租購股欵或領有妨政殊堪痛恨且公司既有所聞理

宜佈告週知如將此特佈各州縣股東無作為報效之理章程所訂性質原保合吞營業無論租股購股分鬻皆是南本縣股東其轉售股原係單者原恐各股東一時齎錢使用故立此通融之法所以取便也貝准民間自相遇轉忽若

准公司照慣收買買且不能兌收作報效乎總之公司事無鉅細俱照章辦理凡章程所不

載皆原怵保諮言煽惑各合切勿妄信人言致落闌蠻蠻厚利而貽後悔是爲至要此佈

鐵路公司告白

告白　三　廣益叢報館排印

[九]凡中第七彩者則由本社照定購時所開住址直寄
[中]一二三四各等彩者廳提十分之一贈與手者
[十一]凡欲將所印彩本之彩金託本社當照定價代贈郵費自出其有因繕
太少不便匯兌或繕金託不通者均請向本社富贈新書者繕富書籍郵則
[十二]凡本社代派各報者於定購期間內照例本社買相當書籍酬贈如不足之分取回託經
手者奉還本人或以本報作抵以保本社固有信用凡本社代派東京各報自此次起每
號均由本社寄來發售不收訂贈
[十三]凡定本報書報一切均照目洋作算數接現下價值作銀八錢二分作英洋及龍洋一
圖一角三分
[十四]凡裁買本報及繕約劵者減讓觀查其二成定購本社代派各報者減讓報資爲限
成以袤本社繕重東人之意但已直接向本社及省城支社定購票直繕者減讓半成
本省省城支社定購書報者減讓半成（但郵
[十五]凡裁取本報及繕紀念定購票直寄向本社及
[十六]凡此次定購可於下開各處其有不能直
接者向各處購買者統新郵郵可用
一裝入信函寄交本社當立寄收欵付郵

重慶代派處廣益書局代白

紀念	訂購
新寄于	
豫報報報	
約年年年	
卷分分分	自
處交	號號號
具收時	分起起

图3-10　《广益丛报》刊载的"告白"

玉溪之诗曰：愿保无疆福，将图不朽名。该公司之用意，其殆近之矣，且据云为保中国利权，不俾外溢，因设总局于上海，用意更为可感。盖有此举而人世之夷险寿夭，咸不足以限吾人，而人世之夷险寿夭，由此而日趋于大均矣。子舆氏曰：物之不齐，物之情也。而圣人之所以开物成务者，一言蔽之，事在均其不齐而已。今西国洞见此旨，遂群求均之之术，光学所以均目也，音学所以均耳也。汽电行而道路之远近均，钞号行而用财之缓急均，至于保险而人事之寿夭夷险复均。于此始叹人智之大可用，人事之大可恃也，甚矣。用意之善也，吾祝保寿者之日以滋多，庶有以弥天地之缺陷，而为吾蜀人福也。[1]

---

[1]《论重庆永年人寿公司保寿用意之善》，《广益丛报》，1906年3月第99号。

这些广告的传播，为重庆的工业生产、商品交流提供了信息，引入了竞争机制，同时也为民众的社会生活提供了便利，成为他们获取信息的另一种渠道。

《广益丛报》真正有价值的，在于对新兴工商业产品的推介、对工商业意识的培育。自发行以来，《广益丛报》用新闻的方式对很多工商业产品进行过报道。

《平安火油》："川中煤油畅行而各处闻，有县为厉禁者，为其易于引火也。兹叙府冯子久君研究新法，制得一种平安洋油，见火即然（燃），有煤油便利诸益而无爆炸之患，现已制成发售。"[1]

《吸水机器》："川中五金煤矿所在，皆有每因矿洞积水难消，遂致阻发现。省垣候补员某造有吸水机器，经商矿局试验大加奖许，已给札饬赴积水矿洞试用。"[2]

《仿（纺）织洋布》："重庆富川公司业经开办。近已造成织布机数部，就近招致织手，其成品为斜纹花旗等布，颇觉匀细，细足与洋货颉颃。惟开办之初出货无几，若将来逐渐推广，并添绢织毛织等物，必能大开利源抵制外货也。"[3]

《自制纸烟》："本埠王君揆元，曾肄业日本归来，极力提倡实业。近独力创办岷桂纸烟公司，所出各种纸烟，香味极浓过于泰西诸国所出之上，并特别制有烟嘴，食时不致烧口，亦不致遗弃，一概不能食完，转瞬盒子做成，即有大庄出售。凡有嗜烟之癖者，盍亦略领吾国自制之烟乎。"[4]

《工业发达》："渝城玻璃工艺，向来无有此业。光绪初年，驻渝法国张司铎始教授此法。自传授以来，愈出愈精，愈精愈巧。近今所出各品，与粤闽各货比较稍逊一筹，闻大邑汉口场亦有玻璃厂两所，系仿渝之旧法继因制造不良，销路甚形滞涩刻经。该邑马某改用新法，所出各物与渝货相比亦无甚。轩轾工艺之发达，于此可见一斑也。"[5]

……

---

[1]《平安火油》，《广益丛报》，1905 年 8 月第 79 号。

[2]《吸水机器》，《广益丛报》，1905 年 8 月第 79 号。

[3]《仿（纺）织洋布》，《广益丛报》，1906 年 7 月第 111 号。

[4]《自制纸烟》，《广益丛报》，1907 年 8 月第 142 号。

[5]《工业发达》，《广益丛报》，1908 年 3 月第 162 号。

这些报道，传达着重庆工商业发展的最新资讯，既促使市民传统的消费观念悄然改变，又刺激着城市工商业的结构改变和向前发展。重庆开埠后的商业发达，亦引起了《广益丛报》的高度重视，报纸提出，"欲挽利权，必在商务"，并刊登相关文章介绍商业起源、中外商业比较、四川商业及重庆商业教育等。如刊载了《英国：商业进步》《美国：美国人推广商业之方法》《实业：商业家最新之自治法》《新商业》《世界商业竞争史叙》《研究商业》《商业发达》《维持商业》《调查商业之办法》《重庆官立中等商业学堂成立》等。1909年，《广益丛报》专门介绍重庆商业调查方法，"特刷印表式其大要分为八条：（一）某帮；（二）牌号；（三）行业；（四）住址；（五）号东姓名籍贯；（六）执事姓名；（七）开设年月；（八）注册等第现已送交各帮商董转交各行号分别填明"[1]。

《广益丛报》还倡导社会各界团结起来，与外国势力争夺商权。1905年，《广益丛报》刊登的四川留日学生《为川汉铁路事敬告全蜀父老》一文中指出："四川铁路入他国手之日，即四川全省土地人民，永服属于他国之日也"，呼吁尽快自办铁路，"现今主客相争，间不容发，我不投袂而起，彼即乘隙而来"，要求尽蜀人之力，"稍竭绵薄"，"速办川汉铁路"。[2] 由此可见，《广益丛报》对商业意识的培育，不只是在商言商，而是体现出在民族主义旗帜下紧扣国家与地方发展时代脉搏的一种报人自觉。根据《广益丛报》的逻辑，工商业各项事业的发展，注定会铸就重庆城市未来的美好愿景，"盖以重庆为通商巨埠，轮船、铁路、邮政、电报、银行、报馆及他公共营业均连类，而及此项事业断不可少，风气愈开文明益进。可为重庆前途贺也"[3]。这样的描述，与前述社会现代化与文化现代性的相互影响如出一辙。

（二）移风易俗：近代重庆新兴风气的倡导者

反缠足是自《渝报》以来晚清重庆所有报刊的重要主题，《广益丛

---

[1]《调查商业之办法》，《广益丛报》，1909年4月第198号。
[2]《为川汉铁路事敬告全蜀父老》，《广益丛报》，1905年第62—64号合刊。
[3]《日进文明》，《广益丛报》，1910年7月239号。

报》也不例外。随着清廷"新政"开始，重庆地方官开始支持并参与民间进行的反缠足活动。1905 年《广益丛报》刊布官方告示——《重庆府张振之太守晓谕全府仿办天足渝会示》：

"为通饬晓谕事案，据四品卿衔直隶州州同举人梅际邮等以设立天足渝会，呈明会章协恳札属晓谕照办，以资推广等情禀称，窃以强国莫先于强种，欲种之强，必使传种之女子形完神全，而后有致强之一日。我国缠足之风久成锢习，始于五季之末，遂遍于寰区，驯至民族，不竞（竟）以为女界之站，上年恭奉……令官绅广劝解放，而四川一省先后蒙。督部堂刊颁白话册，示遍谕民间，一律全放不缠。此诚全蜀女子脱离苦海，永免废残之一大转机也……光绪二十九年四月，集合同志拟定章程于府城，创办立天足渝会，会中大旨刊章传布，唯恐积习未除之际，不缠足之女子遣嫁为难。凡入会者，约即互为婚姻，以期风尚之无参差，推行之无阻滞。现已开会四次迭经，城乡同人分布章程，辗转导劝，总计挂籍入会者，已三百余家，其所生女子并不缠足，已缠而复放者计已百余人，并于入会有力之家，酌捐银钱有成，数以为印刷簿据，及会集茶酒之用，扩充此事幸已一年。风兴起，颇不乏人，因思事关女学，不在一隅之独善，而在全局之普通，且女子不宜缠足之理早奉。"

近代重庆的反缠足运动经过官方倡导，报刊宣传，引起了社会各界的重视，取得一定成效。《广益丛报》刊登重庆璧山天足会发起的"天足运动"，引领一时之风气，"风气早开放足尤不可计数"。"巴县师范传习所，以岁暮卒业，众议刊一同学录以为纪念，以后可藉（借）此商榷教法，以为实行传习之意，复共组织一天足总会，相约一百五十余人各回本场，设立分会分头劝导，众情踊跃，多拟先从自家妇女解放，以身示法，此后效果当必可观也。"[1]

在这场反缠足运动中，《广益丛报》积极参与舆论宣传，劝导妇女放脚，改变旧的社会风气。据《广益丛报》刊载《渝南天足会序》一文，如下：

---

[1]《天足总会》，《广益丛报》，1905 年 1 月第 62 号、63 号、64 号合本。

“执吾乡人而徧诘之曰：五印及南斐之妇女，幼时即石压扁其首，竞称以为美观，其合夫理乎？不为害乎？且果美观乎。又进而更诘之曰：远西又以细腰为美观，其合夫理乎？于孕育无害乎？抑果美观乎？吾恐不待吾辞毕而群相嗤矣。何也？以其非人情也。且以其狃于习见，久而不自之其为非，久而不自觉其害也。夫此固不待甚智而能决者，然则吾国妇女之缠足，不计其双翘拳曲，百病缘滋与否，而莲步弓鞋，惟群诩以为韵事，此其竞称以为美观也。视压首束腰异乎否乎。其为身体之害，视压首束腰，重乎轻乎，其果近人情耶！其果非蔽于习见，合夫理而不为非，美于观而并不为害耶。则虽甚智亦若有所不知，即知亦以为帏房琐事，无关重轻。夫何必汲汲谋所以去之也，呜呼？何其视人明而自镜暗，知有首与腰而不知有足，明知其非理而仍漠然安之，有若是其甚也。夫稽诸圣人之经，则古无是俗，问之造物之主，则非出天然之美，询之本。朝服制，及近日懿旨，下及大臣章奏，督抚守令文告，则举皆以缠足为非，并不闻有识者，亦曾有一言以之为是。且中国不缠足之区，若满、若回、若中数省，并不闻不美观，亦并不闻比缠足之区，别有种种弊病也，是远不合。古圣人礼经服舄之制，近不奉。今圣人会典衣饰之法，湘鄂滇粤，半皆大足，而川省迺吾渝独锢成为风气，大都名会，不缠杂见，而傍城之乡村，几无一而不然。夫果谁合理而谁非耶。夫果天然足之是，而盘(蹒)跚若猪蹄之有当耶。吾恐按之古则人知其戾圣训，律之例则人知其抗朝旨。况乎逆天理而召外侮，又于女子之身实有巨害，又无不知者举以询之人，人使忍此终古，反之其心。吾知其未必果安也，此吾望吾乡诸父老，起而乘势群除此陋俗也，嗟乎。今日妇女，其不为男儿累者几何，行步攀跚，骨断筋折，犹其余事，而痞也，痨也，郁气也，弱病也。因之十人而九，红颜多夭谢，勘非无自，如木，有然，攀曲其根，生气不流通，其易于夭阏而不成立也亦宜，是尫羸荏脆，以终其身，名妨淫而徒诲淫，有百损而无一益。徒令踯躅室内，终日婴疾生人之乐尽亡，而一生悉在苦踽之天而已，抑何不幸生为女子身。遂令无罪而受刑，毕生迺……吾敢大声而疾呼曰：是在吾乡父老有力去非理之恶俗之心，以达宿昔欲去而未能之愿否，为有之。今请与乡父老约，不以放已缠之足，难乡父老也。此后生子相约不娶缠足之妇,生女自不必受缠足之苦,苟持之十年,则此俗立革。"[1]

不难看出,上述反缠足会运动的内容大多提倡妇女天足利国利民及互通婚姻等核心内容,以解决放脚后大足妇女的婚嫁问题。同时,这些反缠足人士越来越强调缠足不但会导致弱国弱种,影响国家民族的兴衰,而且会成为外国人讥笑中国野蛮的"国耻"。

1905 年,《广益丛报》还发起改良戏剧活动,明确指出"戏剧扮演故事,往往足以动人感情。曲文白话,遇可歌可泣处,实大有影响于社会。近来东西洋各国均以此事为社会教育之实施,凡戏本均须由政府检查,必得政府之允许,然后扮演。兹闻成都绅士某某君等,以此间各种戏剧渐近淫哇,因拟设法改良另编善本,一时养成者,众想不日即可实行矣"[2]。1907 年《广益丛报》指出改良戏曲具有开启民智的社会功能,如"近有刘中翰紫骦欲改良戏曲,取古今中外事迹有足,以昭劝征而动观听者,编演成戏。一以开通民智为宗旨,闻已纠合同志协襄。提学使司暨警察总局,俟批准后,即行借地开演矣"[3]。1908 年 9 月《广益丛报》刊登四川总督批准改良戏曲的文件,介绍"改良戏曲,关系人心正俗","俾收实益而杜流弊。今据该司局会议,拟一面行维持补助方法,一面采检查干涉主义,自是正办,应准如详立案。附呈会章,稍为更注,发阅另缮送还备案。仰该司局转移商会,遵照更正,切实办理,以开民智而革旧俗云云"[4]。总之,重庆作为开埠通商口岸,新思潮、新文化不断深入传播,推动了报刊戏曲改良理论的发展,如《广益丛报》刊发有大量新戏、新论,引领了一时风气。

此外在移风易俗方面,《广益丛报》还关注到其他领域,如 1906 年《广益丛报》刊载严禁闹丧风俗:"川省风俗,民间如有丧事,往往延道诵经,其腔调锣鼓与剧班毫无分别。又于出殡之前一夕,聚集多人唱剧,名为闹丧,在下等社会行之固多,即绅士之家亦间或有之。此种恶习,于丧礼实属背(悖)谬。昨经警察总局出示严禁,并将律例抄示,想

---

[1]《渝南天足会序》,《广益丛报》,1905 年第 60 号、61 号合本。
[2]《改良戏剧》,《广益丛报》,1905 年 9 月第 83 号。
[3]《改良戏曲》,《广益丛报》,1907 年 1 月第 128 号。
[4]《督宪批警察局提学司商务局详会议设立戏曲改良公会文》,《广益丛报》,1908 年 9 月第 180 号。

可以湔除陋俗矣。"[1]1908年《广益丛报》批评重庆士绅不将金钱用来举办实业,而用来专门搞封建迷信活动。如,"江北厅一阳观,闻有本埠某绅,聚集多金创修五百灵官。噫,异哉!当此天下多事之秋,朝廷新政,地方公益义举,如兴学、铁路、轮舟、实业等事,在在需款,而提倡乐输者亦乏其人,竟作此无益之举,浪费多金毫不知惜,殊可叹也,殊可怪也"[2]。

(三)推崇教育: 近代重庆新式教育的鼓吹者

教育救国、教育兴国,是近代中国救亡图存一直推崇的主题,《广益丛报》站在时代前沿,自然也承担起近代重庆新式教育鼓吹者的角色。在清末"新政"推行下,《广益丛报》积极响应废科举、兴新学的政策,"国家诏停科举以学堂造就人才,邦人士之舍,旧谋新者皆视为身心性命之学。良以时艰日亟非此不足立于竞争之世"。在某种程度上,《广益丛报》鼓吹新式教育,有助于将人们从科举八股的封建思想桎梏下解脱出来,接触近代新式教育。

(1)底层教育。1903年,重庆各地相继出现半日学堂和夜校。《广益丛报》介绍重庆本地为贫苦人举办的学堂,如"专教贫苦子弟之无力入学及无暇入学者,务以开农工商普通之知识","俾教育普及人人有谋生之作用"。取名半日,"只因这些苦人,半日去谋衣食,半日来堂听讲"[3]。

(2)医学教育。《医学堂学生日多》:"巴县医学堂去年学生由堂中资给半费,学者无几。今春开校撤去半费,自备火食,不月余,学生已三十余人,中间尚有中文颇好者,闻近已增至四十余人。该堂管理得人,校务当蒸蒸日上矣。"1907年,《渝医学堂开校》:"渝城医学堂……愈造愈高之象,其内科教员,礼聘内江功辅王君,遂宁德府唐君,巴县雨村温君,外科教员德国思密阿君,体操教员湖北玉山姚君

---

[1]《严禁闹丧》,《广益丛报》,1906年7月第112号。

[2]《迷信何多》,《广益丛报》,1908年1月第160号。

[3]《重庆府张振之太守晓谕全属举办半日学堂四字讲社示》,《广益丛报》,1905年1月第28号、29号合本。

均勤。"[1]

（3）师范教育。《广益丛报》十分重视师范教育，"去年张观察振之禀请创办川东师范学堂，一区即藉渝城学院衙门改修，去腊兴工，赶于今春二月底完工。定于三月初一日开堂。近工务已逐渐竣事，闻以事务匆遽，展期于十三日开堂云"[2]。这里的川东师范学堂，就是现今的西南大学的前身。另外，《广益丛报》还鼓吹改造私塾，培训塾师，推动新式师范教育发展，"教育理法，并补习算学、体操、地理、历史理科各通学，以期教育事业达于完全地步为宗旨"[3]。

（4）启蒙教育。1906 年 4 月《广益丛报》刊载重庆创办幼稚园新闻，首先介绍蒙学价值、创办人及教育体系等，如"今世言教育者，莫不以蒙养为各学初基，然蒙养之端，则专自幼儿始。日本山口智慧女士（曾卒业簿记，精修学校并技艺学校）及渝城曾光杰女士（曾卒业湖北女学校保育科），发愿纠合同志，创办幼稚园，并担任一切教育之事。校地暂设小梁子之五公馆，学龄自四岁至六岁，学费每年四元，学科国文、修身、恩物、唱歌、游戏、体操，又附设保姆师范科，以造成女教员，无论年龄、学科、教习、通学及教育教授管理法，学费每年六元。已于三月十六日开学，学生已有二十余人云"[4]。

（5）女子教育。在男女平等浪潮冲击下，人们开始注意妇女问题，提倡女子教育。1903 年《广益丛报》鼓吹女子教育，"无论城市乡镇，有子女者，每百家设一高等蒙学，兼设一女学高等之蒙学"[5]。如，男女平等入学，一齐升入中学等。对于重庆女学会成立，《广益丛报》专门刊登其章程，"凡有关于女学之责任，如整齐常务，建立学堂，编书购器等事，本会皆尽力肩任之。无论会内外诸友，有以女子事来询或托办有关女学之事，本会绵可代办，总期化无学之女为有学，无用之女为有用"[6]。另外，重庆专门设立速成女工师范传习所，《广益丛报》详

---

[1]《渝医学堂开校》，《广益丛报》，1907 年 4 月第 130 号。

[2]《川东师范学堂竣工》，《广益丛报》，1906 年 3 月第 99 号。

[3]《巴县私塾研究会简章》，《广益丛报》，1907 年 6 月第 136 号。

[4]《重庆创办幼稚园》，《广益丛报》，1906 年 4 月第 101 号。

[5]《论中国当以遍兴蒙学女学为先务》，《广益丛报》，1905 年 1 月第 62 号、63 号、64 号合本。

[6]《学会成立》，《广益丛报》，1903 年第 9 号。

细介绍了女工所教针织、缝纫、绣花、制鞋等技艺,并指出:"窃谓此举也,有二善焉,一可以抵制洋货。自通商以来,洋货之灌入中国者,几不可以数计,大约外自各城巨镇,内至穷乡僻壤。上自豪商巨贾,下至穷户小民,惟一日三餐,或犹守其旧俗,不尽喜食西人之物。自余则身之所衣,手之所用,殆无一不于洋货是赖。夫洋货之销路渐广,则土货之销路渐狭,土货之销路既狭,则倚工艺以为食者之即愈少。而民穷财尽之现象,遂如狂澜之既倒,不复可以挽回,此最可惧之事也……近人论华洋商务,惟知注意于大宗货物,不知若洋袜手巾等类,其用处至广,其售价至廉,惟其用广,故无人不购;惟其价廉,故无人不乐购。其消耗中国之财。""多设劝工所,仿造各种西式衣服、手巾、鞋袜等类,庶几本国所用……货之形式,或有改易,向之乐土货者,必因之相形见绌。""又有一善焉,曰可以赡养妇女。按中国号称四万万人,以事理言之,有一人即当有一人之用,然中国之妇女,约又分数类。"[1]

值得一提的是,重庆许多近代学堂萌发了一种新的精神,用以塑造学生的灵魂,健全学生的思想,推进综合素质的完善。如重庆东文学堂"注重精神教育,一洗奴隶腐败之风,凡来学者无论久暂,皆必使确知国民之责任,完其个人之资格而后已"[2]。

(四)传播科技:近代重庆科学知识的普及者

1910年,《广益丛报》刊登了一则引人注目的新闻——《筹办电话》:"电话一项,最便交通,凡设有电话之处,无论衙署局所行号住宅,相距远近均可随时通话,其响应之显亮,传递之迅速,真与晤谈无异。实于官绅商学界,大有裨益,各处繁盛之区,皆已办有成效。本埠亦通商大地,而此项独属缺如,现电局有鉴于此,因筹办电话以便交通,不日即可实行,从此两地一室,其便孰有甚于此者。"[3]

仔细翻阅史料,《广益丛报》一直站在重庆地区宣传科学思想、传播科学知识的最前沿。《广益丛报》对科学技术的传播,可以用"不遗

---

[1]《论速成女工师范传习所》,《广益丛报》,1905年1月第62号、63号、64号合本。
[2]《女工师范》,《广益丛报》,1905年第66号。
[3]《筹办电话》,《广益丛报》,1910年7月第237号。

余力"来概括,不仅有关科学技术的论文数量多,而且介绍的内容也丰富多彩,介绍的近代科技信息具有新知识多、系统性强的特点,对推动重庆近代科学思想的养成及科技实务的发展具有引领性价值。[1]

在综合性科学和综合性实业或工业论述方面,1904 年 4 月第 34 号有《中国近代科技期刊源流(1792—1949)》《论理科与群治之关系》(连载数期);1904 年 6 月第 40 号有《实业与人生之关系》;1905 年 6 月第 73 号有《论中国实业家宜注重森林之利》和《论中国工业之前途》(连载数期);1905 年 7 月第 76 号有《泰西事物发明者年表》(连载数期);1905 年 7 月第 77 号有《浙江工艺传习所试办章程》;1908 年 11 月第 186 号有《论中国宜广设格致学堂》等。

在物理学、化学方面,1905 年 11 月第 89 号有谢洪赉的《化学概论》;1906 年 9 月第 117 号有《无线电报说略》;1907 年 8 月第 143 号有荣县萧湘的《无机化学序言》《无线电报之发明家》;1908 年 3 月第 161 号有青来的《电气化学工业》(连载数期);1908 年 9 月第 181 号有《水性利用论》;1908 年 10 月第 184 号有《轻(氢)气球之构造及飞升法》;1908 年 11 月第 187 号有《照像(相)光学之大要》;1909 年 11 月第 217 号有《土壤之理化学》;1910 年 3 月第 226 号有渠县蓝经惟的《大气中碳酸瓦斯之量有关于人类之卫生说》;1910 年 4 月第 228 号有蓝经惟的《海水对于大气与炭酸瓦斯之一定割合为调节作用》;1910 年 7 月第 317 号有蓝经惟的《中学堂博物学科之理化的智识》;1910 年 11 月第 249 号有《答徐君兆熊研究无声枪说》;1911 年 4 月第 261 号有蓝经惟的《石灰》(连载数期);1911 年 6 月第 269 号有《天线电信说》等。其中,日本早稻田大学高等师范部和理化研究科毕业的渠县蓝经惟的几篇化学论文,在专深程度上很能代表当时日本和中国归国学者的研究水平,在研究方法上也开始注重实验室工作。

在生物学方面,1903 年第 2 号有《植物学》(连载);1907 年 8 月第 143 号有《论研究园艺植物学为中国今日之急务》;1907 年 12 月第 154 号有《论微生物为时疫之起源》;1908 年 3 月第 161 号青来的《尔雅虫

---

[1]《广益丛报》对科学技术的传播,参见姚远,《中国近代科技期刊源流》,济南:山东人民出版社,2008。

名今释》(连载 5 期);1909 年 10 月第 215 号有《动物利用篇》(连载 3 期)等。

在地学方面,1903 年 5 月第 3 号有《纪地球学》《地水月相关》《晴雨预知》;1903 年 5 月第 4 号有镇海虞道钦译述的《矿物界论》;1904 年 4 月第 34 号有《地理与国民性格之关系》;1905 年 9 月第 82 号有《中国舆地大势论》(续数期);1906 年 3 月第 99 号有咀雪的《地理学札记》(续数期);1906 年 7 月第 110 号有康有为的《论五海三洲之文明源土》和《欧洲十一国游记序》;1907 年 8 月第 144 号有《地理教授法》(连载数期);1908 年 10 月第 183 号有《中国地理文明之传播》等。

在农学方面,1910 年 3 月第 227 号有《肥料学略论》;1910 年 4 月第 230 号有《土壤论》等,另有大量论述普通农学或农业的文章。

在医学方面,1903 年 6 月第 5 号有《肺力之增大》《全体奇观》《呼吸统计》《男女脑髓之轻重》;1904 年 1 月第 29 号有《将来人类之进化》《食物消化时刻表》;1904 年 6 月第 40 号有《卫生学概论》(连载数期);1904 年 8 月第 44 号有张竹君女士的《卫生讲习会演说》和《爱国军医公会章程》;1905 年 3 月第 65 号有胶州高仲册的《戒烟化液丸说》;1906 年 10 月第 119 号有《医学疑难解》(续载 2 期);1906 年 12 月第 122 号有《医学改良臆说》(续载 2 期);1907 年 5 月第 132 号有遂宁覃松龄来稿《医学刍言》;1907 年 6 月第 138 号有《论国民宜有医学思想》;1907 年 9 月第 147 号有张脩爵的《病之历史观》(连载 2 期);1907 年 12 月第 157 号有《医科应用论》(连载 5 期);1908 年 1 月第 160 号有汪与准的《创立制药会社为当今讲求实业之要务》;1908 年 3 月第 161 号有晴崖编译的《生理与饮食物之关系》(附《卫生检查法》,连载 5 期);1909 年 3 月第 194 号有《乳儿之卫生》;1909 年第 200 号有遂宁魏德斋来稿《奉告种牛痘人家俚语》;1909 年 12 月第 219 号有《中西医论脉之得失》;1910 年第 222 号有丁福保的《鼠疫病因疗法论》(连载 2 期);1910 年 4 月第 230 号有《人类生活之现象》(连载 4 期);1911 年 7 月第 270 号有丁福保的《创伤谈》;1911 年 10 月第 277 号有织孙的《取缔医生说》;1911 年第 278 号有《论工厂宜注意卫生》等。

其他科技内容报道还有水能生火、空气成冰、显微新镜、火酒新制、海水电传、松制假棉、电光暖物、吸水机器等。

近代科学技术在重庆的出现，成为影响城市近代化和社会进步的重要因素。[1]《广益丛报》提倡学习西方先进的物质文明和精神文明，进而反思中国近世落后之由。"吾国自秦汉以来，政体专制，学术思想，日趋于空漠，至宋明而益甚。物质的文明无复可言者。至今日而欲与欧人竞，彼以其实，我以其虚，乌（无）往而不败也。故欢迎欧洲文化，研究各种有用之科学，应用之于实际，实为今日之要图"，"效法西人，一变旧制，为转亡为存之至计"。[2]

（五）引领文学：近代重庆报刊文学的开启者

近代报人包天笑曾指出："小说与报纸的销路大有关系，往往一种情节曲折、文笔优美的小说，可以抓住（了）报纸的读者。"[3]《广益丛报》开重庆报刊刊载小说之先河，在重庆城市现代化转变过程中，第一次以报刊的形式开拓了属于重庆的文学公共空间。这相比《渝报》较为单一的政论说教和有限的关于西方文明的介绍，给近代重庆人民以切身的新时代体验，传播了现代气息，也给人们带来了巨大的思想冲击。

据不完全统计，自 1903 年 5 月 16 日—1912 年 1 月 18 日，《广益丛报》刊载的小说有 81 种，详见表 3-1。

表 3-1 《广益丛报》刊载 81 种小说

小说篇名	作者（依原刊署名）
《新罗马传奇》	署"中国之新民"（梁启超）
《新中国未来记》	标"政治小说"，未署名
《马贼》	标"侠客谈之一"，署"冷血"（陈景韩）
《中间人》	标"短篇小说"，署"竞公"
《张天师》	标"短篇小说"，署（包）"天笑"
《歇洛克来游上海第一案》	署"冷血"，（陈景韩）戏作
《长乐老》	署"隐伶汪笑侬"

---

[1] 扶小兰，《重庆开埠与城市近代化》，《北华大学学报》（社会科学版），2013 年第 1 期。
[2] 《国粹说之误解足以驯致亡国论》，《广益丛报》，1910 年 7 月第 237 号，"上编政事门粹论"。
[3] 包天笑，《钏影楼回忆录》，香港：大华出版社，1971，318 页。

续表

小说篇名	作者（依原刊署名）
《学究剧新谈》	署"山东济南报馆"
《卖国贼卖国贼》	未署名
《二十世纪西游记》	未署名
《肉券》（即《威尼斯商人》）	署"（英）沙士比，闽县林纾、仁和魏易译"
《仇金》	未署名
《扫迷帚》	未署名
《越裳亡国史》	署"越裳亡命客巢南子述，饮冰叙""
《中国历史小曲》	未署名
《秦良玉遗事》	未署名
《新新新法螺天话》	署"东海觉我（徐念慈）戏译"
《爱国猪》	未署名
《中国大睡眠家》	未署名
《游赤壁》	未署名
《孔子升为大祀记》	未署名
《剑花传》	未署名
《青衣行酒》	未署名
《立宪万岁》	未署名
《洗心梦》	署"扪刃"
《独角会》	标"科学小说"，署"虹飞"
《英王之三问》	未署名
《一纸书》	署"（英）葛威廉著"
《陶南雪》	同上
《三王少年》	未署名
《支那戒烟传奇》	未署名
《英雄魂》	未署名
《双烈殉路》	未署名
《夫妇殉国记》	未署名
《某学生与某教员》	未署名
《美少年》	未署名
《文明怨》	未署名
《某县令名》	未署名
《憨赣僧》	未署名
《谁之罪》	未署名

小说篇名	作者（依原刊署名）
《支那之新鬼剧》	未署名
《纪香国群花欢迎水仙事》	未署名
《中国女豪杰》	署"思绮斋藕隐"
《世界龙王大会议》	未署名
《新鼠史》	未署名
《鸳鸯家》	未署名
《铁血姊妹》	未署名
《渐进化》	未署名
《新儿女英雄传略》	署"（日）长田偶得著，山阴霞若氏译"
《小足捐》	未署名
《冤史》	未署名
《天上大审判》	未署名
《火刀先生传》	未署名
《教育普及之模范》	未署名
《华工魂》	未署名
《沙介臣团圆记》	未署名
《自由神》	未署名
《许子参禅》	未署名
《秦火余灰》	未署名
《凌波影》	未署名
《文明配》	未署名
《黄天荡》	标"录国语"，未署名
《学生一妻》	署"术"
《金戒指案》	未署名
《玉佛缘》	未署名
《大罗夫名》	未署名
《一粒沙》	未署名
《电世界》	未署名
《亡国恨传奇》	未署名
《画符娘》	未署名
《明珠宝剑》	未署名
《亡国恨》	未署名
《佛无灵》	未署名

续表

小说篇名	作者（依原刊署名）
《百合魇》	署"泣红"
《鲜李范晋殉国传奇》	署"陆思煦"
《儿女英雄传》	未署名
《井底骷髅》	署"少芹译"
《樱花恨》	署"慰元"
《碧血花》	署"非吾"
《奇情侦探》	未署名
《霜钟怨》	未署名

《广益丛报》刊载小说正是在小说空前繁荣的时代。晚清小说在那样的特殊年代里最大限度地发挥了舆论传播和思想启蒙的作用。各种新体裁小说诸如"政治小说""社会小说""哲理小说""历史小说""教育小说""科学小说""侦探小说""军事小说""国民小说""滑稽小说"等层出不穷，这些小说的产生本来就不是为传世而作的，它们往往源于启蒙知识分子"醒世"和"觉民"的政治追求，"它的目的，是创造一个公众参与的思想舆论空间，使现代文明的观念得到传播和讨论"[1]。

传媒与文学具有天然的紧密关系。近代报刊为晚清文学提供了崭新的载体、媒介和文本，它们不仅极大地拓展了近代文学的传播空间，使社会对文学特别是通俗文学的需求大增，促进了小说的繁荣，而且"1900年前后的报刊杂志，只要是有关小说文章，无不充满开启民智、裨国利民、唤醒国魂之类极其功利的字眼，小说被视为政治启蒙、道德教化乃至学校教育的最佳工具"[2]。

"寓革命思想、种族观念和民族精神于小说载体之中，成为清末革命报刊的一个主要特色。"[3]作为一份与政治密切相关的报纸，《广益丛报》对于小说类型的选择带有明显的政治目的，为自己的变革理想

[1] 杨联芬，《"新"之启蒙与公众舆论》，《明清小说研究》，2003年第4期。
[2] 杨联芬，《晚清至五四中国文学现代性的发生》，北京：北京大学出版社，2003，25页。
[3] 唐海江，《清末政论报刊与民众动员：一种政治文化的视角》，北京：清华大学出版社，2007，323页。

服务,小说也体现出一种政论化的主张。但《广益丛报》这种主观上为自己政见的表达寻求有力的审美形式的意图,客观上开启了小说从传统文学边缘处境突进到中心位置的时代,对于重庆现代文学的发生而言,则不是边缘与中心的问题,而是从无到有的文学空间开创的问题。

(六)观察城市:近代重庆城市的历史记录者

芒福德在观察城市的时候写道:"这个大都市的世界,是一个身体和血液还不如纸张、墨水和赛璐珞真实的世界。在这个世界里,大群的人都无法获得和更令人满意的生活方式的直接联系,只好接受了作为读者、观众和被动的旁观者的间接的生活。"[1]这种充满了现代性色彩的思辨论述,阐述了城市发展的多侧面性和市民理解城市的被动性,更深刻地指出了报刊等大众传媒在观察和记录城市时的主导性。

著名史学家傅斯年多次提出"史学便是史料学"。近代报刊史料是研究重庆历史不可或缺的一项史料。《广益丛报》指出:"报章可以当史籍之用。古昔往矣,其人其事之所以能流传至今者,则史籍之记载为之也。当今人事,切于时势,尤关紧要,报章从而记载之,日新月异,而岁不同,以供时人之探讨研究,其为益盖不在古史籍下。西人谓报章为现世史,良有以也。至若彰善瘅恶,幽隐弗遗,褒贬是非,一字不苟,辞宗训诰,义附春秋,尤其显然者耳。"[2]作为一份地方性综合刊物,《广益丛报》所刊载的重庆城市方方面面的信息,为我们提供了一个了解晚清社会的窗口。

其一,城市治理。罗兰·巴特认为:"城市是一幅染色体图,文本连绵不绝。"[3]这个文本被报刊呈现在纸面上。《广益丛报》采取新闻报道形式批判重庆警察开办妓捐活动,如"重庆警察现拟实力整顿,特倡行试办花捐,其初拟章程"[4]。最终,渝中警察不得不派员"前赴

---

[1] 刘易斯·芒福德,《城市文化》,宋俊岭等译,北京:中国建筑工业出版社,2009,297-298页。

[2]《论报章之用》,《广益丛报》,1908年4月第166号。

[3] 罗兰·巴特:《符号帝国》,孙乃修译,北京:商务印书馆,1994,34页。

[4]《开办妓捐》,《广益丛报》,1906年7月第113号。

蓉省学习警察,以七八两月卒业,即行回渝,实力整顿警务"[1]。另外,《广益丛报》记录重庆警察不仅维护社会治安,还承担着近代早期城市管理职能。"本埠警政现经警局提调杨体仁极力整顿,日前出示三张:一不准各街售货摊子摆出簷口及倒拐等处,以致有碍行人;一不准大街晾晒衣物;一不准碰钱、跌十三、抽签签、转糖饼饼。凡一切巧赌骗钱之事,限三日一律革除净尽。似此整顿重庆警政,不难日有起色也。"[2]

其二,城市形象。近代城市报刊为了倾向于吸引注意力的低俗报道,私人、公私的实体空间往往成为报刊猎奇的倾向空间,如家长里短的琐碎小事、毫无含金量的绯闻报道,均是近代报刊的关照物。当然,报刊所涉及事件发生的城市景象,很容易塑造成"不文明城市"。《广益丛报》对于重庆地区和尚违反佛教教规案例给予报道,从侧面建构了重庆是一个"不文明城市"形象,如"本埠觉林寺僧静悟狎妓香香,月前被耿大令拿获笼囚示众。兹有遂宁县陈君少甫、秀山吴君梦湘,并拟恳恩禀帖,为之请命录登报端,以博一粲"[3]。1907年《广益丛报》报道僧人好色新闻:"巴县磁溪口保宁寺僧某贪淫好色,无所不为,加以寺入甚丰,愈恣造孽。七月十五日,该寺作盂兰盆会,铙钹幢旛,喧(宣)扬远近。有吴姓儿年甫十二,入寺瞻视,遂为该僧诱上寺楼无人处,佶为鸡奸。吴姓儿归向母啼诉。吴惧丑声外扬,欲私为了息,乃约亲朋等向伊理论。该僧理屈词穷,自愿出租谷二百担为吴姓赔礼。嗣以他人唆刁,竟敢食言不抝(四川方言)比闻。吴姓欲赴县控告,当即挈资远飏云。"[4]

其三,精神文化。近代报刊记录要遵循城市空间文本的地域属性,结合当地的风俗民情,举办不同规模的比赛,吸引城市民众参与的同时建构本活动特有的理性形式,从而塑造参与者的城市文明意识和价值观。1906年,《广益丛报》专门报道重庆举办赛事,如"成都青羊宫花会自经大宪遴员推广……近日渝城某商有鉴于此,特至省入会,

[1]《警生赴省》,《广益丛报》,1906年8月第114号。
[2]《警察示谕》,《广益丛报》,1908年4月第167号。
[3]《空空说法》,《广益丛报》,1907年5月第132号。
[4]《淫僧远飏》,《广益丛报》,1907年8月第143号。

调查一切规则,颇极详密闻。俟此间闭会后,拟禀准大宪复在该处创办一次,以开风气云"[1]。

其四,社会救助。近代重庆城市呈现出政府、报刊与民间共同参与的救助场景,从一个侧面反映了该时期活动内容与性质也开始发生变化,开始适应近代城市变化的过程。据《广益丛报》载:"本埠五方杂处流丐滋多年届,隆冬例开粥厂。月前耿大令集绅提议仿照省垣办法,建一乞丐工厂,即以粥厂费为基础,酌拨闲款补助。"[2]这种官民结合的救助体系,延续了传统中国官方与民间共同参与城市治理和社会救济的风格,也进一步凝聚了城市"共同体"。正如芒福德说:"城市应当是一个爱的器官,而城市最好的经济模式应是关怀人和陶冶人……城市最终的任务是促进人们自觉地参加宇宙和历史的进程。"[3]

其五,公共事业。近代城市生活动力的电厂、电灯、电话、自来水等公共事业建设,极大改善了城市居民的生活品质。《广益丛报》刊载重庆绅商集资创办电灯公司的新闻,如"本埠电灯外人久拟开办。兹有烛川公司曾某等深恐利源外溢,特于上海购订锅炉,现已抵埠。电线锅炉均一一安好。闻于月前二十七八日傍晚开灯云"[4]。"本埠电灯经刘沛膏、汪致周、尹子衡、熊泽安、曾鉴堂、曾俊孚等组织均皆就绪。已于五月十一日开张,酌定划一价目,每盏灯费月收银一圆半,灯头灯线均该公司自备,不取装费。每日傍晚开灯,燃至丑刻乃止,灯光明亮不异白昼,亦无炸烈火焚毁之虞。真于重属(庆)城中放大光明也。"[5]1910 年,《广益丛报》报道重庆创办自来水公司新闻,"近闻程君拟在重庆创办自来水公司,以便各署局所及商家住户之取用"[6]。这些公共事业设施不仅影响了重庆城市的规模扩张和地域结构变化,而且使重庆城市面貌发生了很大改观。

---

[1]《重庆拟开赛会》,《广益丛报》,1906 年 4 月第 101 号。
[2]《建设乞丐工厂》,《广益丛报》,1907 年 8 月第 143 号。
[3] 刘易斯·芒福德,《城市发展史:起源、演变和前景》,宋俊岭等译,北京:中国建筑工业出版社,2005,586 页。
[4]《电灯出现》,《广益丛报》,1908 年 6 月 172 号。
[5]《电灯成立》,《广益丛报》,1908 年 6 月 173 号。
[6]《日进文明》,《广益丛报》,1910 年 7 月 239 号。

第四章

————

《重庆日报》：
革命转向、输入文明与城市互动

图 4-1 《重庆日报》创刊号

> 一份报纸如果为我们提供了一个可憎的敌人，它就比一份探讨美元短缺所有复杂细节的报纸更吸引人。
>
> ——［英］伯特兰·罗素

> 窃闻东西各先哲之言，开通耳目，进化人群，首推日报，以其日日输纳新鲜文明种子于国人之脑中，较丛报旬报月报为捷速也。
>
> ——蜀蜷[1]

---

[1] 日本学者加藤正彦先生认为，蜀蜷是当时日本驻重庆领事德丸作藏的"笔名"。

一、从改良到革命:《重庆日报》的转型之路

"在预测清国未来沿着改革之路的进程时,胜任的观察家们都已经培养出了一种习性,就是公正地将清国的报界排列在一切革新动因的首位……无论事件的真相如何被歪曲,无论报人们是如何无知和粗劣,这些清国的报人们毕竟为他们的国人做了许多好事,就像教育者一样,他们在许多新的方向上,引领着清国人的步伐。"[1]来自 1910年 2 月《泰晤士报》的这段文字,轻描淡写地说出了晚清报业在时局变动中的重大意义。所谓"当局者迷,旁观者清"。清王朝的统治者无论如何也没有想到,一个偌大的王朝会在一年后土崩瓦解。

1910 年的清王朝,在执政者的眼里是欣欣向荣的一年。政府缩短立宪时间的表态,不但赢回了因废除科举而显得日益离心的国内士绅阶层的支持,还赢得了欧美银行家的欢迎,他们因此借贷给了中国一大笔资金。就连政府最为讨厌的革命党此时也因为内讧不断而显出穷途末路的征兆。这种征兆还有一个明显的标志,就是暗杀的流行——一种比舆论引导更为直接有效且更加彰显个人主义的"低成本革命"。随着革命运动陷入低潮,革命派中的不少人信奉一种异样的论调,那就是将那些清廷的实力派官员统统加以暗杀,杀一个少一个,革命成功也就指日可待了,这显然是革命绝望心理下的一种冲动表现。

这也与革命派领袖孙中山的思路大相径庭。虽然策划过一次次的起义,但孙中山本人对新闻宣传和报刊作用却是推崇备至的。辛亥革命后,孙中山在总结经验时指出:"革命成功极快的方法,宣传要用九成,武力只可用一成。"[2]1912 年 4 月 27 日,孙中山在对记者的演说中开门见山地指出:"此次中国推倒满清,固赖军人之力,而人心一

---

[1]《清国的本土报界》,《泰晤士报》,1910 年 2 月 19 日。 转引自《帝国的回忆:〈泰晤士报〉晚清改革观察记》,方激编译,重庆:重庆出版社,2014,302 页。

[2] 孙文,《孙中山选集》,北京:人民出版社,1956,491 页。

致,则由于各报鼓吹之功。各报之所以能收效者,由于言论一致。"[1]

孙中山的观点,来源于此前国内外一系列的报刊实践。1894—1900 年,革命派并没有自己的舆论机构,主要是利用《隆记报》《镜海丛报》等侨商和外商报纸进行宣传。1900 年创刊的《中国日报》是"革命党机关报之元祖",报纸的宗旨与维新派有点相近,"以中国人之风气识力,祛中国人萎靡颓庸,增中国人奋兴之热心,破中国人拘泥之旧习,而欲使中国维新之机勃然以兴,莫之能御也"[2]。这样的表述,有着革命派自身的苦衷:当时,软弱的中国资产阶级还未能同封建顽固势力彻底决裂,革命报刊不敢以鼓吹革命为宗旨,广大的读者也并未认识到革命会成为未来十年的一股趋势。此后,在留日学生和新加坡、缅甸、美国等地的革命党人中,办报渐成风潮,先后出现《国民报》《湖北学生界》《浙江潮》《江苏》《图南日报》《仰光新报》等。这些报纸,特别是留日学生刊物,全是白报纸印刷、西式装订,内容有很强的知识性、时政性,多数还有文艺栏目,主要面向国内本省发行。

1903 年 5 月,是这些报刊发展过程中的一个分水岭。很多报纸从介绍西方学说、痛陈国家危机、宣传救国方案开始转向激烈地鼓吹反清革命。其"原因是清政府压制留日学生参与爱国拒俄运动,使大批留学生放弃了对清廷的幻想,从而转向革命。他们在刊物上撰文,猛烈地抨击甘为外人傀儡的清政府"[3],并积极宣扬民族主义思想,激发读者的民族情绪,批判保皇派的言论。

(一)1903 年:上海《苏报》的榜样

与东京留学刊物相呼应,1903 年上海的《苏报》迅速站到了舆论的风口浪尖。《苏报》本是"胡璋(铁梅)所经营,但由其妻日本女子生驹悦出名,在驻沪日本总领事馆注册"[4]的一份"营业性质之小

[1]《对粤报记者的演说》,载中国社会科学院中国近代史研究所中华民国史研究室等编,《孙中山全集》(第 2 卷),北京:中华书局,1982,348 页。

[2]《中国日报》第 1 期,1900 年 3 月 25 日。

[3] 方汉奇等,《中国新闻事业简史》,北京:中国人民大学出版社,1995,115-116 页。

[4] 戈公振,《中国报学史》,北京:中国新闻出版社,1985,126 页。

报"[1]，创刊时间约为光绪二十二年（1896 年）。[2] 长期以来，《苏报》所刊消息议论，大多颇为无聊，在上海新闻界也没有什么地位。[3] 再加上报馆与日本外务省和黑龙会关系密切[4]，《苏报》更被外界认为是日本外务省在上海设立的机关报[5]。《苏报》创办几年来，曾因刊登黄色新闻与法租界公廨发生纠葛，内部也多次爆出纠纷，因此一直以来都不顺当，遂在 1900 年前后全盘出让给陈范（1860—1913年）。

陈范，字叔畴，号梦坡，有过宦海经历，曾经担任江西铅山知县，后因教案落职，便举家移居上海。陈范性格中最值得称道之处，便在于他不固守陈规，总能顺时而动，站在时代的前沿。上海新党所开展的历次活动中，包括 1900 年初上海千人联名通电请光绪帝"力疾临政"、1900 年唐才常发起正气会以及 1901 年拒俄密约事件，都可以看到陈范的身影。[6] 陈范接手后，《苏报》即以一种新的姿态出现在上海报界，"其主张日追潮流而进步"[7]，在当时的思想风气下，逐渐受到重视。"初力主变法，颇为读者欢迎，嗣复中康、梁学说，高唱保皇立宪之论，时人多以康党目之。"[8]《苏报》的若干论说，也被保皇派所办《清议报》《新民丛报》转载，足以说明《苏报》的言论已被当时的保皇立宪

———————————————

［1］张篁溪，"苏报案实录"，中国史学会编，《辛亥革命》（第一册），上海：上海人民出版社，1957，367 页。

［2］关于《苏报》的创刊日期，有两种记载：一说是光绪二十二年（1896 年），一说为次年（1897 年）夏季。前者如胡道静《狮子吼"破迷报馆案"索隐》一文，后者如戈公振《中国报学史》一书。周佳荣先生的考证，《苏报》应当创办于光绪二十二年（1896 年）。理由如下：一是在光绪二十九年四月初十日（1903 年 5 月 6 日）的《苏报》报端刊印有"第二四五一号"的字样，以后逐月顺次编号，据此向前推算，如果中间没有停刊，《苏报》的创刊应在光绪二十二年（1896 年）6—7 月间。《上海研究资料续集》开头也加插《苏报》图版一张，上面印有光绪二十四年正月十五日（1898 年 2 月 5 日）及"第五七六号"字样，进一步证明推算结果的可靠。根据笔者掌握的《苏报》（光绪二十九年二至四月）（台北学生书局影印本），也证明上述推算的正确性。方汉奇教授则具体称《苏报》创办于 1896 年 6 月 26 日，见方汉奇《中国近代报刊史》（上册），大同：山西人民出版社，1981，231 页。

［3］［5］［7］胡道静，《上海的日报》，上海市通志馆期刊抽印本，1935，40 页。

［4］方汉奇等，《中国新闻事业简史》，北京：中国人民大学出版社，1995，117 页。章士钊在《苏报案始末记叙》中也曾称"夫苏报者，原属日本黑龙会人之侵略工具。"蒋慎吾在《苏报案始末》中引用生驹悦对主笔邹弢的话："馆由东洋外交大臣来的，领事也不能管我。我虽平常人，曾由胡铁梅在日绅日官前保举为馆主。"参见蒋慎吾，《苏报案始末》，《上海研究资料续集》，上海书店出版社影印本，第 72 页。

［6］马光仁，《上海新闻史（1850—1949）》，上海：复旦大学出版社，1996，231 页。

［8］冯自由，"陈梦坡事略"，《革命逸史》（第 1 集），北京：商务印书馆，1969，175 页。

派所重视,甚至引为同道。[1] 1901 年,流亡日本的梁启超也在《清议报》第 100 期发表的长文中,称《苏报》和《中外日报》《同文沪报》"皆日报佼佼者,屹立于惊涛骇浪狂毒雾之中,难矣,诚可贵矣"[2]。

《苏报》的转变出现在 1903 年初的那场全国普遍爆发的学潮之际。当时,在沪担任上海南洋公学总教习的蔡元培与蒋智由、黄宗仰等人成立一个名为"中国教育会"的教育改良机构,目的是改革中国传统教育。待到 1902 年末南洋公学学生集体退学风潮发生之际,蔡元培从中调停无果,反而被诬成学生退学乃是"为孑民(指蔡元培)平日提倡民权之影响"[3],蔡元培不得不引咎辞职,最终在各方的协助下成立了爱国学社。最初学院五十五人,均为南洋公学退学学生。蔡元培、章炳麟、吴稚晖等人兼任教员。随着学社影响力的扩大,一大批思想激进的青年学生迅速加入学社。3 月间,章士钊从南京陆师学堂退学参加爱国学社;4 月间,张继、邹容又从日本回国加入学社……一时间,学社气象活跃舒畅,思想清新自由,有关革命的探讨也日趋激烈,"校内师生高谈革命,放言无忌。出版物有《学生世界》,持论尤为激烈"[4]。1903 年 5 月 27 日,21 岁的章士钊成为《苏报》主笔。《苏报》进入了一个崭新的历史时期,开始了一段疾风骤雨般猛烈且惊天动地般壮烈的革命征程,历史风云的变幻,也将《苏报》推上了时代潮流的最前端。

1903 年 6 月 1 日,《苏报》实行"大改良",刊登论说《康有为》,彻底走上了革命之路。"今日之新社会已少康有为立锥之地。""而天下大势之所趋,其必经过一趟之革命,殆为中国前途万无可逃之例,康有为必欲为革命之反动力……革命之宣告,殆已为全国之所公认,如铁

---

[1] 不过,根据陈范的妹夫汪文溥的回忆:"丁戊(1897、1898)之际,康有为始以维新号召徒党,君(指陈范)私谓余曰:'中国在势当改革,而康君所持非也,君盍借我以文字徇国人,俾无再入迷途。'于是相与在沪组织一日报。"具体陈述可见汪文溥《蜕盦事略》,1913 年 5 月 30 日《民立报》。从该段文字可见陈范当时是不同意康、梁之维新活动的。那么,如何在以后的办报过程中变成保皇立宪的同道中人? 据笔者考证,原因可能是陈范的性格"善听人言"(章士钊在《苏报案始末记叙》中的评价),违背初衷,转向保皇立宪是有可能的。

[2] 马光仁,《上海新闻史(1850—1949)》,上海:复旦大学出版社,1996,231 页。

[3] 高乃同,《蔡孑民先生传略》,上海:商务印书馆,1943,4 页。

[4] 冯自由,《革命逸史》(初集),北京:中华书局,1981,118 页。

案之不可移……新水非故水，前沤续故沤。"[1]《康有为》一文，可以说是资产阶级革命派的一份告白：一方面宣示了保皇派与革命派的不同，划清了二者的界限；另一方面更是指出了保皇党人的政治行为已成为革命势力发展的一大障碍。

短短一个月，《苏报》先后刊登《哀哉无国之民》《客民篇》《祝北京大学堂学生》《论中国当道者皆革命党》《评论〈革命军〉》《序革命军》《驳〈革命驳议〉》《贺满洲人》《虚无党》《论仇满生》《驳康有为书》等文章。其中，《康有为与觉罗君之关系》，点出戊戌时期光绪帝有意维新，乃出于保存自己帝位和权力的目的，他和康有为的关系，是建立在相互利用的基础之上。"载湉（指光绪帝）小丑，未辨菽麦，铤而走险，固不为满洲全部计。长素（指康有为）乘之，投间抵隙，其言获用。"在分析论证的基础上，文章还以饱满的激情、极富感染力的文采赞美革命，"然则公理之未明，即以革命明之；旧俗之俱在，即以革命去之。革命非天雄大黄之猛剂，而实补泻兼备之良药矣。"[2]此文一出，尤其是文字直呼光绪皇帝之名，"载湉小丑，未辨菽麦"，朝野轰动，举世哗然。一时间，"上海市上，人人争购"。

《苏报》犀利的言论、磅礴的气势、激烈的论调推进了革命的进展，同时也完成了自我的升华。在清政府和西方列强的外交斡旋下，震惊中外的"苏报案"发生。

"苏报案"的发生，是1903年节点性的事件。按照李泽厚先生对中国近代史的划分，1903年是中国进入20世纪，迈向1905年途中的一个重要年份。[3] 这一观点也得到了学界的广泛认可。章开沅教授就曾指出："在辛亥革命的编年史学上，癸卯（1903）是很值得重视的一年。"[4]李新先生更是直接指出："1903年，对中国资产阶级领导的反清革命来说，是一个极为重要的年头。在这一年里，充满了惊心动魄而又瑰丽壮观的事件。"[5]而细分下来，1903年发生的若干重大事件都与"苏报案"有所关联。

———————————

[1]《本报大改良》《康有为》，《苏报》，1903年6月1日。

[2]《驳康有为论革命书》，《苏报》，1903年6月29日。

[3] 李泽厚，《中国近代思想史论》，天津：天津社会科学院出版社，2003，272页。

[4] 章开沅，《论1903年江浙知识界的新觉醒》，《江汉论坛》，1981年第3期。

[5] 李新，《中华民国史》，第1编，北京：中华书局，1981，151页。

1903 年初,以留日学生的爱国斗争和国内"学界风潮"为开端,之后是规模宏大的拒法运动和抗俄运动。作为与《苏报》社一体的中国教育会和爱国学社,一直是上述事件在国内的领导中心,推动着革命的发展方向。此后横空出世的《革命军》更是发出了"只有革命才能救中国"的疾呼呐喊,而《革命军》与《苏报》的关系自然更不用说。"苏报案"发生后,沈荩被清政府处死,"于是全国舆论愈激昂,而热血愈腾涌,几乎一致反对满洲,来势汹汹而不可遏止"[1]。再后来,孙中山提出的"驱除鞑虏,恢复中华,建立民国,平均地权"的口号,都能由"苏报案"来贯穿衔接,这也就不难理解"苏报案"发生在 1903 年的必然性。

"苏报案"的发生,与上海这座城市特殊的政治生态,特别是公共租界宽松的言论自由环境密切相关。是时,公共租界作为外国人实际统治的领域,漫行着西方标榜的民主、自由、平等等价值观念和政治学说,这无论与维新党人还是革命党人所追求或宣扬的都是相当一致的。况且,当时改革的矛头直指清朝政府而非租界当局,放任和保护这些新的政治势力,不仅不会陷入麻烦的境地,还可以在一定程度上转移矛盾,化解当时的反帝情绪。加之义和团运动之后,列强更加同情主张变法、不支持对列强宣战的光绪皇帝,而对积极支持利用义和团对抗列强的慈禧太后产生了极为抵触和不满的情绪,以至于不时采取不合作的态度,给予维新党人和革命党人以庇护,公共租界就成为当时各界人士从事政治活动的理想地点。正如蔡元培所指出的那样:"盖自戊戌政变后,黄遵宪逗留上海,北京政府欲逮之,而租界议会以保护国事犯自任,不果逮。自是人人视上海为北京政府权力所不能及之地。演说会之所以成立、《革命军》《驳康有为政见书》之所以能出版,皆出于此。"[2]

对于"苏报案",香港学者周佳荣概括地指出:"此案虽以《苏报》为名,实则是清政府对上海激烈排满活动的一次总决算,举凡张园演

---

[1] 黄中黄,"沈荩",中国史学会编,《辛亥革命》(第一册),上海:上海人民出版社,1957,285 页。

[2] 蔡元培,《读章氏所作〈邹容〉传》,载蔡氏著《蔡元培全集》(第一卷),北京:中华书局,1984,400 页。

说、爱国学社、拒俄运动、《苏报》及邹容的《革命军》、章炳麟的《驳康有为书》等，均在压制之列……其实《苏报》与上述各样都有密切关系，也可以说是将这些活动结连在一起的中枢刊物，所以总称此次事件为'苏报案'，仍是十分恰当的。"[1]换言之，《苏报》作为革命派的一个舆论机构，实际上串联起当时上海城市中各类革命活动，成为城市革命的枢纽。

当时的《苏报》，与爱国学社、中国教育会呈现出"三位一体"的形态结构，即报纸背后有学会，学会背后有学校。这是近代中国构建公共领域的一种形态，此前维新派的强学会如此，此后革命派的同盟会亦是如此。这种形态既涉及教育，鼓动学潮，参与政治，又能发出声音，引领舆论，发挥媒体在政治斗争中的工具性作用。所以，当革命思潮与维新思想决裂之后，《苏报》必然在章士钊、蔡元培等人组织下"持激烈主义……冒天下之大不韪，而于万籁无声之中，陡发此天空大震之霹雳"[2]。因此，《苏报》傲立在疾呼革命排满的最前线，不是偶然的，它的舆论背后有组织、有人员，在上海租界特殊环境的掩护下，已经形成了一个对统治有威胁的体制外力量。[3] 在这种情况下，清朝政府要严厉追究《苏报》及其背后的力量则是必然中的必然。

"苏报"案中，一位杰出的当事人就是重庆人——邹容。1903 年，邹容从日本回国，完成了《革命军》一书。《革命军》共 7 章 2 万字，主要论述中国革命的正义性、必然性和紧迫性。邹容在书中一针见血地指出：中外反革命势力给中国造成的民族危机，是中国人民不可不革命的根本原因。因此，他在书中直接论证要革命，不要改良。他大声呼唤国人行动起来，"作十年血战之期，磨吾刀，建吾旗，各出其九死一生之魄力"前赴后继，"掷尔头颅，暴尔肝脑"，与清王朝"相驰骋于枪林弹雨之中，然后再扫荡干涉尔主权"的"外来之恶魔"，建立"凡为国人，男女一律平等，无上下贵贱之分"的"自由独立"的"中华共和国"。邹容在文末大声呼喊："中华共和国万岁！""中华共和国四万万同胞

[1] 周佳荣，《苏报及苏报案件——1903 年上海新闻事件》，上海：上海社会科学院出版社，2005，79 页。
[2] 章士钊，《苏报案纪事》，中华民国史料汇编 1968 年版，1-2 页。
[3] 许纪霖，《近代中国的公共领域：形态、功能与自我理解——以上海为例》，《史林》，2003 年第 2 期。

的自由万岁！"

邹容的共和国方案，前承《兴中会宣言》，后启《同盟会纲领》，彻底摒弃了资产阶级改良派的君主立宪方案，回答了革命的根本问题，是政权问题。《革命军》全书崇尚自由、鼓吹革命，尤其是对封建专制制度进行了无情的鞭挞，提出了推翻清政府，反对外来干涉，建立独立自主"中华共和国"的政治纲领。

现在看来，《革命军》之所以能深刻影响近代中国的政治进程，除了思想内容符合资产阶级民主革命需要外，最为重要和直接的原因是它符合了当时中国社会的需要，即为近代中国的屈辱设置了一个有效的宣泄口，它"以国民主义为干，以仇满为用"[1]，把中国内受满洲压制、外受列强驱迫的危险境地公布于众，将中国历史上长期潜伏的种族观用革命的方式表达出来，号召人民奋起"与尔之公敌爱新觉罗氏，相驰骋于枪林弹雨中"[2]。

《革命军》在中国近代史上影响巨大。邹容"要革命，不要改良"的观点对当时的青年极富鼓舞力和引导力，吴玉章的说法就是一个典型代表，"我当时读了邹容的《革命军》等文章以后，我在思想中就完全和改良主义决裂了"[3]。鲁迅先生在多年后也回忆到："便是悲壮淋漓的诗文，也不过是纸片上的东西，于后来的武昌起义怕没有什么大关系。倘说影响，则别的千言万语，大概都抵不过浅近直截的'革命军马前卒'邹容所做的《革命军》。"[4]邹容和《革命军》也给另一位重庆人卞小吾带来了直接影响，并催生了1904年《重庆日报》的创办。

卞小吾，名鼐，字小吾，重庆江津人，富有爱国主义精神和朴素的民主主义思想。青年时期，他从江津来到重庆，结识同盟会党人杨庶堪、朱之洪、董宪章等，成为至交好友。1902年，卞小吾前往北京、上海考察。他在北京见当道"诸大老皆暮气已深"，"非木偶即汉奸"[5]。后转游上海，时值"苏报案"发生，邹容、章太炎下狱。卞小吾曾亲往狱

---

[1] 章炳麟，《读〈革命军〉》，《苏报》，1903年6月9日。

[2] 邹容，《革命军》，转引自《邹容文集》，重庆：重庆出版社，1983，74页。

[3] 吴玉章，《从甲午战争到辛亥革命前后的回忆》，《辛亥革命》，北京：人民出版社，1961，59页。

[4] 《杂忆》，《鲁迅全集》（第一卷），北京：人民文学出版社，1981，318页。

[5] 江津县志编辑委员会编，《江津县志》，成都：四川科学技术出版社，1995，817页。

图 4-2　卞小吾像

中探望，与邹、章密商革命，认为"清政府与帝国主义已在密切配合，一致对付革命党人，上海同北京一样，应暂避其锋，而西蜀地处边陲，交通不便，民智未开，大有用武之地。急宜回川图之"。他又与《中外日报》记者汪康年、马君武、谢无量，以及革命党人冯自由、章士钊等人结识，常参加蔡元培、吴稚晖领导的爱国学社每周在张园举行的演讲会，立志反清。

"苏报案"中，《苏报》馆主陈范捐产办报的做法，对卞小吾的影响很大。1904 年，他回到重庆，变卖祖产，得银 6 000 多两，作为办实业、办报纸、办学校的经费。

（二）1904 年：《重庆日报》的建立

从本质上来看，榜样是一种价值载体，代表着某种典型的理性应然，体现着人类进步和社会发展的方向。榜样的价值在于，不仅要为后来者提供一种价值工具，而且会干预人们的行为动机，使人的行为指向社会预期的目标。通俗来说，榜样就是给后来者的未来行动路径提供参照。一旦诸如卞小吾等学习者把邹容、陈范和《苏报》等榜样确定为行为样板时，也就锁定了具体的行为目标——创办报纸，鼓吹革命。在卞小吾尽力使自己的行为方式与榜样行为保持一致时，就构成了目标的激励机制。这种榜样的力量，传递出城市之间的关联，也延续了革命风潮在重庆公开的城市传播。

早在 1903 年，重庆就出现了四川第一个资产阶级革命小团体——"公强会"。这个秘密团体由杨庶堪、梅际郇、江潘、朱之洪、朱蕴章、黄宪章、胡树枌、吴骏英、李时俊、陈崇功等人组成。"公强会"以"树立革命思想"为宗旨，会员"多为工商界的青壮年知识分子"。他们暗中传阅国内各种进步书刊，讨论光复，倡言革命，"先后加盟于'公强会'者，日以浸盛"。稍后，又出现了杨庶堪、卞小吾、田心澄、董鸿词、余耀荣等人组织的"游想会"。[1] 该团体以郊游为名，约集进步青年"恣谈时政，论其得失，终于非排满革命，无以救亡"。同时，在重庆还出现了一个类似"公强会"的小团体"羽强会"等。这些革命小团体的出现和发展，为重庆辛亥革命的爆发做了组织铺垫。只不过，这些团体是秘密活动性质的，所影响的范围自然不会太大，普通重庆市民很难参与。

1904 年的重庆，已经和前几年表现出很大的不同。在市民层面，物质的现代性已经显现，"诸君已吃烟卷，饮洋酒，饰钟表，被（披）羊绒，其他欢迎一切之洋货，表面颇似开通"，但是，精神上的现代性还有待提高，"夫烟卷也、表钟也、洋酒也、羊绒也，是等形而下之物质者，文明世界之形骸而已。所谓开通者，所谓文明者，皆在于形而上之精神

---

[1] 四川省文史研究馆，四川省人民政府参事室，《四川国民党史志》，成都：四川人民出版社，1994，5 页。

思想。若不吸收清新之空气于形而上之精神思想,而徒爱着其形骸者,则不异向画像之美人寄情也"[1]。做出这一论断的,不是别人,正是《重庆日报》的主干(相当于社长,作者注),日本报人竹川藤太郎。

竹川藤太郎,明治元年(1868 年)出生于日本山梨县东山梨郡。受明治维新思潮的影响,竹川有着自由主义的浓烈诉求,并积极参与当时日本的自由民权运动,为设立国会、制定宪法,"以自由党战士的

图 4-3　竹川藤太郎像

[1]《发刊之辞》,《重庆日报》,1904 年 10 月 17 日第 1 号。

身份多次登台发表演说"[1]。1889 年,竹川首次来到上海,游历了长江一带,对中国产生了浓厚兴趣。当年秋天,他前往美国旧金山与友人合办报纸《十九世纪新闻》和杂志《远征》,报道和探讨日本在国外侨民的问题。期间,他结识了日本驻旧金山领事馆的书记员小田切万寿之助。这也成为他日后在中国活动的一座沟通桥梁。1903 年,小田切的身份已经变为日本驻上海总领事,当时上海的日本侨民有 2 000多人,是日本在华活动的重要区域,但当时却没有一份适合日侨的报纸。在小田切的建议下,1903 年秋天来到上海的竹川藤太郎主编了一份日文周报《上海新报》。这与 1890 年创办的一份日文周报同名,两者并无接续关系;但有一说法,认为是十数年前该周报复刊,发行 12期后,于 1904 年 3 月 16 日改为日报,并易名《上海日报》继续出版。但竹川在《上海新报》的时间不是很长。据中村中行的《重庆日报的创办者竹川藤太郎》一文介绍,竹川在"完成第三期的编辑,把后事托付给弟昌信,在物色后任的同时,开始做入蜀的考虑"[2]。

这个时候,卞小吾与竹川已经认识,他们连接的纽带,除了小田切,还有《上海新报》。在《上海新报》的第 1 号上就有卞小吾赠予的两首七律诗。

> 昨夜分手后,有感成二律,奉赠,并自述,即乞雅正。
>
> 整顿乾坤会有期,风潮激荡暗迁移。
>
> 与君海外联同志,共客天涯各感时。
>
> 开化不嫌重译阻(同约编东西洋实业诸书),富强端赖殖民思(君任东京殖民丛报编纂)。
>
> 此心颇雄血正热,岂终老大甘人嗤。
>
> 倘仅清间一已图,当为识字更田夫(君言若自为谋,当归耕南亩)。
>
> 谈心旅馆留青简(与君),极目平原多绿芜(敝国地利多未发达)。
>
> 自爱生人衣食学(约共谋农工商业),任凭世俗马牛呼(愚处事只问心安否,不计人之毁誉)。

---

[1]《竹川藤太郎》,载《东亚先觉志士记传》下卷,日文版。转引自王绿萍,《甲辰〈重庆日报〉百年祭》,成都:四川大学出版社,2015, 10 页。

[2] 中村中行,《重庆日报的创办者竹川藤太郎》(一),日本《天理大学学报》,1963 年第 40 号。

欲持大斗挹东海（相约以贵国文明输入敝国），笑问安期许我无。

右呈

竹川峡畝大兄吟席

同文弟卞小吾薰

从这两首诗可以看出，卞小吾与竹川藤太郎是志趣相投的，从共同翻译东西洋实业丛书到共谋农工商业，并将日本的成功发展经验引入中国，他们有着共同的理想。

1904 年 1 月 11 日，竹川逆流而上从上海前往重庆。2 月中下旬，他到达重庆并拜访了日本驻重庆领事德丸作藏，此后又前往成都旅行。四川大地的一路见闻，坚定了他在重庆办报、办教育、办工厂的信念，这与卞小吾的想法不谋而合。为了筹措资金，他在得丸作藏的支持下，在重庆成立了东亚同志会，成员有日方日森洋行的西本子藏、太和洋行的石冢丰次郎、竹川的弟弟竹川昌信。中方有商人刘向荣、王北枢、富豪罗培根、学者王培村、萧宝珊等，他们都是出资者。当时的卞小吾仍在上海，竹川就请卞小吾在上海购买印刷设备和聘请技师。1904 年 9 月前后，"当秋风飒爽，雾霭渐浓之时，铅字、印刷机陆续从上海运来，不久卞小吾与二三技师也相继抵重庆朝天门码头"[1]。此后竹川在重庆的一切活动，都是与卞小吾共同进行的。两人还以竹川的二弟竹川昌信的名义，开办了东华公司，即东华火柴厂。《重庆日报》的发行、买卖所及账房，均设在东华公司内。就这样，1904 年 10 月 17 日，重庆历史上第一份日报《重庆日报》正式创刊。

选择 10 月 17 日创刊，是一个有意思的细节。当天是日本的"神赏节"，一个庆祝五谷丰登的节日。同时，当天按照阴历来算，又是中国传统重阳节。创刊的节点，恰如"竹川+卞小吾"的搭配，呈现出"中西合璧"的一样模式。根据报纸原件可以发现，《重庆日报》的一切事务均由竹川和卞小吾两人来承担，"本社以记者二人主持撰述，并监督印刷校勘，及办理全社之大要，日夜无夕暇。三日前始加一书记者，吾人深虞力不能任，日夜焚香祷祝天才出现，来膺此任"[2]，卞小吾之嗣

---

　　[1] 中村忠行，《重庆日报的创办者竹川藤太郎》（二），日本《天理大学学报》，1963 年第 41 号。

　　[2]《答爱重庆日报子书》，《重庆日报》，1904 年 11 月 5 日第 18 号。

子卜稚珊所回忆的"吾父还聘请了志同道合的好友肖九垓、燕梓材、周拱极等激进的爱国人士分任编辑和记者等职务"[1]，并不准确，实际上这些人并没有参与到具体的事务中，有可能只是对报纸的创办提供建议。

对创办《重庆日报》的意义，竹川藤太郎在《发刊之辞》中做了长篇论述，文章一开始就明确指出，现在不是"贪惰眠而醉生梦死之时"，因为人类社会已进入科学发达时代，"人智进而夺鬼神之魔力，科学开而行缩地之术"，世界文明就像水和空气一样，弥散世界，包括天府之国的四川也不能脱离于世界体系之外，"内外接触彼此流通"是"社会进化之大法"，这也是面对世界大潮时应有的做法。文章以玻璃器皿受热膨胀和印度、日本的例子，指出"巴蜀人士之非怯者愚者"，所以当西方文明袭来时，应该"欢迎之，而补自家之文明"，从而"驾驭时代之潮流"。其中，一个国家"文野之程度"，先"问新报社之数"，因为"新报是进化之先锋前驱"，是"运搬精神之粮水之舟车"，是"思想开通之津梁"。但是，"翻顾巴蜀之社会，有新报几何？吁嗟，吾人深悲，此社会未可问新报之多少，而在于可问其有无之时代。诸君欲得精神的粮水而未得者，亦不宜哉。吾人之微力不才，岂敢为诸君供给其粮水云尔哉？惟期为诸君造舟车，为诸君架津梁，于是乎《重庆日报》生焉"。这里，竹川藤太郎交代了《重庆日报》的发刊意义，进一步，他还巧妙地以"盐"做比喻，提出报纸要承担作为"社会之防腐剂"的"本来之天职"，而就重庆和四川地区来说，他也对《重庆日报》的未来意义作了美好的憧憬，"世人云，新报是社会之木铎，天下之耳目也。然此非吾人之所敢当，吾人岂敢以先觉者自任，而指导诸君云尔哉。只夫为所置于诸君之枕头之自鸣钟，而警醒诸君之惰眠则足焉。为所豫（预）测云气之变动之晴雨表，而为诸君见使用则足焉。为电话机而交通诸君之意志则足焉，为反射镜而映写诸君之像影则足焉，换言则吾人是诸君之器（契）机也，诸君夫起，起而利用此机器"[2]。

竹川的表述，经过卜小吾的润色，虽然阐述了《重庆日报》的伟大

[1] 卜稚珊，《辛亥革命烈士先父卜小吾遇难纪实》，载江津县政协文史资料委员会编，《江津文史资料选辑》（第2辑），1985，54页。
[2] 《发刊之辞》，《重庆日报》，1904年10月17日第1号。

意义,但整个论述的口吻却是谦虚平和的。这种风格,也一直贯穿竹川主持《重庆日报》的整个时期,即 1904 年 10 月 17 日创刊到 1905 年 4 月 9 日竹川因病回国。

出现这种情况,大致有四种原因。一是竹川本人对《重庆日报》的重视。他认为日报"虽微微不足语,然巴蜀之地开辟以来'破天荒'之新现象也,还可以润色巴蜀之历史"[1],加上他本人的性格平和,所以这一段时间《重庆日报》的政论并不激烈。他个人在大量的文章中采取了稳妥的建议性表述,分寸把握得很好。二是和日本驻渝领事馆的背景有关。《重庆日报》从创刊到发行,与日本驻渝领事馆关系密切,一定程度上甚至扮演了其"机关报"的角色。不仅大量刊登日本领事馆来电公报,而且还用大量篇幅来关注日俄战争,鼓吹日本胜利。"日本外务省还答应给予补助费。"[2]当时重庆驻渝领事馆力量并不强大,认为没有和清政府及重庆当地官府发生冲突的必要。三是竹川的好友,驻渝领事德丸作藏本人是同情中国维新改良主张的。"戊戌政变时,他对梁启超的变法主张深表敬佩,后来是他帮助梁启超摆脱清政府的追捕,从北京逃到天津,然后乘日本大岛兵船到了东京。"[3]四是日俄战争期间,中日民间关系还算"和谐"。尽管清政府当时提出"局外中立"的政策,但民间的意见却偏向日本获胜。1904 年 11 月 8 日《重庆日报》"巴蜀大观"栏内,曾专门报道重庆各界人士,曹漱珊、赵资生、黄德宣、温友松、杨沧白、董植安、邓孝可、李耀廷等捐资表示对日军的感谢和对伤病员的抚恤。1904 年 12 月 11 日还刊登了重庆日报社、正蒙公塾、开智学堂、师范传习所、宫坂九郎、石井纲雄、陈瑶章、温友松、徐兰森、罗培根、程善夫、杨玉琮、黄献桥等中日机构与个人发起的《旅顺陷落祝捷会开催广告》。此外,《重庆日报》还刊载不少华民"感恩"日本拯救中国的诗词,如"自愧无能御暴俄,东邻拯救动干戈"[4]。

---

[1]《送明治三十七年》,《重庆日报》,1904 年 12 月 31 日第 63 号。

[2] 俞笙:《重庆公强会散论》,《近代史研究》,1987 年第 2 期。

[3] 王绿萍:《甲辰〈重庆日报〉百年祭》,成都:四川大学出版社,2015,18 页。 经查,德丸作藏当时在日本驻天津领事馆担任翻译的职务,应该是与日本驻天津领事郑永昌一起协助梁启超逃往日本的。

[4]《祝捷吟》,《重庆日报》,1905 年 1 月 7 日第 67 号。

因此,在竹川主持《重庆日报》时期,整个论调是平和改良性质的。报纸对四川、重庆等诸多问题表示出关心,但基本上都是建议性质的。即便是批评,也采取了"改头换面"的形式。如在当时愈演愈烈的"加厘闭市"问题上,面对四川地区在货物流通过程中额外征收"厘金"的不合理税收而引发的商人罢市,《重庆日报》采取了三大策略:①客观报道"加厘闭市"的前后过程,如第 3 号、第 4 号、第 7 号的"本埠新闻",先是报道了大梁子一带的洋广货店、三牌坊一带的药材店因为"加抽厘金"关闭的事情,接着报道了"巴县傅栢贞大令邀集八省绅董入署会议"和"各商帮首人在县城隍庙会议"的消息,最后是厘金局"委员陈大令与商情不恰"被更换,新任"张振之太守接办厘局出示晓谕,各商凡零星货物概不收取,从此一律照常贸易"[1]的新闻。②呼吁商人不要闹事,官商之间要进行沟通。如第 4 号《加厘闭市问答》指出,"他们关铺门的意思,无非是惊骇市人的耳目,并且使买卖不方便,城内的人怨声四起,不准起下货物的意思,无非是使苦力的人,几天不能求吃,就有点摇动闹难起来",意思就是"大家把铺子关闭了不准起下货物"不会给政府带来压力,反而会给市民生活和就业带来不便,所以罢市是不妥当的。第 5 号《各商闭市之意见详述》更是劝诫,"我听说你们商量有打厘局的话,这个事万做不得,你们那个样子,就算你们有理,打了便成罪人了","你们只是关了铺门,并不说话,是很不妥当的,你们要说出来,大人们好想法子"[2],建议商人与政府进行对话,促使问题的解决。③号召商人多学习商业知识,联合起来发展工商实业。比如《商人快看》《重庆商会问答》《祝重庆商会公所之创起》等文章。自第 20 号起,还辟有"财政学格言"(第 23 号起更名为"经济学格言"),普及商业知识。

(三)1905 年:卞小吾的革命转向

1905 年 4 月 9 日,竹川因病离渝,《重庆日报》过渡到卞小吾主持阶段。该时间段,前后不长,只有一个多月,报纸从第 138 号延续到第

---

[1]《一番改革》,《重庆日报》,1904 年 10 月 23 日第 7 号。
[2]《各商闭市之意见详述》,《重庆日报》,1904 年 10 月 21 日第 5 号。

182号。相比竹川的稳健风格,卞小吾的态度更为激进,革命色彩也更加浓厚。

这种转变,一方面与主持人的性格有关,竹川稳重,卞小吾冲动,并且,脱离体制的报人与政府之间并没有此前宋育仁身上的那种政治一体感(或者是体制束缚感),这一点随着清朝政府的衰败而日渐强烈;另一方面与当时的国内外形势有关,此时日俄战争结束,川汉铁路进入停滞状态,报纸的注意力就开始从文化教育、女权问题和商务贸易转向关乎国家前途命运的大事。

这一阶段的《重庆日报》,还有一些微妙的变化。此时,竹川的离去,让《重庆日报》与日本驻渝领事馆的关系陷入中断,领事馆不再提供"领事馆来电公报"。《重庆日报》第140号的《华官被戮》,报道了日本武员杀害中国官员阮某、马某的事件。141号《驳复日本六款》,报道潮汕铁路日本公司运送木材,途中两日人被害,日本向中国提出不合理要求,中国洋务司据理驳回,明确表示:"查,铁路本有护勇,此次日本工人由汕头押运小料至葫芦乡,该公司竞(竟)不派勇护送,以致日人三人中二人遇害,此实该公司之咎……其过全在公司。中国国家于此案只能照章拿犯追赃,至于赔偿一声则条约并无明文,中国国家不能承认。"[1]第151号《中外汇报》报道说,"俄兵入靠山屯毁电报局,日人拘辽阳州警兵,肆虐巡检杀人等种种可畏可怜之状,又附以白活说明,虽愚闇之夫,亦一目了然,如身临其境,目观其事,无不感愤交作"[2]。这些对日方恶行的报道与抨击,在竹川阶段是前所未有的。

这段时期的主要论述,有《政府与民族》(第138号)、《中国之三权》续(第140号)、《外人干涉言论权之警告》(第140号)、《德报论胶州之防守》(第141号)、《论中国不患无振维新而患无真守旧》(第142号)、《论尚武当自文人始》(第149号)、《又兴一文字狱》(第150号)、《虚无党之萌芽》(第150号)、《告新党与志士》(第153号)、《剪发辫问答》(第155—157号)、《近日重庆之难堪》(第158号)、《告应试诸君》(第159号)、《论禁遏言论自由之可畏》(第160号)、《可惜中国之

---

[1]《驳复日本六款》,《重庆日报》,1905年4月14日第141号。
[2]《中外汇报》,《重庆日报》,1905年4月25日第151号。

民权》(第 163 号)、《论宜改办赈以业兴业》(第 165 号)、《劝中国人不要迷信》(第 168 号)、《论中国无耻之徒》(第 172 号)等。其中,大部分出自卞小吾之手。卞小吾的很多言论,非常具有革命战斗性。

尽管并没有文献表明卞小吾有直接领导革命的抱负,他的背后也没有革命政党的直接领导或间接支持,卞小吾参与的"游想会",只能算一种以林园聚会、踏青郊游为载体来议论时政的松散组织,但这段时期的《重庆日报》确实承担起鼓吹资产阶级革命的政治任务。这种革命舆论的建构,应该很大程度来自文人论政的传统文化与精英分子的革命自觉,并随着报刊的发行在城市空间形成了封建文化的异己力量,产生了与政府的事实相异。就结果而言,卞小吾及其《重庆日报》带来的影响,包括竹川主持时期的《重庆日报》,对重庆地区革命思想的传播和推进同盟会重庆支部的建立,发挥了不可或缺的作用。

宏观来说,在维新变法及戊戌政变发生后较长一段时期内,清朝政府仍然还是时人心目中正统的国家和民族的象征。这一情形,在"苏报案"后得以改观,但革命远未形成普遍的风潮。在当时的历史条件下,孙中山反清革命的主张在国内还未能为大多数人所理解,"举国之人,无不以我为大逆不道,为乱臣贼子,为匪徒海盗"[1],但短短几年间,反清革命风潮铺天盖地而来,"'排满革命'四字,几成为'无理由之宗教'"[2]。究其原因,革命报刊的推波助澜产生了极大的引领作用。通过革命派报刊的传播,民族危机的严重态势被国人广泛熟知,清政府的腐败无能被塑造成负面形象,更为关键的是,反清的革命理论借助报刊得到宣传,为近代中国资产阶级革命奠定了思想和舆论基础。

就卞小吾来说,他的民主革命政治理论,较之宋育仁的"托古改制",完全跃升到一个崭新的层面,甚至具有颠覆意义,其改革的倡言对象,也从影响当局转向影响社会,包括士绅阶层在内的社会民众的历史地位得到了媒体前所未有之重视。的确,晚清报业要转型为社会运动的触媒,光有舆论引导是不够的,关键在于公众力量的参与。此

---

[1] 孙中山,《孙中山全集》(卷 1),北京:中华书局,1981,420 页。

[2] 杨度,《复梁启超书》,载丁文江编,《梁任公先生年谱长编初稿》,台北:台北世界书局,1958,237 页。

后,四川保路运动演变为全民反抗潮流,就是很好的例证。

卞小吾的民主革命政治理论,集中体现在《政府与民族》(第138号)、《中国之三权》(第129、140号)、《可惜中国之民权》(第163号)三篇文章中。《政府与民族》论述了政府与民族相互依存的关系,"政府赖民族以成全,民族赖政府以统一",两者应该"相疑者而为相谅,去相对者而为相需,夫庶几国家之机体不至于滞涩而运动,日趋活泼哉"[1]。而当时的中国,中华民族的概念远不如满汉民族对立的分歧来得深入人心。满族统治者建立的清王朝政府,并不能与广大汉族人民"相谅"与"相需"。《中国之三权》指出"中国数千年来国势所以萎缩不进",正是"神权、圣权、君权""三大魔力为之障",这样的后果,造成了"学术之腐败""政治之紊乱""风俗之窳恶""道德之颓丧"。[2]怎么消除?卞小吾认为应当"提倡人权",因为"人生于世界之间,身体同知觉,同其赋之于天者无不同,谁为有权,谁为无权?一切皆平等也"[3]。这是一种典型的现代性平等权的表达,是对君权神授的封建思想的公开宣战。《可惜中国之民权》中的"民权"与孙中山三民主义的"民权"不是同一个概念,后者强调民权是一般平民所共有的民主政治,人民有选举、罢免、创制、复决四权(政权)以管理政府,政府则有立法、司法、行政、考试、监察五权(治权)以治理国家。这种民权思想是自汪康年、何启、胡礼垣等维新人士民权的延伸和发展,强调了"民权者,以众得权之谓也"[4]向一般平民权利的递进。卞小吾的民权主体是"中国之绅民",他认为"绅民诚握无上之权力者",是政府改良社会的重要力量,因此切不可"一遇公益公利之事,则上焉者随人唯诺弱懦徘徊,下之则反对阻挠,横讥妄梗,举至尊至贵至难得至权废而不用,或且误用焉"[5]。由此可见,出于革命自觉性认知的卞小吾,思想认知有进步,亦有局限。当然,在特定的时代背景下,这一点毫无苛求的必要。

并且,卞小吾的民主革命政治理论除了继承此前对封建政治、封

---

[1]《政府与民族》,《重庆日报》,1905年4月11日第138号。

[2]《中国之三权》,《重庆日报》,1905年3月30日第129号。

[3]《中国之三权(续)》,《重庆日报》,1905年4月13日第140号。

[4]何启、胡礼垣,《新政真诠·劝学篇书后》,沈阳:辽宁人民出版社,1994,416页。

[5]《可惜中国之民权》,《重庆日报》,1905年5月10日第163号。

建道德、封建思想、封建文化的批判,如继续刊载倡导婚姻自由的小说《自由结婚》,继续关注教育问题的《小孩子读书的缓急》,还有与实践结合的一面。他还身体力行,创办重庆公立第一女工讲习所,"研究实业为女界谋自立之基础,兼习文科,使女界吸收普通之知识"[1]。这些内容,较之《渝报》《广益丛报》《重庆日报》(竹川藤太郎主持阶段)提倡女学、推行放足,又有了很大的进步。讲习所半工半读的性质,既学文化,也学技艺;既求得裁缝、刺绣、烹饪等使用技能,求得经济上的独立,也可以学习国文、东文、算学、体操等文化知识,推动知识进步。这些都是妇女挣脱家长制压抑,摆脱父权、夫权束缚,争取婚姻自由,学会生产能力的进步要求,也是与封建道德格格不入和水火不容的。

更为刺激清朝政府的是,卞小吾在《重庆日报》上提出了"剪辫"的号召,这对当时相对封闭的重庆来说是惊世骇俗的举动,也是当局不能容忍的。辫子被清政府视为国体象征,当年清军入关时曾强横要求"留头不留发,留发不留头"。甲午战争后,辫子被视为国人落后愚昧的象征,在外国人眼里中国人因为辫子被喊为是"pigtail"和"豚尾奴",中国人也觉得"其见诮于列邦,致碍于全体,少具意识者无不恨同骈拇赘疣之累也"[2]。1900 年之后,"剪辫"作为革命者施行的民众教化,意味着对清朝政权合法性的否定,几乎成为人们政治倾向的标志。《重庆日报》在第 155 号、第 156 号、第 157 号第一版上连续刊载《剪发辫问答》。文章态度鲜明,大力支持剪辫,并用问答的形式从卫生、健康、劳动、学习等自然性角度,指出留发辫的多种害处,最后指出剪发辫是"各人管各人"的主体性事情,任何人无权干预。尽管卞小吾的论述有些牵强的成分,如剪辫是"保护脑髓脑筋"[3],留辫子会在内忧外患时"才一跑他已经抓着辫子了"[4],也没有明确提出民族主义的概念,但"政治化"的辫子为清朝树立了权威,也给反清力量提供了强大工具。卞小吾的剪辫号召更是成为他个人革命民主主义的重要体现。到这里,《重庆日报》代表晚清时期的重庆本土媒体,也完成了

---

[1]《重庆公立第一女工讲习所简明章程》,《重庆日报》,1905 年 5 月 16 日第 168 号。
[2]《剪发易服议》,《大公报》,1906 年 9 月 1 日。
[3]《剪发辫问答》,《重庆日报》,1905 年 4 月 29 日第 155 号。
[4]《剪发辫问答(续)》,《重庆日报》,1905 年 5 月 2 日第 1575 号。

从改良到革命的历史转型。

需要指出的是,目前并没有直接文献来证明清政府抓捕和杀害卜小吾是归因于《重庆日报》的言论,但《重庆日报》的系列言论绝对是当局不能容忍的,加之报社失去日本驻渝领事馆的庇护,锋芒毕露的卜小吾受到政府迫害就容易理解了。

二、日日输纳新鲜文明种子: 日报的现代性释放

"四川报纸之起点,惟《渝报》,惜不寿而夭。近重庆有《广益丛报》,成都有《启蒙通俗报》《官报》,其各报之质点如何,姑不论。窃闻东西各先哲之言,开通耳目,进化人群首推日报,以其日日输纳新鲜文明种子于国人之脑中,较丛报旬报月报为捷速。"[1]这段文字是时任日本驻重庆领事德丸作藏以"蜀蜷"的笔名写下的"祝辞(词)"。

德丸的祝辞,没有从新闻传播的角度展开专业分析,却指出了"日报"与"丛报、旬报、月报"的显著区别就在于发行周期的压短,这是一种时间的进步,"几乎所有的技术发现和装置都与获取或节约时间有关,它们的目的都是为了克服'慢',提高速度"[2]。这种时间上对"慢"的克服,在媒介发展的领域,影响又带来了"空间"的压缩,"传播媒介的影响都来自一个简单的技术事实:每一种现代媒介都提高了控制空间的能力。它们通过缩减人与地点之间发送信号的时间(即信息发送与接收之间的时间差)来实现这一点"[3]。这正如前文引用的吉登斯的观点,"现代性的动力机制派生于时间和空间的分离和它们在形式上的重新组合"[4]。这是推进重庆现代性的重要凝聚力量。晚清时期,国家与地方的社会发展日趋复杂,民众分布的总体地域空间很大,人与人之间的交往也日益密切,但能接触的社会信息空间却非常狭小,人们需要的信息范围在不断扩张。这时候,一张日报的出现,

---

[1] 蜀蜷,《祝辞》,《重庆日报》,1904 年 10 月 17 日第 1 号。

[2] 吴国盛,《技术时代的时间意识》,《方法》,1997 年第 1 期。

[3] 詹姆斯·W.凯瑞,《作为文化的传播》,丁未译,北京:华夏出版社,2005,105 页。

[4] 安东尼·吉登斯,《现代性的后果》,田和译,南京:译林出版社,2006,14 页。

显然具有里程碑意义。

　　这种意义，是世界范围内的一种共识。比如在美国，托克维尔这样论述了日报的价值："当人们之间不再具有稳定的联系，甚至失去联系时，如果你试图让他们重新携手同行，光是让他们相信与其他人联合行动有利于个人利益是不够的。一般来说，能够顺利做到这一点的只有报纸，因为报纸能够让许多人都同时认识同一种思想。一份报纸就像一位顾问，每天都主动而简洁地向你报道国家大事，而且不会给你的私生活带来困扰。"[1]在英国，当第一份日报《每日新闻》出现时，历史学者约翰·萨默维尔指出："定期出版与经济有关。没有日报，照样可以有新闻；但没有日报，新闻产业将永远不能得到发展，整个产业中的资本也都会因此闲置下来。"[2]这显然是基于经济学角度的分析。而就新闻生产本身来说，报纸的每日出版意味着新闻的连续发布，编辑部的组织和工作效率都必须发生较大变化，这标志着重庆新闻传播业的业务发展到了一个新的阶段。

　　此时的《重庆日报》，印刷设备是从上海采购的，技师也是从上海聘请的，这是《渝报》当年反复协调而求之不得的，并且，竹川藤太郎被德丸称为"新闻记者老手"[3]，具有丰富的新闻从业经验。尽管报纸也出现了让读者抱怨的错误，比如错把米芾所在的宋代混淆成唐代，被读者来信大肆嘲讽[4]，但竹川和卞小吾反应很及时，在第18号刊出《答爱重庆日报子书》专门回应，这是现代新闻操作过程中"更正与答复"职业操守在重庆地区的早期表现。在《重庆日报》这里，错误是第15号出现的，答复是18号做出的。考虑到读者来信的送达时耗，以及报纸发行的周期，这种迅速及时一方面与新闻本身追求时效的现代特征相契合，另一方面也体现了现代媒介伦理已经融入了《重庆日

［1］托克维尔，《论美国的民主》，陈天群等译，南昌：江西人民出版社，2013，394页。

［2］Sommerville, J., *The News Revolution in England: Cultural Dynamics of Daily Information*. Oxford University Press. 1996, p. 4.

［3］蜀蜷，《祝辞》，《重庆日报》，1904年10月17日第1号。

［4］这一事件被新闻学者王绿萍教授称为"米芾风波"。《重庆日报》创刊时，设有一个"悬赏隐语问答"栏目。第9号发表的"隐语宿题"是"我的姓恰似享有八十八之长寿者，而我不全天年夭死，我是唐代有名的书家也"。第15号公布其谜底为书法家"米芾"。但米芾是宋代人而非唐代人，于是引来不少读者的抱怨。有读者专门写信讥讽，称《重庆日报》"腼然欲开风气，输入文明，近日世界，固有如此鄙陋之报馆"。

报》的生产逻辑过程中。

《答爱重庆日报子书》先对读者表示感谢，致以歉意，并说明这样的错误在很大程度上是由办报过程缺少人手导致的，"敝社创起，以一人兼数人事，颇形忙兀"，接着话题一转指出，"夫问通风气，有大小远近迟速之别，输进文明，有能容纳不能容纳之别，吾人之智识，能否开通诸君之程度，能否容纳，姑勿深论。惟谓本社鄙陋，为近日世界所无，是杀鸡而用牛刀，因一瓦之瑕，而毁及全室也。凡报纸之游戏文章也，或以醒阅者之疲闷、或以斗阅者之思力耳。本报之设隐语问题一栏，亦此意也。是为报纸之绪余而非要点，君第以此而抹毁全报为鄙陋，语诸下等无智识之人……至上等明通人闻之，不过一笑置之而已。"[1]字里行间，既有新闻人对报纸主体意识的强烈维护，也有着对现代文明、现代文明人的期待，这实际上也是《重庆日报》的职责，即前文德丸所言的"日日输纳新鲜文明种子于国人之脑"。

"输入文明"是晚清各类报纸不约而同的目标之一，比如《湖北学生界》以"输入东西学说，唤起国民精神"为宗旨。他们以新思想的传播者和实行者自命，明白地宣称："湖北者，湖北学生演其输入之文明之舞台也。"[2]同期的《浙江潮》也期待"浙江潮，挟其万马奔腾、排山倒海之气力，以日日激刺于吾国民之脑，以发其雄心，以养其气魄……近顷，各报其善者类能输入文明，为我国放一层光彩……"[3]。从普遍意义上说，"输入文明"，是包括新闻人在内的知识界出于挽救亡国灭种命运的紧迫感，掀起的一股广泛意义上热潮。与在官方意识形态中占主流地位的中体西用论者相比，通过译书、办报、演说为载体的许多有识之士，扮演了输入西方近代文明的文明论者角色。同时，这些文明的输入，并没有采取一味地空洞说教，而是和当时当地的本土议题结合起来提出现代性的改造。毕竟，人物和事件，都是社会运动在特定环境中的产物。所以列宁有一句名言："马克思的方法首先是考虑具体时间、具体环境里的历史过程的客观内容，以便首先了解，在这

---

[1]《答爱重庆日报子书》，《重庆日报》，1904年11月5日第18号。

[2]《湖北调查部纪事叙例》，《湖北学生界》，1903年1月第1期。

[3]《发刊之辞》，《浙江潮（东京）》，1903年2月17日第1期。

个具体环境里,哪一个阶级的运动是可以推动社会进步的主要动力。"[1]尽管活跃在新闻舞台上的先进人物,如卞小吾,不是马克思主义者,肯定也没有听说过列宁的话。但是,革命的先行者们既然决心要在中国这个大舞台上演出一幕威武雄壮的"输入文明"的新剧,也就自觉或不自觉地把"输纳新鲜文明种子"和当时当地的本土议题结合起来,释放出现代性的力量。

具体到《重庆日报》,它在政治现代性、社会现代性、个体现代性方面都有着浓墨重彩的议程设置,这里尝试从相关的议题展开进行分析。

(一)川汉铁路:地方性的政治参与与舆论动员

中国近代的铁路问题极为错综复杂,铁路作为一个重要的产业部门,既是技术问题、经济问题,又是政治问题。中国陆路交通向来以车马为主要交通工具,官方运输组织主要为"驿站",运输方式落后且速度迟缓。19世纪30年代末,铁路知识开始传入中国。1859年,太平天国干王洪仁玕在国人中第一个建议"行车马之利""造如外邦之火轮车"。受形势所限,这个先进的设想并未被付诸实施。第二次鸦片战争后,西方国家在华修筑铁路成为一个普遍现象,也成为事关国家主权的标志。

川汉铁路是清末提出兴建的一条重要铁路线路,东起湖北广水(后改汉口埠),经宜昌府、夔州府(今奉节)、重庆府,西至四川成都府,是连接湖北、四川两省,贯通长江中上游地区的重要铁路动脉。围绕川汉铁路路权,美、英、法、德等国均有染指的想法,但四川官方和人民群众对此大为反感,"况四川一省,南接云贵,西连卫藏,高踞长江上游,如果路权属于外人,就可建瓴而下,沿江各省,尽失险要,后患何可胜言"[2]。正是在这种地方治理背景下,四川总督锡良1904年1月在成都设立川汉铁路总公司,完全官办性质,"官设公司,招集华股,自

---

[1] 列宁,《打着别人的旗帜》,《列宁全集》第21卷,北京:人民出版社,1959,121页。
[2] 《开办川汉铁路说》,《四川官报》,1904年第2期。

保权利"[1]。但是直到当年 10 月,川汉铁路总公司仍然碌碌无为,"资本久未鸠集,工程久未兴行","有公司而无资本,则等于无公司而已"[2]。1905 年 1 月 18 日,锡良奏报《川汉铁路集股章程》六章 55 条提出了川汉铁路股本的四个来源:认购之股——凡官绅商民愿入股冀获铁路利益者,即以己资入股者。抽租之股——凡按租抽谷入股者。官本之股——凡以官款拨入公司作股本者,即由国家库款拨作股份者。公利之股——系本公司筹款开办别项利源,收取余利为股本者。这一建议,得到了当时官方和民间不少有识之士的响应。这期间,留日川籍学生还在东京召开同乡会,认购股本,承担募集股本的任务,可以说,川汉铁路是当时四川重庆地区最重要的一件政治参与事件。此后,保路运动的发生和川渝地区辛亥革命的爆发,无不与之有关。

围绕川汉铁路,《重庆日报》作了贯穿全程的大量报道。这种关注,与《申报》当初为中国铁路建设的起步所进行的舆论动员一样,让民众对铁路建设的必要性和参与性都有了一定的认识,创设了铁路建设事业的舆论环境,奠定了人们思想认识的基础。

1.宣传川汉铁路的重要性

《重庆日报》第 3 号发表《四川人快看》,首次论及川汉铁路问题。类似的文章还有第 30 号、第 31 号、第 34 号连续刊载的《四川铁路的要紧》、第 52 号刊载觉斯的《敬告我四川同胞》、第 59 号刊载客民的《论铁路自己修的利益》、第 63 号刊载东土的《铁路利益说》。这些文章,将"四川""铁路""利益"三个核心概念叠加在一起,切入的角度则是多种多样,比如爱国主义,"今之命为爱国者,莫不曰尽国民责任尽国民义务,兴一切利以与列强争雄……而同胞之爱国者,乃哓哓然空言无实,阶而进之者,亦不过摇笔弄舌而已,于办事之时无能承担重任,川汉铁路其证明矣"[3]。比如对国家的重要性,"这四川铁路是世界上人人动心在意的……不但关系到四川的存亡,硬是关系到中国的存亡。不但四川人该打主意,硬是中国全国人亦该打主意"[4]。比如

---

[1]《开办川汉铁路说》,《四川官报》,1904 年第 2 期。

[2] 戴执礼,《四川保路运动史料》,北京:科学出版社,1959,1,9-10 页。

[3] 觉斯,《敬告我四川同胞》,《重庆日报》,1904 年 12 月 17 日第 52 号。

[4]《四川铁路的要紧》,《重庆日报》,1904 年 11 月 25 日第 34 号。

对四川的重要性，"我们四川有这么宽的土地，这么多的人民，这么富的特产……四川人要想保住四川，遇着修铁路这等事，不要说是国家的事，全不和我相干。你要知道那铁路权给了人家，那时，你的生命财产都不是自己的了"[1]。比如商业利益，"凡客商运货，脚价贵则成本重，成本重则销售滞；铁路成，则脚价可减三分之二"[2]。还有从直接获得利益，比如穷苦下力的、有矿山的、有树林的、有煤炭窑子的、挨到铁路测线内地段等角度展开阐述。

2.动员民众参与铁路集款

"自川汉铁路之发现也，集议已两次，至者合计不满三百，此重庆之耻辱也，国民之耻也，亦川汉铁路之耻也。"[3]《重庆日报》在关键的时候，积极发表各类文章，动员民众参与铁路筹款。一是积极报道认股情况，激发集股热情，第 75 号上的报道说："成都德阳县禀生巫德源等，邀集绅商十数人，连日筹议，现已运动多人，已集有百余股。"第 82 号第三版报道长寿"唐大令出示，广劝剀切详明绅矜等，亦鼓励富户集腋成裘。据近日情形，将来可得二十万金之谱。若巴县绅商能如该邑，虽二三百万不难矣"。第 92 号报道官员认购情况："锡帅饬先由在任各员按照缺之优劣购买，锡帅认买二十股，潘司认买四十股，盐道认买十八股……而我省之绅商更当慷慨为心，挥金助义。"[4]二是以"铁路集议"为题，密集发表周汝南、宋紫珍、杨敬邦、张书绅等多位读者的稿件，讨论集款一事，比如周汝南提议"设分公司于汉夔成三处，而分公司人员可推三处入股者，富商巨贾拟其总办，使人股快意畅从"[5]。邓剑丰提出"将川省各处盐局巡丁裁撤净尽，只在产盐之处设立一公司，每盐百斤，公司取二两……如此办法……计算数年成功"[6]。罗培根建议可以"兴印花股票已定凭据""兴收发所，为收银发票之所"，并在"商务繁盛之地"，设置"汇兑局，以省将解之费"[7]

---

[1]《四川人快看》，《重庆日报》，1904 年 10 月 19 日第 3 号。
[2]《铁路利益说》，《重庆日报》，1904 年 12 月 31 日第 63 号。
[3] 觉斯，《敬告我四川同胞》，《重庆日报》，1904 年 12 月 17 日第 52 号。
[4] 转引自王绿萍，《甲辰〈重庆日报〉百年祭》，成都：四川大学出版社，2015，69 页。
[5] 周汝南，《铁路集议》，《重庆日报》，1904 年 12 月 9 日第 45 号。
[6] 邓剑锋，《铁路集议》，《重庆日报》，1904 年 12 月 18 日第 53 号。
[7] 罗培根，《铁路筹款私见》，《重庆日报》，1905 年 1 月 6 日第 65 号。

这些来自民间的意见,发表在报纸上,既是对来稿者政治参与的肯定,也实现了政治意见的表达。

3.推动与政府的沟通事宜

当时的川汉铁路公司,是"纯以官厅命令行之"[1]的官僚机构,对民众,特别是富裕的工商阶层的政治参与激发力度不够。《重庆日报》则努力充当民众与政府的沟通桥梁,这也是扩大政治参与的有效手段。报纸以"同人公启"的方式来刊登广告,"知照渝中同志诸君,准于十月十四日午前十点钟,临来龙巷教育讲习所,会议筹款之法",后又刊登广告,要求所有人士,将意见以书面形式写下,交与龙巷书报公社代收,并于"二十八日十点钟,再会议决,条陈上达"。12月6日,《重庆日报》全文刊登《重庆铁路会的意见》,对两次会议的情况做了详细介绍,并对会议提出的疑惑作了解答。此后,更是刊发"重庆铁路议会同人"的《铁路筹款办法》总计7条,包括"暂加盐厘""暂行路工茶票""提借闲款""加抽烟糖厘"等。此外,竹川藤太郎本人还以"竹峡盦"的笔名写下《与锡制军论川汉铁路书》(第89号),直接向当政者提出对募集股份的看法,如"先使技师测量路线""制定土地收客章程""作工程设计书""作成手指预算表"等。

从川汉铁路的政治参与来看,由于主要涉及对铁路重要性的认知,以及募股方式的讨论,来自媒体的舆论动员就成为不可或缺的一项重要配合工程。可以说,《重庆日报》的议题设置,让政治参与过程中可获取的信息更加丰富,反过来也让民众的政治参与更加踊跃。

(二)新式教育:现代性的知识工程与舆论建构

教育强,则国家强。教育兴,则民族兴。自洋务派始,精英人士就显示出推进新式教育的强烈愿望。在他们眼里,教育作为一项现代性知识工程,是各类人才培养的基础,自然会引发现代性在各个领域的连锁反应,从而最终有利于中国社会更顺畅地踏上现代化道路。

与宋育仁《渝报》时期面临的情形不同,1901年清政府先后发布上谕,改革科举考试制度,改书院为学堂,重庆地区也随之掀起兴办新

---

[1] 转引自隗瀛涛等,《四川近代史》,成都:四川省社会科学院出版社,1985,438页。

式学堂的热潮。1902年,岑春煊督川时,设立了推进"教育新政"的学务处和州县学务局。1905年,科举制度废除,中央学部设立,四川方面遵章改设川省提学使司,以及其他推进新学的机构和组织;州县学务局改设劝学所。为了加强新教育的推广和管理,川省学务处、提学使司还定期开会,随时督查考核,严明奖惩。四川总督锡良,还将兴办学堂作为考核地方官吏的重要内容,"督率有方"、明白奖惩。换言之,振兴教育已经从当时精英分子的理念思考走向了现实落地,开始有了初等教育、高等教育、实业教育等各层次的办学实践。

"总体上看,重庆新式教育在全国开始较晚,但其地位却一改元明清中叶以来700多年的重庆文化教育地位的衰落之势,成为全国新式教育最发达的地区之一。"[1]不过,新式教育在普遍推广的过程中,还是遇到了形形色色的问题,这也赋予了《重庆日报》在各个层面大声发言的领袖地位。

1. 幼童教育

幼童教育是《重庆日报》关注的重点之一,卞小吾专门以"白话道人"的笔名在报上发表《小孩子的教育》一文,连载6号。文章开篇指出:"现在的时势,比从前不同,从前小孩子读书,只要念念《三字经》《百家姓》《千字文》、四书五经……现在都不中用了……现在的教科,说出来足足有十几种,就是形形色色的学问罢了,一种叫做(作)伦理学,一种叫做(作)国文,一种叫做(作)历史,一种叫做(作)地理,一种叫做(作)算学,还有几种教科,叫做(作)博物理化……"[2]接着,卞小吾分别介绍了伦理、国文、历史、地理和算学相关的内容和重要性。第31—42号连载《为父母快看》一文,劝诫父母"无论男女均要一样喜欢他。到了四岁的时候,女儿不要缠脚,儿女一齐都要读书,莫像以前,读《三字经》《百家姓》《三字幼仪》、四书五经,低着脑壳读他四五年,还是写人情帖子都写不成","到了八岁的孩童,无论男女,均要教他的普通学问……第一叫德育,第二叫智育,第三叫体育",这样的教育,"硬是比那修房子,买良田留与儿孙的利钱,还要大一万五千倍",

---

[1] 吴洪成,《重庆的学校》,重庆:西南师范大学出版社,2008,242页。
[2] 白话道人,《小孩子的教育》,《重庆日报》,1904年11月13日第24号。

这种教育对孩子的影响也非常重要,"比那殷纣王的铁统江山,秦始皇的万里长城,还要稳当些"[1]。如此一来,国家就有希望了。

2.大众教育

在清末"新政"的政策引导下,官方与民间对教育的作用与角色的认识有了转变,大众教育被视为社会自强的基础,地方精英如绅士、工商业者等也卷入教育的改良活动中。《重庆日报》的第 1 号就刊有渝城名士梅际郇的《重庆民立第一半日学堂募捐启》,号召读者给半日学堂捐款。从《重庆日报》的刊载情况来看,半日学堂在 1904—1905 年期间有着不错的发展。四字学堂是另一种面向普通大众的教育形式,《重庆日报》第 29 号刊载《四字讲舍起点祝词》,介绍四字学堂的办学宗旨,"现在要想富强中国,只有想法子使中国的人们都能认得字这个法子,半日学堂就方便大(多)了,还不如四字讲舍。这个办法,是每天择众人闲暇的时候,讲授四个字的意义,先用墨牌或粉牌写四个字,又用纸条照样写四个字,来听讲的人,各人给他一个纸条,讲授的人将四个字讲完,还多不过一点钟的功夫","夔府邓少云先生,才从日本游历回来,就在弹子石森昌泰火柴厂内,设一个四字讲舍,工人差不多一百多个,已于初九的晚上开讲"[2]。由此可见,大众教育在当时已经有所实践,并且面向的是普通大众,形式灵活,广受欢迎。

3.专科教育

晚清重庆的专科教育,是从 1901 年合川四川蚕桑公社开始的。"新政"施行以来,法政、医学、体育等专科教育也逐步发展起来,《重庆日报》着重对医学教育给予了关注。第 50 号刊载的《重庆医学会广告》指出:"彼东西洋各国莫不有益学堂,聚凡业医者,皆由彼中卒业而出……我国今日医学之无发达,实无学堂讲习故也。本会同人有见(签)于此,特发起斯举,假来龙巷重庆教育讲习所内小院下厅,改造讲堂斋舍并置书籍仪器标本……集合同志发明医学为宗旨……每日讲说切磋三小时……"[3] 第 59 号又看出巴县益学堂招生广告,公开招

---

[1]《为父母快看》,《重庆日报》,1904 年 12 月 6 日第 42 号。

[2]《四字讲舍起点祝词》,《重庆日报》,1904 年 11 月 20 日第 29 号。

[3]《重庆医学会广告》,《重庆日报》,1904 年 12 月 15 日第 50 号。

收医学专业的学生,并且"卒业后择优升送京师大学堂医学馆,或由本学堂资送出洋"[1]。此外,卞小吾和竹川藤太郎还身体力行,创办起东文学堂,顺应当时中国留学生前往日本的留学热潮,《重庆日报》对此自然也是大张旗鼓地予以报道。

4.女子教育

1903 年,重庆成立"女学会",力求"振兴女学"。《重庆日报》创刊后,女子教育一直是报纸关注的重中之重,这种关注点的突出性与清末女权运动的兴起有着直接关系。清末女子学堂的出现,面向女性引入了大量西方现代文化观点,鼓励女性读书、识字、阅报,赞美博学多才的现代女性,描绘丰富多彩的学堂生活,这种新式教育观点也使得女子教育的目标逐渐从培养传统的家庭型女性向培养现代社会型女性转换。《重庆日报》先后刊载《女教改良》《论女学之急要》,提出"故今日中国,欲求振兴必倡女学;欲倡女学,必标独立自尊为宗旨,发明天赋人权,一切平等,以表女子之责任。纵不能骤立许多学堂,亦必编女子之书报,以短歌白话为开化普及之先声,务使绩婆笋妇,皆自知非同玩物而有知觉运动……吾人敢决之日,即中国女界之隆口,可以卜中国国事之进退"[2]。这样的表述,将女学的紧要性与男女平等、天赋人权等现代性观点和国家发展、国事进退联系在一起,是对解放女性的一种有力呼吁和期待。

可以补充的是,《重庆日报》对解放女性的舆论关注,除了前文的女学和放足,破除婚姻陋习也是一个重要方面。第 53 号刊载短文《文明结婚》,希望父母放弃"以蛮法聘定,不许男女闻问……侵犯儿女之主权……人伦大典几同儿戏"的"压制手段"[3],给予子女自治自由的婚姻自由。《自由结婚》是卞小吾创作的一篇长篇小说,在强烈的政治性中提倡婚姻自由、男女平等,被认为是"卞小吾民主主义革命思想最鲜明的体现"[4],遗憾的是,直至报纸停刊,小说也未能连载完成。

---

[1]《巴县益学堂已巳年招生广告》,《重庆日报》,1904 年 12 月 27 日第 59 号。

[2]《论女学之急要》,《重庆日报》,1905 年 3 月 29 日第 128 号。

[3] 文明斋主人,《文明结婚》,《重庆日报》,1904 年 12 月 18 日第 53 号。

[4] 王绿萍,《甲辰〈重庆日报〉百年祭》,成都:四川大学出版社,2015,18 页。

（三）放足剪辫：身体的现代性解放与舆论引导

"近代社会以来，戊戌变法志士们对剪辫放足具首倡之功；辛亥革命对剪辫放足运动的巨大推动作用，以及剪辫放足的艰难实现，体现出剪辫放足对中国人冲破封建束缚、迈向近代的伟大意义。"[1]在这段表述中，身体被纳入了工具化、政治化和国家化的语境，女性放足，男性剪辫，成了晚清民众从"头"到"脚"参与革命的典型方式，也是正式与旧制度决裂的标志。

按照福柯的理论，缠足与留辫体现了权力对身体的控制。尽管这种控制是物理上的，但却是微妙的，甚至是政治性的，属于身体政治学的范畴。福柯主要从"解剖政治学"和"生命政治学"两个方面来谈论身体。他认为，随着经济的发展、民主政治的要求、社会的进步等因素，原来对身体的直接、暴力的惩罚逐渐被"置换"，变成对欲望的压制、对思想意志的改造、对内在灵魂的征服。旧的"解剖政治学"逐渐被"生命政治学"取而代之。也可以说，在传统社会中，权力对身体的规训带有明显的强制和暴力的特性。如今，随着技术策略的改进，规训权力变得更加隐蔽、有效。因为权力借助有关身体的"知识""真理"等话语实施对身体的规训，并把以前的外在强制性转化为人们内在自愿性，形成一种规训权力无处不在的"规训社会"[2]。不过，"只要存在权力关系，就会存在反抗的可能性"[3]，当身体政治学被纳入资产阶级革命改造的分析框架时，缠足与留辫作为国朝认同和种族认同的象征符号，很自然成为革命派的改造对象。当然，资产阶级上层集团所要求变革的社会习俗内容是极为广泛的，"从生到死、从婚姻到家庭、从衣饰装扮到娱乐嗜好、从礼节称谓到人际关系、从文明举止到社会环境无所不包，凡有利于改善人伦关系、有益于社会的文明和人的身心健康的都有所涉猎（列），这是资产阶级上层集团集体反省的结果，是他们把改造社会旧俗视为社会革命的一个重要历史任务的结

---

[1] 王冬芳，《剪辫放足与其对中国迈向近代的历史意义》，《社会科学辑刊》，1999 年第 2 期。
[2] 赵方杜，《身体规训：中国现代性进程中的国家权力与身体》，南开大学 2010 年博士论文。
[3] 米歇尔·福柯，《权力的眼睛：福柯访谈录》，严锋译，上海：上海人民出版社，1997，47 页。

果"[1]。从这个意义上来说,放足与剪辫,仅仅是革命改造的一部分,展示的是身体面对规训时产生的反抗性。特别是随着现代性的输入和发展,身体经历了前所未有的"自由"和"快乐",并得以冲破传统伦理与秩序的专断统治。

再回归到资产阶级的革命纲领来看,当以孙中山为代表的革命派提出"三民主义"时,自由、独立、民主、民权、民生等符合西方启蒙现代性的思想被充分释放。这种现代性既促进了精英知识分子的思想转变,也推动着他们向一般民众普及现代性启蒙因子,在建立政治权威和社会认同的同时,建构现代国家——民族国家的形态。在这个过程中,身体承载了非常明显的使命化与工具化的意义。自洋务运动以来,在经历了一系列从器物、制度、思想文化上的救亡努力和失败之后,知识精英和权力精英逐渐开始关注原先被忽视的"人"。无论是废除传统的科举制、兴办新式教育以培育新式民众;以戒缠足、兴女学为主要内容的妇女解放运动,加强对女性身体的开发;或重视体育运动,提高身体素质,这些都是把"改造人作为改造一切的基础",通过强身、强种以强国,进而完成救亡图存的历史使命。换言之,革命语境下的身体改造并非以身体为最后的落脚点,身体只是一种载体、一种隐喻、一种策略,真正有意义的是隐藏在身体背后的人,即"以身体为切入点,以人为最终目标"。

于是,当类似《重庆日报》的媒体关注到身体的反抗性时,"人"的现代性意义无疑得到了彰显。并且,就重庆地区的革命进程来看,《重庆日报》对放足剪辫的舆论引导,一方面延续了《渝报》对"反缠足"的倡议,另一方面又引领了《重庆商会公报》《广益丛报》的剪辫报道,构建起一股解放身体现代性的舆论合力。

以放足为例,《重庆日报》"几乎每天都有这方面的报道"[2]。这些报道,大致可以划分为四种类型。一是叙述各地放足活动的动态,如第 73 号报道了长寿县天足会盛行,天足开会的事情;第 87 号报道了成都北校场开天足会,到者千余人,争相放足;第 119 号报道了一名

[1] 梁景和,《近代中国陋俗文化嬗变研究》,北京:首都师范大学出版社,2009,348 页。
[2] 王绿萍,《甲辰〈重庆日报〉百年祭》,成都:四川大学出版社,2015,154 页。

男子在婚后，立即劝诫妻子放足的事情；第 141 号报道璧山刘德先创设天足会，并给予放足者资助的举动；第 128 号还报道了涪州火神庙女尼姑劝告女性放足的事情；第 167 号报道阆中风气渐开，天足盛行的状况。

二是详述放足的好处，比如第 72 号、第 73 号刊出了吴则柔女士在发起放足会上的演说，条分缕析地列出了放足的 23 条好处，如："第一要晓得缠足是男子压制我妇女的；第二要晓得放脚并非可耻的事情；第三要晓得放脚是女子有益的事情……第十一要晓得今日放了脚，明理的人说我开通……十三要晓得外国妇女身强力壮，游历各国，无拘无束，都是放脚的好处……第二十二要晓得放了脚，必格外讲求学问本事；第二十三要晓得我放我的脚，与别人无涉……"[1]

三是陈述缠足的危害，比如第 68 号《缠足毙命》的新闻，讲述了千厮坊谢某幼女因为缠足，"因此不能行动，渐渐瘦弱而枯槁，病甚矣。其母尤不悟，历数医，遂于昨日午后毙命"[2]的事情。第 72 号的论述更是直接指出："如今中国民众男女之数相半，而女子皆缠足不活动之废物也，故四万五之内，当扣除二万五之废物……缠脚者是废疾也，畸形儿也，侏儒之类也，各种有何等美观乎？"[3]

四是把放足与女学、婚姻等女性权利解放等联系在一起。比如第 169 号刊载的《重庆公立第一女工讲习所简明章程》明确招聘对象"不得缠脚(已缠者到本所即须速放)"。第 39 号连载的《女教改良》批评某些"当父母的，也只晓得足如何裹法，脂粉如何施法……除了这几样，连天日都不晓得"[4]。第 44 号接着说："从今以后，足已放了，做事就不惧怯了。将女子当学的工艺一一传授她，女子当尽的责任一一指点她，在家可以代父母之劳，出嫁可以助丈夫兴家，将来我们中国，足足添二万万有用的明白人，可还了得吗？"[5]

这里可以看出，相比《渝报》，《重庆日报》在放足方面的态度更加坚决，说理也更加明晰。或者说，已经从单纯的报道渝城放足的动态，

---

[1]《演说》，《重庆日报》，1905 年 1 月 13 日，1 月 14 日第 72 号，73 号。

[2]《缠足毙命》，《重庆日报》，1905 年 1 月 8 日第 68 号。

[3]《论说》，《重庆日报》，1905 年 1 月 13 日第 72 号。

[4]《女教改良》，《重庆日报》，1904 年 12 月 2 日第 39 号。

[5]《女教改良》，《重庆日报》，1904 年 12 月 8 日第 44 号。

走向了女性权利解放的高度,对重庆地区放足运动的开展起到了功不可没的导向作用。

剪辫,在晚清革命进程中的标签意义更加醒目。在现代民族国家情节被唤醒的节点上,"辫子"成为外族与汉族的边界,因为这样的边界有着明确的身体特征,较之地理边界更加能够让国人深切感受。在当时,辫子已经成为清朝普通人身体的一部分。在每天的日常生活中,辫发的政治象征已经内化到民众的心里。但是,随着晚清政府的威权力量逐渐下降,辫子的政治威压也随之降低。此前,维新派已经将辫子从讳莫如深的领域拉到官方的政治领域,成为舆论中的话题,革命派对剪辫的叙述重点虽然也是以辫子的功能性为起点,但是结合了自身的政治诉求,剪辫就大大超出了一般的风俗改革的层次,而是将剪辫与革命联系起来。

相应地,革命派媒体也围绕辫子建构起新的话语体系。自1900年《中国旬报》第19期刊载章太炎《解辫发说》一文起,就有了大量的论述。与维新派将剪辫视为个人和国家的改良不同,在革命派媒体眼里的剪辫行为,被赋予了身体的反抗性意义,并上升为"民族"想象的内容。在革命派媒体的报道中,有关辫子的现实生活中的遭遇与历史中的痛苦记忆被大量呈现,这其实是试图将晚清的中国建构成敌对的不相容的两个族群,一个是被压迫、被奴役的中原正统的族群,一个是历史上野蛮暴力、当代软弱无能却占据统治地位的族群。"一份报纸如果为我们提供了一个可憎的敌人,它就比一份探讨美元短缺所有复杂细节的报纸更吸引人。"[1]在这样激进的剪辫叙事框架下,辫子成为汉族与满族族群认同的标志。剪辫也就顺理成章地成为与旧制度、旧政府决裂的标志,构建出消灭满族,建立汉族统治的民族国家"想象"。

《重庆日报》在第155号、第156号、第157号第一版上连续刊载《剪发辫问答》。这是重庆历史上在报纸中第一次提出剪辫的号召,具有破天荒的意义。尽管文章只是从卫生、健康、劳动、学习等自然性角

---

[1] 伯特兰·罗素,《权威与个人》,储智勇译,上海:商务印书馆,2012,60页。

度,指出留发辫的多种害处,最后指出剪发辫是"各人管各人"的主体性事情,任何人无权干预,表面上没有涉及政治,可是,辫子已经被深刻地泛政治化,是清朝政府及其统治的权威象征,号召剪辫无异于和政府宣战,这是清朝统治者无论如何也不能容忍的事情。尽管没有直接证据表明,《重庆日报》的剪发号召是来源于革命者的投稿或者卞小吾的革命自觉,也没有证据表明卞小吾被捕杀与剪发号召之间存在必然联系,但是,正如尼采在《权力意志》中所说,"要以肉体为准绳……因为肉体乃是比陈旧的'灵魂'更令人惊异的思想"[1]。《重庆日报》的《剪发辫问答》不可能不触动统治者的神经,这种触碰带来的反应,恰如孔飞力在《叫魂:1768年中国妖术大恐慌》一书中指出的官方态度那样,必然是严厉和迅速的惩罚。

可以说,辫子与政治之间的结合,是清王朝特有的特点。这种泛政治化,导致清王朝一直对辫发问题非常敏感也异常棘手。是否留辫,可以左右人的存活命运,标签人的政治属性。在政治恐怖下,留辫带来人为强制的表面一统,却造成民族之间无法愈合的历史裂缝。反之,它又给资产阶级革命派提供了强大的身体反抗工具。卞小吾和《重庆日报》的历史贡献,恰好是为这种身体的反抗和现代性解放,提供了舆论引导,重构了民族想象,勾连起身体与国家的现代性关系,这也是日报"日日输纳新鲜文明种子",释放现代性的有力佐证。

三、报刊与现代性: 再谈新时空观下的城市互动

有学者指出,"现代新闻的成型与繁荣恰恰是对现代性的最佳注解"[2]。这样的论断,一针见血地指出了报刊与现代性的关系,尽管该作者被批评缺乏严密的逻辑推理和意义脉络。但同期的学者周彤、芮必峰从现代性重要原则的时间观念角度出发,对"现代意义的新闻"在中国的发生与现代性在中国的源起两个问题做出的关联研究,"补

---

[1] 尼采,《权力意志》,张念东、凌素心译,上海:商务印书馆,1991,152页。
[2] 王亦高,《新闻与现代性:从"永恒"到"流变"的世界观转向》,《国际新闻界》,2010年第10期。

位式"地回答了学界的疑问。周彤等人的研究发现,新闻作为现代文化的一种形式深度参与了中国现代性的起源,它通过强化国人现代时间观念,建构"求新""求变"的媒介图景,部分执行了"经典淡出"之后意义世界的补位工作,促进了国人心性结构的变化——"走进现代"。在此意义上,"新闻"可成为研究中国现代性的可靠参照。[1] 在这个过程中,报刊,更准确地说报刊上的"新闻"促成媒介时间的转向,借由大众传播持续广泛的影响力不断冲击着国人的时空观。

新的时空观,在前文观察城市、报刊与现代性关系时已经作为一个关键指标进行了初步考察。其中,现代性是勾连城市与报刊的重要纽带。现代性的一个突出特征是理性化,即韦伯所说的世界的"祛魅(脱魅)"。韦伯的学说指出,随着理性化的进程,现实正脱去神秘的不可理解的魔魅化外衣,使人从世界神圣秩序和意义的原始价值理性中走出,进入一个自我创造的意义世界,用技术的、计算的手段来支配升高,进而驱动我们的行动越来越趋向手段—目的合理性,用最简易的方式达到利益最大化。其中,报刊对当下共同世界的描绘以及人们对这个领地的思虑,扩张了人的共同世界,已使人从先验给定的前人世界和受个人经历限制的周遭世界中解放出来,让人们摆脱了对"古代时间"的依恋,[2]也推动人们迅速进入一个由报刊和报刊上的"新闻"构建的新世界中。而1904年人们对新世界的期待,已经有了此前维新报刊的大量铺垫,也更加符合1900年之后新式知识分子的现实追求。同时,报刊与社会,特别是与城市社会的紧密互动,也推动着士绅阶层和新式商人主动进入新世界,抛弃和远离传统的权威秩序。

扩大开来看,尽管众多市民不是不识字人口,也并不是《重庆日报》等报纸的读者,但在城市空间中每一个人都无法避免要被裹挟进新的世界。这是生产力发展之后城市化的必然性。按照马克思的观点,资本主义工业化所产生的城市化,会使传统的、凝结的地区关系被打破,而产生新的、交互性的、更为广阔和复杂的城市空间。对于空

---

[1] 周彤、芮必峰,《现代时间观念的形成与新闻现代性在中国的发生》,《中国地质大学学报》(社会科学版),2017年第2期。
[2] 卞冬磊,《"社会世界"的更新:新闻与现代性的发生》,《国际新闻界》,2014年第2期。

间,西美尔在《社会学——关于社会化形式的研究》中,用第九章专门论述了"社会的空间和空间的秩序"。他认为,社会互动能将空洞的物理空间变成有意义的社会空间,甚至赋予空间以心理学的含义。所以,我们应当更多关注的不是空间的自然属性而是其社会属性。[1]在另外一篇文章《大都会与精神生活》中,西美尔则关注到城市空间中的时间问题。他认为,现代都市生活的显著特点就是理性原则和精于计算。如果柏林市所有的钟表都以不同的方式突然坏掉,现代人的社会结构、人际交往、经济生产和日常生活都会陷入无法解决的混乱甚至是崩溃状态。所以,如果不是最按时地把所有活动与各种相互关系统合在一种稳定的和非个人化的时间表里,都市生活方式是不可想象的。[2]将两者结合起来,可以发现时间与空间贯穿城市现代性的每一个领域,与每一个城市人密切相关,这正如梅洛·庞蒂所说的那样,"不应该说我们的身体是在空间里,也不应该说我们的身体是在时间里。我们的身体寓于空间和时间中"[3]。于是,人与人的身体并不只是作为空间和时间中的一种普通物体,而是直接作为空间和时间关系中的构成物。

当新的时空观来临时,人也必然随之改变,这是客观规律。关照到中外的报刊实践中,都有相关的论述。比如梅勒文·德弗勒等学者曾直接给出结论:"大众传播不仅对个人而且对整个社会或文化都有影响;它可以影响一个团体的共同信仰和价值观,影响它对英雄与恶棍的选择,影响它的公共政策和技术。特别是媒介持续不断的信息传播,能对社会变革产生真正深刻的影响。"[4]而在晚清的时代背景下,伴随时局的一次次激变,报刊取代传统的经典,嵌入了精英人士的生活,由报刊建构的"新世界"成为他们阅读生活的新体验。这种新体验所体现出的"共同世界之现在意义",与前现代社会人们对现实社会的认知感受相比,无疑具有现代意义的倾向。

[1] 齐奥尔格·西美尔,《社会学——关于社会化形式的研究》,林荣远译,北京:华夏出版社,2002,460 页。

[2] 齐奥尔格·西美尔,《大都市与精神生活》,载汪民安等编,《现代性基本读本》(下册),郑州:河南大学出版社,2005 年,641 页。

[3] 梅洛·庞蒂,《知觉现象学》,姜志辉译,北京:商务印书馆,2001,185 页。

[4] 梅勒文·德弗勒、埃弗雷特·丹尼斯,《大众传播通论》,颜建军等译,北京:华夏出版社,1989,328 页。

（一）《重庆日报》：中国媒介现代性成熟的一个样本

相比《渝报》初步呈现的媒介现代性，《重庆日报》作为中国媒介现代性成熟的样本意义早已被承认。"现在看来，《重庆日报》的外在形态十分简易，但在当时却有着重大意义，它开创了重庆、四川地区报业现代化的先河。此前，1904 年的四川，还处于报、刊不分的年代，报纸通常都是以刊的面貌出现的。虽然此前傅樵村办的《算学报》，潘清荫办的《渝州新闻》均'日出一纸'，但都以单张的形式出现，并不具有现代报纸的特性。当时就全国而言，在新闻事业较为发达的一些大城市，'册报'与'张报'同时并存，在新闻事业落后的四川占统治地位的仍然是'册报'。比《重庆日报》晚出半个月的地方官报《成都日报》，虽以'张'的形式出现，但仍保留着浓重的册报痕迹。它的编排延续了册报的格式，仍按照谕旨、宫门抄、辕门抄、殊批恭录等的模式。《重庆日报》则完全摆脱了'册'的形态，与自 1897 年《渝报》以来重庆和四川出版的所有报刊在内容、编排、印刷等方面，都有着质的区别，具有现代形式的报纸样式。"[1]

除了形态上的现代性，言论、新闻、副刊与广告四大要素的同时具备，也成为从内容上判明报纸现代性的重要标志。

言论方面。现存的 162 期《重庆日报》中，共有 136 篇言论性文章。其中不少内容，如《女教改良》《孟子之进步主义》《商人快看》还连载多期。这些言论性文章涉及办报观点、商务改革、儿童教育、大众教育、妇女教育、留学问题、川汉铁路、男女平等、婚姻自由、西藏问题、日俄战争、反清言论、中国人当自强等诸多方面，每日至少一篇，安排在一版或二版位置。这些言论反映了竹川藤太郎与卞小吾的政治立场，态度鲜明，也成了《重庆日报》的灵魂。并且，如果说《渝报》的言论可以称之为"建言式"的改革动议的话，其目标是为了维护和追随政府的统治，那么，竹川藤太郎时期的言论就走向了"对话式"的阶段，言论的起点被提升到与政府平等的层面，典型如《与锡制军论川汉铁路书》。而卞小吾时期的言论，如《政府与民族》《中国之三权》《论禁遏

---

[1] 蔡斐，《重庆近代新闻传播史稿（1897—1949）》，重庆：重庆出版社，2017，58-59 页。

言论自由之可畏》则高屋建瓴地展开了对政府的批判,走向了政府的对立面,体现出辛亥革命初期的激进色彩。

新闻方面。《重庆日报》的新闻报道主要是两个新闻栏目,"中外汇报"和"巴蜀大观",报道国内外和四川及重庆本地新闻,占报纸一版至一版半的篇幅。每天的新闻从五六条、七八条至三十余条不等。新闻来源的渠道主要有六种:一是由招聘的访员采写。二是由卞小吾亲自采访。他对外的公开身份就是报社记者,既参与各种社会活动,也为报纸采写稿件。三是摘编自其他报刊或外电。四是群众自发来稿。五是友人提供。六是道听途说,这类很少,并都加以说明。通过这六种渠道,《重庆日报》有了较大的新闻信息量。形式上,《重庆日报》的新闻大多有标题,标题的制作能体现新闻内容,简明扼要。也有一些新闻没有标题,仅在一条消息的开头加"○"或"●",表示此是单独的一条。这些新闻报道,给我们勾画了晚清时期中国四川地区的社会全貌。

副刊方面。《重庆日报》有很多副刊性小栏目,如"天声人语·谐乐园""隐语·宿题""笑话""词林""诗丛""讽林""明窗净几""时潮""动物界漫画""动物界杂话""百花丛""杂俎""世界杂俎""格言""世界奇闻""文薮""寸铁""怪怪奇奇""一家言"等。这些栏目一般都放在第三版新闻之后,没有严格固定的出版时间,有的只出过一期,有的出三四期或五六期,也有的出过十期左右。其中持续时间最长的是"天声人语·谐乐园",从 1 号到第 143 号,中间共出了 34 期。

广告方面。《重庆日报》的广告固定在报纸第四版,并在广告前面冠有醒目的加了花框的"广告"二字,以使广告与报纸上的其他文字相区别。这些广告,既有商业性的,也有很多非商业性、非营利性的广告。商业性广告大多是文化教育和商行、客栈、照相、布庄、医馆等的广告,平均每天八九条至十三四条;每条广告间,都用花线或黑线隔开,版面清晰规整。非营利性广告主要来自相关机构,如重庆医学会、四字讲舍、重庆民立第一半日学堂、重庆书报公社,大多带有社会公益性。此外也刊登个人广告,如票据丢失声明、感谢良医,或用广告形式证明某人清白、表扬好人好事及行善者等。

根据统计可知,在《重庆日报》刊登广告的商业主体有溥利煤矿公

图 4-4　太和洋行广告

司、合州学制山房售品、渝城大梁子中西合客栈、荣兴公客栈、五大洲客栈、陕西街祥泰包席馆、别有风味轩、均和昌照相、淞秀威仪照相、周瑞芳照相楼、瑞泰和云土抄庄、德生义云土抄庄、华利灯厂、张生大洋衣庄、重庆神仙口百年画馆、蜀商惠安泰、英商卜利门公司、重庆大阪洋行、太和洋行、东华洋行石灰公司、重庆隆祥行、立德洋行……

　　这些广告,立足市民的日常生活,贴近市民的各类消费,也满足了市民的信息需求。广告话语,有一种与生俱来的"大众性"与"公共性"。相比精神世界的改造,商品在物质层面带来的现代性更容易被接受。更重要的是,大量的报刊广告在推进重庆城市向消费社会进步的同时,还使用了很多具有现代性意义的文化符号来表现日常生活,营造出了优雅、健康、文明的"样板"和"模范"式的现代市民日常生活氛围,代表着实际生活中的现代性体验。尽管不是每一个人,或者每一个家庭都能通过消费体验这种现代性,但广告显然扮演了一个实现、满足、引导市民意识中关于现代性的追求、想象和体验的角色,"虚拟在场"地为人们构建着现代性的镜像,并使人们逐渐认同、定义着城市人的身份。这是此前的《渝报》,同期的《广益丛报》《四川官报》《通俗启蒙报》无法相比的。而就《重庆日报》本身来说,广告体现了报刊与市场逻辑的结合，这是媒介现代性的重要原则之一。

透过报纸的形式与内容，《重庆日报》的媒介现代性成熟还体现在以下四个方面：

一是强烈的职业感。相比宋育仁，竹川藤太郎与卞小吾的职业性大为增强，在"日出一报"的出版周期下，《重庆日报》的人手并不富裕，大多时候只有竹川藤太郎与卞小吾亲自主持，但他们不辞辛劳，成功地达成了"为诸君造舟车，为诸君架津梁"的使命职责。在创刊100号时，竹川写下《第一百号》的回顾："本月本日我《重庆日报》到达第一百号，以他诸口岸及诸外国之新纸看之，恰如老爷之于赤儿。然于此别乾坤之巴蜀见日刊新纸，其事已足为奇。况创刊以来，一点无病患，毫末无障碍，日肥育月成长，重号至一百者乎。世有三号杂志五十号新纸之称呼，杂志多三号而废刊，新纸多五十号而灭亡之故也，斯业界之难关险滩多在此期之间焉。顾我日报之始举呱呱之产声也，同情者为忧，曰巴蜀人士不知新纸之为何物。宜先创周刊旬刊，而后渐次入日刊，今而直起日刊不知其可。不同情者窃嘲曰……然吾人有所自信，不听同情者之忠言，不顾不同情者之嘲笑，断断乎勇往迈进。"字里行间，冷暖自知，却透露出对报业的强烈使命感。他们的目标是，"若夫日报之体面内容，则尚不足言，看之于日报之生涯，今犹小孩子时代，养育之而为青年为老爷者，是吾人对天下同情者之责任而又本来之抱负也"[1]。

二是突出的主体性。"记者曰"，作为《重庆日报》媒介主体性的一个重要表征，是记者或编者在新闻报道的文前或文末加上的一段评价性文字，类似今天的"编者按"，主要表明记者的态度和意见，有时候也起到交代背景、补充材料或借题发挥的作用。比如第5号《藉词蒙学堂抽厘修庙奇闻》，在报道綦江某大令要求"每载花炭、煤炭船一只，查照老案减半纳钱陆拾文，一作蒙学经费，一作培修庙宇之需"的"奇闻"后，"记者曰"评价说，"叠次上谕均注意兴办学堂，各大宪亦极力提倡，所定章程有酌提庙金一条，今藉词蒙学堂抽厘修庙真怪状也，然

---

[1]《第一百号》，《重庆日报》，1905年2月24日第100号。

亦腐败界之常态也"。[1] 短短一句话,揭示出当政者巧立名目,实为腐败的实质。第 100 号刊载冈维氏《谁毁谁誉》一文,介绍长寿县大令出门不坐轿、又不摆设、热衷办学的情况后,编者加上了一段"记者曰",肯定唐大令的作风,希望四川百余州县个个都能如此。可以说,"记者曰"用短短的文字,对新闻事实进行评价,时效性和观点性背后是《重庆日报》突出的主体性。

三是迅速的时效性。时效性是新闻之所以成为新闻的最主要特征,也是媒介发挥现代性价值,形塑新的时空观的重要维度。"出版时间的不同意味着人们在阅报时必然要重视对信息与知识时效性的考量,时间越短代表着它们进入阅报者意义世界的时间序列也越是紧凑,愈加接近'现在时间'。"[2] 当《重庆日报》以"日报"的形式出现时,具有时效性的新闻内容牵引着读者对"新"与"变"的关注,主动地将读者拉入新闻纸内容编织的新闻流中。更深层次的是在思维层面,与现代新闻纸相适应的是一种精确的时间观念。新闻产生了一种逼迫感——对于切身、即时、不断更新的现实资讯的关怀。[3] 单就这一点来说,就可以看出日报这种现代性媒介带来的现代性体验与改变的思维模式,与传统意义体验和思维方式是不可同日而语的。简言之,报刊是现代性的产物,也促进了人的现代化转型。

四是紧密的互动性。"天声人语·谐乐园"是《重庆日报》的一个不定期栏目,前后共出现 34 次。"谐乐园",有时候也写成"偕乐园"。性质类似今天的"读者来信",即读者可以把自己的见闻思考投书给报社,反映各种情况,发表自己的观点,形式不限,字数不限,可以署真名,也可以用化名。纵观《重庆日报》的"天声人语·谐乐园",内容繁杂,有对《重庆日报》出版"欢呼雀跃"的,有抱怨邻居吵闹干扰学习的,有投诉"官厕"臭气熏天的,有揭露官员贪污腐败的,有抨击男性反对放脚现象的,还有关于重庆城市卫生建设、川汉铁路募捐的等内容。

---

[1]《藉词蒙学堂抽厘修庙奇闻》,《重庆日报》,1904 年 10 月 21 日第 5 号。

[2] 周彤、芮必峰,《现代时间观念的形成与新闻现代性在中国的发生》,《中国地质大学学报》,2017 年第 2 期。

[3] 李仁渊,《晚清的新式传播媒体与知识分子:以报刊出版为中心的讨论》,台北:稻乡出版社,2013,30 页。

"刊登这些稿件,表明了《重庆日报》乐于表达人民心声的态度和立场……是报纸与读者、读者与读者之间沟通的桥梁,为广大群众提供了说话的地方。读者信任报纸,愿意把想说的话说出来,在当时四川仅有的数家报刊中,这是唯一设有这种栏目的报纸。"[1]从传播学的角度来看,《重庆日报》对受众的重视,摒弃了《渝报》典型的"灌输"传播模式,也摆脱了精英分子自上而下的俯视心态,进而通过传者与受众的互动,表征着人与人的互动,人与社会的互动,以及传授双方的平等交往,也推进着新闻传播由单向的发送式向双向的、多向的交流式转变,这是一种典型的新媒体时代的传授关系特征。

(二)知识交换:报刊书写与城市现代性的"默契"

"媒介传播为现代性所建构,同时建构了现代性。"[2]这种因果关系上的互动是报刊与现代性的普遍性意义所在。这一点,吉登斯在《现代性与自我认同》一书中有着类似的表述,"现代性和其'自身的'媒体密不可分,如印刷文本和后继的电子信号。现代制度的发展和扩张与经验传递的巨(剧)增直接相关,这些传播形式为经验传递和发展创造了条件"[3]。这是报刊与现代性"默契"关系之所在。在《传媒与现代性:传媒的社会理论》中,约翰·汤普森认为,要了解现代社会的兴起,就必须考察媒体交流形式的出现,表现为媒体机构掌握了交流形式。同样,吉登斯也认为传媒对现代性观念和制度的确立具有积极的作为,他继续写道:"对于早期现代国家以及其他先行的现代制度的兴起来说,印刷是主要的影响因素之一。但是要追溯现代性的起源,恰恰是大众印刷媒介和电子通信日益融合与发展才是重要的。"[4]所以,他相信,"高度现代性是大众印刷媒体和重要电子传播日益缠绕着交互'发展'"的结果。

[1] 王绿萍,《甲辰〈重庆日报〉百年祭》,成都:四川大学出版社,2015,166 页。

[2] 马杰伟、张潇潇、陈韬文,《媒体现代:传播学与社会学的对话》,上海:复旦大学出版社,2011,69 页。

[3] 安东尼·吉登斯,《现代性与自我认同:现代晚期的自我与社会》,赵旭东等译,北京:生活·读书·新知三联书店,1998,26 页。

[4] 安东尼·吉登斯,《现代性与自我认同:现代晚期的自我与社会》,赵旭东等译,北京:生活·读书·新知三联书店,1998,29 页。

以"革命"一词为例。《易经》有云："天地革而四时成，汤武革命，顺乎天而应乎人，革之时大矣哉。"这段话从文化的层面解读了中国政治模式更迭的动因，也诠释了现代中国革命意识形态形成的基础。不过，陈建华先生在考证后指出，古代的"革命"与现代的"革命"并不是同样的含义。作为古语，古代的"革命"只是指一般意义上的王朝更替、世代进化，并不具有世界性和现代性意义，更没有在宣扬暴力手段的同时包含民主与民族等种种社会变革的承诺。

但是，随着晚清中国的节节败退，革命的幽灵已经在对清政权合法性的质疑与国家民族改革的声浪中反复出现。无论改良派还是革命派，在使用过程中，"革命"的内涵都已经突破了原先的历史和文化局限，承载着新的历史使命。等到 1903 年《革命军》提出"革命者，天演之公例也；革命者，争存争亡过渡时代之要义也；革命者，顺乎天而应乎人者也；革命者，有野蛮而进文明者"后，一个具有中国特色的革命现代性的范本就此生成。"所谓'天演之公例'等语，即实重复了梁启超在这数年中有关革命和西方进化观的论述，只是它比梁氏表达得远为直接和彻底而已。更重要的是，邹容表述了所谓'文明之革命'的具体内容：从建成独立的'中国人之中国'，实现'言论自由、思想自由、出版自由'到保护'人民营业之生活'，提出了以西方共和政体为底本的民族国家的蓝图，并预示了暴力所能带来的、令人醉心的远景。"[1]当新的现代性意义上的救亡图存方案成为时代主旋律时，包括《重庆日报》在内的一大批革命派报刊立即将此方针奉为圭臬，大量生成具有爱国救亡思想和民权思想的革命内容，为资产阶级民主革命做必要的理论准备。在媒体的话语机制下，革命获得了"普遍性"的威权，并能够与时代的主题如放足剪辫，与地方的主题如川汉铁路，与国家的主题如振兴教育等领域结合起来，这也让现代性有了承载的对象，而这种种领域的革新，篇篇文章的呼吁，又构建了新的现代性图景，引领着国家民族现代转型的方向。

现代意义的"革命"不仅在内容，甚至文体风格上，对《重庆日报》都有引导。对 20 世纪初的资产阶级革命派来说，不仅要大办报刊，做

---

[1] 陈建华，《"革命"的现代性：中国革命话语考论》，上海：上海古籍出版社，2000，18 页。

好革命舆论宣传,同时还要解决怎样更好更有效地进行革命舆论宣传的难题。"即切实解决革命舆论宣传的形式和文风的问题,创造一种既区别于传统古文,也区别于改良派的'新文体'的革命性、战斗性、鼓动性和通俗性相统一的新文风。"[1]当邹容写就《革命军》后,章炳麟在《序言》中为邹容打破晦涩的古文框框、"径直易知"的文风而大声叫好,这也推动了白话文体在报刊的流行。《重庆日报》相比《渝报》,就大为广泛地运用了读者通俗易懂的语言,甚至是四川地区的方言俚语。这种改变,不仅扩大了读者语言学习的范围,更是开启了将一般民众卷入"新知"的新局面。

无论是报刊内容,还是文体风格,抑或是最基本的报刊本身,对于当时的国人来说,都是一种"新知",新的知识。新闻学者黄旦指出:"中国现代报刊是在'新知'——媒介就是知识中进入人们视野的。这不仅是说报刊可以起到新知的作用,更重要的是它本身就是一种'新知',属于东渐的'西学'。"[2]具体到重庆,随着开埠程度的深入和城市的现代化改造,近代重庆居民必须凭借一种新的"知识"来应对每天日新月异的变化,此时报刊作为一种"新知"(比如前述的"革命"一词)就渐渐进入人们的视野,特别是当这种"新知"更为通俗易懂且能每日获取的时候,知识交换就产生了。

需要澄清的是,知识交换从人类诞生之初起就已经存在,这是无法否认的共识。作为一种"新知"的报纸,它在城市空间主导的知识交换,有着如下的几个区别:

第一,交换的知识从"经典"走向"新闻"。美国传播学者詹姆斯·凯瑞在《作为文化的传播》中提到了一个命题:"新闻是历史性的现实,它是一种由特定的阶层在特定的历史时间发明的文化形式……新闻形成并反映了一种特有的'对经验的渴望';一种废弃史诗、英雄与传统,偏爱独特、原创、新奇和新鲜——即'新闻'的愿望。"[3]史诗、英雄与传统,作为人们常说的"经典",代表着普遍的、恒常的规律,是一种超越时空的智慧象征。现代意义上的新闻出现后,"普遍""恒

[1]姚春树、袁勇麟,《20世纪中国杂文史》(上),福州:福建教育出版社,2011,103页。
[2]黄旦,《媒介就是知识:中国现代报刊思想的源起》,《学术月刊》,2011年第12期。
[3]詹姆斯·W.凯瑞,《作为文化的传播》,丁未译,北京:华夏出版社,2005,10页。

常"被"变动"和"新奇"打破，并指引着人们关注现在和面向未来。从另一个角度来看，这种知识交换内容的转变是符合时代气质的，一方面传统"经典"的价值，包括四书五经或托古改制的《周礼》等，在1900年之后广受质疑；另一方面当时中国社会对"新"的崇拜与对"变"的追求已经形成风气。毕竟，晚清就是身处一个不由自主的"三千年未有之大变局"中，求"新"求"变"成了常态。

第二，城市为知识的交换提供绝佳的空间。"城市是交换发生的场所，这些交换并不仅仅是货物交换，他们还是话语的交换、欲望的交换、记忆的交换。"[1]其中，自然也包括知识的交换，知识与话语、欲望与记忆在很多时候可以视为一个概念的两个方面。而"从历史上看，随着工业革命、启蒙思想以及现代性的展开，城市曾经一次又一次地为某一特定时代的写作者内心注入新的动机与创造力"[2]。报刊写作的意义正在于，并不是按照自然主义的风格还原城市风貌与社会细节，而是在现代知识范式转换下，表达人们的现代性诉求，建立时代精神的现代性追求，扶植人们在现代世界中对自我的重新认识，等等。这些方面，在《重庆日报》上都有大量的表述。

第三，知识的交换推进了城市的有机团结。城市异质性的特点需要大众媒介传播一种能够共享的知识来塑造一种共同的文化，威廉斯说："我们需要一种共同文化，不是为了一种抽象的东西，而是因为离开了这种共同文化，我们将无法生存下去。"[3]在这种共同文化的基础上，城市共同体才有存在的可能，所以从这层意义上来说，知识交换带来的共享是城市共同体建立的前提。与传统经典相比，日报的知识内容具有明显的共享暗示。所有人在同时段共同阅读，这不仅给了报刊集中赋予意义或激发受众的可能，而且将一种共同感植入阅读者的头脑，增强了城市凝聚力的形成。《重庆日报》的议题，包括商业改革、反对杂税、倡导新学、关注女性、推崇自由等，无不是一种现代城市共同文化的表达。这里试举一例，第158号社论《近日重庆之难堪》着重

---

[1] 常青，《都市遗产的保护与再生——聚焦外滩》，上海：同济大学出版社，2009，6页。

[2] 张屏瑾，《写作与城市现代性》，《上海文学》，2014年第1期。

[3] 雷蒙·威廉斯，《文化与社会（1780—1950）》，高晓玲译，长春：吉林出版集团有限责任公司，2011，330页。

批评了重庆当时的三种现象：一是"街道污垢"，"无形之微生物飞扬舞蹈，四散播腾"；二是迷信鬼神；三是参加最后一次科举考试的应试者多，且有个学堂之学生参与，全然不思"祖国之时局如何"[1]。

第四，报刊书写带来的知识交换在更大层面上推进了城市的现代性。在《重庆日报》上，国内外的新闻、观点、商品一并展示，读者各取所需，交流沟通，每日发声。最为重要的是，《重庆日报》面向大众传播，及至1905年4月，发行量"已增至3 000多份"[2]。新知识的每天更新，给受众带来的最大冲击就是在时间上产生了强烈的"现在感"，在心理上有一种与过去"决裂"的态度，这是生活在城市的人们面对现代性冲击的正常反应，也自然而然地推动着城市的现代性。当然，现代性要素在近代城市的渗透不是一蹴而就的，而是由浅入深、由表及里的一个渐进式过程，在物质设施、现代制度、思想观念等方面都有展开。比如《重庆日报》第1号上还有"阁抄""省抄"的内容，这是传统邸报"宫门抄""辕门抄"的翻版，《渝报》就采取了"首谕旨恭录、宫门钞全录"的编辑样态，但是到了第2号，《重庆日报》就放弃了"阁抄""省抄"，走向了与政府对话的平等层面，这既是报刊主体性意识的跃进，也是现代理性精神的体现。

塔尔德说，报纸是"公共的书信""公共的交谈"，甚至是"公共的头脑"。[3] 戈公振则说，报纸是"精神的集合体和联络机关"[4]。中西方共同的表达，都指出了现代报刊与民主政治、公共舆论等现代性表现形式的密切关系。它们的背后，都暗藏着报刊书写带来的知识交换的功能主义路径。这种功能，是显而易见却又很难定量考证的，但可以确信的是，城市空间中经由报刊产生的知识交换，其效应比乡村更为明显。

谁说不是呢？

---

［1］《近日重庆之难堪》，《重庆日报》，1905年5月4日第154号。

［2］周勇，《重庆通史》（第一册），重庆：重庆出版社，2014，481页。

［3］加布里埃尔·塔尔德、特里·N.克拉克，《传播与社会影响》，何道宽译，北京：中国人民大学出版社，2005，229-248页。

［4］戈公振，《新闻学泛论》，载黄天鹏编，《新闻学演讲集》，上海：上海现代书局，1931，4页。

第五章

――――――

《重庆商会公报》:
商会组织、报刊传播与城市现代性

图 5-1 《重庆商会公报》封面

商业者,组织社会之中心点也。

——孙宝瑄

报纸足以代表舆论,非有此机关,以为各处商会之中枢,不能联络商情,开通商智,更不能剔除商弊,拓殖商权。

——向景仑

"商业依赖于城市的发展,而城市的发展也要以商业为条件。"[1]马克思的这番话,简明扼要地点出了商业与城市的关系。开埠之后,随着中西方商业交流以及国内市场的商业化,商业的发展繁荣成为推动城市近代化的重要力量,中国近代城市现代化进程因此大大向前推进。在此意义上,"因商而兴,因商立市"可以视为城市现代化的重要途径和手段。

在重庆,新式商人尽管还有某些封建商人的痕迹,但他们的经营活动已经开始自觉地追寻和服务于产业资本。他们的贸易形式,大大有别于中国城乡小生产者之间的交易。"经营出口山货,则与洋行和国际市场发生了联系,受制约于国际市场,其购销活动已开始纳入资本主义的流通过程。近代重庆资本的积累,在很大程度上依靠商人的资本积累,并主要依靠这些新式商人从外商口中分得的余沥。"[2]商业的发展,进一步推动着重庆从商业贸易中心向综合性经济中心的转变。重庆地处内陆,近代工业起步的时间较晚。直到19世纪末20世纪初,重庆的近代工业才开始在火柴业这样一个不起眼的行业起步,随后扩及丝纺、棉织、玻璃、采矿、航运、电灯等行业。粗略统计,在重庆开埠后创办人身份确切可查的30家近代企业中,商人创办的就占了15家。[3] 这些行业的手工工场兴起,又进一步推动着重庆近代工业化、金融业、教育业和大众传播事业的兴起,使重庆城市的经济功能由单纯的商业贸易中心向商业、工业、金融、交通等综合性经济中心以及近代科学技术和信息中心转变,呈现出日益近代化的趋势。

这一系列连锁的反应,在区域城市史的研究中早有关注。隗瀛涛先生的《重庆城市研究》、周勇先生的《重庆通史》、王笛先生的《跨出封闭的世界:长江上游区域社会研究(1644—1911)》等论著均给出了充分的解释。回归到哲学层面,这正如马克思所说的那样,"物质生活的生产方式制约着整个社会生活、政治生活和精神生活的过程"[4]。

---

[1] 马克思,《资本论》第3卷,北京:人民出版社,2004,371页。

[2] 苏智良,《都市史学》,上海:上海人民出版社,2014,284页。

[3] 隗瀛涛,《四川近代史稿》,成都:四川人民出版社,1990,232页《1891—1911年四川近代资本主义企业统计表》。转引自陆远权,《重庆开埠与四川社会变迁(1891—1911年)》,华东师范大学2003年博士论文。

[4] 马克思、恩格斯,《马克思恩格斯选集》(第2卷),北京:人民出版社,1972,82页。

在城市层面,工商业化的发展使得资金、技术、人才大量集中于城市,城市开始从传统的以政治—军事功能为主转向以生产—消费功能为主,由单一功能逐渐转向多功能,打破了原来城市作为政治中心、农村作为经济中心的二元格局,并在经济上取得了对周围农村的支配地位。相应地,城市的社会结构、管理体制、组织模式、市政建设与市民习惯都会随之改变。

社会层面上,"士人弃文经商及官吏在官经商,直接导致了晚清重商思潮的兴起"[1],传统"士农工商"的秩序悄然变化为"士商农工",商人的社会地位大大提高。不仅社会各界对商人的态度发生了从鄙视向尊重的急剧转变,商人也产生了浓厚的自主意识,"商业者,古今中外强国之一大关键也,上古之强在牧业,中古之强在农业,至近世则强在商业。商业之盈虚消长,国家之安危系之",因而"商兴则民富,民富则国强,富强之基础,我商人宜肩其责"。[2] 不过,面对官府的压力和外商的挑战,商人群体的危机感也很强烈。[3] 于是,在晚清"新政"的潮流中,商会与商会报刊也应运而生。

一、商会报刊:在商会与现代化之间

1903 年,清政府设立商部,负责统一管理全国商务事宜,同时制定《商会简明章程》,规定全国商务繁富地区,一律设置商会,并明确了重庆、天津、烟台、上海、汉口、广州、厦门这七个全国主要商埠"均作为应设总会之处"。1904 年 10 月 17 日,重庆总商会成立。总理由号称"西南首富"的重庆最大票号"天顺祥"老板、分省补用知县李耀庭(正荣)担任,协理为陕商、候选部经理杨怡。重庆每个商帮各公举一人,会同

---

[1] 左玉河,《义利之辨与晚清重商思潮的兴起》,《晋阳学刊》,2014 年第 2 期。

[2] 《兴商为强国之本说》,《商务报》,光绪三十年(1904 年)第 8 期。

[3] 例如,来自厘金的苛扰烦累在清末达到无以复加的程度,导致商人怨声载道,实在难继续承受。在重庆也出现了"加厉闭市"的问题。对于政府的压力,商人的期待,正如梁启超所说的那样,"惟(唯)希望有善良之政府,实行保护产业之政策,庶几有所怙恃而获即安"。来自外商的挑战,也是中国近代商人担忧的重要方面。《苏州商会档案》曾刊载清末苏州商人的担心,"再阅十年,而我商界面目仍旧,恐华商无立足之地"。参见朱英,《近代中国商人与社会变革》,《天津社会科学》,2001 年第 5 期。

驻渝的八省绅首,作为重庆总商会会董,并代表重庆工商界周旋于官绅之间,以"保商振商"为己任。重庆总商会也是四川地区的第一个商会。1904 年 11 月 8 日的《重庆日报》曾对此大加赞赏:"顷日有福音,传言渝地之商董协谋创起商会公所焉,是驾于时代之潮流之美举也,开新纪元于巴蜀商业界之曙光也。"[1]

以重庆总商会的成立为核心,重庆的各行业和各地区随即也展开了商会建设。如重庆布帮"人众事繁,急宜兴设商会以结团体",公举葛同泰为协董,陈忠元为分董,"拟定规则,呈局核定,并谕各贩商,向总董处报名",当时报名入会者便有 600 余家。[2] 1909—1910 年,重庆先后成立江津商务分会、璧山商务分会、长寿商务分会、荣昌商务分会、大足商务分会、合州商务分会、铜梁商务分会等机构,一个覆盖重庆区域的商会联盟逐渐建立起来。"商会的成立,标志着重庆开埠后四川商人社会组织由传统的行帮组织向近代的社会组织转变。商会较之过去行业封闭的行会和行帮已有了很大的发展,并从商业活动的各方面打破了行业和籍贯区分,成为联结工商各业的统一组织。"[3]

包括重庆总商会以及各地商会的产生,既不能简单认定为清政府厉行"新政"劝办商会的结果,也不能单纯归结为中国资产阶级自身力量发展而主观要求组织团体的产物。这两个方面固然都是商会产生的条件,但又都只是动因的一个方面。如果只有清政府的提倡而没有社会基础,那么就不可能得到广泛的响应而使商会迅速发展;如果只有资产阶级的主观愿望而没有清政府的支持,那么也不可能具备有利的政治条件而使商会很快普及。学者虞和平认为:"商会是随着中国早期现代化运动的兴起而产生的,它一来到世间就肩负着为中国的早期现代化而奋斗的历史使命。清末'新政'是中国早期现代化的前奏,商会则是在这一前奏曲中应运而生的产物。"[4]

那么,商会和早期现代化之间有着什么样的关系呢?

---

[1]《祝重庆商会公所之创立》,《重庆日报》,1904 年 11 月 8 日第 19 号。 此处的"重庆商会公所"即"重庆商务总公所",也即本书所说的"重庆总商会"。
[2]《布商设会》,《广益丛报》,1908 年第 175 号。
[3] 陆远权,《重庆开埠与四川社会变迁(1891—1911 年)》,华东师范大学 2003 年博士论文,80 页。
[4] 虞和平,《商会与中国早期现代化》,上海:上海人民出版社,1993,21 页。

（一）商会与早期现代化：现有理论视角下的重庆实践

在《汉口：一个中国城市的商业与社会（1796—1889）》《汉口：一个中国城市的冲突和社会共同体（1796—1895）》两书中，作者罗威廉指出：19世纪汉口社会与经济结构的变化，直接促成了19世纪90年代的工业革命和1911年的政治革命。这一论断证明了马克斯·韦伯所谓中国"没有形成一个成熟的城市共同体"的观点是对中国社会发展的一个极大的误解。当然，韦伯也有正确的地方。"正如韦伯所认为的那样，城市自治是现代社会发展的必要前提，大量事实证明在19世纪的汉口这种决定性变化已开始起步。明确的城市意识的兴起，自我觉醒的阶级差别的出现，经济领域中商人集体自治的不断增加，在非经济事务方面商人越来越多地承担起官方或半官方性质的责任，凡此，都显然有利于在城市领导集团中形成资产阶级。这种初生状态的资产阶级是在一个本质上属于前工业化，而只是受到很少西方影响的环境中诞生的。"[1] 而"通过对19世纪汉口几个有代表性商业行会的分析，可以看出行会在解决同行业内部纷争、发展汉口茶叶外贸、稳定汉口金融市场、复兴淮盐运销各方面的积极作用，认为行会不仅有利于本行业及华中地区商业的发展，更重要的是在各行业发展进程中有其时代进步的重要历史意义，这正是作者目光炯炯之所在"。[2] 文中的商业行会、药材贸易行会、木材贸易行会、茶叶公会、钱业公会和盐业公所，是传统性的工商界社会团体，也是近代商会的前身和基础。

鸦片战争后，行会逐渐趋向资本主义化，并采取了商会这一现代性的资产阶级社会团体形式。需要指出的是，无论是传统的行会，还是新式的行业商会或同业公会，它们都是一种行业性的团体，其功能的基本立足点仍然是协调同业之间的关系，保护同业的利益，统一同业的业务标准。行帮组织转变为新式商会，主要是指它的组织结构关系和行动取向方面逐渐向现代性靠拢。同时，在商会成为流行形态

---

[1] 罗威廉，《汉口：一个中国城市的商业与社会（1796—1889）》，江溶、鲁西奇译，北京：中国人民大学出版社，2015，345。

[2] 罗威廉，《汉口：一个中国城市的商业与社会（1796—1889）》，江溶、鲁西奇译，北京：中国人民大学出版社，2015，代译者序，18页。

时,行会并没有消失。行会既扮演着商会基层组织的角色,又通过独立性保持自己的传统,所以,商会这一较为现代性的团体中,包含着大量的传统性小团体,而成为一种现代与传统的结合体。这与前文提到的传统与现代不能截然割裂在学理上是一致的,只不过许多行会在加入商会之后,在商会的直接影响下,从组织形式到组会目的和活动内容都发生了程度不同的变化,日益被商会所同化而向现代性团体过渡。尽管它们作为一种同业团体仍然以独立的姿态与商会并存,但是作为商会的成员和基层组织已经与商会日益融合且趋于统一。

虞和平先生是关注"商会与中国早期现代化"的重要学者,在同名论著《商会与中国早期现代化》中,他指出:"作为商会的直接组织者和成员的工商界,是为了保护和促进自己的工商事业而建立和参加商会的。从各地工商界建立商会的缘起和章程来看,他们的宗旨都与联络商情、启发商智、促进商务相关。"[1]根据他的考察,在中国早期的现代化进程中,商会与资本主义经济的发展、资产阶级的政治参与、资产阶级的民族独立运动皆产生了密切的联系,而这三个方面也是城市现代化建设的三个重要层面。

循着这样的理论视角,我们将展开对重庆总商会与重庆早期现代化的考察。

1.重庆总商会与资本主义经济的发展

一是积极参与"商战"。重庆总商会正厅外悬挂楹联:"商战有何奇哉,只期补塞漏卮共谋公益;会心不在远也,要识挽回大局各保利权。"这是重庆商界参与"商战"的生动写照。比如重庆火柴业为了有利竞争,保护民族资本,于1907年以六家火柴厂联合组成一家大公司,公推任职于重庆总会、在重庆工商界颇有威望的赵资生"司马总理一切"。重庆鹿蒿玻璃厂为解决燃料问题,何鹿蒿与其"内戚刘庆咸合资于江北海底沟,开办仁记煤矿,耗资二万余元,经过三年之久,始行出煤,除自用之外,余数悉外售"[2]。二是仲裁商事纠纷。重庆总商会根据《商会简明章程》第15条、第16条,设立商事裁判所,专事商务

---

[1] 虞和平,《商会与中国早期现代化》,上海:上海人民出版社,1993,25页。

[2] 何鹿蒿,《记重庆鹿蒿玻璃厂》,中国人民政治协商会议四川省委员会、四川省省志编辑委员会《四川文史资料选辑》,1964,第15辑,第99页。

纠纷的处理。"凡华商遇有纠葛,可赴商会告知,总理定期邀集各董,秉公理论,从众公断""华洋商人,遇有交涉龃龉,商会应令两造各举公正人一人,秉公理处,即酌行剖断"。[1] 重庆总商会处理商事纠纷的办法决定后,"则由知府交给巴县县堂执行"[2]。长寿商务分会"附设商事公断处,设处长一人,评议员八人"[3],他们对县府用"咨文",从某种程度上表现出与其平等的地位。商会处理大量商事纠纷,成为商人参与社会经济生活管理的第一步。三是规范市场秩序。如奉节县商务分会则"以市面使用纸币漫无稽考,遂致伪币迭出,莫可究诘大为商业前途之害",便通知各商:凡市面使用纸币,"均须盖过商会图记,方准通用,否则以私币论。用示限制,而维币政"[4]。四是兴商学,开商智。如合州商会附设艺徒讲习所,招生 50 名,加上合州丝厂10 名,共 60 名,分为甲乙两班。[5] 这一行为也被四川各地商会所效仿。

2. 重庆总商会与资本主义的政治参与

由于重庆总商会的建立,重庆成为近代中国最早有新式社团的地方之一。重庆总商会把单个的、分散的资本家联合起来,形成了一种新的社会力量。其间,一些政治团体和政党如"公强会""同盟会"等也纷纷出现。公强会及后来重庆革命党人同资本主义工商业有密切关系,公强会成员"多为工商业中的青壮年知识分子"[6],如创办东华火柴公司的卞小吾是公强会成员,同盟会成员冉谷、童子钧、石青阳也有着工商业的身份和产业,这在革命派队伍中是极为突出的。1911年,"保路同志会"成为四川地区规模和影响力最大的群众性组织。他们"外以保路为名,内行革命之实"[7],把保路同志会作为民权展示和革命活动的工具,引导保路运动向武装起义方向发展,并最终促成了辛亥革命的爆发。重庆的商人群体在"保路同志会"中是一支重要力

---

[1]《奏定商会简明章程二十六条》,《东方杂志》,1904 年第 1 期。
[2] 重庆市工商业联合会、中国民主建国会重庆市委员会合编,《重庆工商史料选辑》,1964,第 5 辑第 128 页。
[3]《长寿县志》卷十一《商业》。
[4]《成都商报》第 4 册,"新闻"。
[5]《成都商报》第 3 册,"新闻"。
[6] 俞笙,《重庆公强会散论》,《近代史研究》,1987 年第 2 期。
[7] 全国政协文史资料委员会,《辛亥革命回忆录》(三),北京:文史资料出版社,1981,143 页。

量。他们的政治参与，也是重庆总商会从保皇立宪走向革命的标志。"旧有社会组织的调整，新的社团组织的出现，打破了业已形成的政治秩序和政治力量的平衡，使重庆出现大众参与政治的趋势。"[1]除此之外，商会为保护商权参加各项民权争取活动，或票请政府实施有利于商人的政策；或集体抵制洋商；或为扩展商务举办各种博览会；或广泛参与地方社政事务管理，提倡戒烟、组织消防、维护社会治安、开办学堂等。商会成为新式商人表达阶级意识、从事政治和经济活动的最好场所。

3.重庆总商会与资产阶级民族独立运动

"天下兴亡，匹夫有责，望大家保全时局，莫教美利让诸邦"是重庆总商会民族主义思想的直接表达。在重庆日益沦为帝国主义时代西方商品倾销地和原料提供地的被动情形下，商会作为中国民族资产阶级的代表，十分反对西方列强的经济侵略，力求民族工商业的自我发展。认为侵略者"可以输人之产，沦人之国，灭人之种，不以刀兵，不以水火，而神州之上几使数千年黄帝子孙之胄，无一可以立脚者"[2]，主张中国人"共兴商战"，"力挽利权"。通过"振兴实业"从根本上"抵制洋货"，以达到"农工盛，商亦随之"[3]。1904年重庆销售火柴2万余箱，大大减少了瑞典、德国、日本的火柴进口，"挽回20余万两利权"[4]。1908年，代表江、巴二县士绅利益的江合公司与英商立德乐的华英公司围绕江北厅石牛沟的矿产展开争夺，1909年7月收回，被《东方杂志》认为是与直隶官绅要求收回开平煤矿权、安徽绅商收回铜官山矿权的斗争，"实吾国近年矿务之三大事也"[5]。

当然，商会作为资产阶级的重要社团，自然被历史赋予了中国早期现代化承担者这一重任。当然，客观地来说，"它作为中国早期现代化队伍中的一个中介层次，固然可以有自己的行为取向和实际效应，

---

[1] 王文圣，《晚清重庆海关的历史考察》，合肥：安徽大学出版社，2012，184页。

[2]《四川大宗土产急宜改良说》，《重庆商会公报》，丙午年第三号，"论说"。

[3]《重庆商会公报》，丙午年第一、三号，丁未第8期，"论说"。转引自隗瀛涛，《辛亥革命与中国社会近代化——以四川为例》，转引自杨天宏，《川大史学》（中国近现代史卷），成都：四川大学出版社，2006，47页。

[4]《重庆商会公报》，丙午年第一号，"论说"。转引自隗瀛涛，《近代重庆城市史》，成都：四川大学出版社，1991，168页。

[5]《四川江北厅矿产收回详记》，《东方杂志》，1910年10月，第7卷第10期。

但是在一些事关全局的经济、政治和民族问题上，只有当他们的主张为政府所采纳并积极付之（诸）实施之后，才能收到实际效果"[1]。此外，商会也不可避免地存在自身的局限。对内，因商会是由本地的各业行帮和企业自愿联合组成，商会履行的只是通过利益关系和思想认同实现的领导功能，不具备行政制约的权力，一旦发生利益和思想分歧，加上行帮企业之间本身的派系冲突，商会很难形成统一的力量。对外，商会尽管是工商界的自治团体，却并不能切断与政府的联系，导致独立性缺失。如重庆总商会的设立，是川东道、川东商务局奉令之后积极"开导"、组织的结果，其所选总理、协理、会董报川督转商部立案[2]，在处理纠纷时，"重庆知府或亲往参加，或派员出席，并担任监督"[3]，这些都严重制约着商会的发展。加上商人传统求稳的心态，商会在晚清中国并没有形成一支独立的变革力量。它们在中国早期现代化的进程中发挥了积极的作用，也是先进生产力的代表，但由于自身的妥协性和软弱性，终究未能完全实现自己的目标，这也是中国民族资产阶级不能领导中国民主革命取得胜利的原因所在。

（二）商会报刊："足以代表舆论"的"商会纸"

晚清各地商会相继成立后，工商业从分散走向联合，逐渐形成相对统一的团体集合，"振兴工商"的实力明显增强。与此同时，一些商会逐渐意识到创办报刊的重要性，并设法筹集资金自办报刊，以作为商会的独立舆论工具。于是，从 20 世纪初开始陆续有商会报刊问世，见表 5-1。

在当时的历史条件下，不是每个商会都有创办报刊的能力。商会报刊的创立，是一项十分繁重的工作，起码需要四方面的条件：一是在处理日常事务有时间有精力；二是具备办报的财力和物力；三是需要人力及专门的办报人才；四是能够协调和疏通各方面的关系。根据国

---

[1] 虞和平，《商会与中国早期现代化》，上海：上海人民出版社，1993，25 页。

[2] 参见《川东道川东商务局申报重庆商务总会开会日期并拟定会章禀》，《四川官报》，1905 年第 1 期，"公牍"。

[3] 重庆市工商业联合会、中国民主建国会重庆市委员会合编，《重庆工商史料选辑》，1964 年第 5 辑，128 页。

家图书馆收藏的清末民初商会报刊目录,可以发现清末民初各类商会报刊约 20 种,形式上以期刊居多,如重庆商务总会创办的《重庆商会公报》、上海商务总会创办的《华商联合会报》、四川商务总会创办的《四川商会公报》。日报较少,如天津商务总会创办的《天津商报》和济南商务总会创办的《济南商会日报》。

表 5-1　清末民初全国商会报刊[1]

报刊名称	创办者	报刊名称	创办者
《广州总商会报》	广州商务总会	《天津商报》	天津商务总会
《济南商会日报》	济南商务总会	《重庆商会公报》	重庆商务总会
《营商日报》	营口商务总会	《湖南总商会报》	湖南商务总会
《四川商会公报》	四川商务总会	《华商联合报》	全国商会联合会
《贵州商报》	贵阳商会	《浙江商报》	杭州市商会
《商报》《商工日报》	沈阳市商会	《上海总商会月报》	上海总商会
《商业月刊》	南京市总商会	《实业季刊》	全国商会联合会
《潮梅商会联合会半月刊》	潮梅商会	《商联月刊》	江苏全省商会联合会
《经济导报》	福建省商会联合会	《四川商联月刊》	四川省商会联合会
《商业导报》	广东省商会联合会	《浙江商业》	浙江省商会联合会
《福建商业公报》	福州商会		

对于近代商会报刊的功能,学界已经有着基本的共识,《中国近代商会通史》对此归纳为四点:一是开商智,育商才,振兴商务;二是加强商会之间的联络,增强工商界的凝聚力,扩大工商界的影响力;三是抵制外人文化渗透,收回言论主权;四是建立自己的舆论工具,发出商会的声音。[2] 应该说,这四点是对商会报刊功能较为深刻和全面的概括。从历史来看,商会报刊确实发挥了工商界的喉舌作用,已经成为商会的重要组成。张家口商会代表向景仑特别强调,"报纸有益于社会尽人皆知",其原因在于"报纸足以代表舆论,非有此机关以为各处

---

[1] 根据《中国近代商会通史》相关材料制表。参见马敏、付海晏,《中国近代商会通史》(第1卷),北京:社会科学文献出版社,2015,471 页。

[2] 马敏、付海晏,《中国近代商会通史》(第1卷),北京:社会科学文献出版社,2015,468-470 页。

商会之中枢,不能联络商情,开通商智,更不能剔除商弊,拓殖商权"[1]。还有的商会则指出,如无报刊作为自己的舆论工具,商会将仍是一个不完善的团体,尤其是全国商会联合会,更需要创办发行自己的机关报,反映全国商会的意愿,维护工商界的权益。在此意义上可以说,"会报乃联合会之耳目口鼻也,不有会报,则联合会形具而神不完"[2]。"耳目口鼻"虽然是商会报刊功能价值在民国初年的形象提法,但包括《重庆商会公报》在内的报业实践,已经初步诠释了报纸舆论工具的作用。

阿特休尔认为:"所有新闻媒介都不可能真正地进行客观报道,都是受'利益集团'操纵来为其目的服务的。"[3]按照这样的逻辑,商会报刊由商会独立创办,并不依赖官府或者其他社会力量,自然代表工商界的利益和要求。于是,有学者指出,"尽管商会报刊创办时须经官府批准立案,但这是为了取得合法地位,而不是为求得官府资助,也未因此而受到官府控制"[4]。进而还有学者从清末新政报章政策的开放度以及政府对实业发展的支持性来论证商会报刊的独立性。

遗憾的是,理论上的"顺理成章"与历史的文本并不一致。商会报刊尽管内容偏重商情传播,与政治关联度不大。但在泛政治化的语境下,商会报刊很多时候是追随政府的步伐的。这是商会自身的非独立性决定的,也是商会"自我规训"在自身舆论调控上的体现。"诸多事实表明,近代中国商人在主动或被动求变的同时,求稳的心态也仍然时时在很大程度上对其求变产生着制约影响。如果有激进与保守两种社会变革方案供商人选择,除非到了万不得已的地步,他们一般都会选择趋于稳健或保守的方案,而不会主动选择趋于激进的方案,这并非偶然,乃是由商人的职业所决定的。"[5]的确,在中国民族资产阶级还不是很强大的时候,特别是以中小商人为主体的情形下,他们的

[1] 天津市档案馆、天津社会科学院历史研究所、天津市工商业联合会,《天津商会档案汇编(1912—1928)》,天津:天津人民出版社,1992,383页。
[2] 天津市档案馆、天津社会科学院历史研究所、天津市工商业联合会,《天津商会档案汇编(1912—1928)》,天津:天津人民出版社,1992,711页。
[3] 赫伯特·阿特休尔,《权力的媒介》,黄煜等译,北京:华夏出版社,1989,序言,6页。
[4] 马敏、付海晏,《中国近代商会通史》(第1卷),北京:社会科学文献出版社,2015,472页。
[5] 朱英,《近代中国商人与社会变革》,《天津社会科学》,2001年第5期。

经济实力十分有限,既不能在政治上和经济上对政府形成足够的威胁,顺利达到其所提出的变革要求,自身也往往经不起政治动荡的冲击。因此,一旦遭遇重大变革和社会突变,商人就会感到惶惶不安,担心自己的经济利益受到损害。因此,近代中国绝大多数商人的政治观念不强,政治参与热情也不高。他们信奉"在商言商"的基本原则。他们参与政治变革,要么出于经济目的,要么出于生存艰难。换言之,这是一种"求稳"为主、"求新"为辅的政治心态。

清末的君主立宪制度,恰好符合了商人的时代需求。一方面,他们深切感受到专制制度对商业发展的种种戕害,他们希冀在制度层面上产生变革。如上海商务总会创办的《华商联合会报》曾发表文章,"吾国人民困厌于专制政体者久矣……统计吾国近年,路政不修、币制不一、矿学不讲、工厂不兴、垦牧不倡、林业不振,厘税鲜决行之政见,盐漕乏改革之良规,凡此种种原因,皆上病国,下病民,而商界实先受其病"[1]。另一方面,商人希望的变革,并不是通过激进的方式推翻清朝政府来实现的,而是在不产生较大动荡的情况下通过清政府进行自上而下的改革。并且,1905年日本以君主立宪小国战胜俄国那样一个专制大国,给了商人阶层极大的震撼,"日俄之胜负,立宪专制之胜负也",这也从心理上给了商人阶层较大的积极暗示。

在1905年载泽、端方等五大臣出洋考察和立宪社会舆论的背景下,《重庆商会公报》也倾向于君主立宪。

《重庆商会公报》1906年第1号的"论说"指出,"泰西数十百年以来,有新法,有新书,有新学,有新人,遂能阐发新理,鼓荡新机,而为我华人顿新其耳目"。所以"中国亦何独不能开五金之利则矿务一新,缩万里之程则铁路一新,新银钱则鼓铸遍于各埠,新制造则陶冶通于域中。农则新其种植,而东郊南亩有象怀新,士则新其弦歌,而家塾党庠,知新温故;商则新其互市,而往来交易咸与维新;工则新其艺能,而组织文明,新其必创"。若能做到这些方面,中国"立其宪政则国体新矣,删其法律则民命新矣,科举废则人才新,科学立则教法新,改官制

---

[1]《上都察院书》,《华商联合会报》,1910年4月第7期。

则考绩新,练武技则戎行新",从而"涤其旧污,新其国政"[1]。这是一种以庸俗进化论来论证君主立宪制必要性的推理思路,一种典型的改良主义。于是,当1905年底传来宫中设立纺织所的消息时,《重庆商会公报》发表社论,认为慈禧令妃嫔学艺,"此实千古非常罕见之盛举,为慈圣所独创,超越曩昔,信亚东帝史之光哉"[2],表示大加赞颂。

现在看来,《重庆商会公报》的改良倾向与当时社会变革的进程出现了脱节的现象,不无消极影响。特别是与卞小吾《重庆日报》主持的革命激进论调相比,显得软弱保守。但改良主义并非毫无任何积极意义可言。目前史学界已经有不少学者认为不能以支持或是反对革命作为划分进步与反动的唯一标准,并指出清末的立宪运动也是一场具有进步意义的政治运动。"清末君主立宪思想具有承上启下的作用,是从传统思想到现代思想的过渡。所谓承上,就是接续传统政治文化和思想;所谓启下,就是开启现代宪制文化和思想。传统思想是原点、是起点,在近现代思想改造过程中,传统思想挥之不去。"[3]从实际情况看,以宪政取代专制的进步意义在当时是显而易见的,可以称之为近代中国资产阶级民主政治运动的开端,是与革命运动并行的促进中国政治近代化发展的重要举措。

"政治上的中立,就能取得商业上的赢利。"[4]阿特休尔的这一观点,虽然是从报刊客观性的角度论述的,却给研究《重庆商会公报》提供了一种思路。正是这种看似保守的改良主义立场,换取了重庆工商界在商业领域的稳定发展。而且,《重庆商会公报》在5年的发展历程中,一直把商业作为主要的内容,谕旨、阁抄、商情、采报、纪实、要件、调查、舆地、实业、商史等栏目都是以"商"字为核心的,政治色彩并不突出,保持着和政治若即若离的关系。

归根到底,《重庆商会公报》是一张"商会纸",是商会机构开展组织传播的一种工具,不是以鼓吹政治改革为宗旨的"言论纸",也不是以牟取商业利益为目的的"商业纸"。它的主要任务是传播商情,为商

---

[1]《重庆商会公报》,丙午第一号,"论说",转引自周勇,《重庆通史》(第一册),重庆:重庆出版社,2014,461页。

[2]《论宫中设立纺织所》,《重庆商会公报》,1905年,第15期。

[3]林孝文,《清末君主立宪思想史》,北京:光明日报出版社,2015,211页。

[4]赫伯特·阿特休尔,《权力的媒介》,黄煜等译,北京:华夏出版社,1989,序言,4页。

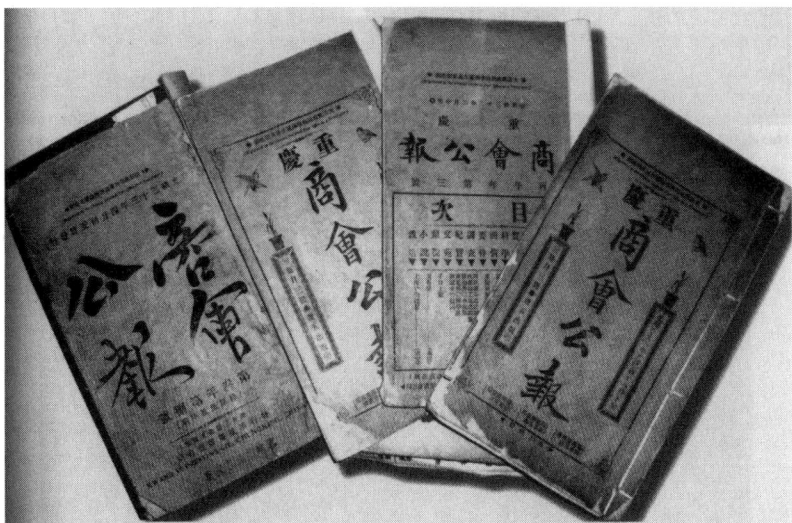

图 5-2 《重庆商会公报》资料

会服务,为地方工商业服务,这是展开对《重庆商会公报》分析的最大前提。

二、报刊传播:吾商幸甚,吾蜀幸甚

《重庆商会公报》现存的报纸并不多见,这也让全面系统研究报纸与城市、报纸与现代性的关系变得困难。从目前掌握的材料来看,《重庆商会公报》于 1905 年 8 月 15 日在重庆创刊,由重庆广益书局印刷发行,编辑部设在重庆五忠祠商务总会内,是重庆总商会的机关报。

《重庆商会公报》初为旬报,逢五出版,每册约四十页,每年出版 32 期。1906 年,报纸进行改良,外观变化较大。自 1907 年第 8 号,总第 56 号起,报纸更名为《商会公报》。从 1908 年第 26 号,总第 106 号起又改为周报,每月四册。《重庆商会公报》先后创设的栏目有阁抄、奏牍、公牍、谕旨、厘税、论说、商情、商史、实业、物价、采报、案件、录要、拾遗、小说、余谈、文苑、科学、要件、调查、纪实、杂俎等,内容丰富。

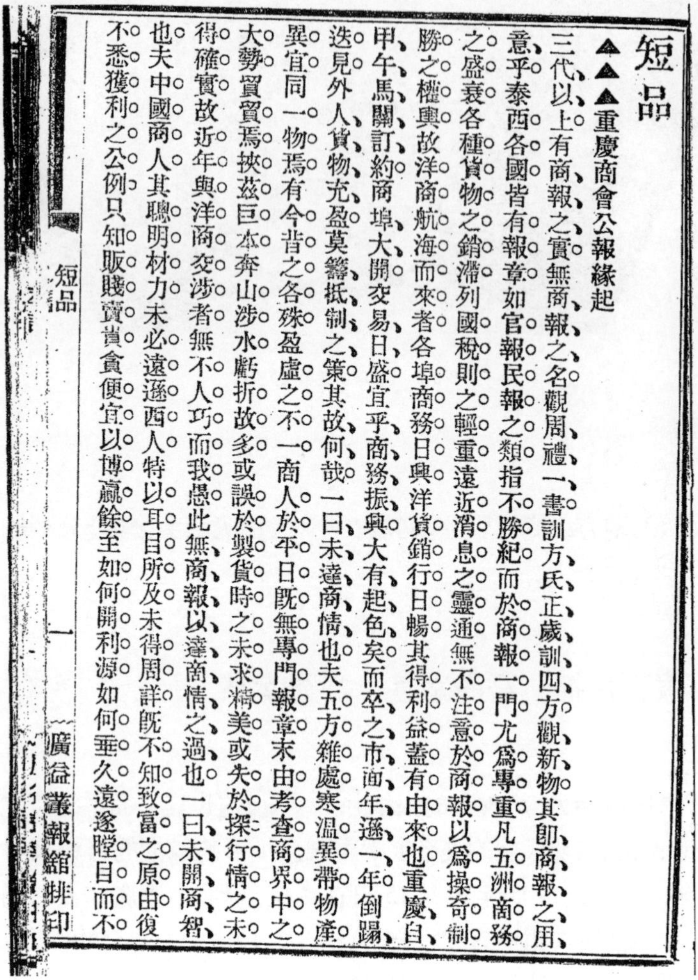

图 5-3 《广益丛报》刊载的《重庆商会公报缘起》

短品

▲ ▲ ▲ 重慶商會公報緣起

三代以上有商報之實無商報之名觀周禮一書訓方氏正歲訓四方觀新物其即商報之用、意乎泰西各國皆有報章如官報民報之類指不勝紀而於商報一門尤為重凡五洲商務、之盛衰各種貨物之銷滯列國稅則之輕重遠近消息之靈通無不注意於商報以為操制勝之樞輿故洋商航海而來者各埠商務日與洋貨銷行日暢其得利益蓋有由來也重慶自、甲午馬關訂約商埠大開交易日盛宜乎商務振興大有起色矣而卒之市面年遜一年倒踢、迭見外人貨物充盈莫籌抵制之策其故何哉一曰未達商情也夫五方雜處寒溫異帶物產、異宜同一物焉有今昔之各殊盈虛之不一商人於平日既無專門報章末由考查商界中之、大勢買賣焉挾茲巨本奔山涉水黠折故多或誤於製貨時之未求精美或失於探行情之未、得確實故近年與洋商交涉者無不人巧而我愚此無商報以達商情之過也一日未開商智、也夫中國商人其聰明材力未必遠遜西人特以耳目所及未得周詳既不知致富之原由復、不悉獲利之公例只知販賤賣貴貪便宜以博贏餘至如何開利源如何垂久遠逐瞠目而不

短品

一

廣益叢報館排印

史学的价值,很大程度是由史料学决定的。由于目前掌握的《重庆商会公报》只有大约 20 期,现在很难对该报的办报宗旨、创办人员、运行模式、停刊原因做出清晰说明。幸运的是,1905 年 9 月 8 日第 82 期的《广益丛报》曾全文刊载《重庆商会公报缘起》[1]一文,这应该是该报的"发刊词"。

重庆商会公报缘起

三代以上,有商报之实,无商报之名。观《周礼》一书,训方氏正岁训四方。观新物,其即商报之用意乎。泰西各国,皆有报章,如官报民报之类,指不胜纪,而于商报一门,尤为专重。凡五洲商务之盛衰、各种货物之消滞、列国税则之轻重、远近消息之灵通,无不注意于商报,以为操奇制胜之权舆。故洋商航海而来者,各埠商务日兴,洋货销行日畅,其得利益盖有由来也。

重庆自甲午马关订约,商埠大开,交易日盛。宜乎商务振兴,大有起色矣,而卒之市面年逊一年,倒塌迭见,外人货物充盈,莫筹抵制之策。其故何哉?

一曰未达商情也。夫五方杂处寒温异带,物产异宜,同一物焉有今昔之各殊,盈虚之不一。商人于平日既无专门报章,末由考察商界中之大势,贸贸焉挟兹巨本。奔山涉水,亏折故多。或误于制货时之未求精美,或失于探行情之未得确实。故近年与洋商交涉者无不人巧而我愚。此无《商报》以达商情之过也。

一曰未开商智也。夫中国商人其聪明材力未必远逊西人。特以耳目所及,未得周详。既不知致富之原由复不悉获利之公例。只知贩贱卖贵贪便宜以博赢(盈)余。至如何开利源,如何垂久远,遂瞠目而不敢措手。即间有讲求变通者,抑不过袭其成迹终无独出之奇。此无《商报》以开商智之过也。

一曰未合商群也。西人讲求商务,无论远近何商,联为一气,不图私利,不挟偏心。故运转灵通消息便捷,中国商人,但求利己不谋大公,行商不知坐贾。此帮不知彼行,甚至同行忌嫉,事事隔膜,界限既分,获利愈薄,获利愈薄商业愈衰。此无商报以联远近商群之过也。

---

[1]《重庆商会公报缘起》,《广益丛报》,1905 年 9 月第 82 期。

据此三者，《商报》可缓乎哉。

中国自京师创立《商报》以来，如天津、上海、湖北各省《商报》遍行，故商务之兴蒸蒸日上。重庆僻处西隅，以物产而论，甲于全洲，以识见而观，囿于一隅。幸近年风气渐开，设商局，兴商会。汲汲焉以保商为先，盖商局设则人有准循矣。商会兴，则人知趋向矣。推之劝工艺则相辅有成矣。铸银元则市面流通矣，兴铜元则钱无荒贵矣。况夫铁路修则商力转纾，商学兴则商才倍（辈）出，尤不得不将商报先为提倡，以为上下远近之枢纽，果能由一邑一乡推至全川，渐及各省，是不独于货物税则之重轻，出入之多少，消行之快滞，了然在目，即等而至于帮贸学徒者，日为阅之月为记之。耳目灵通，心思阔达，由是储人才，兴制造，抵外货。挽利权者安知重庆不独树一帜哉，要之天下事莫难于创，莫善于公，故定其名曰《重庆商会公报》。所愿留心商务者，匡其不逮底于有成，则吾商幸甚，吾蜀幸甚。

这篇发刊词，从商报对商业的重要性说起，谈及重庆"市面年逊一年，倒塌迭见，外人货物充盈"的原因乃是"未达商情""未开商智""未合商群"，而出现这些问题，正是源于"无商报以达商情之过也""无商报以开商智之过也""无商报以联远近商业之过也"。接着，文章又结合重庆商业、商局、商会，指出要"将商报先为提倡，以为上下远近之枢纽"，这样的话，可以"耳目灵通，心思阔达，由是储人材（才），兴制造，抵外货"，最终会产生"吾商幸甚，吾蜀幸甚"的局面。

"吾商幸甚，吾蜀幸甚"，是晚清重庆工商业的现代性价值的充分表达，也是推进工商业现代化和区域现代化的两个方面。要达成这一目标，商会报刊的组织传播不可或缺。《重庆商会公报》对此也指出，"将商报先为提倡……果能由一邑一乡推至全川，渐及各省……则吾商幸甚，吾蜀幸甚"[1]。简单几十个字，表达出对《重庆商会公报》的巨大期待。事实上，从议程设置的角度来看，"新闻媒介并不仅仅消极地传播消息，逐字逐句地重复某位公共官员的语言，或准确地转述事件发生时的细节。它们也不是按照真实事件的比例选择或者抛弃每日的消息。通过日复一日的选择和发布新闻，报纸编辑和广播导播集

[1]《重庆商会公报缘起》，《广益丛报》，1905年9月第82期。

中了公众的注意力,影响他们对当天什么是最重要的议题的感觉。通过新闻工作者构造新闻消息的方法,我们的注意力进一步被集中。于是,我们对世界的图像形成了,并被修饰了"[1]。于是,只要《重庆商会公报》能够持之以恒地围绕"达商情""开商智""合商群"展开内容安排,媒介议程一定会转为公众议程,从工商业的层面引领整个城市和区域的现代化。

有研究曾以清末武汉工商业的现代性来考察辛亥首义的思想准备和组织、物质保障。在作者王春雷看来,"现代化是一个系统,某一方面的发展,往往会带动其他方面的发展;而某一方面发展的长期滞后,必将影响现代化的整体发展。同时,现代化其他方面的发展,必将裹挟着滞后的方面实现突破性的跃迁"[2]。这种思路完全可以用来观察晚清重庆的现代化进程。重庆作为中国近代西部地区的商业重镇,工商业的现代化一直走在西部前列。从近代重庆工商业的现代性可以看出,工商业资产阶级已经有了自己的活动组织——商会,有了自己的舆论工具——《重庆商会公报》,工商业组织形式的现代性,自然会带来经济活动的工业化即经济理性和政治活动的民主化即民主政治,这样的多重驱动,赋予了重庆工商业资产阶级较强的社会整合性,推进商业现代化和区域现代化就是应有之义了。

(一)吾商幸甚:《重庆商会公报》与商业现代化

考察《重庆商会公报》与商业现代化的关系,商业现代化的概念是无论如何也绕不过去的。一般认为,商业现代化是一个动态概念,在不同的国家、不同的阶段,其内涵、目标与构成并不一致,因此,不应该套用当下的概念去分析晚清时期重庆商业现代化的实情,更不可能从商业理念现代化、商业组织现代化、商业手段现代化、商业管理现代化、从业人员素质现代化等维度进行照搬评判。就 1905 年前后的重庆来说,商业信息的流通是商业现代化的首要前提。没有商业信息的流通,"达商情""开商智""合商群"的基本任务就不可能实现。这正

---

[1] M.麦考姆斯等,《大众传播的议程设置作用》,郭镇之译,《新闻大学》,1999 年夏季号。
[2] 王春雷,《清末武汉工商业的现代性与辛亥首义》,《北方论丛》,2011 年第 5 期。

好也是《重庆商会公报》的自我定位。

这种定位,从当时的历史发展和商业现实来看,都有合理性。从历史发展来看,保证商业信息的流通是报刊的重要功能。早在 1857 年,香港就诞生了以刊登经济行情、航务等商业信息为主的第一份经济报纸《香港船头货价纸》,这是"当时香港('船'和'货价'为中心与象征)的产物"[1],也是对香港转口贸易中心地位的肯定。1897 年《渝报》创刊后,每期都辟有 8 页左右的"渝城物价表",罗列市面上五谷、五金、食物、药材、服装、杂货等商品的价格。正如前文指出的那样,物价表看上去形式单调,却有力服务了当时经济信息的沟通,也从侧面反映出重庆开埠后资产阶级工商业迅速发展对商贸流通信息的要求,更是报纸参与现代性市场经济建设,与商人阶层互动的一个真实写照。从商业现实来看,1905 年前后的重庆,"在商业领域里,新的流通渠道、新的商品结构已经形成,新的管理体制也已建立,国内外对重庆经济中心的地位已经确认"[2],但自宜昌开埠(1876)前后到 20 世纪 20 年代的四十多年间,重庆进口货值在 1906 年达到峰值,外国资本对重庆市场进行了猛烈冲击。在这样的严峻形势面前,《重庆商会公报》作为重庆地方民族资产阶级的"耳目口鼻",自然要承担起商业信息的流通职责。

作为一份商会报纸,"在商言商"是《重庆商会公报》的最大特色和最主要内容,这也是其履行"达商情""开商智""合商群"基本任务的资源支撑。

第一,达商情。达商情是商业现代化的初阶要求。王韬很早就认为,"中国而诚欲富强也,必先在各直省创立商务总局,以达商情而裕商力。以中国人民之众,若能通力合作,亦复何事不可为哉"[3]。《重庆商会公报》围绕"达商情"做了很多努力:一是传达官方系统的商业信息,包括谕旨、阁抄、公牍(如第 5 期《商部札饬重庆商会考求防止兽毛制造树胶广为提倡以兴工艺而扩利源文》)、奏牍(如第 103 期《税务处议复刘式训奏内地船只悬挂洋旗严定限制片》)。二是公布物价

---

[1] 方汉奇,《中国新闻传播史》,北京:中国人民大学出版社,2002,43 页。

[2] 周勇,《近代重庆经济中心的初步形成》,《社会科学研究》,1989 年第 5 期。

[3] 王韬:《格致书院课艺》(戊子年),华国盛文王韬尾批,光绪丙申袖海山房石印本。

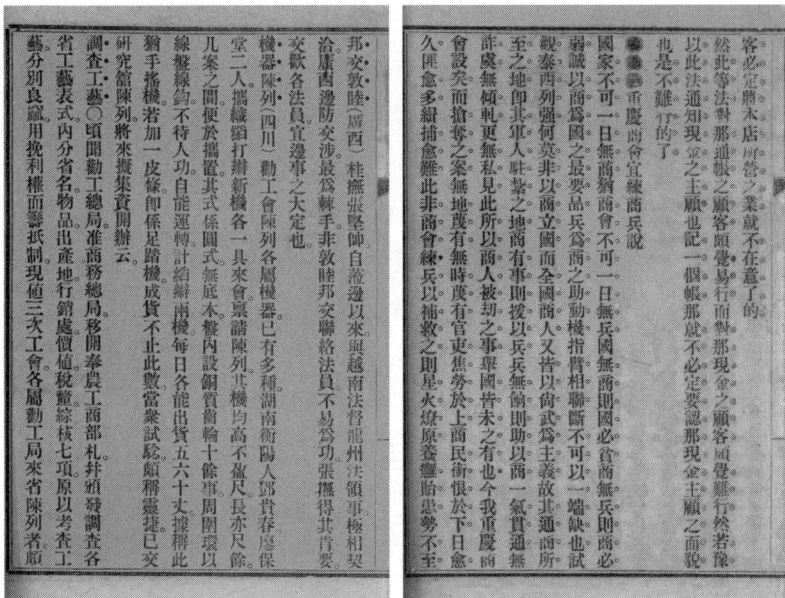

图 5-4 《广益丛报》刊载的《重庆商会宜练商兵说》

（如第 15 期《各种食物价值》《匹头行市》）、厘税（如第 19 期《子口土药分量》、第 54 期《重庆关挂旗船进出口货表》）、要件（如第 86 期《西藏拉萨通商草约之大概》、第 116 期《商办四川川汉铁路总公司报告》）等日常性商业信息。三是以新闻的形式报道国内外、本埠及本省各埠的商业信息。其中，国内信息以"中国部"的形式出现，如第 75 期《力争矿权》（山西）、《款还汇丰》（福建）、《振兴实业》（广东）、《商人要求》（广西）；国外信息以"外国部"的形式出现，如第 94 期《颂扬赫德》（英国）、《财窘详闻》（德国）、《市面复原》（美国）、《经济近事》（日本）。本埠及本省各埠的商业信息直接以"商情"来命名栏目，如第 46 期有《盐市奇涨》《药材消息》《面纱滞销》《土药价涨》《采办牙硝》《保商公司》等。

第二，开商智。天津商务总会在创办《天津商报》时明确指出，

"振兴实业，首以开通商智为务，而综核得失，尤以报章为要"[1]。《重庆商会公报》在运行中也将"开商智"作为重要内容：一是在论说中刊登大量启发商智的评论，如第 91 期刊载《论商业招徕主顾的方法》、第 102 期刊载《商界用人衹辨其贤不肖不宜别亲疏说》。很多论说是非常有启发性的，如第 54 期刊载《商业教育》，介绍中国开展商业教育的课程、目的、教育法、宗旨，告诉读者"商学之宗旨一曰熟悉商情、二曰创兴有益之事业、三曰开辟地利以厚民生而裕国计、四曰世界交通一国之所利……"[2]二是大量刊载调查性报告，方便商人判断商业发展趋势，如第 54 期刊载《中国漆之调查》《中国砂糖输入输出之调查》、第 91 期、92 期刊载《川路工程师胡栋朝勘路报告》、第 112 期刊载《中国进口生意调查》。三是通过"科学"栏目向商人介绍科技发展的前沿成果，开阔商人视野，如第 98 期为《瓷上描金法》《玻璃融尸之不朽术》《新法植物》，第 102 期有《木罅接合法》《防疫药水治疗法》《蓝光醉脑》《物体变化》，第 108 期有《石墨脱色之作用》《人工樟脑与集成樟脑》《海水浴之功效》等。

第三，合商群。重庆同籍商帮和行业商帮之间各立门户，壁垒分明，往往出现"声气不易通，群力不能合"的离散局面。商会成立之后，这种情况有所改善，但"商会虽多成立，声气犹未尽交通"[3]，直接影响商会更有效地发挥其应有的功能与作用，"合商群"于是成为《重庆商会公报》的重要努力方向。一是在 1906 年改良后开辟"商政界""商业界""商学界"栏目，明细"界"的群体概念，如第 19 期"商政界"有《实行专卖》(北京)、《拟开商埠》(镇江)、《商会成立》(湖南)，"商业界"有《合办绢丝》(上海)、《银价大涨》(河南)，"商学界"有《考试工艺》(山东)、《公司附学》(山东)。二是传播商史知识，明确商人集团的群体性，如第 35 期"商史"栏目刊载《商学人物质述传》、第 116 期刊载《重庆商业学堂历史讲义》、第 86—94 期"实业"栏目刊载《中国实业诸大家传》。三是通过"案件"公布重庆商事公断处仲裁案件，传

---

[1] 天津市档案馆、天津社会科学院历史研究所、天津市工商业联合会，《天津商会档案汇编 (1903—1911)》，天津：天津人民出版社，1989，162 页。

[2] 《商业教育》，《重庆商会公报》，1997 年第 54 期。

[3] 陈颐寿，《说联合》《华商联合会报》，1909 年第 1 期，3 页。

播商业伦理规范,消除商人群体之间的罅隙分歧,促进商界团结,如163期刊载《重庆商事公断处宣统元年九月份断结各案事由一览表》。四是以"重庆""四川""蜀"为主题,促进区域内商人集团"共同体"形成。如第46期"论说"有《改良川汉铁路公司议》、"实业"有《四川全省形势物产志略》、"要件"有《重庆新厘科则》,第88期"论说"有《重庆商界宜崇节俭说》、"来稿"有《为川汉铁路宜先修成渝告全蜀父老》。这部分内容,既促进了区域商人群体的联合,也促进了区域的现代化。

"商界"概念的兴起,是三千年未有之大变局下商人社会地位提升的必然。随着作为传统社会精英代表的"绅"的特殊地位开始没落,精英从此不再来自较为单一的社会阶层,社会开始分层,表达社会身份的新方式随之出现。进一步来说,包括"商界""思想界""文学界"等新式概念,重新厘定了社会群体的边界,也成为一种象征,特别是随着报刊报道的不停强调和一再重申,这表明一个易于识别的"亚文化圈"正在形成[1],它的背后代表着一个新的社会阶层通过一定的"关系网络"组织起来。

在工商领域,这种"关系网络"有着三个不同的阶段特征。第一个阶段,是以移民组织经由地缘关系编织的"会馆"体系形成的。明末清初,经历五十余年战乱的巴蜀地区荒凉破败、地广人稀,史料记载残存人口仅五六十万,为历史最低。顺治康熙年间,清廷奖励各省官员招民入川垦荒,出现了近百年的"湖广填四川"百万移民运动。1891年重庆刚开埠时,已经形成了江西、山西、陕西、湖广、广东、浙江、云贵等九大会馆。第二个阶段,地方会馆逐步向行会会馆转型。重庆开埠后,随着长途贩运和转运商人的增多,小商小贩的活跃,外国商业机构对市场的逼抢,"移民会馆在保留双重结构特征的基础上,强化市场的占有和利益的扩展,提升经济职能。开始制定新的业规,重新统一商价,拓展新的领域,从事商业洽谈,互通商业信息,并积极支持同籍商帮从事各种商贸活动"[2],如江西会馆巩固原有的瓷器市场,广东会

---

[1] 萧邦奇,《血路:革命中国中的沈定一(玄庐)传奇》,周武彪译,南京:江苏人民出版社,1999,14页。

[2] 陆远权,《重庆开埠与四川社会变迁(1891—1911年)》,华东师范大学2003年博士论文。

馆加强药材市场的监管,浙江会馆兼营银楼业。第三个阶段,就是从行会会馆、行业商帮、行业公所向统一的"商会"转型。商会作为联结工商各业的统一组织,被誉为"众商业之代表",商会在内部选举制度、组织制度、会议制度及财务制度等方面,都体现出近代契约规则与民主特点,并且明确载入章程,成为商会内部运作的基本原则。

可想而知的是,商会要在不断的转型过程中,破除各商帮、行帮及公所保持的自身独立性,进而实现统一协调的领导,是一件非常困难的事情。在这个意义上,《重庆商会公报》的创办,是从文化层面对重庆工商界统一协调的努力。它以组织传播的形式,来清除或减少商会及商会成员对自身环境的不确定性,沟通商会内部的联系,形成和加强彼此之间相互依赖的关系网络,达到"亚文化圈"的关系融洽、价值趋近、心理认同和身份归属。

那么,在现代商业的构架和新式媒体的传播下,《重庆商会公报》履行的"达商情""开商智""合商群"基本职能,无疑会对当时的商人群体产生新的心理整合和认知统一,突出的核心就是价值观的变迁,即以新的现代性价值观对抗传统的价值观,并以现代性价值观作为群体成员行动的心理依据和追求目标。因此,现代性价值观是《重庆商会公报》与近代重庆商业现代化之间的连接纽带,也是对《重庆商会公报》"达商情""开商智""合商群"职能的集中表达,更是"吾商幸甚"的核心价值。

(二)吾蜀幸甚:《重庆商会公报》与区域现代化

振兴商务、发展商业,是当时社会舆论关注的焦点。纵观晚清发行出版的蜀地报刊,就可以发现重商兴商的论述与新闻占据的篇幅很大,在《重庆商会公报》《成都商报》《广益丛报》《渝报》等几种主要报刊上更是如此。有数据说,"据初步统计,1897—1905年带'商'字的文章有682篇"[1]。出现这样的情形,不只是晚清重商主义思潮兴起的缘故,更重要的是商人、商业、商会对地方影响力日趋增加的结果。

据《中华民国二年第二次农商统计表》统计,至1912年,四川已设

---

[1] 陆远权,《重庆开埠与四川社会变迁(1891—1911年)》,华东师范大学2003年博士论文。

立商会 102 处。商会犹如一张密织的网罗分布在四川各地，在四川的政治经济社会生活中起着越来越重要的作用。"新式商人以商会为桥梁，采取种种合法的方式将自己的势力和影响层层渗透到社会生活的各个领域，在许多方面取得了以往所不曾有过的自治权利，如市政建设权、民政管理权、公益事业管理权、社会治安权以及工商、文教、卫生等各个方面的管理权"[1]，这对过去毫无地位与权利的商人来说，完全是不敢想象的事情。这也标志着，商会作为一个独立的和整体的社会力量跃上历史舞台，在社会生活中发挥不可缺少的作用与影响。因此，商会的设立和发展表明新式商人已在晚清四川社会中发挥着举足轻重的作用。

商会，作为新式商人的统一体，将单个的商人联结成一个有着共同政治经济利益的社会集团，形成一个相对统一的整体力量，除在经

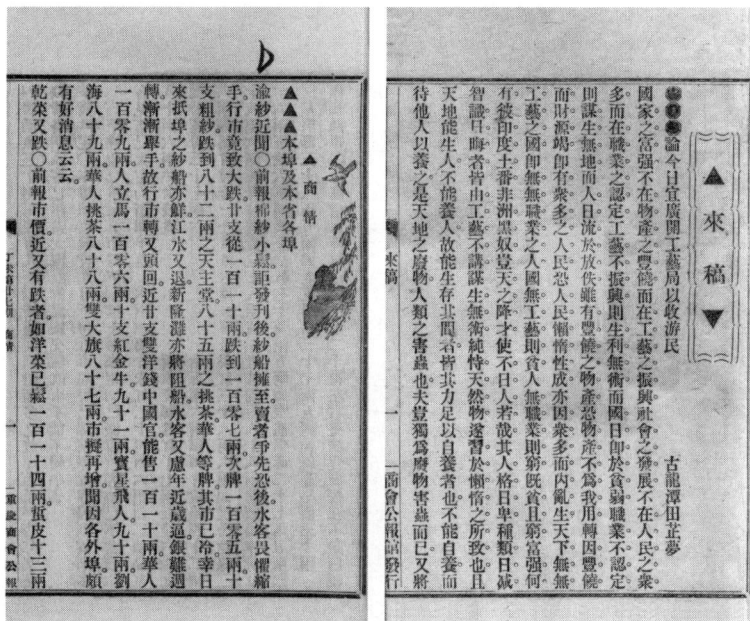

图 5-5 《重庆商会公报》刊载的"来稿"和"商情"

---

[1] 朱英，《辛亥革命时期新式商人社团研究》，北京：中国人民大学出版社，1991，189 页。

济上要求满足自身利益的愿望外,政治上要求民主权利的愿望也日益紧迫,表现出"激奋厉发,毅然有为"的政治参与意识,阶级自觉性明显增强。

《重庆商会公报》作为当时四川以及重庆地区的重要商会报纸,也在维护地方利益、推进区域现代化建设过程中发出了自己的呐喊。

一是关注重庆地区的地方建设。如第 54 期"公牍"刊载《农工商部札重庆商会文》,第 88 期"论说"刊载《重庆商界宜崇节俭说》,第 91 期"论说"刊载《重庆商会宜练商兵说》,第 92 期"公牍"刊载《四川川东商务议员山西补用道周克昌上农工商部振兴商政条陈》,第 98 期"论说"刊载《论重庆自来水之宜亟办》,第 99 期"论说"刊载《重庆警察站岗灯宜用电灯不宜点洋油说》,第 108 期"论说"刊载《重庆电灯烛川公司开会演说》。

二是关注四川全域的地方建设。如第 19 期"论说"刊载《四川大宗土产急宜改良说》,第 35 期"论说"刊载《川汉铁路办法议》,第 75 期"公牍"刊载《四川省习艺所坐办上督辕改良办法文》,第 86 期"论说"刊载《四川贸易谭》,第 88 期"来稿"刊载《为川汉铁路宜先修成渝谨告全蜀父老》,第 94 期"论说"刊载《蜀川为外人注目之地异日铁路航轮告成商战必愈形酷烈本省商界宜如何预筹抵制以杜觊觎说》,第 103 期"论说"刊载《川省各地神戏香会俱宜改为陈列赛会说》,第 105 期"论说"刊载《论川省丰年不足恃》,第 112 期"论说"刊载《川中近年抢案之多其流祸亦大可虑论》,第 116 期"论说"刊载《论四川宜兴工会》,第 108 期"论说"刊载《重庆电灯烛川公司开会演说》,第 163 期"论说"刊载《论川省戏曲宜改良之理由》。

上述两点内容,也可以从三方面展开解释:

第一,从数量上看,《重庆商会公报》一方面立足重庆本地的现代化建设,另一方面放眼整个四川的现代化建设,后者的数量超过前者。当时的重庆和成都是四川地区最大的两个工商业中心,所以,《重庆商会公报》自然也会关注成都地区的建设,如第 19 期"调查"刊载《成都劝工局调查》,第 163 期"奏牍"刊载《农工商部奏四川成都府设立农务总会请给关防折》。因为史料的缺乏,我们无法针对《重庆商会公报》就重庆、成都、四川等三个地域层面的论说数量进行量化统计,实际上也毫无统计的必要。在清末新政的背景下,特别是"地方自治""地方兴国"的潮流下,所有关于区域的现代化建设都纳入民族国家的"政治共同体"的框架下,只不过地方商界的精英人士对区域现代化建设更为熟悉。

新人文主义地理学者对"地方"有着深刻的认识,"对他们来说,地方(place)不只是一个客体(anobject),虽然相对于主体来说,它常是一个客体;但它更被每一个个体视为一个意义(meanings)、意向(intentions)或感觉价值(value)的中心;一个动人的,有感情所附着的焦点;一个令人感觉到充满意义的地方"[1],因此,"重庆""四川"对于生活在此地的《重庆商会公报》的办刊者来说是熟悉的、具象的、感性的。更为重要的是,以"论说"为主要形式的评价建议,延续了此前运用报刊作为评论社会与讨论公共事务工具,进入地方治理的路径,同时,大量有关地域现代化论述,也展示出地方商业精英在地方建设过程中的主动态势和积极价值。这种现象不是《重庆商会公报》独有的,不仅此前留学生报刊《江苏》《四川》《浙江潮》等都是以"省界"为言说中心的,同期的《汉口中西报》《安徽白话报》更是将参与地方建设作为主要内容。

"省乃最高层级的'地方',合各省为一体即为中国,不仅契合以地方自治为途辙而建构'完全之国家'的思维逻辑,也是由地方而国家最为直接、距离最短的路径。"[2]可以说,《重庆商会公报》的种种言论,是一种立足于地域经济文化认同和自身利益的表述。它既是地方工商业发展的动力,同时又是地方现代化养成的助力,进而也是实现民族自立、建立民族国家的重要途径。

第二,从内容上看,《重庆商会公报》对区域的现代化建设以工商业为主要关注领域,如土产、铁路、农业、工会、商兵、贸易、商战、商政等,少量内容关注到社会领域,如抢案、戏曲、香会等社会治理问题。这种内容上的"厚此薄彼"显示出重商主义的特征,符合《重庆商会公报》商会机关报的定位,完全可以适用议程设置理论来解释。

---

[1] 艾伦·普瑞德,《结构化历程和地方——地方感和结构的形成过程》,许坤荣译,载夏铸九,《空间的文化形式与社会理论读本》,台北:明文书局,1988,119-120页。

[2] 方平,《地方自治与清末知识界的民族国家想象》,《史林》,2012年第2期。

施拉姆认为:"议程安排的理论是基于两个观点:即各种媒介是报道世界上的新闻的必不可少的把关人(它们对极为大量的消息不作(做)严格的选择是不可能作(做)新闻报道的);其次,人们经常感到需要对复杂的政治世界为他们指出方向,这就是说,把关人帮助他们决定那些超出他们有限感受的哪些事件和哪些问题,是值得关心和加以注意的。"[1]这个论述也延伸出传播学"把关人"理论和"显著性"理论。

所谓"把关人",是针对传播者来说的。作为信息传播过程中的控制者,尤其是媒介组织内承担信息采集、选择和加工等各个环节的制作者和传播者,他们在每个环节都扮演着"把关人"的角色。我们从《重庆商会公报》上读到的新闻报道和论说来稿,都是原始信息流经"信道",通过各种把关人的选择性过滤之后的产品。这一点,很容易理解。《重庆商会公报》作为商会机关报,发挥报刊传播来"达商情""开商智""合商群"自然是应有之义。关键的是,在这些基本功能的基础上,它以"论说"的形式来表达商界的见解观点,这可以理解为他们作为四川、重庆本地商人唤醒商界同行、表达利益诉求的行为,也可以理解为他们对参与地方治理、实施舆论引导的自觉。

所谓"显著性",是针对受众来说的。议程设置理论认为,大众传播赋予了各种议题不同程度的"显著性"方式,影响着人们关注某些事实和意见,以及人们谈论的先后顺序。大众传媒对事物和意见的强调程度与受众的重视程度成正比。该理论强调:受众会因媒介提供议题而改变对事物重要性的认识,对媒介认为重要的事件首先采取行动。在《重庆商会公报》有关"商"主题的持续不断地强调中,组织传播内的商人群体和组织传播外的社会大众也会随之产生对"商"主题的重视,突破义利之辨,改变"本末"观点,在社会层面逐步确立"工商立国"和重商主义思潮,而这正是地方现代化建设的深层动因——"自清中叶以来民间对于商人和经商观念的变化,从社会心理和文化观念上,为后来的从商热潮创造了条件。而这种从商热,伴随着中西贸易的扩大和洋货的流行,使得商业的首先兴盛,成为中国社会走向近代

---

[1] 威尔伯·施拉姆等,《传播学概论》,陈亮等译,北京:新华出版社,1984,277-278 页。

化的突破口。由此生发的'重商'、'商本'思想，也成为中国早期近代化观念的主要内容，并进而引发了一系列社会文化观念的变化"。[1]

第三，从观点上看，《重庆商会公报》的论说集中关注挽回利权、发展实业、兴办商学、改良社会等方面。这些观点，在晚清中国国家改革中既是共识，也是四川地区振兴工商实业，促成全范围内大规模现代化进程必须解决的实际问题。

比如在挽回利权方面，《重庆商会公报》在1906年3月9日丙午年第三号"论说"中指出，帝国主义"陆则据我之运道，水则侵我之航权，制器奇淫，日新月异，甚至羽毛骨角，日用纤维，无一非中国四万万人之漏卮，而为六七强邻之利薮也。变本至此，又奚怪每年出入比较之数，中国竟负至二万万之多。吾恐不及十年，地虽广，脂膏其能不竭乎？民虽众，生计其能不惫乎？五行百产虽丰，其能视为养命之源而不受他人之奴隶乎？"真是"言者寒心，听者塞耳"[2]。1908年第8号的一篇调查报告更为深刻地指出："视观今日之中国，朝野上下，海噬山陬，城乡市井，士卿大夫与樵夫贩妇，虽贵贱不同，贫富各异，无一不身著有洋货，可见我中国四万万同胞皆为洋人销货赐顾之客也。举天下之人皆为外国销货赐顾之客，民安得不困，国安得不弱。"[3]对于帝国主义经济侵略的危害性，《四川大宗土产急宜改良说》指出，帝国主义的经济侵略是"输人之产，沦人之国，灭人之种"，而"不以刀兵，不以水火"[4]。尽管帝国主义已经用"输人之产"为主的经济侵略代替以"刀兵"和"水火"为主的军事侵略，但他们"沦人之国，灭人之种"的目的并没有改变，帝国主义仍然是中国最主要的威胁。

《重庆商会公报》呼吁，中国人民要反对帝国主义的侵略，就应以"抵制洋货""振兴实业"为主要手段，"兴商为强国之基本"，努力发展实业，以商战来对付帝国主义的商战。有论说指出："今中国之所当握要图者，富强而已矣。商务者，古今中外强国之一大关键也……商兴

[1] 李长莉，《晚清社会风习与近代观念的演生》，《社会学研究》，1993年第6期。
[2] 《四川大宗土产急宜改良说》，《重庆商会公报》，1906年3月/丙午第三号"论说"第19期。
[3] 《重庆商会公报》，1907年丁未第八号"论说"。转引自周勇，《重庆通史》（第一册），重庆：重庆出版社，2014，462页。
[4] 《四川大宗土产急宜改良说》，《重庆商会公报》，1906年3月/丙午第三号"论说"第19期。

则民富,民富则国强,富强之基础,我商人宜肩其责,盖商业无论钜细,皆与国家有密切之关系。能为外洋收回一分利权,即为国家增长一分势力,能于商界多占一分位置,即为国家多获一分光荣。"[1]把商业的发展与国家利益紧密相连,这是资产阶级爱国主义思想的体现。

另外,报纸还提出一些发展建议,比如在四川发展和改良畜牧、蚕桑、山货、蜡烛、红花、靛、石油、纸张、漆、炭、五金、矿业、瓷器、火柴、虫草、棉花、麻、绸缎、呢绒毛毯、绣货、布匹、丝、皮料等,与帝国主义争夺四川市场。他们满怀希望地说:"物产殷阗,而制造繁富,不特外货之内流可以言保守,并能争外市之销场可以言商战。安见地大物博之国,勤俭耐劳之民,其商业不能竞进也哉。"[2]由此可见,重庆本土商人对区域现代化的思考已经不仅仅局限在国内市场,而且具备了一种放眼世界的宽阔思维,是一种将四川与世界接轨的意识自觉。

三、城市与现代性:从作为中介的报刊谈起

晚清中国工商业的繁荣发展,带来了城市生活的日益繁荣。"不仅一些沿海通商口岸迅速发展为繁华的商业城市,各种商业店铺林立,而且在广大内地的城镇,也出现了许多经营洋货的大小店铺。与此相伴而生的是,出现了大批依靠商务活动谋生的人们……同时,在城镇也随之兴起了大批服务性商业,如饭馆、旅店、茶楼、戏院、妓馆、烟馆等等,不少男女在这些行业里作店主、店伙、招待、帮工。这些人形成了新兴的商人和市民阶层的主体。他们……来到城镇谋生。有的地区如广东、浙江、江苏的某些地方,甚至形成无论男女,纷纷弃学弃农,投亲靠友,争相入城,相继从商的状况。"[3]

"重庆是中国西部的商业资本中心,也是这个帝国最繁忙的城市

---

[1]《重庆商会公报》,1906年丙午第三十二号"论说"。 转引自王绿萍,《四川近代新闻史》,成都:四川大学出版社,2007,247页。
[2]《重庆商会公报》,1907年丁未第八号"论说"。 转引自周勇,《重庆通史》(第一册),重庆:重庆出版社,2014,462页。
[3]李长莉,《晚清社会风习与近代观念的演生》,《社会学研究》,1993年第6期。

之一。"[1]这是 1898 年英国旅行家伊莎贝拉·伯德对重庆的精当概括。在传教士 R. J. Davidson(陶维新)和 Isaac Mason(梅益盛)眼里，1904 年前后商业繁荣的重庆被形容为"中国西部的利物浦"——"岸边和码头总是泊满与内陆城市进行贸易的船只，这些船只也将蜡、猪鬃、麻、药品、皮革、魔香、鸦片、羊毛、丝绸等运送到这个中心"。此外，两人还对重庆的商品销售地与城市内的市场进行了描述："重庆是西藏、云南、贵州、甘肃和陕西的商品集散地，同时也是整个四川省的商品集散地，因此它被称为商业之都。"[2]尽管这样的描述看上去毫无差别，但来自重庆海关的数据却将重庆在 1900 年之后飞速发展的现代化程度呈现出来。以外国棉纺织品为例，在 1892—1901 年，"据表十五所列 10 年数字，可以说是停滞不进⋯⋯英国布匹主要是川省各大城市少数居民才使用⋯⋯至于广大农村人口则继续穿着保暖耐用的土布"[3]，但到了 1908 年，"平纹意大利花布、印花纬缎、杂色棉织物的进口量增长尤速。据说进口意大利布的质量已大大下降，但丝一般的光泽和低廉的价格吸引着本地的消费者，1908 年进口了 313 428 匹，而 1907 年为 175 536 匹；印花纬缎从 3 240 匹增加到 13 634 匹；杂色棉布从 82 363 码增加到 290 884 码"[4]。衣食住行，排名第一位的消费品在十多年间的数据变化，可以完全显示出重庆人在现代化进程中对新式生活的向往和追逐。消费观念悄然改变，也刺激着市场商品结构的改变和市场的不断扩大。1907 年和 1908 年的报告中还有两处有意思的细节。1907 年的报告说："作为时代的标志，印刷书籍从 1906 年的 420 担增加到 772 担。"1908 年的报告则指出："奢侈品如炼乳、肥皂、照相原料和盥洗用品的进口量也大批增加。值得一谈的是，科学仪器、医疗器械、光学物品等几年前还无人知晓的洋货，已在我们

---

[1] 伊莎贝拉·伯德，《1898：一个英国女人眼中的中国》，卓廉士、黄岗译，武汉：湖北人民出版社，2007，343 页。

[2] 转引自张馨匀，《地图与影像中的近代重庆城市空间结构演变》，重庆大学 2014 年硕士论文。

[3] 周勇、刘景修译编，重庆市政协文史资料研究委员会编，《近代重庆经济与社会发展：1876—1949》，成都：四川大学出版社，1987，118 页。

[4] 周勇、刘景修译编，重庆市政协文史资料研究委员会编，《近代重庆经济与社会发展：1876—1949》，成都：四川大学出版社，1987，305 页。

的统计表上列出了新的栏目。"[1]这种变化,显示出重庆人"崇奢消费观"与追求科学知识的同步共进。

重庆是一个很有意思的城市,地处内陆,市民却对新兴事物一直保持着浓厚的兴趣。早在 1892 年《英国驻重庆领事禄福礼给索尔斯伯里侯爵的报告》中,来自英国的外交家就发现,"在重庆,似乎没有人因为怕火而反对使用煤油,洋伞也正逐渐取代过去流行的草帽,人们对火柴、闹钟、蜡烛、铁皮保险箱以及更多的非日常生活品的奢侈品越来越表示欢迎"[2]。自煤油进入重庆后,因其远比桐油、菜油点灯光亮,重庆市民放弃桐油、菜油灯改点洋灯者逐渐增多。1908 年,重庆绅商刘沛膏等集资 30 万元创办了烛川电灯公司,全部机械设备购于英法两国,清朝末年其发电量已可供 16 W 电灯 1.6 万盏。[3] 重庆由此成为四川第一个使用电灯的城市。城市的发展,带来了城市功能和结构的转变,城市规模迅速扩大,越来越多的人口涌向城市,经商、求学、谋利、求生、享乐、定居……目标不尽相同,特别是"近代重庆地区农村人口的过剩,导致了农村人口向城市的转移,加速了重庆城市化进程"[4]。此外,地域的拓展、功能的完善、教育的兴起、报刊的出版……种种细节,都昭示着晚清重庆城市经济、文化、社会及市民都在逐渐走向现代化。

不过,在推进城市向现代性迈进的过程中,主要的影响因素还是经济因素,也就是工商贸易因素,比如为了满足资源集散、商品生产、物流中转或者交通枢纽等方面的需求,形成了不同的区域性经济中心。"除此之外,还有其他一些相对次要或者彼此重合的因素,比如一些宗教的、文化的因素,也会构成创建城市的动机和力量。"[5]但根据马克思式的说法,这些都是相对次要的成分,或者与经济需求彼此重合的因素。按照这样的逻辑,从事经济与商业活动的商人能否具备现

[1] 周勇、刘景修译编,重庆市政协文史资料研究委员会编,《近代重庆经济与社会发展:1876—1949》,成都:四川大学出版社,1987,300、306 页。
[2] 《英国驻重庆领事禄福礼给索尔斯伯里侯爵的报告》,1892 年 4 月 29 日。转引自扶小兰,《重庆开埠与城市近代化》,《北华大学学报》,2013 年第 1 期。
[3] 《近代中国实业通志区》,中山书局 1933 年版,530 页。
[4] 隗瀛涛,《近代重庆城市史》,成都:四川大学出版社,1991,397 页。
[5] 闫克文,《韦伯的城市社会学:理解现代性的途径之一》,《都市文化研究》,2012 年第 1 期。

代性,自然是衡量城市现代性的重要指标之一。

（一）一种努力：报刊对现代商人身份的示范与建构

身份,英语为 identity。在被翻译为中文时,一种被翻译为"身份",另一种在心理学上被译为"认同",或干脆译为"身份认同"[1]。商人身份,在晚清时期已有较大改观。此前在中国人的传统观念中,商人贪财好利、见利忘义、欺瞒奸诈、投机取巧、不劳而获、道德低下,形成了较为普遍的"贱商"观念,商人居于"士、农、工、商"四民之末。但清朝中期以后,随着商品经济的发展,拥有资财的商人在社会生活中的地位有所上升,人们逐渐改变贱商、轻商观念,甚至出现了官僚、士人经商逐利的趋势,形成了官、士、商三位一体的状况。"四民"秩序也随之发生微妙变化,从"士、农、工、商"逐渐转为"士、商、农、工"。

但是,商人要真正在身份转变的过程中回答好"我是谁"的问题并不容易。要解决好其他人如何看"我"的问题,则更加困难。心理学家认为,身份是通过镜像模仿而来的,体现了个人对某个群体和对自己归属的倾向。由于身份具有相对稳定和不断变动的特征,从马斯洛的"归属需要"来看,这也决定了它可以受外界因素的影响,并影响外界。而从另一个角度来看,晚清的重庆商人,要体现自己的社会存在,扩大社会认同,提升社会地位,甚至给商业运作提供便利,一个重要的途径就是通过报刊等大众传媒,在知识传递中对商人群体和社会大众进行思想启蒙,从文化上示范新的身份认识,构建现代商人身份,产生对商人群体的精神支持和身份认同。

研究发现,《重庆商会公报》作为近代商会报刊,对现代商人的身份定位和选择做出了很强的示范作用。

1.话语示范

英国学者费尔克拉夫认为,话语具有三个方面的建构效果:身份功能(identity function)、关系功能(relational function)和观念功能(ideational function)。[2] 其中,身份功能是社会身份得以在话语中确立的

---

[1] 张静,《身份认同研究——观念、态度、理据》,上海:上海人民出版社,2006,4页。
[2] 诺曼·费尔克拉夫,《话语与社会变迁》,殷晓蓉译,北京:华夏出版社,2003,60页。

方式,有助于某些有着不同称呼的东西的建构,诸如"社会身份"(social identities),社会"主体"(subjects)的"主体地位"(subject positions),各种类型的"自我"(self);关系功能关涉话语参与者之间的社会关系如何被制定和协商,有助于建构人与人之间的社会关系;观念功能则是文本等说明这个世界及其过程、实体和关系的途径,有助于知识和信仰体系的建设。它们共存于所有的话语之中,也在所有的话语之中发生相互作用。

《重庆商会公报》的话语示范,主要是通过"论说"的形式,以旗帜鲜明、态度明确的主张向重庆和四川地区的商人做出倡议,从而达到示范的效果,进而实现身份功能、关系功能和观念功能。

如第54期"论说"《中外通商之现势》从当时中西方商业贸易的形势谈起,痛心疾首地认为"吾中国所以商埠日多而民生日困",乃是由于"欧洲列国运其洋溢之资金,吸我充积之工业,用我土著之民力,发我广土之蕴藏,故目我为最新之坎拿大"。不过,"虽然今中人之所以逊于外人者,工业航业耳,至于贸易之权,仍握于中人之手无疑也。天津出口之羊毛驼毛,汉口出口之红茶,上海广东出口之丝与绢,外人率居于购买之地位,而不能居贩卖之地位。至进口各货物,亦必经中人之手,而后现于市场。交易之情形、定价之高低,究非彼得而悉也。至于工业航业,今吾人既悟新工业之利益……一旦而集合,各口之原料而鼓铸之,易粗制而为精制,改天然而成人造,将见商埠益多,而我之富益增矣,亦何惮乎开埠为哉?"[1]号召广大贸易从业人员从商业出发,积累资本,运用好中国富饶的原材料,一定会日益强盛,也就不用担心开埠带来的危害。这既是一种"转化危机"的策略倡议,又是一种商人历史使命的责任担当。这种路径,必然会对读者产生观念上的影响,强化商人的身份概念。

第98期"论说"《论重庆自来水之宜亟办》。从创办工业、居民用水、预防火灾等角度来讨论在重庆安装自来水的必要性,并提出尽管当下安装自来水有一定的困难,比如剥夺了挑水人的生计,但"秦筑长城,利及万世,汉通西域,保全国家,事有弊在一时,而利在百世者,要

---

[1]《中外通商之现势》,《重庆商会公报》,1907年第54期。

不可以浅见拘论,且安知创办之后不永远为民利乎。此更不可不亟办者也,是所望于高明者之早为发起焉,则重庆幸甚,往来之人亦幸甚"[1]。自来水作为一种新型的洁净供水系统,是城市现代化的主要标志,也是现代市政发展亟须关注的重要事业。当时在上海、广州等地,自来水公司已经陆续起步和发展,重庆还是一片空白。在当时自来水事业不但可以"保主权而利民食",而且是有利可图的产业,因此文章鼓励"高明者"积极发起,探索新领域,为重庆、为往来之人造福。

第116期"论说"《论四川宜兴工会》是国人较早提出设立工会的文章之一,文章指出"处经济竞争剧(激)烈之世,重商者强,贱商者弱,此夫人而知之也。然天下事有本有末……工者,根本也;商者,烦末也;商务之所以盛,实藉于工业之精。中国今日只知通商而不知振工,故洋货输入,直有黄河一泻之势。使犹不设法补救挽回,则中国数十年后,利权日益漏卮……此工会之所以急宜振兴也。即以川省情势论之,则更有不得不兴工会者"。具体来说,有"研究旧艺以期进步、探访西法以期改良、划一价值以资信守、召回华工以洗国耻"等重要价值,文章最后指出,"工会工会,其裨益讵有涯矣? 实望留心实业诸君子三复思之"[2]。和前文一样,面对重庆还没有的事业,《重庆商会公报》站在高处和以全盘的视角,通过"论说"来指出价值,引领方向,希望有识之士积极参与,投身新的创新实践中。

当时的重庆,商业贸易的发展带来了经济结构的调整,也带来了社会结构的变迁,新式商人的地位得到提升。在这种趋新趋变的潮流下,《重庆商会公报》显然承担了革新引领商人的重任,甚至通过不断的话语输出,指出了未来的产业方向和新型实践。此后的历史也证明,无论是突破传统经营转向现代工业,还是参与市政建设,设立工会组织,重庆商界都有着不俗的表现。

2.榜样示范

榜样的力量是无穷的。从哲学上来说,榜样可以提供方向性启示、发挥示范性功能、施加激励性影响,并充当中介性环节。这实际上

---

[1]《论重庆自来水之宜亟办》,《重庆商会公报》,1908 年第 98 期。
[2]《论四川宜兴工会》,《重庆商会公报》,1908 年第 116 期。

也符合人的模仿心理与追赶心态。从媒体的角度来说，《重庆商会公报》推出典型，树立榜样，有利于产生示范效应。

"电灯在晚清，一开始不光是照明用具，而且是西方文化、城市近代化的象征物。"[1]的确，相比过往的煤油灯和新近的煤气灯，电灯的优势明显。1906 年 11 月 25 日，是重庆商界领袖、重庆总商会会长李耀廷的 70 岁生日。这天晚上，巴县商人刘沛膏为表庆贺，启动了他安装在重庆城太平门一间房子里的 100 千瓦发电机，李府院内的 50 盏电灯顿时齐放光明，照得整个院子如同白昼，一时轰动全城。刘沛膏的这台发电机主要供太平门一带的富商家庭照明发电。经过两年多的运行后，在李耀廷的支持下，刘沛膏募集资金 30 万元，成立了重庆烛川电灯有限公司，并通过英商安利洋行，向英国和法国订购发电设备。1909 年 9 月 4 日，烛川公司建成有 2 台 200 千瓦发电机组的新电厂，架设 5 条长约 5 千米的供电线路，对都邮街、陕西街一带供电照明，供电时间为每天下午 6 点 30 分至夜间 12 点。

由于对电的认识不足，当时民间将电灯称为"燃灯"或"夷火"。当时长期寓居重庆，号称"晚清第一词人"的四川著名诗人赵熙在《渝州》一诗中描绘："路长知水性，山转见渝州。雨意频看月，江声健入秋。巴歌云外峡，夷火树边楼。出入停三日，中年始识愁。"诗中"夷火"即电灯。但是到了《重庆商会公报》这里，电灯的名称十分明确，并在第 102 期（1908 年 7 月 26 日）"文苑"上刊登三篇文章，大谈电灯带来的好处。古月氏的《观电灯偶作》写道："一片光芒同皓月，十分灿烂似繁星。天工巧借人工代，中法兼参西法……万盏银灯借电传，开关在手任盘旋……世界维新依北斗，光明大放羡东川。漫云奇货矜持算，同辈须知挽利权。"[2]仰止山樵的《咏电灯》说："城开不夜巴渝中，点缀银灯到处同。急似流星飞灿灿，朗如皓月色融融（溶溶）……暗室生辉待电传，光明世界喜无边。"[3]渝冰壶生的《赋电灯七律二章》则说："新奇最是电光灯，不事焚膏亮倍增。万盏银缸递总线，六街玉烛系支绳。燃资气贯月华竞，巧夺天工火闪腾。抵制煤油今有术，

---

[1] 熊月之，《照明与文化：从油灯、蜡烛到电灯》，《社会科学杂志》，2003 年第 3 期。

[2] 古月氏，《观电灯偶作》，《重庆商会公报》，1908 年第 102 期。

[3] 仰止山樵，《咏电灯》，《重庆商会公报》，1908 年第 102 期。

文明渐进此堪征。""机转红铜砺炭精,擦摩电气自然生。须臾贯注灯球亮,皎洁堪同日月争。但用金丝昭现象,无(毋)庸火种亦晶莹。渝州黑暗从兹出,大放光明不夜城。"[1]这些诗歌,既表现出对电灯这一新奇事物的浓厚兴趣和对"不夜渝州"的向往,也以一种榜样的效应,对广大读者示范安装电灯起到了指导性的启蒙作用。

《重庆商会公报》第108期"论说"又刊载《重庆电灯烛川公司开会演说词》一文,发表刘沛膏"第一发表开办电灯之宗旨,为抵制外人起见……其苦心孤谊,闻者无不称颂","第二发表招股之意,谓渝城风气初开,此项利源之厚……不久即有厚利可获"。继而发表吴梦湘的演说,"电灯一项,为刘君一人所发起,其抵制之善,亦足与铁路拖轮同功,而向……天下事,独力难支,每不如众擎之易。举招股之事,尚望在座诸公,热心倡导,俾得早有成数"[2]。文章从烛川公司开办的宗旨谈起,谈到电灯在重庆的发展趋势,"购灯者纷纷报名,已至数千人。惟以原办锅炉电机不足敷数百盏之用,未能大放光明",着重分析了招股带来的经济效益,"电灯不但为今日之利,而并足为子孙之利也",号召大家积极集资共同参与电灯这一城市现代化事业中。后来的历史证明,在重庆商务总会首任会长李耀廷和第二任会长赵资生的大力支持下,由重庆商务总会出面组织发动工商企业家认股集资,共募集资本金31万元。同年呈报清政府农工商部审核备案,批准给予该公司经营电灯事业的专利权,由此,烛川电灯公司正式成立,成为重庆首家民营电力公司。

尽管无法知晓有无《重庆商会公报》的读者参与到烛川电灯公司的集资活动中,但通过大众媒介的传播,创建事业、合股集资、共同收益确实成为晚清重庆商人的一种趋势,这也是作为商人团体的重庆商务总会及其机关报《重庆商会公报》的职责。就这一点而言,《重庆商会公报》对电灯和烛川电灯公司的报道,无疑起到了很大的典型示范作用。

3.行业示范

商人从事商业。商业作为贸易的前端,与相关产业和技术密切相

---

[1] 渝冰壶生,《赋电灯七律二章》,《重庆商会公报》,1908年第102期。

[2]《重庆电灯烛川公司开会演说》,《重庆商会公报》,1908年第108期。

关。因此,《重庆商会公报》的"商业界""纪实"等栏目有着大量有关商业及相关产业和技术的报道。这些新闻报道,既打破了商圈的地域限制,传递着国内外商界的动态信息,也从行业的角度给重庆商人传播新知识提供了崭新示范,为他们选择新技艺、发展新事业作出表率。

如第 54 期"商业界"刊有《严禁冒牌》《振兴工艺》《播种新法》《机代牛力》《研究漂染》等报道。《严禁冒牌》讲的是杭州有客商以次充好扰乱丝绸市场秩序,"本城各绸庄王悦昌文记等二十余家,公议规单,呈明杭州商务总会,请转呈商务局,饬县立案,略谓以后如有假冒牌号、紊乱商业者,一经察(查)出,即当禀明究办"[1]。《振兴工艺》报道了山东寿张县创办工艺局,振兴织布纺纱变草帽等经费充足后发展酿制葡萄酒养蚕缫丝的新闻;《播种新法》报道了四川华阳县农民改良技艺,防患水灾的播种方法;《机代牛力》报道了四川宜宾某自流井以机器取代牛力,可"省费数千金";《研究漂染》介绍了万县陈树猷试验漂染技术,"一俟试验合法,即行雇工举办(漂染公司)"[2]。

第 88 期"纪实"刊有《拟助丝厂》《种蔗制糖》《会商开矿》《采办麻种》《组织公司》等报道。《拟助丝厂》报道了德国柏林方面赞助山东沧口某公司引入新设备改良山东省原有缫丝技术的新闻;《种蔗制糖》报道了河南某地试种甘蔗,以期"改良种法,制糖获利当十倍于前"[3]的尝试;《会商开矿》报道了南洋华侨准备集资在福建龙岩开办矿厂,电请福建铁路总办陈宝琛会商的事情;《采办麻种》报道了江西进贤县采购麻种,并分发民间一体种植,以发展夏布劝工所的新闻;《组织公司》报道了湖北商人拟"组织一茶叶公司,以振兴茶务而挽利权"[4]。

这些来自异地的新闻,不仅是商人个体需要接触的商界信息,也是重庆商人阶层面对未来发展需要了解的商情动态。《重庆商会公报》带来的行业示范,对重庆商界群体进行着示范引领,以养成新式商人"新"的思想意识、心理结构、行为方式,从而将身份与现代看齐。

---

[1]《严禁冒牌》,《重庆商会公报》,1907 年第 54 期。

[2]《研究漂染》,《重庆商会公报》,1907 年第 54 期。

[3]《种蔗制糖》,《重庆商会公报》,1908 年第 88 期。

[4]《组织公司》,《重庆商会公报》,1908 年第 88 期。

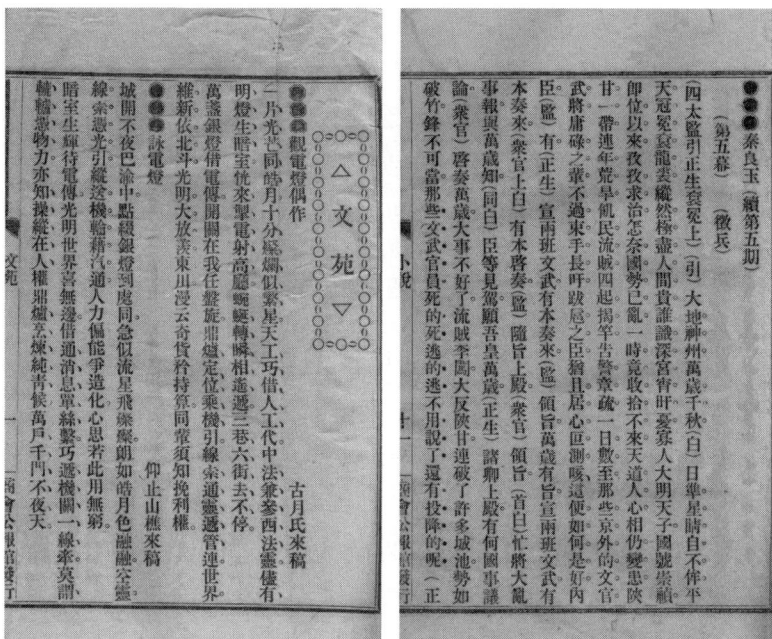

图 5-6 《重庆商会公报》"文苑"栏目

从大众传播实证研究的趋势来看,早期视媒介为反映社会的一面镜子,因而分析媒介内容便足以了解社会,然而,晚近的文化指标研究逐渐倾向探索媒介的塑造力量。[1] 的确,按照波兹曼"媒介即隐喻"的解释,"媒介的独特之处在于,虽然它指导着我们看待和了解事物的方式,但它的这种介入却往往不为人所注意"[2]。在这个意义上,朱英教授认为"清末商人社团的诞生,是商人成长壮大的一个新的界标。它迅速改变了商人的社会形象,大大扩充了商人的社会影响,使其成为城市社会生活中不可缺少的重要角色"[3],这个"它"不仅包括作为商人社团的商会,自然也包括商会领导下的报刊,比如本书所探讨

---

[1] 陈世敏,《大众传播与社会变迁》,台北:三民书局,1983,79 页。

[2] 尼尔·波兹曼,《娱乐至死》,章艳译,桂林:广西师范大学出版社,2004,13 页。

[3] 朱英,《清末新式商人社团的兴起及其影响》,《中国经济史研究》,1989 年第 4 期。

的《重庆商会公报》。反过来看,晚清中国是一个新旧思想交汇和新旧制度交替的时代。在旧时代成长起来,深受旧文化影响的商人群体,面对贸易形势的挑战和对社会变革的期待,使得新式商人的身份选择并不是一件容易的事情。《重庆商会公报》通过大量的"论述""纪实""文苑"等启蒙性传播,引导商人群体为重庆商人群体提供了新的文化身份,起到了重要的示范作用,也向社会建构出现代商人的形象。

（二）一种艰难:报刊启蒙在城市空间的尴尬与无助

从《重庆商会公报》出发,来分析城市、报刊与现代性的关系,似乎有一种特别的优势。

按照金耀基的梳理,现代化理论不是单一的理论,它在经济、政治、社会、教育等多个领域有不同的理论表述,但一个占主流地位的理论内涵是现代化的根源是科学理性,它所拥抱的是"发展"(development)的意理,它的发展基调定在工业化(经济发展)上,并认为工业化有一个内在关联的成长模式,不同的社会或国家,最后会产生某种同质性的社会、经济、政治与文化结构。美国的现代化理论视美国的文明为现代文明的高峰,也即是现代性的典范。[1] 正是接受了这样的理论范式,包括施拉姆、勒纳、罗杰斯等在内的一大批学者坚信——以欧美为中心的现代范式向发展中国家推广的价值,坚信现代传媒可以有效地推动科学、民主、理性观念的普及,相信传媒的解放与启蒙的力量。如美国社会学家丹尼尔·勒纳认为,传播媒介的参与与工业化、都市化、世俗化、民主化紧密地联系在一起,"它们经常有规则地一起出现,从历史上看,也许是因为它们必须并肩同行"[2]。勒纳还认为,大众媒介能够激励"心智状态",使之倾向现代性,尤其是想象出另类生活方式的可能性。媒介作为强大的启蒙力量,通过构建一整套现代性的话语和现代化的信息环境,促使传统社会的人被吸纳或者被强制去接受现代的道德标准和价值体系,去呼应现代化的制度及其设施,

---

[1] 金耀基,《现代性论辩与中国社会学之定位》,《北京大学学报》(哲学社会科学版),1998年第6期。

[2] Lerner, D, *The Passing of Traditional Society: Modernizing the Middle East*, New York: Free Press, 1958. p.438.

从而促使个体运用自己的理解力从加诸自身的不成熟状态中解放出来。顺延这样的逻辑，与工业化（经济发展）紧密相连的《重庆商会公报》，自然能够对现代性产生极大的裨益，但历史果真如此吗？

晚清的重庆城市，正向现代性不断迈进。时任重庆官署理税务司阿其荪（G. F. H. Acheson）对此描述道："在这座内陆城市里，现代化运动很少涉及军事，很大程度是被用来改善当地条件和地方工业。警察部队有效地发展，城里大街上的秩序改善了，令人讨厌的行为在减少。对穷人的救济仍在系统地进行，靠征收'济贫税'来维持济贫院，等等。这些事已在最近的报告中提及。对待流行病，人们不再宿命地漠然处之，而是采取有力措施进行卫生预防。官方和私人采取的引进先进的种植桑树和棉花技术的措施影响到贸易。实践在方案之后缓缓而来，我们对这方面的发展正如预料中的结局将进一步发展下去一样存有良好的希望。"[1]

无疑，这是对当时重庆发展的有力肯定。不过，现代化城市的发展，并不完全等同于现代性的进步。前文曾对现代化与现代性的区分和联系做出过简单说明。一般的观点认为，现代性是理念，是范畴；现代化则是过程，是方法论。现代性既以观念的形态折射了现代化进程中的社会变革，又对现代化过程具有内在导向意义，所以现代性与现代化之间在内涵上有重叠，在因果关系上紧密相连。但是，"从人类社会发展的过程来看，可以说现代化与现代性都出（处）于同一的历史大背景中，即出现在由传统社会向现代社会转化的历史大背景中。但它们各自又依据不同的社会因素，发展的时间也不同步"[2]。特别是涉及价值观念时，现代性与现代化表现出的非同步性往往更加明显，而这又是整个社会转型必须面对的问题，即社会转型的完成不仅需要完成经济、政治等表层结构的转换，而且需要社会的深层结构或隐性部分特别是价值观念的转换，一种在文化层面上的深层转型。

进一步来说，本部分尝试讨论报刊作为中介在城市与现代性两者之间的联系，也尝试论证报刊对现代商人身份示范与构建的努力。但

[1] 周勇、刘景修译编，重庆市政协文史资料研究委员会编，《近代重庆经济与社会发展：1876—1949》，成都：四川大学出版社，1987，311 页。
[2] 汪伊举：《现代化与现代性——历史·理论·关系》，《学海》，2006 年第 5 期。

我们不得不承认,来自报刊启蒙的意义并不能肆意夸大。在城市空间里,要完全经由报刊等大众媒体来传播和生成现代性,是一项艰难的举动。这里有两个例子。1908 年《重庆商会公报》已经提出《论重庆自来水之宜亟办》,但据民国《巴县志》记载,1926 年,重庆商埠督办公署督办潘文华提议兴办自来水工程,1929 年,重庆第一座自来水厂在打枪坝开始兴建,1932 年 3 月 1 日正式营业售水,从此,重庆市民才用上了自来水。再比如,1908 年烛川电灯公司已经成立和发电,"亦受到旧势力的重重阻扰(挠),有过招股失败的情况。电厂发电后,却因当时风气未开,厂设城内,群见烟囱之高峙,闻机声之震动,始而惊异,继而干涉,煞费调解,始得相安。而电厂一立杆,即谓其妨碍风水;见有电线,则谓招致盗贼;至于室内装置,则以任意移动或玩弄,故因触电伤人而起的兴讼事件,每岁有之"[1]。由此可见,区别于《重庆商会公报》对电力事业的赞叹与推崇,一般市民对于奇异之物误解颇多,现代性的生成并不能随着现代化的物质变迁而水到渠成,大众传播的示范引导效果也并不总能尽如人意。

　　这种遭遇,一方面可以说明丹尼尔·勒纳等人的理论被用来解释"前资本主义"时期的晚清中国并不适用。当时的重庆乃至中国,并不具备工业化、都市化、民主化广泛存在的基础,大众媒介产生着启蒙的作用,但在"非媒介化社会"中,他们的力量并不能充分发挥倾向现代性的激励作用;另一方面可以借用"有限效果论"来解释传媒力量的局限性。"有限效果论"是西方学者拉扎斯菲尔德、卡兹、罗杰斯和克拉帕等人的观点。有限效果论认为,大众传播没有力量直接改变受传者对事物的态度,在人们做出某种决定之际,许多其他因素起着重要的作用,其中包括个人的政治、经济、文化、心理的既有倾向以及受传者对信息的需求和选择性接触机制、群体归属关系和群体规范、大众传播过程中的人际影响等。尽管他们的结论过于强调大众传播的"无力性"和效果的"有限性",也脱离了现代信息社会的实情,但确实是对早期传播效果"魔弹论"的纠正,也提醒着我们要对大众传播的效果做出客观谨慎的考察。

---

[1] 四川省电力工业志编辑室,《四川电力志资料汇编(内部资料)》,1989,2 页。

有学者在研究中指出:四川地区在"1897 年—1929 年间所出现的几十种主要报刊中,就有 6 种属商业性报刊。其中《重庆商会公报》是1911 年以前最有影响的几家报刊之一,它尽管是重庆总商会的机关报,但却不是一个纯商业性报纸,它宣传改良,宣传科学技术,鼓吹发展商业、实业、揭露专制腐败,宣扬爱国精神,在商人阶层和广大市民中引起强烈共鸣"。[1] 这样的结论,从定性分析的角度对《重庆商会公报》的传播效应做出了概括,具有简明且浓厚的思辨色彩。但从定量的角度来看,什么程度叫"强烈"?"共鸣"的指标有哪些?商人阶层和广大市民的范围是多大?是否具备数据支撑?能否展开统计分析?能否建立数学模型?……这些疑问,会进一步对《重庆商会公报》的传播效应提出客观性的质疑。不过,这并不意味着前述结论是错误的,无论从历史背景,还是从刊登内容看,《重庆商会公报》肯定对时代、对重庆、对商界都产生过积极而有益的影响,这是基于逻辑推理、历史比较、经验观察得出的自然结论。只不过这种正向的影响很难用数字来定量展示,更不用说当下的研究者能够回归到历史的真实情境中做经验测量、统计分析和建立模型。

当然,这也警醒我们做出进一步分析。按照目前史学界把清末商会会员作为当时新式商人的最低估计数,那么,清末民初四川从事工商实业的新式商人已达三万余人。[2] 重庆地区加入商会的商号也达到 4 761 家。[3] 与同时期的全国新式商人相比,四川三万多商会会员占有绝对数量的优势,但从相对数量看,远远低于当时同属开放地区的东部省市。以四川人口四千万计算,商会会员即笼统意义上的新式商人只占据总人口的千分之零点七五,也就是说,一千人中还不足产生一个新式商人。同时,由于商会大都是建立在商帮基础之上的,新式商人也大都由旧式商人演变而成。旧式商人主要由农民、小贩、学徒出身的商人及极少部分地主官僚转化过来的商人组成,他们的文化水平低下,有些连字都不识得。撇开一般商人不说,就连李耀廷、汤子

---

[1] 陆远权,《重庆开埠与四川社会变迁 (1891—1911 年)》,华东师范大学 2003 年博士论文。

[2] 陆远权,《重庆开埠与四川社会变迁 (1891—1911 年)》,华东师范大学 2003 年博士论文。

[3] 参照《中华民国二年第二次农商统计表》,转引自周勇,《重庆通史》(第一册),重庆:重庆出版社,2014,432 页。

敬、杨文光等重庆屈指可数的商业领袖也都是"学徒"出身。新式商人既有的文化状态，导致经营思想和管理方法上的滞后。如经营方面的随意性、管理方面的封建性、信誉制度的原始性，特别是家店不分的小型商店在经营管理上的无序化，都与新式商业经营管理要求之间存在着较大的差距，影响在近代开放市场上的竞争力。而无论从新式商人的相对数量，还是从商人群体的文化素养上看，都不可能期待《重庆商会公报》对重庆城市与现代性产生决定性影响，即便《重庆商会公报》承担了舆论引导的职责。

俞吾金在其《现代性现象学（续）》一文中阐释道："在我们看来，'现代性'关涉到的应当是现代社会生活中的一个最抽象、最深刻的层面，那就是价值观念的层面。作为现代社会的价值体系，'现代性'体现为以下的主导性价值：独立、自由、民主、平等、正义、个人本位、主体意识、总体性、认同感、中心主义、崇尚理性、追求真理、征服自然等。"[1]抛开国家体制对主导性价值的理解差异，以这些要素来关照晚清中国，抑或是当下社会，"现代性"无疑都是不全面、不充分和不同步的，或者说，我们一直在通往现代性的路上跋涉前行。这就像罗志田所说："当时一般人视为不两立的新与旧，不论在社会史意义上还是在思想史意义上（以及我们研究得还较粗浅的心态史意义上），或者是在其互动的意义上，都不是那么截然两分，毋宁说更多是你中有我、我中有你。"[2]台湾学者张朋园也说："清末民初是中国社会的转型时期，有的人变得很快，很彻底，有的人变得很慢，或甚至于不变；有的人已摆脱了传统，有的人则仍然受传统的束缚。"[3]这是当时实际情况的真实写照，而考虑到晚清中国在区域、城乡、思想、社会等范畴的差异性、多样性和复杂性，苛求通过《重庆商会公报》这样一份报纸的启蒙，发挥传媒作为现代性的动力和制度价值，来推进城市发展、建构现代性是无论如何也做不到的。

不过，"首先应该看到，清末民初商会报刊的出现，使工商业者有

---

[1] 俞吾金，《现代性现象学（续）》，《江海学刊》，2003年第2期。
[2] 罗志田，《新旧之间：近代中国的多个世界及"失语"群体》，《四川大学学报》（哲学社会科学版），1999年第6期。
[3] 张朋园，《民国初年新知识分子的婚姻：书评两则》，（台湾）《近代中国妇女史研究》，1997年第5期。

史以来第一次拥有了自己的独立舆论工具,大大增强了工商界的社会影响,是工商业者成长为独立阶级队伍的重要标志之一,同时也是清末民初中国新型民间社会,即市民社会雏形出现的一个具体表现"[1]。在这个意义上,《重庆商会公报》作为商会的独立舆论工具,标志着工商业者不再只是依靠自己的政治代言人曲折地表达其愿望,而是通过自己的独立舆论工具,直截了当地反映工商界的各种要求,并大力宣传实业救国主张,维护工商业者的政治经济利益。略翻阅一下这一时期的《重庆商会公报》即可发现,凡关涉四川或重庆地区工商业的政策措施,凡有关四川或重庆地区工商业的发展要求,该报都无不发表工商界的见解主张,表达工商界的愿望与要求,成为颇有影响力的社会舆论。与此相配合,重庆的商业者还通过商会的联络,采取相应的群体行动,从而表明清末民初的工商业者从言论到行动,都开始以独立阶级队伍的新姿态登上了历史舞台。

同时,创立自己独立的舆论工具,也是市民社会拓展其生存活动空间所必需的一项重要措施。通过自身舆论工具的宣传和鼓动,市民社会可以不断地扩大自己对外的影响力,同时也增强其内部的向心力和凝聚力,即所谓"共享现实",而这些正是市民社会扩展其活动空间所必需的重要因素。清末民初的商会,不仅表现出明显的自治特点,是以契约规章而不是以血缘或乡缘关系联结的新式社团组织,并且在其内部还体现出较浓厚的近代民主色彩,已具备了作为市民社会雏形的诸多特征。除此之外,《重庆商会公报》拥有的独立舆论工具,也在一定程度上发挥着制衡国家的作用,使商会这一新式社团组织的市民社会特征更为突出,由此可以说明,近代中国以新兴工商业者为主体组成的市民社会,在清末民初即已具雏形。

或许,这是包括《重庆商会公报》创办者在内的中国新式商人与商会组织们自己也未曾预料到的对现代性的贡献吧。

---

[1] 马敏,付海晏,《中国近代商会通史》(第一卷),北京:社会科学文献出版社,2015,476 页。

结　语

转向空间：
让城市的风吹进新闻史研究的窗

当今时代,也许是一个空间的时代。

——[法]福柯

报刊不是在表象主义层面上描述了城市什么,是否真实地反映了城市景象,而是创造了一个路向、一种观看并参与城市的方式。

——黄旦

"面对一个新闻史的问题,我会自然而然问:材料的内在逻辑何在? 各构成要素之间的关系是什么? 它们彰显了什么意义? 而要有效回答这些问题,就得用具有概括力的语言,总结那些复杂而具体的历史事实,用比较抽象的'概念'抽丝剥茧,甚至画龙点睛。历史材料乍看散漫不经,杂乱无章,仿佛毫无头绪的线团,但如果找到了涵盖力强的概念,不啻牵出一个'线头',整个材料便不但理顺而且理活了。"[1]

2009 年,香港城市大学李金铨教授在《新闻史研究:"问题"与"理论"》一文中,说出了上述这番话。这段话有两层要义:一是"问题意识",即面对纷繁芜杂的历史,要能够充分思考,学会提问,进而洞悉历史材料的内在逻辑,以及隐而不彰的意义;二是"理论归纳",即提炼出特定的概念或理论,或者借用现有的概念或理论,作为解释史料的话语资源。这样的话,历史可以更清晰的面貌展示在世人面前,并且能够围绕特定概念,显得更加集中深刻。当代历史学者葛兆光对此有着同样的解释,他说:"有时候,理论就是一束光,其实历史文献的世界本来没有焦点,可是这束光一打,就把大家的眼光聚集到这个焦点上来了,而其他地方却黯淡下去了,这就是理论的力量。"[2]

本书的研究,追寻的是一种转向空间的路径,它以现代性的概念为焦点,来观察晚清重庆城市及其现代报刊。客观地说,运用这样的理论视角,是对传统新闻史研究的一种突破,尝试在学界熟稔的历史

---

[1] 李金铨,《新闻史研究:"问题"与"理论"》,《国际新闻界》,2009 年第 4 期。

[2] 葛兆光,《思想史研究课堂讲录续编》,北京:生活·读书·新知三联书店,2012,17 页。

材料中梳理出习焉不察的一面,即置于空间的范畴中,让重庆近代城市的发展与报刊的运作,围绕现代性的追逐显得更加清晰,进而以此为原点,还原出城市、报刊与现代性三者间互动复杂的历史场景。

这样的研究转向,是有着极大风险的。第一,城市在过往的新闻史研究中并不是一个充分的支点,而只是一个简单的地点。尽管自戈公振起,每一份中国报刊的创办都没有忽略地点的存在,但它们之间的关系总是被简单处理,地点也只是地点。这种简单,差不多是只重视时间,而忽视空间的后果。"在时间与空间的博弈中,时间长期居于支配地位,空间在历史进程中容易被忽视。空间蕴含着巨大的物质意义和社会意义,对空间的研究与开发是非常必要的。"[1]于是,作为重要场景的城市空间没有写入历史,围绕城市"空间传播"的一系列命题没有被细致深入地探讨,比如城市为什么会成为现代报刊诞生的场所?它能够为现代报刊的运行提供什么条件?报刊反过来又如何嵌入城市和表征城市?城市的舆论场在现代报刊出现后又怎么发生改变?城市的现代性与报刊的现代性关系如何?……这些问题,学界并没有提供过可遵循的研究结论。很多时候,"城市"被"民族""国家""时代"等宏大的主题遮蔽得严严实实,我们无法弄清楚城市与报刊的关系,更无从辨识不同城市与不同报刊的关系,这是本研究的难点之一。从另一个角度来说,我们也想做出探讨,尤其是在重庆这样一个现代性气质与传统因子都很浓厚的开埠城市,以现代性为主题,不同的报刊与不同阶段的重庆城市是如何互动的?以现代报刊的出现为契机,城市政治、文化、经济等权力结构是如何被更改和再分配的,城市又是如何被媒体传播、再现、建构的?

第二,"百年以降,中国报刊的主要角色是救亡图存,其三部曲是启蒙、革命与追求国家现代化"。[2]晚清时期的重庆报业,除《华西教会新闻》属于小范围的组织传播读物外,其余均与时代的主题密切相关,负载起"三部曲"的角色任务,且启蒙、革命与追求国家现代化三者

---

[1] 刘娜、张露曦,《空间转向视角下的城市传播研究》,《现代传播(中国传媒大学学报)》,2017 年第 8 期。

[2] 赵云泽、涂凌波,《"文人论政"与"新闻专业主义":精神的区隔与认同》,《现代传播(中国传媒大学学报)》,2010 年第 10 期。

与重庆城市发展和地方现代性之间关系紧密,很多报刊以"渝""重庆"等空间概念打头,就是突出了地方性的本土因素。"他们利用报纸鼓吹新思想,也鼓吹自身势力。引导、动员社会展开事实上的日常政治讨论,形成压力意见或煽动性宣传,影响公众对社会环境的判断和认知,塑造新的政治文化。"[1]但正因如此,晚清报刊的论政色彩极其浓厚,尽管维新、新政、立宪、革命也属于现代性的重要领域,但与现代性其他方面的联系并没有充分释放,这是晚清报刊的一种先天性不足,重庆报业也不例外。于是,要想在城市的维度中展开这样的探讨并不容易,这也是我们在研究初期最担心的问题,即能否产生有效的知识增量。所幸的是,在研究过程中,我们完整地阅读了《渝报》《华西教会新闻》《广益丛报》《重庆日报》《重庆商会公报》所有现存的文本,从中发掘出城市、报刊与现代性多元互动的横截面与生动案例,丰富了历史空间的多侧面,也给研究主题提供了有力的支撑。

第三,现代性作为一种抽象存在,并不是一个能够一言以蔽之的概念,在研究中往往又与现代化有着交集或误用,还有不少人将现代性看作一个与"前现代性"和"后现代性"相区别的一个时代特征,那么,要以现代性为纽带来勾连城市与报刊,自然增添了难度。对此,我们认同福柯的主张,即现代性是一种态度,是一种气质(ethos)。这种态度和气质就是批判的特征。福柯指出,在康德的启蒙中所包含的批判精神是哲学的气质所在。"这种'气质'具有对我们的历史存在作永久批判的特征。"[2]这样的理论提纯可以为现代性的含糊不清提供一个可思辨鉴别的标准。"当代关于传媒的历史争论的要害是,传媒不仅是现代性历史发展的本性,还是现代性构成的标准化判断。"[3]加汉姆的观点,为我们从新闻史学角度切入报刊与现代性的研究提供了顺理成章的理由。无疑,城市空间作为兼具物质性和社会性的独特社会文化空间,其多向度的领域必然会带来城市、报刊与现代性关系

---

[1] 李礼,《转向大众:晚清报人的兴起与转变(1872—1912)》,北京:北京师范大学出版社,2017,313 页。

[2] 福柯:《何为启蒙》,《福柯集》,杜小真译,上海:上海远东出版社,1998,536 页。

[3] 尼古拉斯·加汉姆,《解放·传媒·现代性:关于传媒和社会理论的探讨》,李岚译,北京:新华出版社,2005,55 页。

发生的多元"温床",产生不同的城市记忆与城市性格。这为本研究考察现代性,特别是城市空间成为与大众媒介相互嵌入的传播中介,提供了充足的认知基础。

第四,当我们以晚清重庆报业(1897—1911)为主要观察对象,来探讨城市、报刊与现代性三者之间的关系时,怀揣的是一种把"经验问题"(empirical question)上升为一个专业性"理论问题"(theoretical question)的梦想和雄心,但是要将对历史材料的感受和观察用比较精确的专业理论概念刻画出来,进而概念化(conceptualization)和框架化(framework),"这是非常困难的,可遇不可求"[1]。这种困难,大抵受制于两方面:其一是研究者本身的学术素养;其二是学术界提供的理论补给。前者的不足自不用言,于后者,国内的城市传播学近些年刚刚起步,并且尤为关注当下。国外有关的研究来源于多学科的理论观察,且不能提供水到渠成的本土化经验。所以,本文所有的研究,秉持着一种"大胆假设,小心求证"的学术进路,小心翼翼地避免"理论先行"的误区。毕竟,套用当代的、普世的、跨文化的经验和观念,来厘清晚清重庆报业体现出的城市、报刊与现代性三者之间的关联,无论如何都是不恰当的,或者说是有着天然局限性的。毕竟,"城市社会诸多关联的方面作为一个生态复合体"(埃里克·E.兰帕德语)是一种生物链的相互关联的关系,受制于彼时彼地的物质环境和人文生态,很难用"一刀切"的理论来统领。当然,这不意味着我们排斥成熟的理论。相反,理论有其共通性,并且自城市史学诞生后,城市的同质化发展可以为我们提供许多有价值的研究视角,本文的研究也是从历史史实出发,大量借鉴和引用了这些优秀的成果,并尝试性地移植和改造到本文的观察结论中。

英国数学家、哲学家怀特海德曾为自然科学提供一条准则:寻找简单并怀疑之。美国人类学家格尔茨则为社会科学提供了另一条准则:寻找复杂并使之有序化。寻找复杂并使之有序化正是理论提升的主要方向。这一方向,强调从大量的、表层的、复杂的经验现象出发,通过概括、提纯和超越,以获取一般性原理,方便人类对世界的掌握能

---

[1] 李金铨,《新闻史研究:"问题"与"理论"》,《国际新闻界》,2009年第4期。

够以简驭繁,化繁为简。或许是"理论情结"的作祟,不少学者在研究过程中,"时常会出现理论过度的问题。他们名为实证研究,其实只关心理论建构,从而实际上忽视了实证材料本身的描述和分析"[1]。于是,在"理论情结"的暗示或支配下,理论建构被视为真正的贡献和追求的目标,理论有时难免会蜕变为追求一种使简单问题复杂化、常识问题精致化的技术,而实证材料则成为理论的附庸,一种点缀,一个装饰,其本身无关紧要或者可有可无。

基于这种学术警惕,我们耗费了大量的精力对晚清重庆城市史与报刊史展开研究,也得出了一些学界此前未能关注到的结论,这些都是饶有趣味和具有反思价值的。

如《渝报》的贡献不仅是维新变法,而且是通过维新变法构建出现代民族国家的想象。横向来看,《渝报》可以成为观察中国媒介现代性起步的样本,这也标志着重庆报业开端的高起点。在城市空间中,以《渝报》为中心,编者、作者、读者之间构建起城市内、城市外不同的交往网络。进一步来说,当新式的报刊出现在重庆城市中时,一种新的时空观被引入,重庆由此进入"新媒体"的时间范畴,这是对城市空间的一种颠覆。新的时空观突破了原有的时空障碍,加强了信息传播,为现代性的达成提供了可能。

再如《华西教会新闻》,这是一份基督教会报纸,发行量不大,此前亦未引起学界足够的重视。通过阅读其中的《重庆通信》《万州通信》,我们不仅认识到基督教会在华西地区"可沟通城市群(communicative cities)"的建立与维系——这是对"可沟通的城市(communicative city)"概念的突破和延伸——进而认识到这种"可沟通城市群"能够在传教过程推进基督教华西地区"统一体"的达成,并与传统信仰展开"空间争夺"。而被某些人视为愚昧落后的宗教,其实在重庆城市现代性的生成中也起到过积极作用。

再如《广益丛报》,过往的文献均将它作为革命政论报刊对待。实际上,在前后9年的发行过程中,革命舆论只是在很短的时间内占据

---

[1] 徐昕,《司法程序的实证研究:方法、误区与技术》,《暨南学报》(哲学社会科学版),2009年第3期。

主导地位,君主立宪才是舆论主流,这就很容易解释为什么立宪派在四川光复后能够篡夺革命的果实。同时,《广益丛报》大量的新闻报道,此前一直未能引起学界的重视。仔细研阅,可以发现这些报道形成了与重庆城市在实业、风俗、教育、科技、文学等多向度的对话,这些内容的传播,既可以管窥"社会现代化"与"文化现代性"的互动,也能够实现现代城市的不断进步和人的全面发展。

再如《重庆日报》,作为重庆地区的第一份日报,它为考察中国媒介现代性的成熟提供了有效样本。它在短暂的存在时间内,不仅实现了革命转向,更是一直诠释着自身"日日输纳新鲜文明种子"的报刊角色,它通过地方性的政治参与、现代性的知识工程与身体的现代性解放,形成了城市空间中的知识交换,推进了城市的有机团结和城市的现代性。

再如《重庆商会公报》,作为商会和现代化之间"足以代表舆论"的"新闻纸",它一方面关注商业,追求"吾商幸甚"和商业现代化,另一方面关注地方,追求"吾蜀幸甚"和区域现代化。考察《重庆商会公报》,既可以发现现代报刊的种种努力,比如对现代商人身份的示范与建构,也可以看到现代报刊的种种艰难,特别是报刊启蒙在城市空间遭遇的尴尬和无助,这不仅是《重庆商会公报》的个体问题,也是当时许多媒体的遭遇,从深层次也提醒我们在对城市、报刊与现代性进行考察时,一定要尊重历史,切忌为了理论而理论。所有的理论建构,必须在尊重历史的基础上客观地进行。这个过程应当顺其自然,努力为之,但不必勉强,既要超越"历史",更要回到"历史"。

在《渝报》《华西教会新闻》《广益丛报》《重庆日报》《重庆商会公报》的纵向发展过程中,我们也看到了许多连贯的因素,比如报刊形态和媒介内容向现代性的变迁进步,比如对地方教育、兴办商业、剪辫放足等时代主题的持续关注,比如对舆论建构、政治动员和理论供给等媒介功能的坚持不懈,特别是如何以现代性的力量,推进重庆近代城市经济结构、社会结构、地域结构、文化结构等领域的深刻转型。以上种种,也警醒我们"能更清晰地理解我们将之与'现代性'联系起来的某些特殊过程,甚至对那种想与'传统'激进的决裂而过分强调现代性的看法有所警觉"[1]。这就要回归到导言部分,像我们对中国现代性的必要补充中强调的那样,传统文化不应该,甚至不能够因为理性主义被排斥或摒弃。相反,这会成为构建中国现代性的重要文化资源。中国从一开始,在现在,至未来,都有着不同于西方的现代化及其现代性的表现形式,这是历史的必然。

这样丰满和有益的观察结论,得益于新闻史研究"空间转向"后,城市、报刊与现代性三者互动过程中对城市、报刊与现代性三个概念的内涵丰富、理论注入与知识重构,以及由此在新闻史研究过程中生成的一种城市感。

于城市来说,城市是现代工业文明的中心,中国城市的现代化是中国现代化进程的重要标志,也是作为城市内在"精神气质"的现代性不断充实的过程。作为现代化的理论前提、基本框架、哲学指导与价值支撑,现代性是城市发展"祛魅"的指标体系和追寻目标。所有城市在空间维度上近乎一致的是,"城市不只是建筑物的群集,它更是各种密切相关并经常相互影响的各种功能的复合体——它不单是权力的集中,更是文化的归极"[2]。在这个意义上,城市空间的价值使得报刊从静态的、中性的工具/渠道转变为极具内涵化意义的动态活动,城市空间也从单纯的位置、地点或场所中摆脱出来,添放进社会、文化和媒介的多元维度,这使得城市空间既是一个"物理存在",更是一种文化的栖息之地与人类存在的"诺亚方舟",并处在与报刊互为关系的共同编织之中。当我们审视晚清重庆时,它的现代性既有突破旧时的九开八闭的城门,有电灯、轮船、铁路、电报、银行、报馆、自来水的引入,也有国家民族面临生死存亡之际市民整体心态的急剧变迁,这是现代化使得社会力量释放的结果。当城市精英分子推动新式报刊出现时,古典政治中无形的"民意"有了全新的载体,并撬动了城市公共空间的大门,一切皆可讨论,就此难以休止。就晚清来说,这种城市舆论带来的结果加速了与政府的离异倾向,推进着一个更符合现代性气质的新

---

[1] 顾德曼,《家乡、城市和国家——上海的地缘网络与认同,1853—1937》,宋钻友译,上海:上海古籍出版社,2004,227-228 页。

[2] 刘易斯·芒福德,《城市发展史——起源、演变和前景》,宋俊岭等译,北京:中国建筑工业出版社,2005,91 页。

时代的来临。

　　于报刊来说,城市空间中的报刊不只是城市现代化发展的产物,它能够"重构感知和经验的时空参数,从而使我们能够远距离地看到、听到甚至有所行动,所以它们改变了以前被想当然地视为自然的(即使不是不变的)存在框架"[1]。这种能力,是新式媒体打破时空藩篱构建的新式城市交往,建构的新式社群关系,推进社会整体向现代性跃进的强大推动力。显然,一方面,现代传媒是现代性的产物。现代性的历史发展必然要求大众传媒的出现、发展和发挥效用。另一方面,现代传媒又推动着现代性观念的普及。大众传媒产生后,它又成为观察和推进现代性的某种标志标准,比如帕克所说的"报纸是城市范围内通讯传递的重要手段",比如哈贝马斯提出的"公共领域",比如安德森所谓的"想象的共同体",比如重庆城市文化、精神和价值意义的培植。所以,恰如黄旦先生说的那样,"报刊不是在表象主义层面上描述了城市什么,是否真实地反映了城市景象,而是创造了一个路向、一种观看并参与城市的方式"[2]。这不正是竹川藤太郎言说"日日输纳新鲜文明种子"的要义吗?

　　对现代性来说,它隐身于城市的现代化进程中,却又引领着城市方方面面的现代化进步,大众传播领域自然包含在内。从《渝报》到《重庆日报》,我们已经能够观察到中国媒介现代性从开始到成熟的变迁,这是晚清重庆报业的进步。同时,这种现代性的进步不只是报业的,它是整个城市空间的发展进步生成的,不能割裂开来剥离考察。换言之,现代性既弥散于整个城市,也是城市与报刊之间勾连关系的"摆渡人",以现代性来考察"渝"与"报"的互相构成及其规则,我们可以看到,"传播意义的发端、延续、变异、断裂、新生、融合等等状态,都能从城市表征的现代性的发生、成长、变化的过程中得到体现"[3]。在晚清重庆城市与报刊的互动中,媒介技术的引进和应用重塑了时空

---

[1] 斯科特·麦奎尔,《媒体城市:媒体、建筑与都市空间》,邵文实译,南京:江苏教育出版社,2013,6页。

[2] 黄旦,《"新报之事,今日之事":上海进入新媒体时间——初期申报与上海研究之一》,载黄旦,《城市传播:基于中国城市的历史与现实》,上海:上海交通大学出版社,2015,223页。

[3] 孙玮,《作为媒介的城市:传播意义再阐释》,《新闻大学》,2012年第2期。

结构,时空伸延的水平比以往任何一个时期都要高,这种重构是对秩序的改变,打破了原有的国家社会政治体系和文化形态,也重构了近代城市空间。进一步来说,媒介内容引发的舆论思潮、文化影响、知识交换与价值生成,不仅从多方面建构了"纸上的城市",形成了城市多向度的对话,而且也营造出各种各样的"城市形象",激发了报纸读者对城市现代性的想象。

"如果对历史有深湛的了解,对那些至今控制着人类的古老决定有了高度的自觉,我们就有能力正视如今人类面临的迫切抉择,而这一抉择无论向什么方向都终将改变人类。"[1]自然,本文以晚清重庆报业为中心的观察,在厘清城市、报刊与现代性三者之间的关联方面,是无法引领城市学(urbanology)和新闻史研究的。但是,能否从历史现象之中产生对当下和未来中国城市、媒体与现代性的一般性解释和预测,则是本文希冀的"一个小目标"。诚如苏力所言,"理论追求的是解说力和预测力,以及在此基础上的人的能力的扩大"[2]。历史、现实、未来是相通的。在大历史观的逻辑下,把中国现在的城市发展与历史的逻辑发展联系起来,并对未来的发展做出合理的预测,把历史看作一个整体和过程的观点,是符合历史唯物主义的。为此,我们在研究过程中植入了四对辩证关系。

一是"中国的问题,世界的眼光"。"中国的问题,世界的眼光"源于中国人民大学陈瑞华教授的倡导。以晚清重庆报业为观察对象,兼以上海、汉口等地为比较参照物,自然是一个"中国的问题"。这样的研究起点,既是研究对象的框定,也是问题意识的核心,即在中国的现代化进程中,城市、报刊与现代性之间的关系如何。这是一种本土化和地方化的资源挖掘与理论提升,相比纯粹的理论思辨,这样的研究更加立足本土,更有材料支撑。同时,由于城市、报刊与现代化等概念在相当程度上具有普遍的共通性,国外的理论成果也不容忽视,相反,通过马克斯·韦伯、刘易斯·芒福德、安东尼·吉登斯、米歇尔·福

---

[1] 刘易斯·芒福德,《城市发展史——起源、演变和前景》,宋俊岭等译,北京:中国建筑工业出版社,2005,5-6页。

[2] 苏力,《追求理论的力量——〈法律理论的前沿〉代译序》,《法制与社会发展》,2003年第2期。

柯、丹尼尔·勒纳、迈克尔·舒德森、赫伯特·阿特休尔、尼古拉斯·加汉姆、斯科特·麦奎尔、弗里德里希·A.基特勒、詹姆斯·W.凯瑞、哈罗德·伊尼斯、韦尔伯·施拉姆、马歇尔·麦克卢汉、齐奥尔格·西美尔、费正清、哈贝马斯、列斐伏尔等西方大家的理论引入，不仅可以检验相关理论在中国的适用性，更能够经由比较新闻学的优势，通过对问题的发现、描述和分析，对问题做出尽可能精确的解释，这样的结论可能更全面、更深刻。"中国的问题"是我们研究的具体对象，而"世界的眼光"则是研究者所持的思路和所要达到的境界。中国的现代化过程有其特殊性，中国的学者要产生自己独特的学术增量，在路径选择上就不能只是重复西方学者研究过的问题，重走西方学者走过的老路，而必须从本国的历史与现实中寻找问题，进而由个别走向普遍，使有关理论得到发展。

二是"充分的史料，深度的个案"。"史学便是史料学"，是傅斯年及史料学派的代表性话语之一。对历史资料的收集、考证和整理，是本文研究的基础性工作，我们为此投入了大量的精力，这是在《近代重庆新闻传播史稿(1897—1949)》前期成果基础上的加深，也是呼应新闻史前辈方汉奇先生倡导"打深井"的举措。"新闻是现在新的、活的、社会状况的写真。历史是过去的旧的社会状况的写真。"[1]在一定意义上说，"历史可以说是过去的报章，报章可以说是现在的历史"[2]。李大钊先生的谆谆教诲，让我们尽可能深入细致，而不走马观花地只作印象式介绍，一切的研究都是立足文本，立足历史。同时，由于晚清重庆报业的资料并不全面，我们进而转向深度的个案研究，并按照不同报纸创刊的时代为研究推进的纵轴，以报纸特定的现代性价值作为分析的横轴，串联起晚清重庆报业与现代性的关键词。在个案研究中，我们采用了"深描"与"复调"的结合策略，所谓"深描"，就是对个案研究对象做出深入研究。所谓"复调"，就是联系城市、报刊与现代性的主题做出理论诠释，这样既能保证充分运用史料，又能实现写作过程与理论提升之间的紧密联系，即既回到"历史"，又超越

---

[1] 李大钊，《在北大记者同志会上的演说词》，《晨报》，1922年2月14日。
[2] 李大钊，《史学要论》，上海：上海古籍出版社，2014，31页。

"历史"。其中,"深描"可以深刻展示某一报纸的时代独特价值,彰显特殊的历史地位,"复调"则不停渲染城市、报刊与现代性主题之间的多层次逻辑联系,两者相互配合,相得益彰。

三是"空间的转向,互动的联系"。20 世纪下半期,人文社会科学出现"空间转向"(spatial turn)思潮,考察多维度、复杂结构的空间为现代人文社会科学带来的多重可能性。福柯曾不止一次呼吁:"我确信,我们处在这么一刻,其中由时间发展出来的世界经验,远少于联系着不同点与点之间的混乱网络所形成的世界经验。"[1]长久以来,城市本身的传播介质特征被忽略,城市的传播活动脱离了城市的场景,成为一种虚拟想象体。国内学界,尤其是以复旦大学信息与传播研究中心为代表的学术团队,开始转向城市传播研究,空间,尤其是城市,与传播共生同存的关系被重新认识,这是不同学科互动和交汇的结果,也引导着包括本文研究在内的路径转向。这种"开放社会科学"的思维打开,给本文带来了丰满和有益的观察结论。恰如前文所言,这得益于新闻史研究"空间转向"后,城市、报刊与现代性三者互动过程中对城市、报刊与现代性三个概念的内涵丰富、理论注入与知识重构,以及由此在新闻史研究过程中生成的一种城市感。其实,这种互动的联系,何尝不是现代报刊崛起之后,城市"有机体""复合体"之间在城市规模扩大和复杂程度加深后的一种现代性结果呢? 需要交代的是,"现代性"作为关键词,是历史考察过程中城市与报刊的重要勾连,是全文写作与理论框架的思考路向,也是未来城市发展、传媒进步的引导力量。这种态度和气质,让城市空间不再空洞缥缈,而是具体可感,触手可及。

四是"历史的研究,未来的关照"。历史可以映照现实、折射未来,回顾历史可以预见未来。历史唯物主义要求我们善于运用历史思维洞察历史纵深、体察实践进程、观察未来走向,这是一个很高的要求。葛剑雄先生说:"历史跟现实其实都相通的。好多东西都相通的。你要理解历史,不光是书面的记录。其实没有一种书面记录是真正100%反映真实的。要做历史研究,特别要关注现实,这样相对来讲,

---

[1] 转引自包亚明,《后现代性与地理学的政治》,上海:上海教育出版社,2001,18 页。

农村来的孩子比较能够理解。"[1]或许是"农村的孩子"的出生优势，我们在研究过程中总是不自觉地思考着历史、现实与未来。当下社会，传播技术的日新月异，解构了人的关系和城市社会结构，重塑了人的感官，赋予个体在传播节点上更多的话语权，这使"被结构功能主义传播研究路向所隐匿埋没了的传播与人、传播与城市的丰富关系得以显现"[2]，这样的现实场景，催动着我们对现代报刊诞生初期"传播与人、传播与城市"关系的思考，那应该是怎样一种初始状态？它们的联系紧密吗？发生机制又是什么？互动效果又是怎样？同理，在未来的城市与传媒关系中，传统的地缘空间、物理空间以及人的时空观会被解构，新的社会空间、多维空间、信息空间和仿真空间被建构，那么"传播与人、传播与城市"又是怎样一种存在状态？它们的联系紧密到什么程度？发生机制又有什么创新？互动效果又是怎样？结合未来中国城市发展的实际，从可沟通城市、社会多元治理、公共文化服务体系、协商民主与表达渠道等角度，可以思考的还有很多。

目前，城市传播研究已经成为一个方兴未艾的跨学科研究领域，建立理论框架，描述理论模型，运用理论解释，检验理论真伪，展开理论对话，拓宽理论张力……是城市学、建筑学、地理学、政治学、文化学、管理学、社会学、传播学、心理学、生态学等多学科共同的时代命题。

在此，本书做了一点探讨，无论贡献几何，唯愿这样的空间转向，能让城市的风吹进新闻史研究的窗。

---

[1] 葛剑雄，《历史跟现实是相通的》，《时代周报》，2014年8月22日。

[2] 黄旦，《城市传播：基于中国城市的历史与现实》，上海：上海交通大学出版社，2015，前言第1页。

后　记

2017 年 10 月 21 日晚上，大概半夜的时候。我吃了几片感冒药准备休息，以便更好地迎接第二天的博士后出站答辩。模糊之间，我的脑海里突然出现了"新闻史""范式"两个词汇。我记得这应该是一篇文章的题目。手机一搜，果然出现《试论中国新闻史研究的范式演变——以〈大公报〉研究为例》，这是李彬教授 2005 年的一篇文章。该文通过对《大公报》研究的梳理与分析，提炼出中国新闻史研究中的三种"范式"，即革命范式、现代化范式和民族—国家范式，并探讨了三种范式的缘起背景、发展过程和总体取向。

这篇文章，我在十年前曾字斟句酌地读过，还在笔记本上做了长篇笔记，甚至在某一年把它出到了研究生复试的考题中。时隔多年，夜里再读李彬老师的文章，不胜感慨。

本书关于晚清重庆报业的研究，几乎就是沿着革命范式→现代化范式→民族—国家范式的一种尝试，虽然整个写作中我一直没有记起这篇文章，但它却在无形中一直指引着我。于我来说，无论是此前完成的《重庆近代新闻传播史稿（1897—1949）》（重庆出版社 2017 年版），还是最近完成的研究报告《抗战大后方新闻史研究（1937—1945）》（西南大学中国史博士后流动站 2017 年出站报告），基本上都沿用了新闻事业史研究的范式，在其中突出"革命"的色彩。对我这样的学术"菜鸟"来说，应用新闻事业史研究范式，能够立足现有文献资料，保证政治正确，并且能够迅速框定自己的学术领域，也便于为以后的研究圈定范围和提供基础。实际上，戈公振《中国报学史》一书确立新闻事业史范式，对中国新闻史著述的影响极为深远，也是直到今天新闻史著述还在普遍使用的范式。

或许是受到传统史志编修的影响，学界对新闻事业史范式的批判还算温和。在指出新闻事业史研究范式的特征可归结为"微观·实证·事态"——"即力求以史料勾勒一事一物的原貌，再现客观的历史事实，甚至于不惮其烦地追索万千报刊的起止日期，堆砌云遮雾绕的如山史料"[1]外，也不得不承认戈氏开创的科学严谨的求实态度，对新闻史研究做出了不可磨灭的贡献。平心而论，新闻事业史"微观·

---

[1] 李彬，《对新闻史研究方法的思考与建议》，《新闻大学》，1996 年第 4 期冬季号。

实证·事态"的特征在新闻史研究过程中是一项不可或缺的基础性工作。尤其是对于一项要持续进行的研究来说,新闻事业史范式下的前期成果无疑提供了坚实的材料基础,是值得信赖的重要资源。

当然,也有批评指出新闻事业史范式下的历史书写是枯燥的,"一部新闻史差不多等于一份媒体'生老病死'的'流水账'和'花名册',里面难以见到鲜活的人物、鲜活的故事,满目多是干涩无味的'货物清单'"[1]。但这种批评,更多的是源于一种阅读的观感,特别是新史学勃兴后,历史与叙事相结合对中国传统史学的冲击。

本书的写作,我尝试作了方法论上的突破,这种突破,差不多就是"现代化范式"与"民族—国家范式"的集合应用。

罗荣渠认为:"以现代化为中心来研究中国近现代史,不同于以革命为中心来研究中国近现代史,必须重新建立一个包括革命在内而不是排斥革命的新的综合分析框架,必须以现代生产力、经济发展、政治民主、社会进步、国际性整合等综合标志对近一个半世纪的中国大变革给予新的客观定位。"[2]这种认识论上的突破,适应了 1978 年之后中国社会的"现代化语境"(modernization context),观察视角也撕开了单一的阶级视角,是一种相对全面的综合观察,也是诸如哈贝马斯的"公共空间"理论、布迪厄的"场域"理论及黑格尔"市民社会"理论等西方理论影响下的产物。不过,这种写作,表面上研究的是中国问题、中国现象、中国历史,却因为理论应用的盲目崇拜和简单套用,很容易陷入西方中心论的怪圈,这显然是有悖于历史的。

"李彬认为,'现代化'范式是以'走向世界(实即走向西方)'为核心论述,着眼于'传统与现代'的社会转型。"[3]晚清中国,在西方世界坚船利炮的冲击下,中国这个庞大的帝国开始以蹒跚的脚步走出国门、走向世界,中国社会也开始逐步跟跄转型,向现代化民族国家迈进,不断生成属于自己的现代性因子。在这个转型过程中,由于国情

---

[1] 蔡斐,《1903 年上海苏报案:一场煌煌天朝对两个文弱书生的诉讼》,西南政法大学 2008 年硕士论文。

[2] 罗荣渠,《走向现代化的中国道路——有关近百年中国大变革的一些理论问题》,《中国社会科学季刊》(香港),1996 年冬季卷,总第 17 期。

[3] 李彬、杨芳,《试论中国新闻史研究的范式演变——以〈大公报〉研究为例》,《中国传媒报告》,2005 年第 4 期。

差异,中国的现代转型自然不能用西方理论来生搬硬套,这必然是一个充满中国特色的转型过程,城市与新闻事业的转型也不例外。简单地套用西方理论框架来解释中国近代报刊与城市的关系,不仅无助于学术的发展,使中国学术的研究成为西方社会科学理论的错误注脚,而且也伤害了自身的学术品质,不能正确诠释中国的历史事实,影响中国特色哲学社会科学体系的构建。对此,李金铨教授也提醒到,"研究者借用已有的概念或理论,作为解释史料的话语资源。借用得当,经常是很精彩的"[1]。但是,如果借用时犯"理论先行"的毛病,强行将历史材料塞进理论的紧箍咒里,就未免"削足适履"了。

"现代性具有普遍性。现代化作为世界通行的社会发展模式,在不同国家或地区具有一定的同质性,具有相同的规定和总体目标,也具有相同或相似的社会效应。现代化的基本效应就体现在现代性上。西方的现代性表征的是自启蒙运动以来所形成的现代社会整体结构的特征、性质以及相应的观念。按照通常的理解,广义的现代性既体现在器物层面上,又体现在制度层面上和观念(精神文化)层面上。现代性在物质层面的体现,就是以工业化为载体、以科技为支撑的生产力进步及作为其结果的经济发展即物质财富的增长。现代性在制度层面上的体现,就是建立现代的市场经济制度和民主政治。现代性在观念层面上的体现,就是确立民主、自由、平等、公正、法治、人权等现代意识。"[2]但是,现代性也具有多元性。理解现代世界,事实上也是解释"现代性的历史"的最佳途径,就是把它看作一个现代性的文化纲领和文化样式以多样性的方式不断建构和重构的故事。现代性不等于西方化。西方现代性模式并不代表现代性的唯一真实,尽管它具有历史的优先性,并且相对于其他现代性来说继续有基本参照作用。[3]由于中国传统观念和体制的保守性,中国近代以来的特殊历史进程,中国广大的地域以及社会发展的不平衡性,中国的现代化进程,中国

[1] 李金铨,《新闻史研究:"问题"与"理论"》,《国际新闻界》,2009 年第 4 期。
[2] 陈新夏,《中国现代性问题的特殊性及其人学反思》,《哲学研究》,2016 年第 8 期。
[3] Eisenstade, Shmuel N., 2002: "Some Observations on Multiple Modernities," In: *Reflections on Multiple Modernities: European, Chinese and other Interpretations*, edited by Dominic Sachsenmaier and Jens Riedel with Shmuel N. Eisenstadt, Leiden; Boston; Köln: Brill, 2002, pp.27.

的现代性气质,显示出与众不同的制度模式与文化演进,显示出革命性、突变性和不平衡性的特征。城市如此,报刊也是如此。

就本书研究的城市、报刊与现代性三者来说,晚清重庆与晚清上海、晚清汉口自然也不相同。这是现代性的普遍主义,西方文明尤其是发达资本主义国家在政治、经济、意识形态等方面向外的推演及其扩张,遭遇中国不同城市个体性的反抗,在理论层面和实践层面形成的一种特殊主义。学界很早就注意到这种特殊主义,于是在新闻史的研究过程中也诞生了"民族—国家范式"。

"按照'民族—国家'的范式,近代历史的要义首先还不在于'革命'或'现代化',而在于从'文化主义'到'民族主义'、从'文化国家'到'民族—国家'的转型,而'革命'或'现代化'都只是推动这种转型的方式与手段。"[1]回归到美国学者安德森在《想象的共同体》一书中提出的核心理论——"想象的共同体"。他认为,作为拥有疆界与主权的民族国家,是一个"想象的共同体"。这些"想象的共同体"的形成主要取决于以下因素:宗教信仰的领土化、古典王朝家族的衰微、时间观念的改变、资本主义与印刷术之间的交互作用、国家方言的发展等。而其中提到的"资本主义与印刷术之间的交互作用",恰恰就是针对现代的大众传播媒介。正是由于现代媒介的普及与发展,报纸、杂志、书籍以及随后广播、电视等大众媒介的发达,人们才可能将互不相识的陌生人想象为声气相通的"同胞"。同时,宗教信仰的领土化、古典王朝家族的衰微、时间观念的改变在晚清中国、晚清重庆的表现也异常抢眼。于是,"民族—国家范式"就顺理成章地被纳入本书的研究方法。

"民族—国家范式"还可以看成是对"现代化范式"的一种纠正,或者一种警惕。我们的研究,常常会有意无意地从西方理论中寻求答案,而忽视了从中国实际中寻找问题意识和阐释模式。或者过分强调中国问题的特殊性,片面认为国外理论的无意义性,提出的问题取向难以与国外同行形成沟通、交流和对话的可能,从而限制了自己的学术研究视野。于是,在本书的研究中,我总是不断提醒自己,对西方理

---

[1] 李彬、杨芳,《试论中国新闻史研究的范式演变——以〈大公报〉研究为例》,《中国传媒报告》,2005 年第 4 期。

论要审慎思辨,对中国问题要透彻把握,学术研究即便不能形成本土化的理论,也不能简单嫁接或者"生吞活剥"。我们之所以不断重写历史,不是颠倒历史,也不是重构历史。历史就是历史,它自己不可能走进当代,但可以借助正确的历史观和方法论被带入当下世界、融入现实生活,运用崭新的研究范式来对历史现象进行理解和阐释。

具体到本书的研究中,我们在晚清重庆报业史(1897—1911)的基础上,抽取出城市、报刊与现代性三个关键概念作为"线头",通过《渝报》《华西教会新闻》《广益丛报》《重庆日报》《重庆商会公报》作为一面面观察的镜子,从中折射出报刊与城市、报刊与现代性、城市与现代性的内在逻辑。特别是当城市这一空间概念被引入研究中时,报刊和现代性有了可依托的"土壤",同时,这两者也是城市之所以成为城市,并维系城市发展壮大的重要精神要素之一。显然,这是顺延"人类为了精神需求的聚集最终形成城市"(芒福德语)的一种观察路径。在他眼里,历史上几乎所有重要城市,在物质要素形成之前,就已具备了强大的精神要素,包括对自然的敬畏、对安全感的需求、对新鲜事物的渴望等。这种人们最本质的精神诉求,带来了以聚集为目的的流动。这也意味着,满足人们最本质的精神诉求,才是城市存在的目的,才是让人在城市中生活得更好的关键。

作为市场的聚落、行政权力网络的枢纽、文化碰撞与创作的场所和结晶,城市是人类的想象得以实现的实体空间,也是创造它并在其间生活的居民们构成的共同体。[1] 在现代性的照耀下,在所有的空间类型中,城市空间是让人着迷的一类。在恩格斯、奥斯曼和本雅明眼里,它们是具有迷宫般的物质的存在。根据芒福德的解释,城市的"发明"最初就是空间内爆的结果,"城市也许会被描述为一个得到专门配备的结构,用以贮藏和传送文明的商品,它可以充分地加以压缩,从而能在最小的空间里承载最大数量的设施,但也能在结构上加以扩

---

[1] Hall, Peter, 2002, *Cities of Tomorrow* (3rd Ed.), Oxford, UK: Blackwell.转引自潘忠党、於红梅,《阈限性与城市空间的潜能——一个重新想象传播的维度》,《开放时代》,2015 年第 3 期。

大……"[1]这种结构上的加以扩大使得城市的竞争优势超越周边区域,并以新的流通形式进一步加大区域之间的关联,扩大城市的规模,构建城市间的联系。在现代工业城市,依靠林荫大道、火车轨道、报纸、电话、因特网……有形或无形的媒介传播并完成上述的过程。在城市内部,公共和私人生活也因媒介传播得以不断重构,并日渐脱离实体空间的羁绊,两者之间的边界变得日益模糊,且不断冲突与妥协。

这种关系,在本书的考察中也有着清晰的呈现,当《渝报》《华西教会新闻》《广益丛报》《重庆日报》《重庆商会公报》等报纸先后出现在重庆的城市时,古老的空间遍布着新兴的媒体,它们传递信息、展开对话、构建网络、重塑时空,展开对城市、民族和国家想象的宣讲,并监测城市空间中人们的言行,参与城市的运行,即传播是空间的成因,也是空间的表征。传播是重构空间的过程,也重构着空间的形态。传播与城市相互作用,也相互构成。

在全书写作之初,为了准确勾勒出它们之间的互动关系,我们确定了现代性这一指标,它是晚清重庆这类城市从传统迈向现代过程的可衡量因素。如果有可能,下一步的研究我们还会在城市与传播的框架下,进一步嵌入"人"的因素,"一个人即是一个移动着的空间场域,一个时空单元;她携带着情感、思想、偏好和意图,以及自己未必意识到的文化信念和实践,并创造了具备使然各种社会关系潜力的空间,赋予它意义和形态,并最终通过人们在日常运动中的规律,而构成场所(place)和景观(landscape)"[2]。对此,我们想展开一种心态史的探索,这或许会放到以后有关抗战报人群体的研究中。当然,在本书有关宋育仁、竹川藤太郎、卜小吾、中国知识分子、西方基督教传教士、清末重庆商人等个体或群体的探讨中,心态的轨迹已经若隐若现地出现在部分章节。

当下的我们,都生活在城市中,为着追寻美好而来。不过,做这样的新闻史研究,却是一件"痛苦"的事情,需要我们翻阅史料、查找文

---

[1] 转引自斯科特·麦奎尔,《媒体城市:媒体、建筑与都市空间》,邵文实译,南京:江苏教育出版社,2013,25页。

[2] Low, Setha M., "Towards an Anthropological Theory of Space and Place", Semiotica, 175-1/4, 2009, pp. 21-37.

献、考证框架、提纯理论……不开玩笑地说，这本书是我这些年写作过程中最艰辛的一本，没有之一。

所幸，能够有这样一次契机，重庆大学出版社慧眼识珠，将晚清重庆报业作为考察对象纳入此次丛书的出版范围，我又能在这个城市碰见博学多识的刘大明君，于是，就有了这本合作而成的小书。本书在我初拟提纲后，大明君完成了第二章、第三章的初稿。为了全书的风格统一，我对第二章和第三章又做了一些修改。我的研究生惠凤萍完成了晚清《华西教会新闻》的大量翻译工作，梁明昊完成了《广益丛报》的大量整理工作。我的同事贺建平教授、罗小萍教授、刘娟副教授、吴晓璐博士为本书的写作提供了大量有益的意见。我的研究生崔柯、吴晨昊、田豆豆、陆美娟参与了本书的校订和审阅。重庆大学出版社雷少波编辑在本书从立意、写作到出版过程中，是一位不可或缺的人物，正是他一次又一次的宽容，让我一次又一次地把截稿时间延长，一遍又一遍地完善本书。

在此，一并向他们表示感谢！

蔡 斐

2017 年 10 月 30 日我的 35 周岁时